U0139851

FRIEDRICH II.

— Der Sizilianer auf dem Kaiserthron —

后浪

最后 的 世界帝王

神圣罗马帝国皇帝
腓特烈二世传

by
Olaf B. Rader

[德] 奥拉夫·B.拉德——著　　曾悦——译

民主与建设出版社
·北京·

目　录

序　章　蒙着面纱的人　　1

第一部　统　治

第 1 章　继承者　20

第 2 章　少　年　40

第 3 章　"施陶芬人"　61

第 4 章　帝　王　81

第 5 章　立法者　110

第 6 章　建筑所有人　142

第二部　激　情

第 7 章　情　人　167

第 8 章　诗　人　190

第 9 章　驯隼人　212

第三部　敌　意

第 10 章　军事统帅　231

第 11 章　航海家　256

第 12 章　十字架朝圣者　272

第 13 章　暴　君　299

第 14 章 恶 龙 328

第 15 章 敌基督 343

第 16 章 亡 者 356

尾 声 死而复生之人 375

致 谢 391

世系表 396

大事年表 398

文献名缩写 401

注 释 404

史料和参考文献 427

出版后记 443

序　章

蒙着面纱的人

回归德国与"世界奇迹"

巴顿的坦克行动迅速，在巴勒莫简直过于迅速，现在已没有时间留给人们执行特别指令了。德国海军驻意司令部指挥官弗里德里希·鲁格（Friedrich Ruge）中将除了照看两具数吨重的石棺，还有别的事要做。这两具石棺就这么留在原地。1943 年 7 月 10 日，美英部队执行了代号为"哈士奇"的行动计划，在西西里岛南部海岸登陆。盟军迅速挺进。7 月 22 日，在登陆两天后，他们攻下巴勒莫。德军经墨西拿海峡撤回意大利本土。但完全撤离巴勒莫前，德军接到赫尔曼·戈林的一项奇怪命令：将存放有皇帝腓特烈二世及其家人骸骨的石棺从巴勒莫运走。他是想将其运往德国吗？莫非是要让腓特烈回归故国？[1]

所幸的是，石棺没能运走。博学的英国军官或许不会认为这事有何非同寻常之处。彼时人们正在讨论德国人是否生性残暴，而英国的历史学家们则提出了各种匪夷所思的证据以肯定这一点。同样，腓特烈二世也被作为证据之一。1942 年伦敦的历史学家福西·约翰·科布·赫恩肖（Fossey John Cobb Hearnshaw，1869—1946）发表《13 世纪的希特勒》（*A Thirteenth Century Hitler*）一文，文中通过六件所谓的类似事例譬如阴险、残暴、杀害人质，将阿道夫·希特勒的性格特征转嫁到腓特烈二世头上，这样一来就将后者与那名身着褐衫的独裁者相提并论了。赫恩肖也同样在腓特烈身边发现了一名恩斯特·罗姆：皇帝多年的亲信和大文书长（Kanzleichef）维尼亚的彼得罗（Petrus de Vinea）。

同样，能够以相反的方式将皇帝腓特烈二世与阿道夫·希特勒做比较：在赫恩肖发表其比较成果的同年，纳粹历史学家卡尔·伊普瑟（Karl Ipser）在盟军登陆西西里岛之前（如他所言）出版了《德意战斗同盟第二年》（*Im zweiten Jahre der deutsch-italienischen Waffenkameradschaft*），这是一部关于腓特烈二世的著作，其中作者在同样的背景下正面评价了这位西西里人。前言一开始写道："腓特烈一生都在为帝国的伟业斗争和操劳，昔日和现今的欧洲命运都掌控在帝国的手中。"伊普瑟坚持"根据出身、外表和成就来看，皇帝腓特烈二世正是欧洲北部的德意志人"，其结论就是："长久以来他都是一个外人，但如今他的人民理解他，他完全是我们中的一员。阿道夫·希特勒保卫了他的功绩，并将它发扬光大。"因此，希特勒所称的"德意志历史上最伟大领袖人物"理应"魂归帝国"。作为"德意志"皇帝，他的肉身自然也应回到故乡，决不能留在奸诈的罗曼人那里。或许这正是戈林向德国海军驻意司令部下达这一惊人命令背后的原因。[2]

与此同时，希特勒本人也将腓特烈二世视为西西里人，正如他1942年4月在一次圆桌会议上指出的那样。但对当时的人们而言，最重要的是腓特烈二世的暴政。这一点一直萦绕在德皇威廉二世脑海中。1905年意大利之行期间参观蒙特城堡时，陛下叹息道："若是我也能像他那样将人鞭打和斩首，那么我也能取得更多成就。"然而，对这位帝王暴政的历史记忆却能追溯到他的统治时期。[3]

巴顿占领巴勒莫之前的约20年时间里，巴勒莫的这处坟墓曾是另一场密谋的特殊仪式上演的舞台，这一仪式虽说也是将这位皇帝"德意志化"，但其中没有一点儿将其与希特勒粗暴类比的依据。一名亲历者事后写道："1924年5月，意大利王国庆祝霍亨①施陶芬王朝的腓特烈二世建立那不勒斯大学七百周年纪念日之际，巴勒莫大教堂内存放的皇帝石棺上

---

① 霍亨（hohen-）意为高贵，冠于家族名前，表示地位尊贵。（本书脚注均为译者注，以下不再一一说明）

出现了一个花环，配有文字：'献给他的帝王与英雄／神秘的德意志。'现有的腓特烈二世生平叙述并没有受这一事件的启发……这应当看作一个信号，学者圈以外的其他人心中也激发了对伟大的德意志统治人物的关注与情感——这恰好是在非帝政时期。"[4]

这几行文字引自恩斯特·康特洛维茨（Ernst Kantorowicz，1895—1963）1927年出版的既醉人又压抑的著作《皇帝腓特烈二世》（*Kaiser Friedrich der Zweite*）的前言。此书作为一部关于这位帝王的学术性传记，至今仍享有极高的声誉，哪怕其事实上并非学术著作，并且按照作者的理解也不应当如此。这部书之所以著名，某种程度上也与恩斯特·康特洛维茨当时所处的戏剧性的生活环境有关，该书的流行现象典型地折射出20世纪政治和学术的许多剧变。此外，当时社会所特有的对神话的渴求也极大促进了这部作品的传播。

不是只有德国人才会将腓特烈二世看作领袖人物、英雄般的君王、理想中的统治者，这在过去和现在都是如此。艺术史学家阿图尔·哈泽洛夫（Arthur Haseloff，1872—1955）及助手马丁·瓦克纳格尔（Martin Wackernagel，1881—1962）在20世纪初曾骑着骡子，用相机记录了意大利南部施陶芬王朝时期的建筑与艺术品，在与当地人谈话的过程中，他们发现腓特烈二世及其子曼弗雷德（Manfred）在当地被视为意大利黄金时代的象征性人物。施陶芬王朝时期的意大利南部并非欠发达地区，恰恰相反，当时它在意大利及地中海地区扮演了核心角色。在20世纪的意大利，人们的这种观念与对腓特烈的追思并没有减退，反而变得更强烈。多年担任罗马德国历史研究所所长的阿诺尔德·埃施（Arnold Esch）曾谈到一个颇具参考意义的插曲。1998年，为了测定腓特烈的DNA，人们曾打开巴勒莫的棺椁，从这位皇帝的遗骸中取了一些尸骨样本。而这一事件的参与者眼里闪着光，不知为何又叹息着，说道，现在可能会克隆腓特烈二世了，如果复活这位统治者，南部问题就可以解决。这个国家的政客一直致力将这位西西里统治者的形象塑造为多元文化的传奇帝王，这位帝王将地中海自古以来应得的地位交还给了地中海。此外，根据近年来出现的一些观点，他统一了欧洲，并且"是从这里而非从柏林开始"。[5]

葬于柱内：巴勒莫大教堂中安放腓特烈二世遗骸的石棺可能是 12 世纪时用一根古罗马时期的斑岩柱凿制而成。在古希腊罗马时期，这种石料产于埃及，中世纪时这种石料极受追捧。由于昔日的开采区不能再使用，人们就转而取用已经被加工过的斑岩，尤其是来自罗马的石料

　　将自己的期望投射到腓特烈二世身上，这可不仅仅是当代独有的现象。早在中世纪时期，就能听到关于这位帝王极为矛盾的声音，这些观点一直到今天仍被援引。其中大部分评价来自编年史，这些编年史作者试图用有意义的方式整理出连续的历史，向自己同时代的读者解释这些历史，使其易于理解。英国本笃会修士巴黎的马修（Matthaeus Paris，约 1200—1259）在其《大编年史》（*Chronica Maiora*）里记叙 1250 年历史的部分中，谈到这位帝王之死时称，腓特烈二世是"世界奇迹和改变世界的神奇之人"（stupor quoque mundi et immutator mirabilis）。马修认为腓特烈是"地上最伟大的君主"（principum mundi maximus）。后世最爱援引的对腓特烈的评价"世界奇迹"，正是出自这一早期文献。但是在中世纪人的理解中，对奇迹的描述还伴随着敬畏。其他统治者，如"狮心王"理查一世（1189—1199 年在位）和教宗格里高利九世（1227—1241 年在位），也同样被称为"世界奇迹"。但这一称谓只在腓特烈身上固定下来。[6]

　　并不是所有人都视腓特烈为地上最伟大的君主和令人敬畏的世界奇迹。帕尔马的方济各会修士亚当的萨林贝内（Salimbene de Adam，1221—1288后）晚年在羊皮纸上吐露心声，称皇帝腓特烈是内心险恶、腐化堕落之人，是个分裂教会的异教徒，他败坏了整个世界。其他编年史作者，将腓特烈与其他历史人物相比较，也得到同样清晰的结论：论残暴，腓特烈是"第二个希律王"；论不信神，他是"第二个尼禄"。两位教宗认为他身上有贪婪的豺狼或者恶龙甚至是敌基督（基督之敌）的特征。人们还怀疑，腓特烈是彻头彻尾的黑暗君主。同样，在腓特烈的敌人们看来，他的外表也不算好看。在奴隶市场上人们可以把腓特烈当作赠品。"他的头发黄中带红，眼睛近视，若他是个奴隶，连十个迪拉姆也卖不了。"（迪拉姆是日常贸易中广泛使用的一种阿拉伯银币）同时代的阿拉伯编年史作家西卜特·伊本·贾沃齐（Sibt Ibn al-Gauzi，卒于1257年）给这位帝王的市场价定得如此之低。腓特烈死后的一个世纪里，对他五花八门的负面评价走出了罗马教廷的范围，充斥在各种回忆录里，这也印证了教宗塑造记忆的效力。著名的佛罗伦萨城市编年史家乔万尼·维拉尼（Giovanni Villani，约1280—1348）记录，"他摧毁了西西里王国和阿普利亚的许多修道院和教堂，在整个意大利也是如法炮制……"；他是"一个不肖子"，他"将教会不是视为自己的生母，而是视为恶毒的继母：在所有事情上与她作对，并迫害她"。如此一来，按照这位编年史家的逻辑，腓特烈二世的一生只能以"最为悲惨的死法"而告终——中世纪的人极为惧怕这一点。维拉尼不知从何处了解到了腓特烈去世时的情况，并反复咀嚼，乐在其中：皇帝腓特烈在卧榻上，被自己的儿子亲手用枕头闷死，没有临终忏悔，也没有行终傅礼。人们只会诅咒自己最憎恨的敌人以这种方式死去。[7]

编织记忆面纱的马伊纳尔迪诺、萨林贝内和乔万尼

　　德国人盼他回归，意大利人渴望他，世界奇迹、地上最伟大的君主，抑或敌基督、13世纪的希特勒：这些评价难道从来都指向同一个人吗？为什么皇帝腓特烈二世从生前直到今天都能充当高度政治化考量的阐释背景？这种阐释如何能从最后的审判延伸至对今天和未来欧洲的塑造？腓特

烈两极分化的影响力中奇异的张力来自哪里？要解决这些问题，首先必须借助对皇帝的生平记述。从研究资料中我们可以看到，当人们试图抽离出一个历史人物的个性时，不同的记忆线索会将这个历史人物紧紧缠绕。历史人物就像被覆盖在一层由属性和建构编织而成的厚厚面纱下，藏而不露。其次，必须追求历史人物传记的细枝末节和缝隙，只有在这些细节上才能确定人物属性。人们不能给一位苦修的统治者捏造出后宫佳丽，也不能为一个从未受过教育的暴徒编造出宫廷诗人。当我们观察历史人物时，我们是在观察他们在面纱下的轮廓，同时感知这层纱的纺织技艺和色彩。

中世纪史专家约翰内斯·弗里德（Johannes Fried）在《记忆的面纱：历史记忆学基础》（*Der Schleier der Erinnerung. Grundzüge einer historischen Memorik*）一书中阐述了一个知识社会如何生产知识并使其流传下来，以及现代文化史为什么需要记忆研究。作为研究文献的历史文本，除了会被带有个人意志的原作者有意识地塑造，也会被人类记忆中无意识的变形因素所影响。在本书中，笔者主要关注的问题是，皇帝腓特烈遥远的形象如何被同时代人用记忆的面纱覆盖起来，他们为什么要这样做，这位帝王的轮廓又如何在作为一种文化技巧的记忆（Memoria）中呈现。[8]

究竟是谁在编织这块面纱？在本书中我们必须留心这些织工的编织成果。我们或许能通过众多生平细节发现，如今呈现给我们的这些不同版本是如何产生的，又为什么而产生。

我们能够从众多统治者身上看到他们是多么重视自己死后的声誉。为了防止意外，历代君主都会委托宫廷史学家为自己创作赞歌。有时会有作者没有获得委托就提前献媚，或者他们希冀将来能获得赏赐。虽然已有超过230个史学家、诗人和编年史作者记述了腓特烈二世，但据我们所知，没有一个能被证实曾受到皇帝的委托。目前我们尚未发现任何一份"官方授权"的传记。然而我们知道，许多已经撰写好的描述皇帝本人的文字现在都已遗失。

在这些文字中，最重要的是一位名叫阿尔迪吉耶里的马伊纳尔迪诺·阿尔贝蒂（Mainardino Alberti degli Aldighieri，卒于1250年后）的教士所作的传记。腓特烈在世时，他常年担任伊莫拉主教一职，是皇帝的亲信。可惜他的作品没能保留下来，我们之所以知道它的存在，是因为后来的著作引用过它，并且有一部文献明确表示曾参考它。才华横溢却最终横死的历史学家潘多尔福·科莱努乔（Pandolfo Collenuccio，1444—1504）在15世纪末便开始搜集多种文献，并在其后来广为流传的著作《那不勒斯王国史纲》（Compendio delle historie del Regno di Napoli）中首次综合记述了意大利南部的历史。19世纪时人们就已查明这些文献中有一些已完全或大部分遗失，例如伊莫拉主教对腓特烈的记述。[9]

遗失的腓特烈传记的作者马伊纳尔迪诺·阿尔贝蒂是一位见识颇广的男子。他出身于费拉拉一个有名望的家族，后来选择成为神职人员，先担任副助祭，后成为大司铎。腓特烈一岁时，马伊纳尔迪诺·阿尔贝蒂升任费拉拉大教堂总铎。1207—1249年他担任伊莫拉主教。在此期间，他有时甚至作为市长官领导市军团，例如1209—1210年以及1221年。据考证，他曾出席第四次拉特兰大公会议、1226年克雷莫纳和1231/1232年拉韦纳的帝国宫廷会议。总而言之，他绝非无足轻重的人物。据说他曾在文献《腓特烈功业记》（Gesta Friderici）中记录了意大利北部保皇派中流行的对腓特烈的看法。这可能给了潘多尔福·科莱努乔灵感，只不过科莱努乔构想的是一部国家史，在这部史书中，教会使国家陷入危机，而腓特烈作为井然有序的国家制度代表，试图涉入这一危机，腓特烈由此被提升至理想化的高度。

同时代的作者并不打算留下一个人物的真实描述，而是要将腓特烈置于他们各自完全个人化的解释世界的框架中。重要的并非这个或那个作者对皇帝的个人印象，而是这位统治者如何能在作者自己编纂的事迹集成中充当一个或好或坏的榜样。例如过度的傲慢（superbia）必然会招致巨大的失败，而模范的行为则会鞭策其他所有的君王。腓特烈的形象可以用来阐明理想中典型的统治者的一系列美德或恶行。为了改善这个世界，这些作者的心中充满了教育的动力。与此同时，他们自然也怀有娱乐的渴望，所以有时书中有一些耸人听闻的弦外之音，尤其是涉及皇帝身边的众多女性或其拥有的巨大财富时更是如此。

世界诸时代的次序和对一位末世帝王（Endkaiser）的看法构成了另

一层重要的解释框架。人们眼中的历史进程并非直线式前进，而是划分为数个有意义的阶段。人们认为皇帝腓特烈二世与普遍历史的观念尤为紧密地相关联，人们会将救赎史的背景投射到他身上。为此，作者们会将这位帝王写入自己的百科全书，或者将其置于教宗-皇帝编年史呈现的并列关系中，这样的编年史试图通过尽可能连续的统治者序列来组织世界史，其开端是奥古斯都和基督。其他文献则描绘了皇帝在事迹集成或在修道院及城邦所构想的起源故事中扮演的角色。因此这些文献的内容重点是，皇帝在修道院或城市的小世界中扮演的角色是好还是坏，或者他是以城市长官的身份还是仅仅以暴君的身份出现在世人面前。

　　表现这种救赎史定位以及这位帝王在其中位置的一个绝佳范例就是人们通常所说的《雷根斯堡帝王编年史》(Regensburger Kaiserchronik)，它以韵文的形式呈现了一系列用德意志方言创作的世界编年史(Weltchronik)。这部编年史大约诞生于12世纪中叶，简要记叙了至创作时间为止的50多位罗马皇帝。100年后，所谓的"巴伐利亚诸续篇"(Bayerischen Fortsetzungen)对其多次扩充。这种延续性表明施陶芬王朝的皇帝们试图在形式和内容上承继最早由恺撒、君士坦丁大帝和查理大帝所构想的世界秩序。在13世纪宫廷文化不断形成的背景下，阐释历史的方式在业已变化的时代视野中固定下来，并导致文本变得不再确定。巴伐利亚诸续篇首先续写了直到"红胡子"腓特烈一世时代的历史。只有在最后的《续书》(Continuatio)中，皇帝腓特烈二世才成为被颂扬的主人公。在这部作品中，对统治者的身后追忆立刻获得了全新的维度。古老的救赎史开端必须得到重新修正，因为此时对续作者而言，历史未来的发展方向是腓特烈二世。此外，《雷根斯堡帝王编年史》最后的扩充部分第一次使用了一个拉丁文昵称"puer Apuliae"（阿普利亚的男孩）来称呼后来的皇帝腓特烈二世，并将其译为德文。由于这些被描绘的君王承担了塑造历史结构的功能，因此腓特烈二世便被赋予了夺回圣地的历史使命。作为出身于大卫家族（耶稣基督也来自这个家族）的统治者，腓特烈同样完成了救赎计划。人们无法想象还能有进一步拔高的余地。帝国顶峰的意识与他联系在一起，而他的死成为未知未来的历史转折点。腓特烈呈现出了榜样般的帝王形象，产生了超时代影响。因此编年史以这样一个焦虑不安的问题作结："苦啊，我们何时才能拥有一位与他相当的帝王？"可是这一切与"真实的"腓特烈没有多大关系。[10]

　　为了展示早在中世纪就有的对帝王的不同记忆是如何形成的，笔者尝试介绍五位代表性的编年史作者。笔者之所以要在本书的序章中就引入这些作家，是因为笔者意图将他们作为关键证人一再召唤出来，因为他们见证了如何编织遮蔽的面纱。第一位编年史作者是圣日耳曼诺的理查（Richard von San Germano，约 1165—1244）。他是卡西诺山修道院附近的圣日耳曼诺城中的文书。1214 年他获得硕士学位，并列席了一年后举行的第四次拉特兰大公会议。除了 1186—1232 年间在圣日耳曼诺和卡西诺山任职，理查大概也于 1221 年起为腓特烈二世管理财政。理查硕士撰写了 1189—1243 年西西里王国的编年史，该部编年史现存两种版本，可相互补充。理查的叙述风格冷静客观，同时广泛引用大量文献、法律、信件。只有这部编年史保存了当时部分法律文本的原文。因此，理查的这部著作被认为是有关腓特烈二世治下的西西里王国历史最重要的文献之一。可是，理查总是从自己家乡的视角来看待历史事件。令人惊讶的是，他理想中的人物并非腓特烈，而是诺曼国王"善王"（der Gute）威廉二世（1166—1189 年在位），这位国王是编年史的开端和一切评判的尺度。理查在谈论腓特烈的统治行为时，态度中立得不可思议，仿佛他面对腓特烈及其帝国没有任何情绪一般。人们几乎可以将他看待帝王行为的眼光称为一个偏好记录、有些干巴巴的外省文书的眼光。似乎在理查眼中，腓特烈只是在履行一位富有责任心的统治者的义务。[11]

　　而来自帕尔马的亚当的萨林贝内则是从完全不同的视角来记录皇帝腓特烈二世的生平。与理查那波澜不惊的语气作比，萨林贝内简直可以被看作煽动性的作家，至少他是在不遗余力地贬损腓特烈。他感激地将《皇帝腓特烈的 12 件恶行》（XII scelera Friderici imperatoris）拿来使用。这是一本如今已遗失的匿名宣传册，内容是关于 12 件被归咎于腓特烈身上的恶行，这本小册子在腓特烈在世时就在流传，萨林贝内对此津津乐道。例如其中有一则文书的故事，这名文书被砍去了双手的大拇指，因为他错将"Friedricus"（腓特烈）写成了"Fredericus"。萨林贝内如此敌视腓特烈的原因在于作者的出身。萨林贝内出生于帕尔马，是富裕市民亚当的圭多（Guido de Adam）之子。意大利北部城邦的政治宗教改革运动对他产生了极为深刻的影响，乃至他在16岁时不顾父亲的极力反对加入了帕尔马的方济各会。据称他的父亲甚至曾徒劳地向皇帝腓特烈寻求支持，反对这些"披着僧袍的混蛋"。为此萨林贝内永远不会原谅他们二人。萨林贝内加入方济各会时，这个教团还十分年轻，其创立者阿西西的方济各去世仅十年。萨林贝内经历了这个修会的建立过程，不久后修会就开始依靠教宗。在萨林贝内加入修会的十年后，即1248年，他被授予司铎的圣职。如同大多数托钵僧那样，他游历四方，跨越了意大利北部，到过法国。他曾造访热那亚、卢卡、锡耶纳、比萨、博洛尼亚、耶西（Jesi）、克雷莫纳，以及巴黎、马赛、欧塞尔（Auxerre）、里昂、阿尔勒，熟悉这些地方。[12]

方济各会修士萨林贝内直到60岁才开始写作，他的创作是回忆式的，如同撰写回忆录。《编年史》（Cronica）由此诞生，内容包含了1168—1288年的历史，这份手稿永久保存在梵蒂冈图书馆。萨林贝内从其他文献中吸收了许多故事，这一做法一直持续到1212年，他甚至曾亲口承认自己掌握了一份密文。《编年史》中除了包含有欧洲意义的高度政治化的内容和意大利北部城邦的纪事，佐以大量圣经引文，还充斥着流言蜚语和完全个人化的回忆。萨林贝内（Salimbene）这个名字的本义其实是"攀爬工具"，他曾在羊皮纸上表明心迹，称他的母亲因为他而良心不安："我的母亲常和我说，那场大地震来临时我正躺在摇篮中，她抱起我的两个姐妹，一只胳膊下夹着一个，因为她们当时还太小……而我则被她留在摇篮中。"难道这位母亲不爱她的儿子吗？萨林贝内写道："但是她认为，我的姐妹们抱起来更容易，因为她认为她们更大一点。"这件事想必深埋在萨林贝内心里。萨林贝内的家人告诉他，法国男爵巴里安·加尼耶（Balian Garnier，约1195—1240）是他的教父。加尼耶是西顿的领主，在1221年萨林贝内出生时从东方归来，并拜访了皇帝。总之，亚当家族与皇帝的宫廷有联系，而巴里安将会在皇帝领导的十字军东征中和我们再次相遇。[13]

总体而言，萨林贝内在《编年史》中将皇帝视为政治对手。他对腓

特烈大加批判，即便他本人也有感于腓特烈身上体现出的帝王的光辉，甚
至还曾爱戴皇帝："……教宗英诺森三世……假皇帝奥托四世以及腓特烈
二世之手，为教会与罗马帝国之间可诅咒的嫌隙打下了基础，而腓特烈二
世是被教宗推举而出，并被其称为教会之子。然而这个腓特烈本人却是腐
化堕落之人，是分裂教会者、异教徒、享乐主义者，他向意大利诸城播撒
分裂与不和的种子，使纷争持续到今天，进而败坏了整个世界；……很明
显，修道院长约阿希姆的话语应验了，当腓特烈的父亲亨利六世向他询问
自己当时年幼的儿子未来的命运时，他这样回答：'噢，君主啊，你的儿
子是堕落的，你的儿子和继承人是邪恶的！上帝作证，他会搅乱这个世
界'……这一切都在腓特烈身上应验了，正如我亲眼所见，此刻在1283
年，我写于圣玛达肋纳节前夜。"萨林贝内从他所处的环境中看到了一个
充满象征和预兆的世界。这个世界中的核心人物就是腓特烈，这位末世帝
王是战争和一切争端的源头。这里所指的修道院长约阿希姆正是菲奥雷的
约阿希姆（Joachim von Fiore），我们以后还会仔细探究，他从自己身边
看到了怎样的末世景象。[14]

　　我们再看意大利北部城邦的另一位作者乔万尼·维拉尼。他在编年
史中给出了绝佳的例证，让我们知道皇帝腓特烈二世在托斯卡纳的统治结
束一个世纪后，人们对皇帝了解多少，又如何看待他。此外，维拉尼的
编年史本身也是很好的例证，说明了一个愈加自信的市民阶层意图如何
战胜城邦的过去，从而赢得历史的最终解释权。同样在这种情况下，乔万
尼·维拉尼本人的故事成为理解他的作品的一把钥匙。他来自一个佛罗伦
萨商人家庭，在腓特烈死后约30年，即1280年前后出生。作为一位服
务城市贵族的有影响力的成功商人，他游历欧洲，足迹远至佛兰德。在家
乡，他担任重要的政治职务。后来他卷入了一场轰动的经济丑闻，甚至被
暂时投入监狱。不过，他因此有足够的空闲编纂历史著作。他梦想能够像
曾经的古罗马历史学家李维那样，通过一部城市编年史使自己的城市佛罗
伦萨在后世的记忆中永垂不朽。他也的确成功了。[15]

　　从1322年起，乔万尼·维拉尼便开始根据之前搜集的资料撰写《新
编年史》（Nuova Cronica），所用的语言不再是拉丁语，而是托斯卡纳地

区的意大利方言。《新编年史》以巴别塔的建造为开端，一直记叙到作者生活的时代。作品主题是佛罗伦萨及这座城市里所有类似罗马或超越罗马的神话传说。皇帝腓特烈二世时常出现在故事中，但只是为了影响佛罗伦萨的历史。这部编年史站在一个与教宗国结盟的自由城邦的立场，对安茹王朝君主充满好感，因此维拉尼描写的腓特烈形象极尽阴暗冷酷。在书中这位皇帝完全是一个迫害教会的暴君化身。他喷洒毒液，使原本和睦的各城邦陷入党派之争，彼此憎恶。这个皇帝罪恶滔天，人格也同样卑劣丑恶。乔万尼·维拉尼终其一生都是地方主义者，他一直坚定献身于故乡佛罗伦萨。他在《新编年史》上倾注了大量心血，最终于 1348 年死于黑死病，终年 68 岁。他的历史著作后来由他的弟弟马泰奥·维拉尼（Matteo Villani）续写，直至其 1364 年逝世。一则逸事可以说明维拉尼的《新编年史》即使在问世约两个世纪后，在佛罗伦萨人心目中仍拥有重要的地位。1539 年，佛罗伦萨多才多艺的艺术家本韦努托·切利尼（Benvenuto Cellini，1500—1571）被关押在罗马的圣天使堡（Castel Sant'Angelo），曾要求两部书作为狱中读物：《圣经》和乔万尼·维拉尼的《新编年史》。教宗保罗三世（1534—1549 年在位）没有拒绝这名囚徒的要求，显然他清楚《新编年史》的意义。

维拉尼的《新编年史》至今依然有名，这是因为一部绘制精美的手抄本流传下来，该抄本目前保存在梵蒂冈图书馆的基吉馆藏中。这部基吉抄本（Codex Chigi）是 14 世纪中叶后不久在佛罗伦萨根据《新编年史》内容绘制的手稿，包含逾 250 张插图，展示了最大规模的 14 世纪佛罗伦萨世俗场景。这些图画感染力极强，至今仍被用于展示帝王的故事。这部抄本或许是这部编年史现存的唯一插图本，甚至还可能是当时唯一完成的插图本。它诞生于 14 世纪 50 年代至 60 年代初，出自一位细密画家及其身边人之手，这位画家主要活跃在佛罗伦萨，还创作了其他一系列著名的装饰手抄本。这部《新编年史》插图手抄本展示了历史事件被转化为图像（Ikonographie）的过程，而这类图像遵循了特定的范例乃至悠久的传统，所以这部抄本引人注目。例如查理大帝作为想象中的佛罗伦萨城的重建者，具有理想的基督教统治者的特征，而腓特烈二世则总是以暴君和异教徒皇帝的形象示人。前文提到腓特烈二世在没有行终傅礼的情况下，被儿子曼弗雷德以枕头蒙脸捂死的情形，正是一名暴君的死法。如果对照在教士面前死去的安茹的查理一世，就更能凸显此事的骇人。一位好国王就应当如同查理那样死去。恶人愈恶，就愈能体现出善者的伟大。

伦敦附近的圣奥尔本斯本笃会修道院中则流传着关于腓特烈二世完全不同的评价。僧侣文多弗的罗杰（Roger von Wendover，卒于1236年）和巴黎的马修曾在那里生活和写作。他们的作品彼此联系紧密，同属中世纪盛期欧洲最重要的历史著作。这一盛名不仅源于作品庞大的篇幅，还因其所借鉴的文献，其中一些文献如书信是逐字引用的。

罗杰来自白金汉郡的文多弗，在圣奥尔本斯修道院当僧侣。在浓雾弥漫的北方，在修道院的漫漫长夜中，他写下了一部名字悦耳的编年史《历史撷英》（Flores Historiarum）。这部编年史内容也始于创世之初，终于作者生活的时代，在罗杰去世前两年完成。罗杰从其他作者那里摘抄了许多材料并做了修改，而1212年以后的历史则由他独立编写。作品的基本构想是要通过帝王和教宗的更替勾写出一部救赎史。和其他许多中世纪作者一样，罗杰意图为他的时代提供一份道德指南。于他而言，过去就是虔敬行为或渎神行径的实例集合，其中英格兰的情况他尤为关注。[16]

罗杰怀着批判态度与国王和教宗保持着距离，他尤其反感英格兰国王"无地王"约翰一世（1199—1216年在位）。后来他的《历史撷英》由更年轻的修士巴黎的马修做修订和续写，后者于1217年进入圣奥尔本斯修道院，几乎在那里度过了一生。马修曾去过几次伦敦，还有一次到过挪威。除了创作其他一些著作，马修还以罗杰的作品为基础，续写了1234—1259年的历史，写出了《大编年史》。马修不仅是简单承继罗杰的著作《历史撷英》，他还删减和扩充现有文本，做出修订。他的目光集中于欧洲大范围的联系、英法冲突甚至是近东地区的事件，因为他能得到一些曾周游四海的人的帮助，获取必要的信息。马修还在文本中添加了大量令人难忘的图画，这些图画能够生动地描绘事件，指导帮助读者理解文本。他还采用了一系列象征性图像，它们的功能如同今天的图形符号，譬如上下颠倒的纹章代表统治者的死亡，而两个相互拥抱的人则代表整个国家间的和平友好。

　　同罗杰一样，马修也做道德说教，但他反对教宗和罗马教廷的倾向更为明显。反过来，马修笔下的皇帝腓特烈二世则成长为一个相当正面的形象，但他也没能逃脱这类形象固有的命运。为了使这位帝王形象鲜明，马修植入了一系列完全不可能发生的事迹，如皇帝的长子曾下毒谋害皇帝，以及圣殿骑士意图在东方伏击皇帝。这些逸事也许是现场编造的故事，也可能是对基督教世界中的传说的附和模仿。这位帝王自然少不了大发雷霆或暴君式的残忍行径。但是，他可以通过赎罪、忏悔和泪水改过自新。在最后的日子里，马修的笔下再次浮现出了一幅仁君的画像。这样，帝王腓特烈才得以成为最伟大的君主，成为世界奇迹和改变世界的神奇之人。

　　两位英国道德家的评价在欧洲的记忆中影响深远，人们可以从"世界奇迹和改变世界的神奇之人"的文字例子中，捕捉到他们对历史的记录以及这些文字对我们心目中腓特烈形象的影响。[17]这样，五位各不相同的大师，来自圣日耳曼诺的腓特烈时代外省财政部门有些干巴巴的文书、来自帕尔马的方济各会煽动作家、佛罗伦萨地方主义者和两位身处修道院虔诚与寂寥氛围中的英国道德家，走到了文学的纺车前，编织包裹皇帝腓特烈的面纱。在生产腓特烈形象的工场中，曾有多位生产者塑造了截然不同的腓特烈，这五人仅仅是被选取出来的几个例子，而我们在后来的章节中还会不断遇见这五位大师。

西西里人腓特烈与时间的战争

　　亚历山德罗·曼佐尼（1785—1873）曾在其著名的小说《约婚夫妇》（I Promessi Sposi）中提到，"历史也可被称作一场与时间的光荣战争"，因为"历史从时间的手中夺取了已被俘虏的、成为尸骸的光阴，使它们起死回生，细致地检查它们，让它们重新投入战斗"。[18]这部关于皇帝腓特烈二世的书正是关于与时间的战争，它要释放一个时间的俘虏，并使他起死回生。在本书中，我试图从南部视角来创作一部这位帝王的传记，意图解释在怎样的时代背景下，在何种文化条件下，与这位中世纪最重要的统治者相关的哪些内容会流传下来，这一情况又为什么恰巧以这种或那种方式发生。在关注传说传统的过程中，我曾注意到历史学家所持有的基本的地缘视角具有某种重要意义。如果人们分别从北部或南部视角出发，必定会对这位帝王的政治或个人行为做出极为不同的评价。在书写历史的过程中，历史阐释受到时代制约，在很长一段时间里于相反的两极之间摇摆不定，人们或者认为腓特烈是个"德意志人"，或者视其为意大利人"费德里科"（Federico）。那么我们是否要将腓特烈二世看作历史上以国王康拉德三世为开端、由"红胡子"腓特烈一世和亨利六世延续下来的施陶芬王朝这一支统治脉络的终结者？我们是否要站在施陶芬王朝在阿尔萨斯的行宫所在地阿格诺（Hagenau）的立场看待腓特烈的所作所为？他1212年出发去往德意志地区，是否如同之前所说的那样，是踏上了一条"回归故国"之路？抑或我们要从南部的视角、以西西里的眼光来看待腓特烈二世？腓特烈是否在施陶芬王朝的传统中更多的是外来者？

正如本书标题所透露的那样，我将以一种南部地中海地区的思路解读皇帝腓特烈二世，并像他的大部分同时代人那样去看待他：他是一个西西里人。其原因很明显。也许腓特烈的血管中流动的诺曼人和施陶芬家族的血同样丰沛，但他是在西西里的土地上直接参与社会生活。人文主义巨擘弗朗切斯科·彼特拉克（1304—1374）曾说，腓特烈"因出身"而为日耳曼人（Germanus origine），"因交际"或"因生活现实"（如今人们会说"因社会化"）而为意大利人（conversatione Italus）。这里的"日耳曼人"并非今天意义上的日耳曼人或德意志人，彼特拉克指的应当是诺曼人和德意志人先祖。不过，彼特拉克的人文主义教育背景使古典时代构建的日耳曼人和罗马人之间的矛盾显现出来，因此他可能影射了"野蛮的先祖"和"文明的教养"之间的对立。[19]

彼特拉克的说法并非完全错误。从父亲那里继承了施陶芬家族的传统，并不意味着腓特烈会自动以其父辈或祖辈的政治行动为准绳。据笔者推测，同时代人已经清楚地感觉到，在整个统治期内，腓特烈都是在立足南部的基础上关注着罗马帝国，他的政治决策都服务于西西里王国。这也就解释了为什么腓特烈专注于帝位时，西西里的利益依然享有优先地位。即使腓特烈涉足德意志，那首先也是为了使西西里免遭未来来自阿尔卑斯山以北国家的威胁，或者为其在意大利的政治活动赢得空间。这位统治者本人的在场就能证实这一点：腓特烈活了 56 岁，却只在阿尔卑斯山以北待过十年。

历史学家利奥波德·冯·兰克（1795—1886）曾断言，人们不能再将腓特烈"看作一名德意志人"，"他几乎是以一个外来者的身份登上皇位"，因为"他在彼此碰撞的不同要素的影响下成长，他就是个彻头彻尾的西西里人"。其他少数德国历史学家也吸收了这一观点，例如约翰内斯·哈勒尔（Johannes Haller，1865—1947），他曾在 1926 年也称腓特烈为"西西里人"。赫伯特·格隆德曼（Herbert Grundmann，1902—1970）在一篇生平概述中谈到了腓特烈需要对北部负责的原因："如果德意志国王和皇帝另有其人，他就不能保障自己继承的西西里的安全……如果腓特烈要继续担任西西里国王，那他就必须成为德意志国王。"杰弗里·巴勒克拉夫（1908—1984）在二战结束一年后出版的高度政治化的划时代著作《现代德国的起源》（The Origins of Modern Germany）中从英国人的视角阐述道："腓特烈转向德国事务是为了保障自己在西西里的地位，并推行其意大利政策。"继续担任西西里国王，不惜一切代价支持和壮大这个国家，为此竭尽所能利用阿尔卑斯山以北的力量，这似乎同样是皇帝腓特烈二世的政治信条。[20]

如果人们用这样一种南部视角来看待腓特烈漫长的统治生涯，又会得出什么进一步的结论？他的政策是否会呈现出另一种面貌？首先，人们就不会再惊讶于腓特烈没有什么犹豫就交出过去许多统治者在帝国北部激烈争夺的王权。另一方面，对意大利北部的政策似乎是为了重新确立这片地区对这位统治者——他为了西西里而利用这些城邦无穷的潜力——的服从，而不是为了帝国北部。同样，如果从阿尔卑斯山以北的立场出发，就会一直无法理解航海对这位帝王的重要意义。在地中海世界扮演了关键角色的西西里王国，在腓特烈二世时代是一个不可小觑的海上强国。这并非这位帝王的功劳，他只是从自己的诺曼先祖那里继承这个地位。但是派遣舰队远征东方、与热那亚海战、占领突尼斯杰尔巴岛等行动展现了腓特烈统治的一个侧面，如果没有南部视角，这一切都将无法理解。

大体而言，腓特烈二世的西西里中心主义政策意味着与祖父"红胡子"腓特烈一世的统治理念及实践彻底决裂，而后者是从北部出发推行其意大利政策的。如果人们进一步思考亚历山大·德曼特（Alexander Demandt）提出的"未发生的历史"这一概念，假设皇帝腓特烈二世的政治设想能够成功，那么他以南部为中心，进一步巩固自己在意大利的统治，这样的结局也不是那么不可能。不过其前提自然是教宗国和意大利各城邦本身只是中部或地方势力，正如后来近代早期的情况那样。这么一来，与阿尔卑斯山以北王国之间旧有的联系便会更快瓦解。但是人们有理由怀疑，在这种情况下意大利是否能如 19 世纪意大利民族运动时人们所幻想的那般，同西班牙和法国一样更早形成民族国家。另一方面，德国显然也会走上一条不同于后来小邦林立的道路，而对意大利的怀念也许会变得更加短暂，因为事实上这种怀念一次次扮演重要的角色，直到神圣罗马帝国灭亡。但是，这种"如果……会怎样？"的思考终归是在争论这位皇帝的胡子问题，而众所周知，与红胡子的祖父不同，腓特烈二世从未蓄过胡子。

从南部立场看待腓特烈二世，能够揭示整个 13 世纪不同的秩序关系。伴随着 1198 年德意志王国的双重选举以及随之而来的夺位之战，传统的帝王统治时代走向终结。德国传统学界普遍认为，随着皇帝腓特烈二世去世或其子康拉德四世 1254 年离世而产生了一道深深的裂痕，其实这道裂痕在双重选举产生的两位国王——施瓦本的菲利普（1198—1208 年在位）和皇帝奥托四世（1198—1218 年在位）——去世时就已经出现。在构建施陶芬家族皇权时代的统一性时，人们强调作为关联框架和解读框架的家庭纽带，此时这种统一性构建已被颠覆，走向反面。若是人们仔细探究接下来统治者的出身和社会关系，则这种深重的割裂就会变得更为清晰。腓特烈在西西里的统治更应被理解为一个外族国王统治时代的开端，这一时代后来由罗马-德意志国王卡斯蒂利亚的阿方索（1257—1273 年在位）和对手康沃尔的理查（1257—1272 年在位）延续。如果寻根问底，皇帝奥托四世就已经属于这一行列了，他成长于英国宫廷，并拥有普瓦图伯爵和阿基坦公爵头衔。如此说来，13 世纪差不多就是一个由坐在罗马-德意志王座上的外来君主统治的世纪了？人们的确可以这样断言。

　　此外，皇帝和教宗对帝国制度的设想起初不断膨胀，随后又立刻破灭，这是由腓特烈统治其前半段的这个世纪的显著特征。腓特烈二世的统治是建立世界皇权（Weltkaisertums）最后一次失败的尝试。他利用了南部王国西西里的经济优势，意图以此为据点，吸纳一种前现代的国家政权形式。反之，从施陶芬王朝传统来看，这种世界皇权为自己披上了一层职位和传统的光环，并且以救赎史的特征作为装饰。可是，世界帝王的理念最终因欧洲存在教宗和教会、意大利城邦、民族国家及诸侯等多种统治势力而没能实现。但是无论是皇帝腓特烈，还是付出极大代价惨胜腓特烈二世的教宗，他们努力寻求在帝国内无可比拟的地位，最终都遭遇了失败。皇帝腓特烈二世及其家族的陨落最终终结了罗马帝国的帝王理念。那么是否如约翰内斯·弗里德所言，腓特烈是真正的皇权掘墓人？他是否曾以这样一种身份被人铭记？不管怎样，一个由腓特烈二世构建的世界皇权神话，曾长久搅乱人们的渴望与希冀。[21]

第一部

统　治

第1章

继承者

金色贝壳中的珍珠：巴勒莫

"谢瓦莱（Chevalley），您真的以为自己是第一个希望将西西里引入世界历史长河的人吗？谁知道，穆罕默德的多少伊玛目、诺曼国王罗杰的多少骑士、霍亨施陶芬王朝的多少学者、安茹家族的多少男爵、天主教陛下（Katholischen Majestät，西班牙国王头衔）的多少法律专家曾幻想过同样美妙而疯狂的事，又有多少西班牙总督、那不勒斯人查理三世多少计划改革的官僚也是如此啊！但是今天又有谁还知道他们是谁？"这是朱塞佩·托马西·迪·兰佩杜萨（1896—1957）在其小说《豹》（*Il Gattopardo*）中借西西里的萨里纳（Salina）亲王之口说出的一段话，亲王以这段话答复了一名皮埃蒙特使节的急迫请求——请亲王加入如今已初步统一的意大利。但是在这一段情节中，作者不仅在简要勾画曾统治西西里并在那里留下痕迹的众多外来力量的主要代表人物，他还将腓特烈，这座岛屿最耀眼的统治者，嵌入了一条由历史事件构成的绵长序列中。

在过去，西西里一直是一片让人热切渴望的土地，但又是一片兵家必争之地。在腓特烈二世时代，这座岛屿就已经有漫长的外族统治传统；这一点在接下来的数个世纪里也不会改变。阿拉伯著名地理学家伊德里西（al-Idrisi，约1100—1160）生于摩洛哥，在摩尔人建立于科尔多瓦的大学里接受教育，后来服务于国王罗杰（鲁杰罗）二世宫廷，他称西西里为"世界上第一片拥有肥沃土壤、人口和诸多古老文化的土地"。在这"第一片土地"的西北海岸有一处延伸的细长海湾，这就是所谓的"金色贝壳"（Conca d'Oro）。在这枚贝壳中卧着西西里王国王冠上最闪亮的一颗珍珠：巴勒莫。希腊人曾称这个地方为"帕诺莫"（Pànormo），意为所有船舶在各种天气条件下的锚地。阿拉伯人则称它为"巴拉姆"（Balarm）。据说在诺曼人统治时期，只有位于博斯普鲁斯海峡的拜占庭帝国首都君士坦丁堡在财富和美景上可与之媲美。[1]

在巴勒莫老城区西南隅略有些隆起的地带的最高点，矗立着一座雄伟的建筑：诺曼王宫。它还是一座建造在古迦太基地基上的坚固堡垒：高堡（castrum superius）。人们现在在其地下室的某些地方还能看到那些地基。宫墙中依然隐藏着其漫长历史中各个阶段的遗迹。公元9世纪时，这里曾是巴勒莫埃米尔的夏宫，称作"卡斯尔"（al-Qasr，城堡）。城市落入诺曼人罗杰之手后，宫殿就被改建成他的王宫。巨大的要塞塔拔地而起，其中就有今天依然存在的比萨纳塔（Torre Pisana）。

新主人极为重视这件富丽堂皇的装饰品。一间与中庭相邻的房间装饰有美丽异常的拜占庭风格马赛克，常被用作餐厅。古老的波斯萨珊王朝时代的狩猎主题组成了昂贵的内饰，图案彼此对称。王宫的圣彼得礼拜堂的装饰同样华丽。如今它称为帕拉蒂纳礼拜堂（Capella Palatina），其内部富丽堂皇的丰富图案依然令人难以忘怀。大约在基督降生后的1200年，一个好奇的男孩在这座童话般的宫殿中漫步，注视着这些工艺考究的马赛克画。或许中庭旁餐厅里那些动物的画面令这个未来的狂热猎手尤为着迷。又或许这个男孩会站在王宫礼拜堂内一再惊叹，这座礼拜堂早在上一代人时就是宫殿中最华丽的房间。在这里，他从古老的拜占庭造型和色彩的世界中看到了万军之主基督，后者宣告着这样的话语："世界是我的脚凳。"使徒保罗大胆的冒险也可能使他心潮澎湃：保罗在顿悟之后坐在一个柳条篮中，用绳索将自己从城墙上吊下，逃离大马士革。

男孩或许能透过宫殿的窗户，朝东北方向观察这座喧嚣之城的许多房屋，教堂和清真寺那半圆形的石穹顶，以及夹杂在其中生长的棕榈树。在城市喧嚣的尽头，湛蓝的地中海延伸开去，与"金色贝壳"相接。朝着西南方，城外不远处，在从山峦通往蒙雷阿莱的路上，他能在棕榈树之间发现方块形状的小型夏季行宫。这些行宫是由他的祖辈在今天称作法蒂玛-诺曼的时期建造的，因为这一时期阿拉伯建筑知识和基督教造型元素开始相互结合。其中一座宫堡叫吉沙宫（La Zisa），其名来源于阿拉伯语"阿齐兹"（aziz，闪亮），于 1165 年由国王威廉（古列尔莫）一世下令建造这座宫殿。另一座称为库巴宫（La Cuba），于 1180 年由国王威廉（古列尔莫）二世下令建造。这座建筑过去一直坐落于一处人工湖的小岛上，当时湖中还有淡水鱼；后来在 18 世纪完全毁坏，成为兵营。在宫殿上方的檐口处曾有一行库法体铭文，如今已无法辨认。到了 14 世纪，关于巴勒莫这些华美的花园式宫殿的故事深深印刻在诗人乔万尼·薄伽丘（1313—1375）的脑海中，于是他在自己的代表作《十日谈》第五日第六篇故事中选择了库巴宫作为腓特烈故事的背景。过去在这些建筑附近，还有其他许多迷人的场所让人流连，它们散落在天堂般的景致中。与北方冰冷的城堡相比，这里完全是另一个世界。

腓特烈少年时代的巴勒莫已经有一批将阿拉伯、希腊、诺曼元素融为一体的建筑，它们因特殊的风格和豪华的装饰，至今仍然让人印象深刻。这些建筑中最出众的当数那些教堂，其穹顶使人联想起巴格达，并且它们都曾缀满来自拜占庭的黄金，如圣若望隐修院、圣卡塔尔多教堂和又名马尔托拉纳教堂（La Martorana）的海军元帅圣母教堂。在城市朝向大海的尽头，在诺曼王宫旁，还有另一处可供居住的城堡。这座名为海边堡垒（Castello a Mare，缩写为 Castelamare）的防御工事是一座瞭望堡垒，从那里可以监视入港水道，从而保障由海路进入城市的入口安全，这种堡垒在许多海滨城市都很常见。可惜 1922—1924 年，这一建筑的大部分被拆除，如今已所剩无多。海边堡垒与诺曼王宫一起成为统治巴勒莫的保证。谁占领了这座要塞，谁就控制了这座城市。这些不同文化的建筑艺术的杰作，这些如东方童话世界般的建筑群，以东西融合的千姿百态，构成了年轻皇子生活的世界。现在我们该谈谈他的诞生了。

1194 年统治者诞生

　　1194 年 12 月 26 日，腓特烈在边区安科纳一座名为耶西的小城降生。未来的皇帝出生在这里纯属偶然。后来在弥赛亚思想的驱使下，皇帝在一封公开信中抬高了这座小城的地位。最初，怀孕的康斯坦丝（Konstanze）皇后陪伴丈夫亨利六世第二次出征西西里，这次出征开始于 1194 年 5 月，起点为德意志西南部的特里菲尔斯城堡（Burg Trifels）。夫妇二人一同在米兰庆祝了圣灵降临节，八年前他们曾在这里举行了婚礼。之后皇帝亨利选择从海路经热那亚和比萨向南进发，途中占领了那不勒斯和萨勒诺；而康斯坦丝则取道陆路，沿着时不时高耸入云的亚平宁山脉北坡向着东南方前进。第一次远征西西里的经历想必令她刻骨铭心：当时萨勒诺的叛军鲁莽无礼地俘虏了皇后。这是何等的耻辱！在西西里王国不安定的军事形势下，人们绝不能让一位孕妇再次陷入危机，绝不能再让她受到惊吓。

　　于是，跟随女主人的队伍只能在意大利北部平原缓缓前行。整个夏秋季节，人们都沿着山脚懒洋洋地走走停停，有时停顿的时间还会更长，后来，队伍就沿着亚得里亚海岸线行进。由于缺乏准确的细节材料，因此关于旅途的大部分情况都只能猜测。12 月，在距安科纳不远的地方，皇后的队伍在一条名叫埃西诺（Esino）的小河那里拐进腹地。起初这里的地势起伏平缓，景色优美，可当人们沿着河流继续前行，陡峭不平的岩石阻断了去路。耶西到了，这是一座简朴的乡下小镇。随着中世纪的发展，许多在古罗马帝国和平时期坐落于山谷中的居民点开始面对时常出现的威胁，为了能更好地防御，这些地方的居民撤到附近的小山丘上，并在居住地周围筑起坚固的防御工事——人们称这种主要出现在意大利中部地区的基本居住地迁移现象为“堡垒化”（incastellamento）。昔日由罗马提供保护，如今这一职能不得不由自然来承担，古城埃西斯（Aesis）便面临如此情况，此时它更名为耶西。在这座城墙包围的小镇内的古罗马广场上方，已经开始阵痛的皇后率领随从住了下来。就在这里，在圣诞节的第二天，人们期盼已久的皇位继承人腓特烈降临人世。

我们能知道腓特烈确切的生日，这一点在中世纪较为罕见。除了加洛林时期和中世纪晚期的少数案例，著名人物的生日一般都不为后人所知。古希腊和古罗马人会举行铺张的仪式庆祝生日，而早期基督徒对此则有完全不同的看法。在基督徒看来，出生意味着踏入了需要解救的世界，意味着灵魂被困入罪恶的躯壳。真正的生日是洗礼日，在这一天，人为了上帝而生。与早已"被遗忘"的生日不同，忌日常常被那时的人们所铭记。往往在这样一种情况下，忌日会被记录下来：如果修道院对某人怀有感激之情，他们便会将这个资助人的名字写在亡者之书中，并举行弥撒以使其灵魂得到救赎。

但腓特烈的情况完全不一样。他曾直接要求庆祝自己的生日。这个庆祝命令记载在 1233 年圣日耳曼诺的理查的编年史中，我们由此得知了准确的日期："皇帝下令，在纪念首位殉道者的圣斯德望日（12 月 26 日），王国全境应庄重庆祝皇帝生日。12 月，为着皇帝的荣耀，圣日耳曼诺人隆重地庆祝了这一天，500 多名穷人在集市上饱餐了一顿面包酒肉。"另外还有一封偶然流传下来的亨利六世的书信，可补充这一记载。他也指明了这一日期："朕之皇妻康斯坦丝，罗马人尊贵的皇后，于首位殉道者圣斯德望之日分娩一子，添我幸福。请与朕同乐。"[2]

最为浓墨重彩地描绘腓特烈出生情形的，要数埃博利的彼得（Petrus de Ebulo，约 1160 后—1220 前），他是教士兼编年史作家，来自萨勒诺，受过医学教育。他创作了一部作品，关于 1189 年 11 月 18 日国王威廉二世去世后至 1194 年 12 月 25 日亨利六世即位之日（腓特烈出世前一天）这段时间内西西里王国内部的斗争。彼得将这部书献给在古罗马传统中被称作奥古斯都的皇帝，并命名为《皇帝纪念书》（*Liber ad honorem Augusti*），不过这部书更主要是"关于西西里的事件"（sive de rebus Siculis）。这部作品有一份绘有丰富插图的抄本保存下来，目前收藏于伯尔尼市立图书馆内。在书中，彼得用溢美之词将腓特烈抬高到了维吉尔《埃涅阿斯纪》第四首牧歌中预言的男孩那样高的地位。根据古代传说，古罗马诗人维吉尔于公元前 1 世纪末创作了这部史诗，讲述了埃涅阿斯逃出熊熊燃烧的特洛伊，从此在外漂泊，最后在拉丁姆地区登陆，成为罗马

人祖先的故事。生活于 13 世纪初的埃博利的彼得谈到腓特烈时，仿佛是
在与世界变革者对话，因此他的创作无异于罗马帝国的创立神话：

> 万岁，意大利之华彩，成就全新之时代……
> 万岁，你这耀眼的光芒，如永恒的太阳般闪耀，
> 在襁褓中的你已照亮晦暗的天空。
> 万岁，朱庇特之苗裔，罗马之名的继承者，
> 注定将革新世界与帝国。
> …………
> 万岁，你这幸运之子，双亲有福的后人。
> 众神甜蜜的爱子，万岁，尊贵的童男。[3]

　　这部作品中的精美插图，是 11 世纪末巴约挂毯以外中世纪唯一保存
下来的展示同时代事件的组图。据作者所言，这是他的处女作，但绝不会
是他的遗作。为了奖赏彼得支持皇帝的宣传，皇帝赐给他埃博利的一处磨
坊作为采邑，不过我们是从后来 1221 年腓特烈二世的一份诏书中才得知
此事的，那时彼得早已去世。无论如何，用程式化手法给统治者表现近乎
弥赛亚的地位，这一做法很可能又被投射回来，得到了回报。

　　腓特烈的出生地耶西如今是一座适于打发闲暇时光的生机勃勃的小
城，它为降生于自己城墙内的这位统治者而自豪。在城市东北部的贝尔萨
格里门（Porta Bersaglieri），矗立着一座为了纪念这位统治者诞辰 800 周
年而建造的青铜纪念碑，它展示了君王的全身像。在如今名为"费德里科
二世广场"的耶西老市场边的大教堂前，有一处方尖塔喷泉，由八头石灰
岩制喷水雄狮守护，纪念着中世纪时这座城市最负盛名的儿子的诞生。一
块大理石板用四种语言介绍了当时的情形。铭文称，根据一则古老的传
说，腓特烈，西西里和耶路撒冷国王，罗马帝国皇帝，"一位各学科领域
真正的天才"，在一顶帐篷内降生。后来人们给这段城市历史添加了各种
虚构的细节。皇帝赐予其出生地一顶王冠，将其添加到城徽上。这位统治
者曾停留过的一些地点是捏造的，例如 1216 年的一处居住地，因为据考

证那时腓特烈身在德意志地区。在其中一处传说的到访地，甚至还建造了一座大理石拱门，上书铭文："在这里诞生了我们的皇帝腓特烈二世，祖国永远的奥古斯都与耶西之父。"这一切都源于市民对这位后来扬名天下的统治者的自豪感。[4]

　　腓特烈十分懂得利用这些围绕着自己的出生所编造的传说来塑造自己的统治者身份，并将自己美化为弥赛亚。1245 年正值腓特烈与教宗之间的宣传战到达白热化阶段，于是腓特烈在授意他人为自己的出生地耶西撰文时有意暗指基督："若是每个人怀着出自自己天生意愿的某种感情，都对自己的出生地尤为热爱，若是对故乡的爱伴着甜蜜影响着所有人，且这种爱决不允许人们将故乡遗忘，那么根据自然法则，同一种缘由驱使着朕一直带着最深的感情拥抱耶西，那座边区高贵之城，朕之先辈显赫的起点，朕神一般的母亲在那里产下朕，朕的摇篮在那里闪耀，那片土地在朕的脑海中挥之不去，帝王的土地与发祥地，朕之伯利恒，深深根植于朕的心中。朕之族群所建的第一批城市中，你绝非最微不足道者，你是边区之城，是伯利恒。从你的怀抱中走出了领袖和罗马帝国的君主，将要统治和庇护你的人民，他决不会允许你的人民继续臣服于外来的主子。起来吧，

从市场到宿营地：在如今名为"费德里科二世广场"的耶西老市场边的大教堂前，有一处方尖塔喷泉，纪念着腓特烈二世的诞生。耶西狮子城徽上的王冠据说也是这位帝王赐予该城的

他的第一位母亲，甩掉身上外族的镣铐吧！"[5]

对腓特烈出生时的真实情况我们一无所知，因为这些都经不起严格推敲。但是我们知道，围绕着他的出生开始衍生出中世纪最奇特的一个传说，传记作家至今还喜爱讲述这个传说。腓特烈当然并非由处女所生，但他的出生在当时的人们看来就是一个奇迹。一些人将他的降生视作上天的赠礼来庆贺，并称颂这个婴儿是重新降临人世的弥赛亚。而另一些人则立刻开始怀疑这名婴孩身份的合法性。这一怀疑并非全然没有道理，因为西西里的康斯坦丝，国王罗杰二世之女，在 1186 年与"红胡子"腓特烈一世之子亨利成婚时年已 32 岁。当她与亨利六世度过八年无子女的婚姻生活后，于 1194 年圣诞节次日产下一名男婴时，她已近 40 岁。中世纪时期的妇女生育子女时通常都要年轻得多，而康斯坦丝与年轻自己 11 岁的亨利婚后多年未能生育，自然招致人们固有的怀疑。于是在腓特烈去世约 30 年后，从这样的温床中滋生出了一则他的诞生故事，这则故事中充满了极富想象力的细节，仿佛五彩斑斓的花朵。假定整个故事是刻意编造的，大概不会错。

根据传说，腓特烈出生在耶西一处广场上一座华丽的帐篷内，如今广场以腓特烈的名字命名。但人们可能会问，为何康斯坦丝要在寒冷的 12 月在帐篷中产子，她分明可以使用那些温暖的房屋。在其他城市，有身份的居民都会争先恐后地争取留宿位高权重者的殊荣。只有当城市中的住处不够时，例如正值大型宫廷庆典或节日时，才会使用一些豪华的帐篷。紧接着，据说康斯坦丝是当着耶西已婚妇女的面将孩子生下来的。在后来的传说中，围观生产的人不断增加。不知从何时起，在传说中，半个王国的大人物都在现场了。并且康斯坦丝为了打消众人对其是否产子的怀疑，还公开用赤裸的乳房哺育婴孩。另一个来自谣言簿的细节透露了人们虚构这些故事的原因。一些文献称，腓特烈其实是一名屠夫或驯隼人或磨坊工的儿子。这一点囊括了一系列怀疑说法，因为从根本上看，无论各种说法如何变化，它们的主题都是一致的：一个从修道院出来的名叫康斯坦丝的巴勒莫修女结了婚，但她实在太老了，没办法自然生子。为了使怀疑看上去更加可信，在某些传说中，皇后假装产子的年龄变得越来越大。我

帐篷中的帝王：乔万尼·维拉尼在其编年史中把腓特烈二世的诞生之事安排在集市上的一座帐篷内。只是维拉尼并不像大多数记载那样让这一场景发生在耶西，而是让其发生在巴勒莫

们可以看看其中一些谣言。

1200 年前后，罗马教廷写出了一部记录教宗英诺森三世（1198—1216年在位）功绩的报告《英诺森功业记》（*Gesta Innocentii*）。此外，该报告还记叙了德意志军事首领安韦勒的马克瓦德（Markward von Annweiler，卒于 1202 年）曾派人拜访教宗，确保教宗不会阻拦自己占领西西里。为此马克瓦德允诺付给教宗一大笔金钱，并以西西里通行的方式宣布效忠于教宗，还特别宣誓效忠于教宗的同盟。《功业记》还称，教宗不需要为自己的被监护人费心，因为这个孩子反正不是皇帝夫妇的亲生儿子，而是个假冒的皇子。这则传说在接下来的数十年里广为流传。这一消息甚至传到了易北河下游的施塔德（Stade），当地从萨克森-韦尔夫家族视角写作的方济各会僧侣阿尔伯特，还在 1256 年后完成的简短的编年史中为这则故事附上了一篇相对较长的说明。以下是他笔下的版本：

"皇帝亨利之子，西西里国王腓特烈，在罗马由教宗洪诺留（三世）加冕为奥古斯都后的第 89 任皇帝。但总有谣言称，这个腓特烈其实并非皇帝亨利之子，他不过是个冒牌货。流言是这样产生的。西西里国王（罗杰二世）之女康斯坦丝……嫁给皇帝时似乎已经 60 岁了。人们担心她没有生育能力。因此皇帝尽力遵照医嘱医治皇后的不育，以使皇后产下后代，保证西西里王国不会后继无人。医生允诺为皇帝提供建议和帮助，使皇帝实现计划。但他们用药物使皇后的子宫逐渐隆起，让皇帝坚信皇后已怀孕。在此期间，医生则在不同妇女那里寻找合适的婴儿，如果有人在康斯坦丝临盆的同时生子，哪怕孩子出生在世界的另一个地方，也要依照周密的计划将孩子抢走，立刻送入宫中放在康斯坦丝的床边，仿佛孩子是由康斯坦丝所生，这样一来，他人的儿子就会被当作皇子。据说人们并不确定那个男孩究竟是医生、磨坊工还是驯隼人之子；但人们肯定他一定是这三者之一的儿子。"不过阿尔伯特本人并不十分相信这个故事。在他编写的一份统治者名录中，他注明："我相信，他是亨利之子。"[6]

阿尔伯特在方济各会的会友萨林贝内在《编年史》中也记录了类似的故事。他对耶西这座城有亲身感受，因为 1239 年他曾在那里参加方济各会修士集会并度过了斋戒期。"耶西是皇帝腓特烈出生的城市。在那里有传言称腓特烈是一名耶西屠夫之子，只因康斯坦丝皇后与皇帝亨利成婚时非常非常老，并且她除了腓特烈再没有其他子女。因此人们说皇后假装怀孕后，将孩子从亲生父亲手上弄到自己身边，这样人们就会相信孩子是由她所生。有三件事让我们有理由相信这一点。第一，我想起自己曾多次读到妇女们惯于做这样的事。第二，梅林（Merlin）曾写到他：'第二个腓特烈，其出生意外而蹊跷！'第三，皇帝的岳父，耶路撒冷国王布列讷的约翰（Johann von Brienne）曾大发雷霆，用法语咒骂皇帝是屠夫的儿子，因为他想谋杀……约翰的侄子……'你这个魔鬼，屠夫的崽子！'"[7]

佛罗伦萨编年史作家乔万尼·维拉尼则给该传说添上了修女这一主题。此外，他让故事发生在王国的首都巴勒莫而非耶西。他在撰写教宗塞莱斯廷三世时期阿诺河之城的编年史时，谈到教宗曾指示大主教，"他应让威廉（二世）国王的姑母、西西里王国下一任继承人康斯坦丝——她是巴勒莫的修女，年逾五十——离开修道院，并给予其过世俗生活和缔结婚姻的特许权。于是这位大主教便让她离开了西西里去往罗马。教会安排她成为皇帝亨利之妻。这段婚姻缔结后不久，腓特烈二世就诞生了，他后来大肆迫害教会。若是没有上帝的意愿，从这段婚姻中绝不可能产生继承人，因为他是由一位修女所生，而这修女已年逾五十，女人在这个年纪自然不可能怀孕。因此他的降生克服了两重障碍，一个是宗教障碍，在一定程度上还有世俗障碍，这有违理性。我们发现，康斯坦丝皇后怀上了腓特烈后，西西里和整个阿普利亚王国境内的民众便因她在如此高龄仍能受孕而心生怀疑。当皇后准备分娩时，她命人在巴勒莫集市上支起一个帐篷，并宣称，任何妇女若是愿意，都可以来观看她生产，于是许多人都来到现场旁观。这样一来，疑虑就烟消云散了"。就连乔万尼·薄伽丘也添油加醋地参与了谣言制造，他称皇室曾下令将西西里王国内的所有贵妇召集到耶西，以见证皇后分娩。[8]

最后要谈到人文主义者潘多尔福·科莱努乔，200 多年后由他撰写的《那不勒斯王国史纲》借鉴了许多较为古老的史料。他在笔记中概述道："怀孕的康斯坦丝留了下来。当时她打算追随夫君亨利的脚步前往德意志，然而她却在边区安科纳得到指示，不得再继续赶路，而是应当退回到西西里王国附近，因为据亨利得知，安科纳发生了一系列骚乱。但由于临近分娩，皇后只得来到耶西，并在 1194 年诞下一子，孩子依祖父的名字被命名为腓特烈。可是皇后已不年轻，年过五十，几乎无人相信她能怀孕。亨利听闻皇后怀孕后十分震惊，第一个起了疑心，于是他想从当时颇有声望、以预言能力著称的修道院长约阿希姆（菲奥雷的约阿希姆）那儿得到肯定的意见。院长向皇帝确保康斯坦丝怀的是他的孩子，并且他预言皇后会产下一名男孩，也预言了孩子·生的成就。他还预言亨利不久便会死去，地点在墨西拿附近的米拉佐地区，还为亨利解释了埃律特莱的西比尔（Erythräische Sibylle）和梅林的部分预言。出于这些原因，为了摆脱众人的怀疑，聪慧谨慎的康斯坦丝命人在集市上搭起帐篷，在那里分娩。她希望能允许所有男爵及贵族，无论男女，都能现场观看她生产，让所有人知道这个孩子并不是偷偷塞进来的。"[9] 没有什么事比指责继承者是假冒的更能破坏皇室的合法性了。因此人们可以认定，关于年老修女和假婴儿谣言的源头显然是反对帝王的派系。从一开始，这位未来教宗最大的反对者就事事不顺。保皇派很难驳倒这样的指控。以公开分娩作为解决方法似乎可以起到作用。很显然，一间生着炉火的产房里的少数几名助产妇充当分娩见证人，这在公众面前没有多少效果，只有在集市上生产才能扫清疑虑。如果耶西这座新伯利恒没有准备一个马槽作为拯救世界者的诞生之地，那至少可以准备一顶帐篷。

部分记载，如施塔德的阿尔伯特的编年史，意图向我们说明，康斯坦丝希望让儿子以君士坦丁之名受洗。这不寻常，因为虽说此名借鉴了第一位基督教皇帝之名，且与康斯坦丝本人的名字相仿，但无论是诺曼家族还是施陶芬家族一直以来都在使用其他的家族常用名（Leitname）。另一些记载称，腓特烈因外祖父诺曼国王罗杰二世和祖父施陶芬王朝皇帝"红胡子"腓特烈一世而得名罗杰·腓特烈（Rogerius Fridericus），并在1196年底或1197年初以此名受洗。不过人们有充分的理由怀疑这位皇子当时真的被冠以外祖父之名，因为还有另外的记载称他的洗礼名就单叫腓特烈。在这位统治者半个多世纪内授予他人特权的文件中，我们可以看到，所列出的一系列名字与头衔里，他的名字只有腓特烈。不过关于他的洗礼之地没有任何争议：阿西西，小兄弟会的创始人圣方济各的出生地。

诺曼人如何成为西西里国王

腓特烈的外祖父西西里国王罗杰二世（1130—1154年在位）是诺曼人，他是一个典型的向上攀爬者。诺曼人起源于斯堪的纳维亚。这片仲夏阳光不断、冬日长夜漫漫的土地在9—10世纪孕育了一批批贪婪好斗的水手，他们骚扰欧洲海岸，四处洗劫修道院和城市：他们就是维京人。他们驾驶着轻便但适于航海的船只，不仅沿着海岸线航行，还逆着河口往上，一直深入内陆，因此对不列颠、爱尔兰和法兰克王国而言，他们才是真正的上帝之鞭。后来向西欧和南欧地区迁移的那部分维京人被称为诺曼人。10世纪初，诺曼人的一位头领从"糊涂者"（der Einfältige）查理三世国王手中勒索到了西法兰克王国的一大片土地，这片土地后来由其新主人命名为诺曼底。开始在塞纳河口定居的诺曼人放弃了自己的神灵以及日耳曼方言。他们很快与留在当地的高卢-罗曼人通婚,接受了基督教信仰,几代人之后就开始互相说一种古代法语方言。诺曼人把古日耳曼法律与法兰克人的统治习惯融合为诺曼底新的封建权力结构,继续发扬传说中古维京人的蛮勇精神,最终将自己造就成孔武有力、令人胆寒的战士。

约 11 世纪中叶,诺曼人重新燃起战斗的热情。他们中的一支由后来被称作"征服者"威廉的公爵领导,于 1066 年征服了英格兰。著名的巴约组图记叙了这段历史,这些图画是由吃苦耐劳的修女耗费十年时间在一块 70 多米长的羊毛挂毯上绣成的。另一支诺曼人则充当雇佣兵,帮助意大利南部伦巴第诸侯攻打穆斯林和拜占庭人。1000 年前后,一支仅 40 人的队伍出发朝圣,他们从耶路撒冷返回时,无意间以朝圣者的身份登陆意大利南部。当时的意大利南部被划为多个统治区域和势力范围,因而四分五裂:有伦巴第诸公爵,例如贝内文托和卡普亚公爵的领地,有阿马尔菲和加埃塔等自由市,有拜占庭的意大利总督区(Katepanat *Italia*)剩余的土地,此外还不断有阿拉伯人的掠夺队伍。诺曼人就这样被卷入这种复杂而混乱的局势中。接下来数十年的小型战争中,这些雇佣兵就像强盗头子一般行动,手下往往仅有数百名战士。最初的数场战役中有一场已经成了他们的"坎尼会战":1018 年,一队士兵在这处著名的古战场上遭遇拜占庭军队,最终惨败。

但是诺曼人是由强韧材料打造的,他们绝不会轻言放弃。其中最优秀的雇佣兵出身于封臣欧特维尔的坦克雷德(Tankred von Hauteville)家族,这个家族属于低等贵族阶层,而欧特维尔的名字来自法国北部科唐坦半岛上的一处名为欧特维尔·拉·吉夏尔(Hauteville-le-Guichard)的小地方,该地位于圣洛(Saint-Lô)与主教座堂城市库唐斯(Coutances)之间。意大利人取其名"高处的村庄"之意,用意大利语称其为"Altavilla"(阿尔塔维拉)。欧特维尔的坦克雷德 12 个剑术高超、足智多谋的儿子中,有几个的名字令人闻风丧胆,如"铁臂"威廉(Wilhelm "Eisenarm",卒于 1046 年)、德罗戈(Drogo,卒于 1051 年)和罗伯特·吉斯卡尔(Robert Guiscard,卒于 1185 年),后者的名字 Guiscard 在古法语中意为"机灵鬼"或"好脑筋"。他们为他人效力了一段时间后逐渐认识到，为自己赢取地盘比获得薪饷和战利品要好得多。于是在 11 世纪末至 12 世纪上半叶，他们在意大利南部建立了多个诺曼人的领地，其中就有被阿拉伯人统治多年的西西里，现在被罗杰一世（卒于 1101 年）占领。罗杰之子罗杰二世不仅成功地团结了意大利南部各势力，还为自己毕生的事业戴上了一顶王冠。出身于罗马望族皮埃莱奥尼（Pierleoni）家族且依附于罗杰二世的教宗阿纳克莱图斯二世（1130—1138 年在位）于 1130 年将西西里升格为王国，并派遣一名使节为这位诺曼人加冕。由于这名教宗使节被视为基督在罗马的代理人的代理人，因此事实上相当于上帝之子亲自加冕；巴勒莫海军元帅圣母教堂穹顶上的马赛克画正是这样描绘的。耶稣基督降下一顶王冠，将其戴在穿着拜占庭式华丽服装的统治者头上。西西里王国诞生了，后来以其他形式一直延续到 19 世纪，直到朱塞佩·加里波第（1807—1882）的游击战士发起了"千人远征"（Zug der Tausend），这个延续了 700 年的前诺曼人王国才遭到致命一击。当外孙腓特烈 1194 年出生时，西西里第一位诺曼国王罗杰二世已去世 40 年。即使是腓特烈的母亲欧特维尔的康斯坦丝也没能见到自己的父亲。他在她出生前就已经死去。不过诺曼人的出身和继承下来的传统应该会对皇帝后来的许多行为产生重大影响。

　　诺曼-西西里王国的继承权最终经欧特维尔的康斯坦丝传到施陶芬家族那里，这可以说是一场意外，因为这样的情况在 12 世纪末不太可能发生。罗杰国王的后代是"恶人"（der Böse）威廉一世（1154—1166 年在位）和"善王"威廉二世。"善王"威廉是一个生动的例子，能让我们看到同时代人及后世的历史记忆如何塑造人的形象，而不看重此人做成的功绩。但丁·阿利吉耶里为谁的统治成果做出了或好或坏的评价，谁就会带着赞美或顶着恶人的标记达数百年："在我睫毛之下部的是威廉，/ 他的人民伤心他的死，/ 同时又哭泣查理和腓特烈的生。"[①] 祖国的眼泪为了威廉之死而流，也为了安茹的查理和腓特烈二世依然活着而流；这样相反的

────────────

① 译文参考了王维克译《神曲》，有改动。

评价必定会长载史册。1189 年，"善王"威廉二世的去世为康斯坦丝获得继承权铺平了道路。1186 年康斯坦丝在米兰与后来的皇帝亨利六世结亲，这为王朝的未来打开了全新的局面。但是部分西西里男爵有完全不同的看法，于是他们在 1189 年拥立了一个诺曼私生子后裔——莱切的坦克雷德（Tankred von Lecce，1190—1194 年在位）为王。直到经过了两次战争，亨利才获得了西西里的王冠和整个西西里王国。[10]

萨利安-施陶芬先祖

　　腓特烈的父系祖先是德意志西南部的贵族，在德国史称"施陶芬家族"。但是施陶芬家族并非一个封闭的家族，他们没有统一的名称，甚至没有一个能联系所有家族成员的家族意识。施陶芬家族在 11 世纪中叶就已经是德意志西南地区最有势力的家族之一。他们的领地集中在比伦（Büren）和洛尔希（Lorch）附近的核心区域以及阿尔萨斯地区的塞莱斯塔（Schlettstadt）和阿格诺周边。和许多中世纪世族一样，他们也使用一个家族常用名：腓特烈。1079 年对施陶芬家族而言是扩充自己势力最重要的一年，在这一年，萨利安王朝皇帝亨利四世（1056—1106 年在位）——后世常被描述为身着忏悔衣站在卡诺莎城堡前的那位统治者——将一位腓特烈升格为施瓦本公爵。这位腓特烈一世公爵还迎娶了皇帝的女儿阿格尼丝（Agnes）。在这一时期，腓特烈一世还在施陶芬城堡建立了一处据点，并捐建洛尔希修道院作为家族修道院和家族墓地。他同两个儿子腓特烈二世公爵——不要与我们的皇帝腓特烈二世混淆——和康拉德极大拓展了家族领地，从而成为萨利安王朝在帝国西南部最重要的盟友。1125 年，萨利安家族的最后一名男丁去世，于是施瓦本的腓特烈二世和后来的国王康拉德三世为萨利安家族最后的女性之子提出了王位要求。腓特烈二世公爵在 1125 年参与了国王选举，但是失败了。1127 年，其弟康拉德试图通过自立为王的方式来实现自己的目的，但在 1135 年不得不臣服于皇帝洛泰尔三世（1125—1137 年在位）。1137 年洛泰尔去世后，康拉德三世（1138—1152 年在位）作为施陶芬家族之人才于 1138 年被选举为罗马-德意志国王（römisch-deutscher König）。现在这个贵族家族成了王国和帝国家族。

　　然而与德意志西南地区另一支世族——韦尔夫家族之间的激烈斗争却给康拉德的统治蒙上了阴影。这个家族的名字在接下来的数十年甚至数百年时间里在德意志尤其是意大利都具有巨大影响。与韦尔夫家族的斗争阻碍了康拉德国王及早赶往意大利加冕。后来，康拉德国王将妻子的一名女亲戚，苏尔茨巴赫的贝尔塔（Berta von Sulzbach），嫁给拜占庭科穆宁王朝的皇帝曼努埃尔一世（1143—1180 年在位），借此成功地与东罗马帝国结盟。1147—1149 年，康拉德参加了第二次十字军东征，他一直以来努力争取的加冕计划一再遭到阻碍。不过康拉德为了与拜占庭皇帝平起平坐，有时会采用皇帝称号。他在参加十字军前就让自己的长子亨利当选为罗马-德意志国王，但亨利 1150 年就去世了，年仅 13 岁。次子腓特烈在父亲康拉德 1152 年去世时只有 6 岁。这样一来，这个孩子就得到了一名监护人，即孩子伯父的儿子，也就是孩子的堂兄。

　　这名监护人也叫腓特烈，他迅速利用自己的地位使一部分诸侯选举自己为罗马-德意志国王。这名不忠的监护人后来却获得了高尚的名声，而他背叛的痕迹在他在世时就已被优雅地抹去：他就是"红胡子"腓特烈一世（1152—1190 年在位）。事后，人们以适当的方式修正了这段历史。根据修正后的历史，康拉德国王在去世前不久曾指定自己的侄子腓特烈为继承人。而这位侄子为了补偿年幼的堂弟腓特烈，则指定他为自己在施瓦本公国的继承人。虽然做得天衣无缝，但人们依然可以清楚地看到，这种从叔父到侄子看似顺理成章的王位转移实际上存在断裂。1156 年，腓特烈与"狮子"亨利达成一致，这样，1152 年当选国王的"红胡子"腓特烈一世成功地使施陶芬家族与自己的母系亲属韦尔夫家族达成和解，而"狮子"亨利则同时成为萨克森和巴伐利亚公爵。可是 1180 年两人关系破裂，这位强大的韦尔夫家族公爵遭到废黜，帝国北部一些诸侯的势力由此壮大。[11]

　　"红胡子"腓特烈一世在 1154 年和 1155 年的第一次意大利远征中开始推行大范围的复辟政策，意图借此撤销那些谋求自治的意大利北部城邦以前的众多帝国特权，这些特权被称为"君权"（Regalien）。与此背景相关的还有隆卡利亚会议（Hoftag von Roncaglia）和帝国荣誉（honor imperii）这两个关键词。正如克努特·戈里希（Knut Görich）指出的，维护帝国和皇帝陛下的荣誉在中世纪十分重要，这也是有些在如今看来不太理性的行为的动机。"红胡子"统治时期，皇帝与教宗争夺在欧洲的统治地位的斗争也在白热化。1167 年，意大利北部各城邦集结兵力，组成伦巴第联盟（Lombardenbund）。"红胡子"又发动数次意大利战争讨伐城邦联盟，但绝大部分行动都失败了。相比之下，皇帝的婚姻政策更为成功，12 世纪 80 年代中期，"红胡子"腓特烈一世成功安排自己的次子亨利与诺曼公主欧特维尔的康斯坦丝成婚。婚礼于 1186 年 1 月 27 日在米兰举行。1188 年，年近 70 岁的"红胡子"接过十字架，一年后他朝着耶路撒冷的方向，踏上了第三次十字军东征的旅途。但是 1190 年 6 月 10 日，他死于一场今人所谓的"洗浴时的意外"。早餐时饱食了过多酒肉的皇帝试图游过小亚细亚山间冰冷的萨列夫河（Saleph），年已 68 岁的君主因此心脏骤停。

腓特烈之子及继任者皇帝亨利六世推行将帝国与南意大利诺曼王国统一的政策，史料将这一政策称为"将王国统一至帝国"（Unio regni ad imperium）。经历数次失败后，他终于在 1194 年实现了这一目标。由此，施陶芬家族治下的帝国疆域从北海和波罗的海一直延伸到西西里。然而对教宗而言，这种从南到北四面包抄教宗国的状况会威胁到自身的存在，至少教宗们的感觉就是如此。于是他们竭尽全力以再次挣脱"施陶芬的钳制"。皇帝亨利则在英国国王"狮心王"理查从十字军东征战场返回途中，将其囚禁，并从理查身上敲诈了一笔巨额赎金，从而用这笔钱支持自己在西西里的战争。1194 年圣诞节，亨利在巴勒莫加冕，完成了这一目标。一天后，其子腓特烈降生。

根据历史记载，亨利六世的名声极差，这或许是因为他的部分行为过于残忍。萨林贝内记载的布列讷的约翰对皇帝腓特烈二世的叫骂"你这个魔鬼，屠夫的崽子！"可能并非意指屠夫的职业，而是指腓特烈之父的残暴。由于"红胡子"的儿子中，只有亨利生有男性子嗣，这样一来，皇室的父系血脉明显式微。1197 年 9 月 28 日，年仅 32 岁的皇帝亨利六世在墨西拿意外死于痢疾或者疟疾。他的遗体被临时埋葬在墨西拿，1198年又被转移到巴勒莫的大教堂。亨利可能在 1215 年才得到一具棺椁，他的遗骨至今还在其中安息。而直到 18 世纪末，这具棺椁才被安放到现在的位置。

随着亨利死亡，他建立起的帝国迅速土崩瓦解。在西西里，亨利的遗孀康斯坦丝代替年仅两岁多的腓特烈执政。德意志局势则翻天覆地，随着 1198 年举行双重选举，亨利的弟弟施瓦本的菲利普国王（1198—1208年在位）和腓特烈二世的叔辈、出身韦尔夫家族的普瓦图的奥托——后来的皇帝奥托四世——开始了旷日持久的皇位争夺战。奥托是被驱逐的公爵"狮子"亨利的第三子，流亡中的他成长于安茹宫廷。他曾一度被考虑作为苏格兰和英格兰的王位继承人，后来他被封为普瓦图伯爵，接着被封为阿基坦公爵，其领地至少包括卢瓦尔河和比利牛斯山之间的整个法国西南地区。奥托的舅父"狮心王"理查没有子嗣，因此给予这个最心爱的外甥极大的支持，奥托从舅父那里学会了各种骑士技艺，并在理查与法国国王的战斗中担任军事统帅。1198 年，奥托当选德意志国王，与施瓦本的菲利普对抗。由于他成长于英国宫廷，同时统治区域在帝国之外，因此我们可以认为奥托是德意志王座上的第一位"外国"候选人。菲利普和奥托由不同诸侯群体推选为王，因此两方对王位的争夺连年不休，各有输赢。1198 年，出身孔蒂（Conti）家族的教宗英诺森三世在罗马登上使徒彼得之位，他意图——或者当时的人们这样认为——以教宗的世俗统治取代施陶芬家族的世俗统治。同年康斯坦丝去世，她曾在遗嘱中指定英诺森为年幼的腓特烈的监护人。

恰恰在十年后，在班贝格发生了一件在当时完全意想不到的事：菲利普国王被一个名誉受损的刺客所击杀。虽说古典时期的文献时常记载发生在罗马或其他地方的皇帝遇刺事件，但中世纪罗马帝国的文献中极少出现谋杀统治者的记载。还有一次，即整整 100 年后，另一位国王哈布斯堡的阿尔布莱希特一世遇刺身亡。1208 年菲利普在班贝格遇刺后，其对手奥托最终确立自己的地位。奥托开始对意大利实行扩张政策，而这样的政策过去为施陶芬家族所推行，并遭到教宗的指责。之前支持韦尔夫家族的教宗英诺森三世因此号召德意志诸侯选举出一位新国王。这样一来，1211年，支持施陶芬家族的一部分帝国诸侯就选举年轻的西西里的腓特烈为国王，腓特烈由此继承了一个基本冲突：教宗对教宗国遭到包围的恐惧。这一问题在很大程度上影响了这位年轻西西里人今后的道路。

第 2 章

少　年

最初的话语，最初的尊贵身份

一个婴儿，按照当时的包裹方法被紧紧捆在茧一般的襁褓中，这就是腓特烈首次出现在插图手抄本中的形象。为了让羊皮纸卷的读者能够立刻认识到这位未来统治者的高贵出身，这个襁褓中的婴儿头戴象征王室的冠冕，或者更确切地说是一顶小型王冠。这个被紧紧裹住的婴儿相当快乐地看着观看图片的人。这种描绘方式在中世纪十分少见，因此我们应该注意这幅插图，它出自前文已经提到的埃博利的彼得所作《皇帝纪念书》的一个插图本。虽然孩子脸上有快乐，但这实际上是一个悲伤的时刻。因为这个不到三个月大的孩子正在和母亲分别。这幅图描绘的场景是：康斯坦丝生下腓特烈后，又在耶西逗留了数周，随后她便启程前往南方，在这之前她要将儿子交给斯波莱托公爵夫人照顾。我们可以依照头上所戴的巨大的金板皇冠（Plattenkrone）和写在旁边的"皇后"（Imperatrix）字样辨认出皇后，她骑在马上，用包住的双手将儿子递给未来的养母，同样，养母也并非以裸露的双手接触这位皇室后裔。

康斯坦丝是自愿交出孩子，还是受到了某种胁迫而不得不与孩子分开？或许是因为她担心刚被攻占的西西里王国会发生暴乱，或许她考虑到帝国与王国之间的关系还不甚明朗。又或者这会不会是皇帝亨利六世的政治考量？他是否将自己的儿子仅仅视为自己在权力游戏中意外获得的政治活动机会？这对夫妻是否已经决裂？这一切我们都无从得知。我们只知道，腓特烈一生最初的时光不是在自己父母身边度过的，这一定极大影响了他的性格。他只短暂地见过自己的父皇几面。此外尤其耐人寻味的是，当亨利六世 1197 年 9 月 28 日去世后，腓特烈才被母亲接到了巴勒莫。

腓特烈早年的养母斯波莱托公爵夫人是一位来自内卡河畔罗特韦尔（Rottweil）地区的施瓦本贵族之妻。这位贵族乌尔斯林根的康拉德（Konrad von Urslingen）作为"红胡子"腓特烈一世的侍从，在 1176 年晋升为斯波莱托公爵——这简直是平步青云！他也是亨利六世身边最亲近的追随者之一。从 1195 年起，他甚至以西西里王国女君主康斯坦丝的全权代表的身份出现。1202 年，康拉德去世。公爵夫妇居住在意大利中部城市福利尼奥，距离腓特烈受洗的阿西西不远。腓特烈儿童时期的养母有自己的孩子，其中有两名年纪稍长的男孩，他们在几十年后变成了腓特烈的敌人；还有一名和腓特烈差不多同龄的女孩阿德尔海德（Adelheid），她显然是腓特烈的"青梅竹马"，还是孩子的时候，两人在一起度过了数年时光。想必约 20 年后，腓特烈再次见到了同一个阿德尔海德。这时在他们心中燃起的可不仅仅是对童年时光的共同记忆。因为从 1213 年或 1214 年起，腓特烈不顾自己与远在西西里的阿拉贡的康斯坦丝（Konstanze von Aragón）的婚姻，与乌尔斯林根的阿德尔海德（Adelheid von Urslingen）发展了亲密的恋爱关系，这个阿德尔海德很可能就是早年的那个玩伴。[1]

在福利尼奥的公爵宫廷中，腓特烈度过了一生最初的时光。遗憾的是我们不知道这位公爵夫人也就是腓特烈养母的名字，我们甚至不知道她是德意志人还是意大利人。这件事本身意义不大，但这关乎幼年的腓特烈会在怎样的语言环境中度过童年岁月：他每天听到的是哪种方言在喊自己的小名？他是用什么语言牙牙学语？如果康拉德的妻子是当地的意大利人，那腓特烈最初会用意大利语的一种翁布里亚方言说话。若是如人们猜测的那样，公爵夫人出身于泰克（Teck）家族，且尤其因为公爵康拉德的随从们也来自施瓦本地区，那腓特烈的第一方言就是一种中世纪施瓦本语。他有可能偶然听到并咿咿呀呀地模仿施瓦本语词 käs（奶酪），它源自拉丁语 caseus。而在罗曼语中，早在中世纪早期，caseus 一词除了变体 cacio，又变形为 formagium，意为"成形的奶酪"，意大利语中的 formaggio 就是由此而来。如果这个孩子指着一头山羊，那他身边传来的声音就会是 goiß，要不就是 capra、crapa、caprira。

1197 年秋季，腓特烈结束了在福利尼奥的生活。当三岁的腓特烈被送往巴勒莫的宫廷时，或许他已经学习了诺曼人的古法语和西西里土语。这样一来，孩子在福利尼奥说的 käs 就要变成古法语的 formage 或 fourmage。这个词不久就会变成现代词形 fromage，而 goiß 则会变成 kevrel、chivre、chivrelle，后面这些词变成了现在的 chèvre。而要说西西里土语，则要学会全新的词汇来描述所熟悉的事物。在西西里，奶酪叫 tumazzu 或 tumma，山羊则叫 izza，或者被人昵称为 izzarèdda、zarèdda、pusarèdda。为了得到一颗诱人的樱桃，他在公爵的宫中要说 kirsa 或 kriese，可能还可以说 ciliegia，但在新环境里樱桃则叫作 cerise 或 girasa。他的希腊语和阿拉伯语一定越来越熟练，至少发音上是如此，西西里的某些地区甚至意大利南部都在使用这些语言，这也解释了西西里土语的词汇为何与其他语言完全不同。腓特烈后来是否真正全面且积极地掌握了这些语言，这一点无法确定。在后世的一些拉丁语作者以及阿拉伯编年史作者中流传的说法是，腓特烈懂得阿拉伯人的语言。腓特烈在耶路撒冷时曾在圆顶清真寺中读懂了一段铭文。但问题并不在于这位统治者有没有可能理解或使用特定的阿拉伯语词汇，而是在于他是否牢固掌握这门语言，如人们在书中随处能读到的那样，能用这门语言表达哲学问题。要被培养成统治者就一定要掌握拉丁语，这一点人们可以肯定。担任国王教师的是威廉·弗兰西修斯（Wilhelm Francisius），此人出身于那不勒斯东部的一个富有的贵族家庭，他教授给国王的不仅仅是语言知识。不管怎样，第一次远赴德意志地区，在那里停留了八年之久的腓特烈彼时主要居住在阿勒曼尼方言区，在此期间他应该又学会了一些德语。后来，当他提起羽毛笔，在宫廷诗人的围绕下记录极具个人风格的爱情感受时，他所使用的语言却是与拉丁语大相径庭的西西里土语。

腓特烈在孩提时期就开始达到最高贵的君王地位。1196 年底，腓特烈还不满两岁，在遥远的美因河畔的法兰克福的一次宫廷会议上，在他未出席的情况下，他被选举为"罗马人的国王"（rex Romanorum），即罗马-德意志国王。其父亨利六世导演了这一出选举，以确保自己在出发参加十字军前能确立继承人。但是，1198 年 5 月 17 日，即圣灵降临节那天，腓特烈在巴勒莫大教堂加冕为西西里国王，这样一来，他的母亲为腓特烈放弃了德意志国王的头衔。举行加冕典礼的地点设在过去其他西西里统治者接受王冠的地方，即圣母加冕礼拜堂（Kapelle Santa Maria Incoronata）内。这处建筑有原初部分遗留下来，如今铭文上还写着："国王在此处加冕。"年轻国王的头衔便由"罗马人和西西里的国王"（Romanorum et Sicilie rex）变为西西里国王所独有的完整头衔"西西里国王、阿普利亚公爵及卡普亚王公"（rex Sicilie, ducatus Apulie et principatus Capue）。放弃"罗马人的国王"的身份，一方面迎合了教宗的利益，因为教宗害怕被包围，他对西西里和阿尔卑斯山以北的王国被同一人统治的形势极其敏感；另一方面，可以巩固康斯坦丝的儿子在西西里的地位。并且腓特烈放弃德意志王位也与腓特烈远在德意志的叔父不无关系：1198 年 5 月，康斯坦丝得知，亡夫的弟弟，施瓦本的菲利普被推举为罗马-德意志国王。[2]

充当人质的小国王

1198 年 11 月 27 日，年幼的西西里国王还未满四岁，他的母亲康斯坦丝就去世了，他成了孤儿。康斯坦丝在遗嘱中指定教宗英诺森三世为腓特烈的监护人，教宗也因此成为西西里王国的摄政。但是皇帝亨利六世也留下了一份遗嘱。根据这份遗嘱，出身普法尔茨（Pfalz）地区的军事统帅安韦勒的马克瓦德（卒于 1202 年）宣称自己应替未成年的腓特烈行使西西里摄政权。这样就开始了看似永无休止的权力之争。腓特烈成为三方势力的傀儡：一是其母康斯坦丝在世时被任命为宫廷官员的诺曼贵族，二是跟随皇帝亨利六世来到西西里的德意志领主，三是教宗的使节。各方力量此消彼长，形势难以捉摸，野心勃勃的活动家们动用不可告人的手段，试图将男孩控制在自己手中。他们甚至不惜付诸战争。城堡被包围，大片土地被荒废，一场场战役打响，其中在坎尼的土地上再次爆发战斗，一百多年前及一千多年前，那里的泥土已经被诺曼人和拜占庭人、罗马人和迦太基人的血液所浸透。

支配小国王腓特烈的权力最初落在了热衷于攘权夺利的文书长（Kanzler）帕利亚拉的瓦尔特（Walter von Pagliara，卒于 1229 年后）手中。然而在 1201 年 11 月，安韦勒的马克瓦德发动政变，占领了小国王当时所在的海边堡垒。当雇佣兵闯入房间时，不满七岁的腓特烈为了逃脱被俘的命运，像一头小兽那样顽强抵抗。他绝望地撕碎了自己的衣服，"用自己的指甲如刀一般划破了自己幼嫩的皮肤"，显示出了"成为杰出统治者的预兆"——教廷前文书，后被选为卡普亚大主教的赖纳德（Rainald）在写给教宗的一封信中这样写道。赖纳德从目睹事情经过的腓特烈的老师威廉·弗兰西修斯那里得知了细节。人们那么早就能从腓特烈的举止看出，他将来会成为一位优秀的国王；而且从字里行间仿佛能看到一个孩提时期就充满君王威严的南方人身上的骄傲。一年后，马克瓦德意外死去，于是腓特烈又被曾追随亨利六世留在南部的将领威廉·卡帕罗纳（Wilhelm Capparone）所控制。卡帕罗纳自称"国王的守卫和西西里的大舵手"，不久，为争夺年幼的腓特烈，他与另一名德意志贵族施魏因斯波因特的迪波尔德（Diepold von Schweinspeunt）争斗起来。帕利亚拉的瓦尔特也不时卷入阴谋中，最终居于领导地位，直到 1208 年圣诞节腓特烈成年。[3]

所有这些曾经追随皇帝亨利六世的渴求权力的军队统帅，过去在阿尔卑斯山以北地区时都属于较低的社会等级，他们一般担任侍臣（Ministeriale），有的甚至只有有限的人身自由。随着亨利对外扩张，他们在南部迅速飞黄腾达：腓特烈的养父乌尔斯林根的康拉德在意大利成为斯波莱托公爵；安韦勒的马克瓦德自称拉韦纳和罗马涅公爵以及安科纳边区伯爵；施魏因斯波因特的迪波尔德以阿切拉（Acerra）伯爵自居。这些绝非虚衔，受衔者会通过授予旗帜而被赠予封地，这种封地能使领受者成为王公级别的高等贵族。数十年来，究竟是什么像磁铁一般吸引德意志侍从和骑士奔赴意大利，答案是显而易见的：不仅仅是金钱和战利品，还有留在家乡的人完全无法想象的晋升机会。

　　我们不清楚未成年的国王如何在巴勒莫度过自己的童年。但是我们能从一封标记为 1207 年的写给监护人英诺森三世的信中得知，腓特烈接受了骑士教育，并努力学习如何战斗，甚至信中的表述看上去很像斯特拉斯堡的戈特弗里德（Gottfried von Straßburg）创作的史诗中描述理想骑士形象——年轻的特里斯坦——所用的表达方式："每个白天，他都在不断的活动中度过，一刻不停歇。为了通过练习增强力量，他学习各种武器的使用技艺，以训练自己的身体关节。当他练习时，他会抽出那柄他熟悉得胜过一切的宝剑，并陷入粗野的狂暴中，仿佛他要劈开敌人的脸。他还勤奋地学习拉弓射箭，技艺已较为熟练。他热爱纯种的快马。你完全可以相信，没有人能比国王更懂得驾驭这些良驹，驱策它们疾驰。他就这样学习每一种战斗方法，交替着练习，从白天一直到深夜，在这之后，他还用整晚的时间学习武器知识。"[4] 就像戈特弗里德笔下年轻的主人公那样，少年国王自然还接受了其他教育，如读写、下棋、狩猎——总而言之，13 世纪宫廷骑士文化重视的那些技艺他都要学习。

　　这封信也多少谈到了年轻的西西里国王的外貌。一方面，这些内容反映了写信者纯粹的个人感受；另一方面，写信者也试图采用自苏埃托尼乌斯创作古罗马帝王传以来描绘理想统治者的口吻来刻画腓特烈的形象。不过，叙述中腓特烈独有的侧面还是会一闪而过，这一面，即一个固执的南方少年火爆的脾气，并不适合于一个好君王，之后人们将会在正义之怒和暴君之怒中感受到他的这种性格："你不会将国王的体形想象得多么矮小，但也不会比他这个年龄所应有的体形更为高大。但是自然偏爱他，赐予了他结实的身躯和有力的四肢，他无论怎样活动都饱含着天生的耐力……此外，他还具备王者的尊贵以及统治者应有的神态和威严。他的面容十分俊秀，前额光洁，双目炯炯有神，单是看着他就是一种乐趣。他很机敏，天资聪慧，好学习，只是他的举止不甚恰当得体，但这并非天性使然，而是他习惯了周围人的粗鄙行为。但国王有天然易于趋善的禀赋，通过养成更好的习惯，他可以逐渐改变业已养成的不得体举止。当然，与此相应的还有他不顾劝阻定要依照个人意愿追寻自己的欲念，并且人们可以看出，他耻于被人监护、被人当作孩童而非当作国王那样对待。由此所导致的结果是，他要摆脱一切约束，并且他后来为自己争取的自由时常超出了一位君王所应有的限度。"⁵与粗野的德意志老兵交往显然会让这位少年学会某些粗鲁的举止。

除了降生在帐篷内的故事，在几乎所有描述稍微年长一些的腓特烈的文字中，人们都能读到另一则故事，这则故事至今仍决定着腓特烈儿童时代的形象。这则传说声称宫中无人关心这位皇子。是的，年幼的腓特烈甚至从未吃过一顿饱饭，时常挨饿。因此他独自穿行在巴勒莫城的大街小巷，从这一头到那一处，只是为了从好心的市民那里讨到一些食物。这种在大都市街头游荡的生活使他很快学会了城市里的多种语言，其中就有阿拉伯语和希腊语。⁶

人们居然会任凭一个充当权力保证的被监护人在无人监管的情况下在大城市中四处游荡，没有什么比这更不可思议的事了。安韦勒的马克瓦德进攻巴勒莫海边堡垒正是为了获得控制年轻国王的权力。失去了这位被监护人就会丧失合法的统治权，因而让他四处游荡，这样做的风险太大了。不过人们能充分证明这样一种想象是如何产生的。首先，流传下来的资料极为有限：只有更晚的两则史料记载了这件事。如果我们仔细研究一番这些文字，这些故事就会像脆弱的纸牌屋那样倒塌。关于饥饿流浪儿的一则例证来自创作于 1272 年的编年史《西西里大事简编年史》（*Breve chronicon de rebus Siculis*）。作者记叙了其创作时间之前超过 70 年的事件，因此关于腓特烈童年的细节他也只能道听途说。这部编年史现存最古老的几个抄本实际上诞生于 14 世纪末，一个存放在那不勒斯，另一个在梵蒂冈。抄本中还包含抄写员根据自己的逻辑所自行添加的细节。不过在这部编年史中，与饥饿的男孩相关的整个例证似乎取决于一个字母，即一个变位的拉丁语动词中一个小小的 "n" 是否存在。

为了清楚地说明这一问题，此处需要引用整句拉丁文：Multitudo etiam Saracenorum, qui tunc erant in Sicilia, contra ipsum similiter rebellaverunt, et ad tantam devenerunt inopiam, quod vix haberent, quid commederunt（当时居住在西西里的大批萨拉森人都起身反对他，这使他们陷入了如此严重的匮乏状况，以至于他们没有什么可以吃的食物）。⁷如果不被主语从

"multitudo"（大批）变为 "Saracen"（萨拉森人）的句法所干扰，这句话读来还是十分清楚的：萨拉森人的反抗活动导致了自身的困境。可是抄写员似乎没看懂整句话，因为他认为这段话指的是萨拉森人，但他并不想让 multitudo 在语法上支配的动词单数形式延续到句末，因此他自己加上了复数形式。不过如果像存放在那不勒斯的几乎同时期的第二个抄本那样，这个 "n" 缺失了①，那这个句子在语法上就会更加正确，但也会出现歧义。因为如果人们不将 multitudo 看作决定所有动词变位的主语，那这个句子就可以解读为完全相反的意思："当时居住在西西里的大批萨拉森人都起身反对他，导致如此严重的匮乏状况，以至于他没有什么可以吃的食物。"这样，挨饿的那个人就突然变成了年幼的国王，而导致这个孩子缺乏食物的是萨拉森人。

作者最初可能也想到了这种情况，尤其值得注意的是，这段内容的前一句中有一则借英国的梅林之口说出的预言："他定会被山羊群所撕碎，但不会被吞噬。"这可能也与腓特烈有关。这些预言的高明之处在于，不论它们在今人看来有多么不准确，只要预言实现，就会使原本就真实的事显得更加真实。但是这一切都与腓特烈真实的童年毫不相关。第二个所谓腓特烈挨饿的证据来自另一部创作于 14 世纪中叶的《西西里编年史》(Sizilische Chronik)，当时的政治形势早已是沧海桑田，这部书的作者是一名不知名的巴勒莫市民。书中写道："后来他〔萨尔泰阿诺的赖纳（Rainer von Sarteano）伯爵，并非萨拉森人！〕和所有萨拉森人反对他的统治，唯有巴勒莫市民没有参与其中，他们只为腓特烈守护巴勒莫城，并给他提供食物，或是这位市民供养一周，或是那位市民供养一个月，就这样一直到他长到七岁。"

这些友善的市民可不仅仅是暗中塞给他一些食物，他们还帮助他成为国王。编年史继续写道："1200 年，七岁的腓特烈被巴勒莫市民加冕为西西里国王。"[8] 这与史实几乎完全不符，但其意图比《简编年史》要明显

---

① 拉丁语动词变位中，动词末尾的 "n" 是复数标志，如本句中的 erant、rebellaverunt、devenerunt、haberent 和 commederunt。

得多。腓特烈去世 100 年后，正是巴勒莫而非那不勒斯证明了自己对国王的忠诚不可动摇，所以应当成为王国都城的是巴勒莫，而不是那不勒斯这样一座位于沉睡的火山旁、早已落入安茹家族之手的城市。巴勒莫市民为腓特烈加冕的所谓事迹很快被各个历史学家收入了传说体系，同时人们认为这个孩子被市民喂养长大是可能的，而对此津津乐道。这两则小故事不过是同一则传说的不同部分。很显然，后来创作的传记都意图继续扩充早已围绕在腓特烈身边的奇闻逸事。其中也包含着这样的观念，即生活是最好的老师，或者换个方法解读的话，即腓特烈在童年时期就需要操心自己的生计问题。这样的生活唤醒了他身体中沉睡的众多超乎常人的品质。后来受过教育的市民阶层在听说了这些逸事后，都会想象出一个和自己一样自幼就开始艰苦奋斗的统治者形象。

冰冷的北风：皇帝奥托四世攻打西西里

1208 年 12 月 26 日，腓特烈度过自己的 14 岁生日，教宗停止了对皇子的监护，也结束了在西西里的摄政。虽然如人们通常读到的那样，腓特烈尚未达到法定年龄，但他已经能亲政，在当时世人的眼中，他已经成长为一个男人。并且他也是如此行事的。自亲政以来，这位西西里年轻人就显示出了推行个人政策的强力意志。他怀疑老文书长帕利亚拉的瓦尔特不忠，迫使瓦尔特交出权力，他操纵巴勒莫大主教的职务，并下令考察旧有特权的合法性。从一开始他就将统治的缰绳牢牢抓在手中。一年前就有观察者注意到了腓特烈的早熟："他的才能的成长远远领先于他年龄的增长，因为在他成长为男人前，他就掌握了很多知识，因而拥有了天赋的智慧，而这种智慧原本需要经过时间的历练才能获得。因此在他身上不要计算时间，也不要等待时机成熟，因为他现在就已经是个男人了，且具备统治者的威严。"早在 1208 年 10 月，14 岁的腓特烈或许出于国家政治原因，第一次步入婚姻。他的新娘阿拉贡的康斯坦丝（约生于 1179 年至 1184 年之间，卒于 1222 年）比他差不多年长十岁，是 1204 年去世的匈牙利国王的遗孀，她有丰富的生活经验，这是这位少年成熟时期的一个重要细节。[9]

腓特烈开始亲政的当年，在阿尔卑斯山北部，腓特烈的叔父菲利普被谋杀身亡。随着菲利普死去，其对手奥托四世终于完全控制德意志。韦尔夫家族仿佛完全变了样，竟然开始推行过去教宗一直所忌惮的施陶芬王朝统治者的政策：在意大利谋求野心勃勃、积极有效的帝国统治。1209年6月，奥托率劲旅入侵意大利，并于1209年10月4日在罗马由腓特烈昔日的监护人教宗英诺森三世加冕为皇帝。不过新皇帝和教宗之间美好的和睦关系也不长久。他不承认腓特烈的西西里王国，进而也不承认教宗对西西里的采邑统治权，于是，1209年与1210年之交的那个冬季，他开始着手准备出征西西里。西西里王国大陆地区的贵族早已习惯一有政治上的风吹草动就顺水推舟，于是纷纷倒向奥托的阵营。背叛者中就有当初热衷于争夺腓特烈监护权的阿切拉伯爵施魏因斯波因特的迪波尔德，还有切拉诺（Celano）伯爵彼得。彼得是宫廷文书长帕利亚拉的瓦尔特的连襟，有一段时间，这名文书长被人怀疑在大肆挪用王室财产。此刻，腓特烈恰好可以利用彼得伯爵的不忠以铲除这名老文书长。他革除了瓦尔特的职务，将其驱逐出宫。

多亏贵族对腓特烈的叛逆，皇帝奥托才得以毫无阻碍地在南意大利长驱直入。1211年10月，他准备在卡拉布里亚登陆西西里岛。岛上的一些贵族以及在岛屿腹地的群山中拥有坚固堡垒的穆斯林也发出了准备支持奥托的信号。根据一份后来的记录，四面受敌的少年国王甚至已经在巴勒莫港口准备好了一艘用于逃亡的桨帆船。但是，正当腓特烈的王国危在旦夕时，命运女神，或者更确切地说是由教宗操纵的命运女神，转身与奥托为敌。1210年11月，教宗对奥托施加绝罚。迫于教宗的压力，一部分德意志诸侯在1211年9月的纽伦堡宫廷会议上宣布不再效忠奥托，这些诸侯中有美因茨和马格德堡大主教、波希米亚国王奥托卡一世以及图林根封邦伯爵赫尔曼，他们宣布奥托丧失对帝国的权力，推举腓特烈接管皇权。诸侯甚至选举西西里国王腓特烈为"另一位皇帝"（alium imperatorem），这是一个少见的称号，取自教宗写给诸侯的书信。[10]

奥托对诸侯在纽伦堡集会的情况长时间一无所知。可当他在卡拉布里亚与墨西拿之间的海峡处等待那些本应将他和他的军队运过海的运输船时，这个极为危险的消息传入他的耳中。他立刻停止了征伐，急忙赶回北方。腓特烈的王国得救了。然而事情远不仅如此。1212年1月初，德意志诸侯派出信使尤斯廷根的安塞尔姆（Anselm von Justingen）带来腓特烈被选举为皇帝的消息，并请腓特烈启程去往德意志地区接受这一新头衔。与母亲过去继承西西里王位不同，腓特烈并不是简单地继承帝位，而是被选举为皇帝，这种现象与中世纪的罗马帝国特殊性有关。神圣罗马帝国的皇位继承比其他许多君主国都要复杂得多，因为独立选举皇帝的权利与血统权利相互交织渗透。可是，西西里宫廷对献给腓特烈的皇位并未表现出很大的兴趣。王后甚至还坚决反对接受皇位。她很可能想到了自己过去的经历，她已经失去了自己的第一任丈夫匈牙利国王伊姆雷（Emerich）和幼子拉斯洛（Ladislaus），现在的小儿子亨利也有可能会受到同样的威胁。腓特烈身边的许多男爵和谋士也试图阻止他接受皇位。根据修士长乌尔斯贝格的布尔夏德（Burchard von Ursberg）记载，他们这样做是因为担心腓特烈会因"德意志人的诡计"而遭遇危险。腓特烈想必对欺骗行径记忆犹新，他可能会回想起自己与安韦勒的马克瓦德以及施魏因斯波因特的迪波尔德的往事。那么他是否应当冒险踏上前往德意志之旅？

腓特烈之所以会坚持北上是因为当时出现了新的威胁：皇帝奥托四世试图占领西西里王国。因此在年轻的国王看来，一名来自北方的强大帝王（或者不管他的头衔是什么）对西西里是一个显而易见的巨大威胁。况且皇帝奥托必然会尝试再次攻打西西里。腓特烈的父亲同样是在攻打西西里遭遇失败后卷土重来，因此奥托重新组织一支军队南下只是时间问题。这样一来，年轻的腓特烈想必已经很清楚，现在要保卫祖国西西里只有两种可能：要么坚守本土，保持警惕，积极防御；要么他自己成为皇帝，从北部保卫南部安全。

腓特烈决定不听从亲信的建议，而是接受挑战。不过在出发前还需要处理好一些事务。首先他必须宣誓效忠于教宗。他起初在教宗使节圣戴多禄堂（San Teodoro al Palatino）枢机助祭格里高利面前宣誓，并保证会在教宗面前再次宣誓。此外他于1212年3月初让自己仅仅一岁的幼子亨利加冕为西西里国王。最后他还需要签署一些文件以确立王后摄政的地位。就这样，这位17岁的统治者就与少数随从一同登船，途经加埃塔，向着罗马驶去。随行人员中有卡斯塔尼亚的贝拉尔德（Berard von Castagna，卒于 1252 年），此人当时任巴里大主教，后来又担任巴勒莫大主教，腓特烈一生无论走到哪里，他都伴其左右。自从 1210 年贝拉尔德进入宫廷家庭圈子，成为与腓特烈最亲近的亲信之一后，他便与维尼亚的彼得罗和萨尔察的赫尔曼（Hermann von Salza）并列为最有影响力的谋士，直到皇帝死后依然保持忠诚。

在永恒之城罗马，腓特烈受到了热情的接待。在台伯河畔，他第一次也是唯一一次见到了自己曾经的监护人教宗英诺森三世。根据西西里王国的特殊传统，他现在要亲自向教宗宣誓效忠。接着他从罗马出发，经海路继续自己的旅程，于 1212 年 5 月 1 日到达热那亚，在那里庆祝圣灵降临节。5 月 15 日，在一名教宗使节、蒙特费拉（Montferrat）边区伯爵以及帕维亚和克雷莫纳的使节的陪同下，腓特烈骑马北上。然而热那亚之后的旅途比海上的旅途更为凶险，因为意大利北部各城邦为了各自的利益，利用菲利普和奥托之间的斗争，彼此冲突不休。例如，米兰属于奥托阵营，而克雷莫纳和帕维亚曾站在菲利普这边，因此也支持腓特烈。多疑的米兰人和皮亚琴察人甚至连波河上的小船都要搜查，因为他们认为腓特烈会暗中溜走。米兰人差一点就在年轻的西西里国王前往北方的路上将其抓获。如果米兰人成功了，腓特烈的故事就会在这里终结。

湿透的裤子及 1212 年康斯坦茨之行

帕维亚的托马斯（Thomas von Pavia，卒于 1278 年）记录了腓特烈德意志之行过程中一则精彩绝伦、激动人心的故事。这位方济各会僧侣在 1278 年撰写了一部名为《皇帝与教宗功业记》（*Gesta imperatorum et pontificum*）的著作。他的记录大部分不带评判，内容有趣，与其说是因为记载的独特的事实，不如说是因为它提供了一种视角，让人们能够看到腓特烈二世去世后的数十年间流传着关于他的何种口头传说。托马斯写道："听闻自己已被选举（为罗马人的国王），囊中羞涩、衣衫褴褛如乞丐的腓特烈漂洋过海来到罗马，受到了罗马人隆重的欢迎，并从教宗那里证实了自己被选举为王的事实。接着，帕维亚人陪同他继续前行，之后准备将他转交给正在赶来的克雷莫纳人继续护送，而恰好在这时，在帕维亚与洛迪（Lodi）之间的名为兰布罗河（Lambro）的河畔，追随奥托的米兰人突袭帕维亚人，在激战中许多帕维亚人被杀死或俘虏。腓特烈则骑着一匹没有配鞍的马逃脱了，他过了河，河对岸等候的克雷莫纳人迎上去，送他前往克雷莫纳。正是在这里，腓特烈的心中埋下了对米兰人仇恨的种子，因为他们妄图捉住他。"[11]

记载了 1281 年以前历史的《米兰小编年史》（Annales Mediolanenses Minores）则记载了腓特烈更大的耻辱，从损害名誉的角度来看，这则记录引发了长久的影响。该编年史在介绍 1212 年时写道："7 月，大批帕维亚人在马卢姆山（Berg Marum）上被俘。"接着是拉丁语原文 et Rugerius Federicus balneavit sarabulum in Lambro（罗杰·腓特烈在兰布罗河中浸湿了自己的裤子）。也就是说，腓特烈在逃亡时打湿了裤子。至于裤子究竟是仅外部还是内外同时打湿，就只能由读者自行想象了。读者很容易就能注意到这样刻薄描述腓特烈的文字以及文中流露出的恶意，因为书中其他记载都极为简洁和客观，并未有一丝这般讽刺的口吻。《米兰的圣乔治手记》（Notae sancti Georgii Mediolanenses）也试图嘲笑腓特烈的逃脱经过。其中记录道："帕维亚人从帕维亚护送这名鹪鹩国王渡过兰布罗河，到浅滩旁去找克雷莫纳人时，突然在蒙布里奥努姆山（Berg Mombrionum）上被俘。"鹪鹩国王自然指的是腓特烈。如果人们将此处原文所用的拉丁文词 reatinus（意大利语为 reattino）理解为欧洲最小的鸟类——鹪鹩[①]，也就是 re della macchia（矮灌木之王），就能看清刻薄话语中的全部意味。[12]

同年，腓特烈穿过意大利北部继续向北进发，而此时出现了另外两支奇特的队伍，他们朝着与腓特烈相反的方向前进。这两支队伍由乞丐和穷人组成，甚至可能包含一大群孩童，几乎同时从法国和德国科隆出发，踏上奔赴圣地的旅途。在两支队伍头领的幻想中，唯有未被罪孽所玷污的

---

① 不少童话传说中都有百鸟选王的故事，鹪鹩利用诡计成为国王，且鹪鹩的德文名 Zaunkönig 中包含"国王"之意，因此后世常以鹪鹩来蔑称国王。

孩童才能解放耶稣之墓，而无罪的贫穷是让耶路撒冷城墙最终倒塌的最佳武器。穷人队伍中的孩童也确实帮助队伍从途经地区获得了更多馈赠和施舍。从德意志地区出发的那支朝圣队伍被称为"儿童十字军"，他们从科隆出发，沿着莱茵河往上游前行，翻越阿尔卑斯山，去往热那亚。有个别群体继续在意大利北部游荡。也许年轻的国王听说了这些必然走向毁灭的孩童的事迹，甚至还可能在克雷莫纳亲眼见过其中一些人。总之，克雷莫纳主教西卡尔德（Siccard）在其编年史中记录 1212 年的内容里，提到了这位年轻的西西里人在比武竞技队伍的簇拥下进入自己的主教城，还提到了儿童以及跟随这些儿童前往耶路撒冷的数不清的穷人。大多数参与者之后很快被运到了港口城市马赛和热那亚的船上，并拉到东方的集市上被贩卖为奴。多年以后，已经成为十字军战士的腓特烈下令处决了两名参与此事的商人。

几经曲折，腓特烈最终还是继续向北走去，依次到达了曼托瓦、维罗纳、特伦托。起初他可能朝着阿迪杰河（Etsch / Adige）上游的布伦纳山口（Brennerpass）方向前行。但是这处最为便捷的阿尔卑斯山口却被敌人封锁，因此腓特烈不得不向西绕道。他选取了更加偏僻的道路，穿过更为孤寂的山谷，继续翻越阿尔卑斯山。他可能穿过了温什高山谷（Vintschgau），越过了雷西亚山口（Reschenpass），进入恩加丁谷地（Engadin）。他获得了特伦托和库尔（Chur）主教以及圣加仑修道院院长萨克斯的乌尔里希（Ulrich von Sax）的支持。年轻的国王骑马翻山越岭，历经辛苦，终于在 1212 年 9 月看到了博登湖。在康斯坦茨主教泰格费尔登的康拉德二世（Konrad Ⅱ von Tegerfelden，1209—1233 年在位）那里，他再一次遇到了十分棘手的问题：因在南意大利战役中失利而返回的皇帝奥托四世再次成功地拉拢了一大批德意志诸侯，此时正在向南而行，迎战这位西西里人。奥托目前已经到达博登湖北岸的于伯林根（Überlingen），在那里安营扎寨。通过信使，人们约定在康斯坦茨接待奥托，并且当地居民早已开始准备设宴款待皇帝。正在这时，城门守卫通报，腓特烈在库尔主教马奇的阿诺尔德（Arnold von Matsch，1210—1221 年在位）以及圣加仑修道院院长的武装力量的护卫下，正从南边靠近康斯坦茨。现在该怎么办？一方面，康拉德主教没有义务服从一名被绝罚的皇帝；但另一方面，被教宗驱逐的奥托却率领大军压城，视线可及。康斯坦茨的康拉德思前想后，最终下定决心，为腓特烈敞开城门。这样一来，年轻的国王就兵不血刃，为自己赢得了这座西南部重镇。这就像一个命运的信号：如若腓特烈及随从再晚几小时出现在康斯坦茨城门外，那他成为未来皇帝的企图很可能化为泡影。携重兵在康斯坦茨城中宴饮的皇帝奥托可能会迫使这位对立的年轻国王远远避开这一地区。这样一来，腓特烈是否能够在德意志地区站稳脚跟，人们就不得而知了。

"阿普利亚的男孩"和《西西里金玺诏书》

腓特烈从康斯坦茨奔赴巴塞尔，巴塞尔为他举行了盛大的欢迎仪式，斯特拉斯堡主教费林根的亨利（Heinrich von Vehringen，1201 / 1202—1223 年在位）率领 500 名战士来此守卫。这一地区最有势力的伯爵，如克伊堡的乌尔里希（Ulrich von Kyburg）以及未来哈布斯堡家族的鲁道夫一世国王的祖父鲁道夫（卒于 1232 年）也出席了仪式。在担任所谓德意志国王初期，为了巩固自身的统治，这位年仅 17 岁的西西里人起初在康斯坦茨，后来主要在莱茵河湾的这座主教城市给予诸侯大量特权，以奖励自己的同盟者，他试图通过这一方式赢取新的追随者，应对即将开始的与皇帝奥托四世的斗争。

9 月 26 日在巴塞尔颁给最有权势、最高贵的帝国王侯波希米亚国王以及摩拉维亚边区伯爵的三份诏书，属于腓特烈在德意志土地上授予的第一批特权。这批广受学界讨论的诏书被称为三份《西西里金玺诏书》（Sizilischen Goldenen Bullen），因为腓特烈用西西里国王金玺认证了这批诏书的法律效力。腓特烈在这种场合使用这种印玺，极有可能是因为当时还没有制作好属于腓特烈的罗马-德意志国王印玺。这批诏书的形制展现了阿尔卑斯山南北部不同诏书撰写传统的交会，因此这批诏书形式独特。这些形式涉及文字的书写特征，例如统治者名称的首字母 F 以特殊的大写花体字母写成，还有一些在阿尔卑斯山以北地区文本中不常见的特定措辞。[13]

西西里金玺诏书: 1212 年 9 月 26 日，年轻的西西里国王在巴塞尔给波希米亚国王和摩拉维亚边区伯爵颁发了三份《西西里金玺诏书》。在金玺正面能看到头戴王冠的统治者及其名字和头衔，反面则是一座城墙环绕的高塔，这可能是西西里王国的象征。边缘的铸文称基督为"世界的统治者"

这三份羊皮纸上写有"出自朕的文书、忠实的朋友帕里修斯的亨利（Heinrich von Parisius）之手"字样。文书自呼己名的现象在德意志国王诏书中极为罕见，是一种典型的西西里习惯。而地名帕里修斯却给我们出了一个谜题：如果这指的是坐落于孚日山脉中的派里斯修道院（Kloster Pairis），那么我们可以通过巴塞尔与孚日山脉之间不远的距离确定这名文书受到了德意志南部风格的影响。但如果亨利昔日的学习地点实际上指的是巴黎，那人们就要问，究竟是谁将这名博学的文书带到巴塞尔来的？莫非是腓特烈从西西里带来的，抑或是波希米亚国王自己带来的？这一名称背后隐藏的可能是意大利南部的任意一处地方，亨利可能来自那里。对此我们无从知晓。引人注意的还有年轻国王如何在诏书中称呼自己：除了使用西西里国王头衔的全称，他还称自己为"被选中的罗马人的皇帝"（Romanorum imperator electus），这完全是一个前无古人后无来者的罕见称号。或许这一称号是在宣称这位尚未加冕称帝的新候选人与当时在位的皇帝奥托地位等同。[14]

在其中最早且最著名的那份诏书中，年轻的西西里国王仿照菲利普国王早期给予特权的方式，确认了波希米亚国王奥托卡一世的国王头衔，因为他曾在腓特烈被选立为王的过程中做出了贡献。诏书中还进一步规定了波希米亚王位的继承、国内主教的任命、波希米亚国王在罗马－德意志统治者举行的宫廷会议上及随统治者赴罗马之行过程中所具有的权利与义务。给奥托卡的第二份诏书则决定将上普法尔茨、弗兰肯（法兰克尼亚）、福格特兰（Vogtland）地区作为领地分封给他。第三份诏书则将特权授予波希米亚国王的弟弟摩拉维亚边区伯爵瓦茨拉夫·亨利，确认了他的边区伯爵头衔。但是为腓特烈执笔的文书亨利可能在腓特烈列举这些地名时心不在焉，也有可能没有正确理解这些用方言说出的名称，或者还可能因需要全神贯注地记下三份羊皮纸的内容而早已筋疲力尽——总之诏书里面提到的赐给这位边区伯爵的领地"摩克兰和摩克拉"（Mocran et Mocra），所指何处，迄今仍困扰着学界。也许人们可以将这些模糊不清的地名看作摩拉维亚境内的两个地区，这或许说明这名可能来自南方的文书亨利没能听懂这份诏书应当确认的内容，也不明白其中实际上涉及哪些地区。

由于第一份诏书的内容是关于波希米亚国王的基本权利，所以 14 世纪中叶，同样身为波希米亚国王的皇帝查理四世（1346—1378 年在位）将这份文件纳入自己的公文目录，也就不奇怪了。此外，这些在巴塞尔授予的特权还是极佳案例，展示了中世纪文本如何融入现代的神话建构。自 19 世纪以来，这些文本被捷克和德国，包括波希米亚和苏台德德语区的历史学界赋予了高度的国家政治意味，它们甚至在 20 世纪 80 年代还被提升为支撑共产主义捷克斯洛伐克社会主义共和国之基石。彼时在捷克，诏书成为印在纸币上的图像，人人都持有。人们相信自己攥在手中的是一份确立王权的诏书，正如约瑟夫·热姆利奇卡（Josef Žemlička）在 1987 年写道，凭借这份诏书，罗马－德意志国王"从书面上承认了普热美斯王朝的波希米亚事实上的独立"。不过新近的文献研究人员已经开始着手剥离覆盖在这些文献上的那层神话形态外衣，并按照当时的现实情况来描述这些文献：它们是一位尚无安全感的国王为了从自己新王国境内最有权势的诸侯那里获得最为急需的帮助而提供的谢礼。[15]

1212 年 9 月的最后几天，年轻的国王从巴塞尔出发，继续沿着莱茵河前往下游的阿格诺。然而在施陶芬王朝最爱的这处阿尔萨斯行宫上空，依然飘扬着韦尔夫皇帝追随者的旗帜。不过最终这座城池很快被占领。在阿格诺，腓特烈继续将特权和恩惠分赐给那些数量迅速壮大的追随者，其中就有（上）洛林公爵腓特烈三世（卒于 1213 年）、奥地利公爵利奥波德六世（卒于 1230 年）和扎林根公爵贝托尔德五世（Bertold Ⅴ von Zähringen，卒于 1218 年），还有美因茨大主教埃普施泰因的西格弗里德二世（Siegfried Ⅱ von Eppstein，1200—1230 年在位）和沃尔姆斯主教卢波尔德（Lupold，卒于 1217 年）。1211 年，出身于维特尔斯巴赫家族、又名"克尔海姆人"（Kelheimer）的巴伐利亚公爵路德维希一世成为年轻国王的盟友，他在 1214 年得到了回报。他获得了梦寐以求的莱茵普法尔茨伯国（Pfalzgrafschaft bei Rhein）作为封地，并从此获准在纹章上加上狮子图案。这一家族的其他支系直到 1918 年依然占有普法尔茨领地。1212 年 11 月 5 日，在美因河畔的法兰克福重新举行了一次正式的国王选举，四天后，腓特烈在美因茨被曾追随皇帝奥托的美因茨大主教埃普施泰因的西格弗里德二世加冕为王。这样，年轻的西西里国王腓特烈至少在帝国西南部站稳了脚跟。

在当时的一系列文献中，人们半是出于同情，半是出于怜爱，为少年腓特烈取了一个昵称：阿普利亚的男孩，或阿普利亚的少年（puer Apuliae, infans Apuliae, adolescens Apulus）。这样做就给久经沙场、实力更加雄厚的韦尔夫皇帝奥托四世树立了一个无足轻重的对手。"阿普利亚的男孩"这一名称的拉丁语形式存在于七部编年史和年鉴中，它主要出自罗曼语地区的文献。这里的人们也以古法语称腓特烈为 enfez de Puille，但这个名称并不像大家所想的那样，是后来的西班牙王位继承人头衔"Infante"（王子）的起源。有一部腓特烈死后才用韵文创作的帝王编年史续篇，即人们所称的开辟了一系列德意志方言世界编年史先河的《雷根斯堡帝王编年史》，其中提到了这个名字，并将其转写为德语 chint von Pülle。这个名称确切证实了阿尔卑斯山以北的人至少一开始将腓特烈看作阿普利亚人，而显然他们由此将阿普利亚与西西里地区当作同义词。这至少意味着：统治者来自南方，来自遥远的地方。当念出这一名字时，其中带有的远方和异域风情中还夹杂着一丝赞赏的意味。后来，这一名称在那些方言韵文体世界编年史中反复出现。维也纳市民之子、诗人孙子扬斯（Jans Enikel）曾在 14 世纪 70—80 年代作诗曰："有男孩自阿普利亚来，其名曰腓特烈。"诞生于同一时期的慕尼黑的亨利所作文献汇编极为成功，广为传布，这部作品正是以这位帝王之死作结："人们称其为阿普利亚的腓特烈。"然而这位"阿普利亚的男孩"早已不是孩子了。自始至终，年轻的西西里国王腓特烈一直展现出精力充沛、坚定果断的西西里成年男子形象。他不仅在王国所在的岛屿上，也在北方攫取新的权力过程中，展现了这样的特质。[16]

食人之禄，为人颂歌：福格威德的瓦尔特

腓特烈之所以快速成功，一方面是因为他迅速积极地进入了施瓦本公国。在帝国西南部这一地区，皇帝奥托四世的统治力量一直较为薄弱。另一方面，是因为腓特烈以其慷慨大方赢得了强大的追随者。他赠送钱财，授予地产和权利，从而将有影响力的重要诸侯聚集到自己身边。在中世纪，慷慨大方被称为 milte，这是优秀君主必备的品质，缺乏这种品质会被人视为统治能力不足。

同样，有一位诗人也是腓特烈的受益人。他就是据称出身于奥地利低等贵族阶层的侍臣，无地无产的福格威德的瓦尔特（Walther von der Vogelweide，约 1170—1230）。这位在今天如此著名的吟游诗人、中世纪最重要的德语诗人常年居无定所，1190—1230 年间，他以流浪歌手的身份创作了数首恋歌（Minnelieder）和格言诗（Sangsprüche），然而起初他难以借此维持生计。他是一位穷诗人。这些流浪歌手处于等级社会的底层，不得不用自己的技艺服务于不同的君主。瓦尔特富有革新精神，他从内容和形式上革新了诗歌。在他的影响下，12 世纪末的格言诗成了能与恋歌比肩的文学体裁。如今，人们将格言诗命名为"调"（Ton），瓦尔特诗歌的调依据主题得名，如"维也纳宫廷之调"（Wiener Hofton）、"帝国之调"（Reichston）——该调代表作正是瓦尔特最负盛名的诗作《我坐在岩石上》（*Ich saz ûf eime steine*）——以及"愤怒之调"（Unmutston）。

瓦尔特一度在腓特烈的叔父菲利普国王宫中逗留。他渴望融入宫廷

生活，成为宫廷抒情诗人，这样就诞生了《菲利普之调其一》《菲利普之调其二》(der Erste und Zweite Philippston)。在 1199 年圣诞节菲利普在马格德堡举行的奢华的加冕仪式上，他专门创作了著名的诗篇，歌颂帝国之冠及戴冠之人，即那位"可爱的年轻人"。可是仅有歌唱并不能解决温饱，于是，赞颂之音逐渐转化为对吝惜于物质奖励的菲利普国王的讽刺与挖苦。一位拥有慷慨的馈赠之手的君主能从国家获得巨额财富，而菲利普并不懂得这一道理。瓦尔特向他暗示"不断施与，以此赢得所有王国土地"的亚历山大大帝的作为，却一无所获。在《菲利普之调其二》里一段传奇般的"烤串诗节"(Spießbratenstrophe) 中，瓦尔特辛辣讽刺了宫廷内的环境，在这节诗中，一位统治者因为烤肉切得太薄而被废黜，甚至被赶到了门外。最终，这位吟游诗人与国王菲利普一刀两断。

1208 年菲利普死后，瓦尔特转而希望投靠皇帝奥托，可惜徒劳无功。他再一次没能获得烤肉和衣物作为唱赞歌的谢礼。他对韦尔夫皇帝的吝啬失望透顶，曾写道："若他能像自己的强大那般慷慨，那他会有更多的美德。"因此，1213 年，诗人投奔了"阿普利亚的国王"，西西里的腓特烈。这一次他时来运转：年轻的国王赐予瓦尔特维尔茨堡地区的一小块采邑，他获得的可能真的是一块土地，也可能只是这片土地上的收入。由于受到奉承的统治者会给予越来越多的物质恩惠，所以诗人让自己变成一支赞歌发声筒完全值得，教士埃博利的彼得就是一例，皇帝赐给他埃博利的一处磨坊作为采邑，以奖励其在《皇帝纪念书》中创作的赞颂皇帝的诗歌。曾经穷困潦倒的诗人瓦尔特满怀感激的心情，在《国王腓特烈之调》(König-Friedrichston) 中欢呼：

> 我得到了采邑，大家听着，我得到了采邑！
> 从此我再也无须惧怕趾尖结起二月的严霜，
> 未来也无须再向悭吝的贵族摇尾乞怜。
> 慷慨的君王，仁慈的君王，他这样为我着想，
> 让我在冬日获得温暖，夏日得到阴凉。
> 在邻人面前我立刻变得更为体面。

　　　　　他们看我的眼神不再像过去见了鬼一样。

　　　　　可我曾久经困苦，毫不感恩。

　　　　　我曾满口脏话，气息腐臭。

　　　　　而这位君王将一切净化，我才得以放声歌唱。

　　终于衣食无忧的瓦尔特此时一鼓作气，继续创作，甚至还在晚年的作品中关注皇帝 1228 年和 1229 年的东征。新国王腓特烈显示出自己应有的"慷慨大方"，从而为自己的亲信队伍赢得了一位特殊的忠臣，这位忠臣用自己的笔杆来回报国王，至少在为后世子孙创造记忆这一方面，其他那些武士的功绩难以与之媲美。大约在 1230 年，死神从诗人的手中夺走了鹅毛笔。[17]

　　腓特烈显然十分清楚，明智地表现出"慷慨大方"能带来什么。可是显得过于慷慨大方又会起到反作用，因为总有一天能够分配给臣子的收入会变得有限，甚至会一无所有。腓特烈之后的那些"小国王"应该能够感受到这一点。但腓特烈显然没能预见到这一后果。不过年轻国王的另一个特征在这里展现出来：一种在逆境中也能对抗外来利益，坚持自身意志的能力。但是，能将几乎不可实现之事付诸现实，这种经验却在他后来的政治活动中变成了束住他手脚的枷锁。

第3章

"施陶芬人"

叔父菲利普的铅棺：腓特烈变身"施陶芬人"

1900年8月，施派尔的古代皇家大教堂内，人们正在喧嚷地施工。那里有身穿黑色西服的体面绅士，其中有巴伐利亚王室政府代表和专家、本城主教和座堂教士会教士（Domkapitular）。还有一些工人在这座庄严的教堂的主唱诗台内忙碌。工人们开始用铁锹、撬棍等工具开挖地面。8月16日，时间接近傍晚6点，"试验坑西北角露出了一块砂岩石板的一角，它盖住了一片似乎是墓穴的砖墙。透过墙上一个巴掌大的孔洞能摸到里面有一具金属棺椁"。第二天，盖板被抬起。"在砖墙围砌的、内壁抹有灰泥的墓穴中放着一具铅棺，棺盖平坦，并不严丝合缝，平置在棺椁上。……移开棺盖后，棺内是一具布料完全包裹的遗体。"[1]

残余的大量衣物，如长袍、丘尼卡（Tunika）、腰带、长筒袜以及马刺的形制表明，这些是一位（正如挖掘报告所言）"世俗地位很高之人"的衣物。事实上，人们找到的是国王施瓦本的菲利普的坟墓。一年后，人们在高坛下建造了一处新的墓穴，将这位施陶芬家族之人与其他从主唱诗台下挖掘出的国王和皇帝的骸骨重新安葬在一处。那么1900年在施派尔打开菲利普国王的棺椁又与腓特烈二世有何关系？是的，这确实有很大的关系。因为菲利普国王在1208年遭到谋杀后就被安葬在离犯罪现场不远的地方，即班贝格大教堂，而五年后，菲利普的侄子西西里的腓特烈下

寻觅自己的过去： 1900 年在施派尔大教堂内，在主教在场的情况下，巴伐利亚文化部一个委员会开启了帝王墓穴

令将遗体运往施派尔。这次迁葬以及后续发生的一些事件有更大的政治意味：西西里的腓特烈开始转变为施陶芬家族之人。年轻的国王要获取在德意志的统治地位并非易事。这需要大量金钱，他必须以慷慨的双手将这些金钱与诸多权利和特权一同分配给臣下。一些高度象征性的行为也可以像授予特权或赢得战争那样，巩固腓特烈在帝国不同地区的统治者地位。在中世纪世界这样一个比今天充斥着更多象征性仪式的世界中，这些行为就是完全特殊的事件。其中，"卡里斯马型统治"（个人魅力型统治）扮演着核心角色，这是社会学家马克斯·韦伯提出的统治合法性的三个基础之一，他认为"卡里斯马型统治"与对既定秩序的信仰和对传统的影响力的合法化共同产生作用。在此探讨的这三种仪式行为都与遗体及坟茔有关，由此表明了逝者骸骨的用处。

这座古老的施派尔皇家教堂——其主唱诗台在 1900 年引起有名望的绅士的好奇心——在中世纪盛期一跃成为一处安葬地，正如地处巴黎门户位置的圣但尼之于法兰西王室，施派尔之于神圣罗马帝国也有着类似的统治合法化的重大意义。萨利安王朝皇帝康拉德二世（1024—1039

年在位）选择这个地方作为王朝开创者的墓地，并成为第一位埋葬于此的统治者。随后这里又埋葬了皇帝亨利三世（1039—1056 年在位）、亨利四世（1056—1106 年在位）、亨利五世（1106—1125 年在位）及其他皇室成员，加之建立了亡者追思和祈祷兄弟会（Gebetsverbrüderung）制度，又经过翻修和重建，施派尔大教堂遂成为萨利安王朝的皇家墓地。因此，诺曼僧侣奥德里克·维塔利斯（Ordericus Vitalis）在其所作教会史中叙述亨利五世之死时，为施派尔取了一个有分量的别名：日耳曼大都会（metropolis Germaniae）。[2]

施陶芬家族在"日耳曼大都会"接管了萨利安家族的墓地，继承了这一追思传统，他们自视为"魏布林根的亨利们"（Heinriche von Waiblingen，前文的几位萨利安家族的亨利皇帝）的后裔；弗莱辛的奥托（Otto von Freising，1111 / 1115—1158）称这一支系为帝国家族，皇帝应当从这一家族中产生。1184 年和 1185 年，家族中的女眷也可以葬于施派尔。1213 年腓特烈二世迁葬叔父施瓦本的菲利普，将其安葬在菲利普之母比阿特丽克丝（Beatrix）及菲利普之妹阿格尼丝（Agnes）身旁，这样就产生了一种新的局面：施陶芬家族就如同法国国王一般拥有了一座自家王朝的先贤祠。认定施派尔为神圣罗马帝国皇帝及国王的最佳墓地的观念很快得到强化，以至于 13 世纪部分历史学家无法想象除了萨利安王朝的这座皇家大教堂，施陶芬家族还会有其他墓葬地。[3]

历史上，人们在这些陵墓上方建了一座墓盖，其具体年代已无法确定，如今我们只能从绘画中得知其外形。这些绘画中最著名的莫过于后来成为教宗亚历山大七世（1655—1667 年在位）的法比奥·基吉（Fabio Chigi）于 17 世纪中叶担任教宗使节时，在奔赴明斯特参与签订《威斯特伐利亚和约》的旅途中命人绘制的，这幅画精确描画了墓葬区。皇帝马克西米利安一世（1493—1519 年在位）尝试在高坛上立一座帝王纪念碑，配 12 根立柱及雕塑，其上顶着圆形冠盖，这似乎反映出罗马-德意志帝王陵墓的观念。但是这一想法未能实现。人们在墓葬区发现了两块制作于 15 世纪末的浮雕，上面刻有八名安葬于此的统治者雕塑。人们能够通过这些浮雕真正理解萨利安、施陶芬、哈布斯堡家族安葬地的根深蒂固的观念，而这种观念被文献连续记录了数百年。

所有这些考古发现都指向墓葬地的一个核心职能：在缔造或强化共同体的意义上成为记忆的场所。作为墓地的施派尔正是墓葬多种功能的一个绝佳范例。被发掘的统治者或杰出人物的坟墓，无论墓穴和墓碑外形如何，首先都会被视为遗骸的存放地、死者的个人纪念物以及对一个人的记忆符号。不过，除了对被埋葬人物的个人记忆，墓葬在政治意义和合法性意义上还可以视作一个王国、一个王朝，有时甚至是教权、皇权、王权或者原始政权结构的象征。这样的墓葬具有超越下葬时代的重要意义，因为实施统治既需要出身，又期许未来，统治者从这两者中获得合法性。在统治陷入危机时，墓葬在"权力的棱镜"（Prismen der Macht）下尤能成为权力主张的出色媒介，它们能通过对记忆的象征性承载和构建，确保统治的延续性，而这一现象不仅发生在中世纪。[4]

1900 年发掘的这尊铅棺可能专用于迁葬，里面存放着被运到施派尔的菲利普的遗体，遗体衣着华美。我们首先来了解一下部分关于此次迁葬的叙事文献。僧侣列日的赖纳（Rainer von Lüttich，1157—1230）记录道："阿普利亚及德意志国王腓特烈于圣诞节在施派尔举行了一场盛大的宫廷庆典。依照亲信的建议，他将被一名无耻的伯爵所谋杀的叔父菲利普国王的遗体从班贝格运到施派尔。在那里，他将叔父隆重地安葬在教堂中，众多帝王与国王的肉身也安息于此。"乌尔斯贝格的布尔夏德也记载了同样的事情："国王的遗体最初葬在班贝格。然而过了不久，皇帝腓特烈二世掌权后，他不再希望自己的叔父在班贝格安息，于是他遵照施派尔主教兼宫廷文书长沙尔芬贝格的亨利（Heinrich von Scharfenberg，此人实际上叫康拉德）的建议，将叔父安葬在祖先的身边。"[5]赖纳和布尔夏德都指出，在施派尔埋葬了众多帝王和国王，他们是菲利普的先祖，如今他安葬在他们身边。年轻的国王腓特烈显然不会自己想到这一点，他是遵照身边亲信的建议行事。根据布尔夏德笔下的一个细节人们可以得知，施派尔和梅斯主教沙尔芬贝格的康拉德（约 1165—1224）是此次迁葬活动的主要参与者。这位主教是经验丰富的老政治家，在腓特烈之前已服务过四位君主，其中就有皇帝奥托四世；他常居意大利，担任文书长的他在腓特烈的近臣中拥有巨大的影响力。康拉德自 1212 年起就出入腓特烈的宫廷，他是年轻国王最重要的追随者之一。他的意见能起到一定的作用。

关于这一行动最详细、信息最多的描述却出自腓特烈二世 1213 年 12 月 30 日为施派尔主教座堂颁发的诏书；似乎很明显，这些描述是在康拉德主教权威的影响下由一名宫廷文书所写。诏书中的封地转移由国王印玺所确认。诏书中关于彼岸世界的观念的神学思考后面，紧随着对先祖亡灵特殊追思的论述："因此朕的愿景是，所有能够看到这篇文字的今日生者以及未来的子孙后代都能了解到，在这一天，朕将荣耀尊贵的罗马人的王，朕最亲爱的叔父菲利普之遗体从班贝格城（在那里，无辜的他被阴险之人残忍谋杀）运送到施派尔大教堂，将其安葬在诸位帝王及国王的陵墓旁，那里安息着朕的先辈；为了上帝及圣母马利亚（施派尔大教堂是为圣母所建）的荣耀，也为了光荣而尊贵的罗马人皇帝及西西里之王，朕心爱的父亲亨利的灵魂得救，还为了罗马人无上崇高的王，朕最亲爱的叔父菲利普国王的灵魂，以及朕其他先祖的灵魂得救，在这一天，朕将依据继承权归属于朕所有的埃斯林根教堂划归施派尔大教堂。……而朕希望，他们能够满怀应有的热忱和崇敬来庆祝，也命他人庆祝朕的父皇及叔父下葬之周年纪念日。"[6]

历史学家对年轻国王的此次迁葬活动有不同的解读。有人认为这首先是一种虔诚的信号，是个人虔敬的公开演绎。这或许在事实上说明了一定的问题。但另一种信号起到更重大的作用。此次迁葬活动被认为是施陶芬王朝统治延续、腓特烈在与皇帝奥托四世的斗争中对帝位提出要求的标志，因为它展示出了年轻国王作为施陶芬先祖合法继承人的形象。在 1213 年与 1214 年之交胜负悬而未决的境况下，除了需要动用武力、金钱、立约的手段，还需要采取其他措施。增强施陶芬家族追随者的信心，对心疑的对手施加影响，向世界展示自己王权的合法性：所有这一切在冬天的休战期尤为必要。极权威的施陶芬家族研究专家克努特·戈里希曾一针见血地指出："因此人们可以说，当这位'阿普利亚的男孩'踏入这样一种政治与人际氛围，面对施陶芬家族昔日的追随者的传统、希望和利益时，他才真正成为一名施陶芬人。"这就是活动背后所隐藏的信息：作为罗马人的国王，为了保障统治的稳固，而转变为施陶芬人。[7]

除此之外人们还会注意到一些特别之处：迁葬日期选在 12 月 29 日，即大卫节。这一天对施陶芬家族有特殊意义。除了为纪念死者的灵魂举行祈祷活动，人们还专门装扮菲利普的遗体。因为在开启铅板拼接而成的棺材后，人们发现骸骨上裹有大量的丝绸衣物，其中就有一件丘尼卡，专家证实这件丘尼卡的材质出自巴勒莫的王室作坊。这样就有一个问题：是侄子从南方带来了这些衣物，还是当菲利普初次下葬时，就已经穿着这种由兄长亨利与诺曼人的宝物一同带到北方的丝质衣物？那么，腓特烈为叔父准备的陪葬品是不是从巴勒莫带来的？[8]

可惜人们只能猜测。同样令人费解的是，为何在迁葬菲利普时不将另一位同样安葬在班贝格的施陶芬先祖国王康拉德三世一同迁往施派尔。难道腓特烈认为康拉德不是一位施陶芬君主？莫非在年轻的腓特烈的时代，人们不认为康拉德国王是他的祖先？这个家族的所有成员之间是否存在一种关联感，乃至是否可能存在一种"施陶芬政策"？对此克努特·戈里希再一次阐述："我们习惯称之为施陶芬人的国王与皇帝中，没有哪位曾这样称呼过自己，因为王朝的概念自中世纪以来就经历了一次历史性变革。根据今天流行的观念，男性血脉，即父系出身决定了家族归属。虽说这一观念可以追溯到 11 世纪，但这样的观念在很长时间内不具备任何约束力。"对这个家族而言更为重要的一点是，他们通过皇帝亨利四世的女儿阿格尼丝，也就是母系血脉而与萨利安家族有血缘关系，这样，在具有人身依附关系并强调等级的社会中，这一家族就会被人认为声望极高。因此与施派尔相联系的对萨利安家族的纪念，就显得十分重要。[9]

相反，"施陶芬"这一名称，或者"冯·霍亨施陶芬"，直到 15 世纪才开始且尤其在 19 世纪才完全用于指称这一家族之人。在流传下来的皇帝腓特烈二世的数千份诏书中，这个名称仅出现过一次，即 1247 年，这位统治者指责教宗向其他国王许下了虚伪的诺言，因为教宗不可以给予其他国王"罗马帝位，而经过漫长的时间，罗马皇帝之位早已遗忘该如何避开施陶芬家族（domus Stoffensis）"。这一切表明人们能随处读到的"施陶芬的腓特烈"或"霍亨施陶芬的腓特烈"这样的家族称号实际上由后世历史学家所造。因此腓特烈本人如何确定自己在西南德意志-施陶芬传统纽带中的位置，人们就只能推测了。

迁葬菲利普后不久，年轻的国王开始考虑为自己和父亲亨利建造陵墓。1215 年，身在遥远的德意志地区的腓特烈向西西里下令，将两具昂贵的棺椁从切法卢（Cefalú）运往巴勒莫。这两具泛着红光、做工精细的斑岩石棺是大约半个世纪以前由腓特烈的外祖父罗杰二世用抢夺而来的罗马石柱战利品加工而成的，其中一具原本是罗杰二世为自己准备的，另一具打算留给后人。然而腓特烈却在巴勒莫将父皇亨利六世的遗骸安置在其中一具棺椁中，重新葬在巴勒莫，将另一具为罗杰二世准备的棺椁据为己有。这样，亨利之前的棺椁就空置出来，用于安葬腓特烈的母亲欧特维尔的康斯坦丝。罗杰国王仅剩一具石棺可用，当然这具棺椁的材质也是当时极难获取的斑岩。[10]

因为 1215 年的这条运送棺椁的命令，腓特烈再次脱离了施派尔及其所强调的施陶芬传统，哪怕他一度与施陶芬家族有着真正密切的关系。年轻的国王似在尝试借着规划陵墓这一契机强调自己无可置疑的诺曼人出身。鉴于其外族出身打下的烙印，当腓特烈面对西西里本土的男爵时，这一做法有显著的意义。同时这一行动带来了很好的影响，即腓特烈最忠实的追随者巴勒莫大主教贝拉尔德借此巩固了自己大主教座堂的地位。无论如何，切法卢大教堂的教士都绝不会为自己失去影响力而感到高兴，于是腓特烈试图赐予大量地产来补偿他们。国王在为他们颁布的诏书中提到了他运走棺椁的动机，正如一份文献所记载，腓特烈赐予他们拉库尔图拉（La Cultura）的地产，"用于补偿他们，因为他下令把两具斑岩石棺从切法卢大教堂运往巴勒莫，用以充当他与父皇的安息之地"。即使在一个世纪之后，切法卢大教堂的教士依旧对此事十分恼火，于是他们编造了一个故事，将其写入《特权之书》（Liber privilegiorum）。根据这则故事，腓特烈将切法卢主教派往圣地去面见苏丹萨拉丁之子，以便能不受干扰地将这两具价值连城的棺椁运走。对教士团体而言，在他们的教堂中有一处或多处国王陵墓十分重要，因为这样自己的教堂才能从众多教堂中脱颖而出。[11]

　　除了选择巴勒莫大教堂为陵墓，腓特烈原本还可以有其他选择。他完全可以将皇帝亨利六世的遗骸运往莱茵河畔。遗体被转移的皇帝奥托三世和洛泰尔三世以及死后被运往北方的法国国王圣路易就是这方面的例证，说明即使逝世地点与陵墓之间相隔很远，也不会阻碍人们举行一场体面的葬礼。此外，这些例证在更大程度上表明了追思祈祷并不一定要与遗体的物质属性或墓碑的存在相联系。如果人们将西西里的腓特烈的行为与出身于卢森堡家族的皇帝查理四世的努力（后者亦强调他母系家族一脉的波希米亚血统）相比较，那么这两种行为所针对的人群很快就一目了然。因为比获得统治地位更难的是巩固并实施统治。与西西里男爵打过交道的腓特烈的父亲亨利六世早已获得了这样的经验，而查理的父亲约翰国王面对波希米亚大贵族时也是如此。在本地贵族的眼中，他们统治的薄弱环节正是其统治合法性的缺失。执政者必须避免这一缺失。

　　当人们 1900 年打开施瓦本的菲利普及其祖先的陵墓时，诗人斯特凡·格奥尔格（Stefan George）极为愤慨：

> 我们的手在掘开的唱诗台中颤抖着
> 抚过渎尸者留下的新鲜瓦砾。
> 我们不得不用愤怒的泪水
> 来为这间墓室涤罪……
> 我们为这家族发出忠诚的悲叹。

　　与叔父菲利普一同葬入新坟的，想必还有腓特烈为家族发出的忠诚的悲叹；至少在同时代人的眼中是如此。[12]

1214 年布汶血色星期天

　　奥托四世与年轻的西西里国王腓特烈之间王位争夺战中最重要的一场初步决定性之战并没有发生在帝国境内，而是爆发于佛兰德地区位于里尔和图尔奈之间的村庄布汶（Bouvines）附近。在一场非凡的骑士战役中，这位年轻的西西里人不费一兵一卒就得到了幸运女神的青睐。1214

年 7 月 27 日，这是一个星期天，在布汶的战场上，法兰西国王腓力·奥古斯都（1180—1223 年在位）的军队对阵英国"无地王"约翰一世与罗马-德意志皇帝奥托四世的同盟军。约翰国王之所以又名"无地王"，是因为在其父死时他只获得了很少的领地。此时他并未亲自指挥英国军队，他将指挥权授予家族中的一介武夫，同父异母的弟弟索尔兹伯里的威廉（Wilhelm von Salisbury，卒于 1226 年），威廉又名"长剑"。这场战役对当时英法之间的较量以及西西里的腓特烈的崛起而言，都是极为重要的事件。与当时其他众多屠杀不同，此次战役对欧洲历史产生了深远的影响。[13]

此次战争的爆发原因十分重大：一方面是腓力国王与约翰国王之间因英国在法国境内的一处大面积的封地存在争端；另一方面，由于法王在奥托与腓特烈的王位争夺中支持腓特烈，所以腓力与奥托皇帝之间积怨颇深，而奥托恰好又是"狮心王"理查一世最喜爱的外甥，也是约翰国王的外甥。1212 年 11 月中旬，年轻的西西里国王从阿格诺出发，经图勒（Toul）来到神圣罗马帝国与法国边境的马斯河畔的沃库勒尔（Vaucouleurs）会见法国王储、未来的国王路易八世（1223—1226 年在位）。他们结为友好同盟，腓特烈还在 1212 年 11 月 19 日颁布了金玺诏书确认此事。结盟的一个条件是，在没有与法兰西的腓力、"朕最宝贵的兄弟"协商的情况下，决不与"曾称为皇帝的奥托"以及英国国王约翰媾和。在腓特烈看来，奥托的皇权早已是过去式。此外，卡佩王朝的法王腓力的仆从还用马为腓特烈驮来 2 万马克银子，这些财富很快被大方的西西里国王分给了自己的追随者。[14]

当时已有足够的矛盾促使双方兵戎相见，其中就有种种荣誉和地位受损的事件有待清算，加之双方还存在个人恩怨。然而当时爆发的并非英、法、德之间的战争，因为当时还不存在民族国家军队。直到几个世纪之后，这场战役的记忆才被蒙上民族色彩。在 1214 年的战场上，结盟的诸侯相互会面，对抗对手，他们之所以会有所动作，不过是出于自身固有的利益。为皇帝奥托一方战斗的还有佛兰德伯爵和布洛涅（Boulogne）伯爵，他们原本是法国的封臣，现在却与腓力闹翻。奥托的军队由来自英国、德意志、佛兰德甚至法国的士兵构成。要想确定双方的兵力往往有些冒险，所得出的结果也常常极为可疑，因为中世纪作家时常夸大其词以贬低对手，以使己方的行为显得更加光明磊落。法国中世纪史学者乔治·杜比（Georges Duby）估算出了以下数据：

腓力国王的军队由大约1300名骑士组成，还有同样多的骑马侍从以及4000—6000名步兵。骑士们主要来自王国的核心及附近地区，即巴黎、阿图瓦和皮卡第周边直接由国王控制的领地。在此次战况的主要汇报者布列塔尼人纪尧姆（Wilhelm der Bretone）看来，来自香槟伯国或勃艮第公国的骑士就是一群"外国人"。没有任何一名来自卢瓦尔河以南广阔土地的战士加入这支军队，因为巴黎人认为这些地区完全是另一个世界。杜比推测奥托皇帝的军队拥有更多骑士，步兵人数还要更胜一筹。战场上共有大约4000名骑士和骑马侍从以及1.2万名步兵参战。这听起来并不多，可是在那个时代已是极为庞大的军队了。

那时候骑士的装备情况与西、南、中欧所有国家中较低等级的贵族的发展程度有关。这些贵族作为承载文化的社会阶层依照大体上统一的规范行事。由于这一军人阶层的主要活动领域是战场，他们通常会互为准绳，穿着统一的服装，使用相似的武器；这样做的前提是，一个人能够负担得起这些装备。1150—1250年这一百年可以被大致划分为三个阶段，每个阶段为期30年，可以分别用关键词"富丽""朴素""优雅"来描述各阶段的服装及武器潮流的变迁。在第一个"富丽"阶段，出现了后来两个阶段的骑士都沿用的装备：用编织的铁环制成的带兜帽和手套的锁子甲。骑士在铠甲下穿着软铠甲（gambeson），德语意为"紧身上衣"，其材质为厚实的布料，不与甲胄相连，这样便于清洗甲胄上面的铁锈，也方便涂油保养甲胄。甲胄外还要再穿上一层衣物，这是一种无袖的彩色战袍。[15]

沿用了很长时间的带铁制护鼻的钟形盔在这一时期被能遮盖整个面部的桶盔（Topfhelm）所取代。有一个重要的阶层标志就是表明骑士身份的马刺。大部分马刺是镀银的钉状物，以皮带固定于足部，最初的马刺比较粗，后来就演变为刺轮的形状。1200年前后，也就是在"朴素"阶段，潮流发生转向，人和马被完全裹住，于是在骑马的时候，人和马身上穿着的松垂的绣花战袍和马衣会随风飞舞。人们学会了在进攻时臂下夹着长矛充当武器。宽刃剑的剑柄相对短小，护手（Parierstange）形状笔直。乍一看很难将德国剑与西欧其他地区的剑相区分，但其实二者有明显差别：德国剑的剑柄末端球形捏手（Knauf）形状像一只巴西栗，而西欧其他地区大部分剑的捏手则像一个圆盘。这两种剑的形制在维也纳珍宝馆（Wiener Schatzkammer）都可以欣赏到，因为作为帝国皇权标志的剑就有这两种形制。皇帝奥托四世制造的帝王宝剑，其剑柄末端正是一个有特色的巴西栗形捏手，而腓特烈二世在加冕时佩带、在 1220 年列为皇权标志的宝剑则有一个西欧地区常见的圆盘形捏手。为了防止被敌人击伤，除了穿戴铠甲，骑士还需要使用一块底部逐渐变尖的椭圆形盾牌，后来越来越多人在盾牌上绘上五彩的纹章。骑士将剑佩在一条称为"剑带"（Schwertvessel）的腰带上，并借助一条"盾带"（Schildvessel）持盾。不过骑士只在战时将剑佩在腰间，"日常生活"中的骑士都将剑握在手中，或者命人持其剑跟随左右。

与骑士不同，武装步兵的装备较为寒酸。他们没有咔咔作响的铁甲，而是仅身着皮制防护外衣，顶多再戴一顶敞开式的头盔。步兵是一群注定要死去的人，因为骑士，特别是那些等级较高者，不仅被保护得更好，而且敌人往往试图活捉他们以换取赎金。而步兵则不费什么力气就被踩倒。布汶战役结束后，因为涉及大量钱财，人们编订了数份俘虏名录及赎金目录，300 名有名有姓的参战者被列入名单。其中绝大多数是骑士，只有 4 名战士是例外。

欧洲各国的骑士不仅采用了邻邦的武器和服装形制，还接受了这些事物的名称。例如《尼伯龙根之歌》中提及的概念 helvaz（头盔）也出现在其他语言里，如英语为 helmet，法语为 heume，意大利语为 elmo，西班牙语为 yelmo。同样还有一些混合名称。用于护腿的铁制锁子网被称为 isenhosen 或 iserkolzen（铁裤），其中隐含着意大利语词 calze（意为"长袜"）。我们要感激与福格威德的瓦尔特齐名的著名诗人埃申巴赫的沃尔夫拉姆（Wolfram von Eschenbach）因为一次误读而创造出了 harnisch（甲胄）一词，在德语中这个词指的是战士的全身铁制护甲，而其法语形式 harnois 却意为马匹的装备。在皇帝腓特烈二世和法国圣路易统治时期，出现了整个 13 世纪欧洲骑士阶层视为指针的指导性法则。

在这个血色星期天，正午刚过，两方的战士就在长达 1.5 千米的前线对峙。法军采用的是常见的三方阵形：中路为步兵，左右侧翼为骑兵。腓力国王与一支后备骑兵队位于步兵后方，他四周围绕着护卫骑士。这一方所擎的是一面名为"红王旗"（Oriflamme）的大旗，此旗为火红色，上面绘有金色星星，自 1124 年首次扛上战场以来，它在数个世纪里都是法国国王常用的战旗。旗帜的名字源于拉丁语 aurea flamma（金火焰）。它作为圣物保存在法王最重要的墓葬地圣但尼教堂，不单是一个特殊的标志，还代表法兰西王国主保圣人圣但尼亲临战场。这的确是一个很有力的支持者。

敌对的皇帝奥托一方与法军阵形一致：左翼为佛兰德伯爵率领的佛兰德和德意志骑士，中路为步兵，其后方是皇帝奥托与萨克森骑士（其中一些人已经改变了阵营），右翼则是由布洛涅伯爵和索尔兹伯里伯爵率领的骑兵。奥托也带着一个极具象征性的军队标志：在一辆銮旗车的旗杆上有一只金色翅膀的雄鹰，代表帝国的荣耀。下方有一条盎格鲁-诺曼传统风格的布龙在风中招展着尾巴和两翼。

战斗打响了，位于右翼的法国人命令 150 名骑马的侍从扑向佛兰德骑士，以扰乱其阵脚。由于骑士们原本以为会迎战与自己同等级的战士，所以一开始爆发了一轮出乎意料的战斗。在中路，奥托命令在数量和经验方面都优于法军的步兵前去迎战。皇帝这样做的目的是要逼近腓力国王并将其俘虏，甚至要将其杀死。法国步兵遭到了猛烈的进攻，腓力不得不率后备骑兵上前阻击。德意志步兵甚至成功将腓力国王从马上拽下。幸亏护卫骑士奋勇杀敌，法王才得以保全性命。这时，法国骑士开始击退韦尔夫-德意志的步兵，并进攻奥托前沿部队的中路。在左右两翼，法军同样逐渐占据上风。他们甚至包围了英军主力，活捉索尔兹伯里伯爵和佛兰德伯爵。

在中路，腓力国王的骑士猛烈进攻奥托手下的骑士。现在轮到皇帝陷入险境了。一名名为"母猪"吉拉尔（Gerhard La Trui / Girard la Truie）的骑士用短剑刺中了奥托的胸口，但他没能刺穿盔甲。在混乱中他又刺了第二下，刺中了皇帝坐骑的眼睛。战马疼得立了起来，接着轰然倒地而亡。摔下马的奥托飞身骑上了第二匹未受伤的马。巴雷斯的纪尧姆（Wilhelm des Barres）两次试图揪住皇帝的衣领，但是都失败了。正如布列塔尼人纪尧姆所认为的那样，奥托"再也无法承受法国骑士们的骁勇善战"，于是转身逃跑，由此决定了最终战局。只有在右翼，布洛涅伯爵赖纳德（Rainald）依然在负隅顽抗。他身边围绕着 700 名步兵，这些人就是臭名昭著的布拉班特人（Brabanzonen），他们是真正的近战专家，狂热的雇佣兵。当所有这些战士几乎都被杀死后，赖纳德只得投降。这场战役只持续了数小时，但也足够让人大开杀戒。双方损失惨重。腓力国王的军队损失相对较小，而奥托的军队阵亡 1000 多人。

尤其值得注意的是，根据布列塔尼人纪尧姆的记录，皇帝一方使用了一种新式的三棱短剑，这种短剑能够刺穿骑士甲胄的某些部位，特别是关节处。紧挨着法王战斗的隆尚的斯特凡（Stephan von Longchamp）就被这种武器刺穿了护眼罩而死去。纪尧姆继续写道："插有銮旗的战车被打碎，龙被扯下并撕碎，拔掉了残破翅膀的金色雄鹰被扔在国王的脚下。"就这样，奥托四世的军队标志帝国之鹰落入法王之手，标志着法王大获全胜，从此人们开始称呼法王为"奥古斯都"。后来，法王命人修补了雄鹰破碎的翅膀，将其作为战利品送给腓特烈二世。[16]

这场战争影响深远，涉及各方势力。第一，英国-韦尔夫联盟在布汶战役中的惨败，奠定了皇帝奥托四世在与对立的西西里国王腓特烈的争端的败局。战争结束后不久，在 1215 年，腓特烈二世再次被加冕为国王，就此结束了长达 17 年的两王并立时期，随之终结的还有帝国内部纷争的混乱局面。如果这场战争是另一个结局，腓特烈的崛起可能会迅速被终结，皇帝奥托则会置身于战无不胜之地。第二，赢得布汶战役的法国国王腓力二世得以继续在王室领地巩固王权，排挤王室封臣的势力。而英国在大陆上处境不利，遭受压力。第三，遭遇重大失败的国王约翰一世不得不在英格兰承认贵族和市民进一步的权利和自由，例如选举男爵组成议会来监督王权，并且国王必须遵守法律。这样，由于布汶战役的影响，1215 年诞生了《大宪章》，英国这个君主制国家开始朝着立宪制国家的方向发展。

拿起铁锤的年轻国王

布汶战役使权力形势发生了惊人的逆转，于是腓特烈能够从西南部向长久以来属于韦尔夫派系势力范围的莱茵河下游地区扩张。1214 年 8 月中旬，即布汶血色星期天的三周后，一支施陶芬王朝军队渡过了摩泽尔河，向着北方的亚琛进发。当侵入敌方占领地——有时还有友邦地区——的时候，腓特烈军队的行为方式与其他所有军队一样：烧杀抢掠。这是当时普遍的习惯，导致国内局势就像德意志王位争夺时期那样战乱频仍，经济遭受重创，人口锐减。战争的骚动带来了极大的影响：除了部分莱茵河下游的伯爵，腓特烈还征服了皇帝奥托昔日的战斗同盟，例如布拉班特公爵亨利和林堡公爵亨利。出自科隆圣庞大良修道院的《科隆圣庞大良年鉴》（*Annales S. Pantaleonis Coloniensis*）记载了 1214 年夏季的那次战役："此时此刻，西西里国王腓特烈正率领一支劲旅横渡摩泽尔河，其声名远播，令人闻风丧胆，当地贵族纷纷投诚。接着他渡过马斯河攻打布拉班特公爵。他行动迅速，令公爵大惊失色，公爵立刻恭敬地前来求情，向腓特烈许诺效忠，并让其子携其他贵族充当人质。"[17]

然而，坚固的亚琛没能攻下。直到一年以后，腓特烈才隆重地进入这座城市那象征性的高耸城墙之内。亚琛对于罗马-德意志王权的特殊意义要追溯到查理大帝（768—814 年在位）时期，8 世纪末，查理在亚琛建造了行宫，并居住于此。这片建筑群包括查理建造的圣母教堂（Marienstift），其中的礼拜堂是查理大帝统治时期最重要的大型建筑，里面有许多从意大利费力运到北方的古代石柱，意图营造出令人敬畏的合法性。查理本人在814 年去世后葬于教堂祭坛内。在圣母教堂最高的礼拜堂中陈列着石椅，被认为是查理大帝的宝座。以奥托大帝为开端，在加冕仪式上使用这尊王座就成为罗马-德意志国王的惯例。直到 1531 年，共有 30 位国王遵循这一传统，他们都曾头戴王冠登上这个宝座。自从"红胡子"腓特烈一世将查理大帝的遗骨升格为圣人遗骸，这处地方以及被视为可触碰之圣物的王座的重要意义就在不断加强。在后来发布的一份诏书（1356 年皇帝查理四世颁布的金玺诏书）中，亚琛甚至被确立为法律意义上的帝国加冕地。虽说彼时腓特烈国王的时代已过去许久，但是视亚琛为正当合适加冕地的观念早已深入人心。让腓特烈在这里再举行一次加冕仪式，一定能使这位西西里人的统治更具合法性。

1215 年夏天，腓特烈再次来到莱茵河下游。一年前他曾折戟于亚琛，如今一个支持皇帝的派系成功在此掌权。据说这批人甚至将奥托在城中的追随者关进了监狱，并拆除了城门上的防御工事。7 月 24 日，腓特烈进入亚琛"这座首都及德意志王权的驻地"，因为"罗马人的国王最先在这座继罗马之后令其他所有城市及土地黯然失色的城市，被奉为神圣并加冕"——腓特烈的诏书中如是说。7 月 25 日，腓特烈在这座古老的帝王之城重新被加冕为"罗马人的国王"。美因茨大主教埃普施泰因的西格弗里德二世再次担任加冕人。《科隆圣庞大良年鉴》继续记录："在这一天（圣雅各节前一天），西西里国王腓特烈二世携整个洛林地区的诸侯及贵族来到亚琛，次日，在圣雅各节的庆典上，教宗使节西格弗里德——只因当时在科隆无大主教——为腓特烈涂抹圣油，立其为君王，将其送上国王之位。"[18]

加冕只是一系列仪式的一部分，腓特烈在亚琛逗留期间，紧随着加冕仪式还举行了两个极有象征性的仪式：首先他宣誓参加十字军，接着他亲手封上了一个圣骨匣。在半个世纪前的 1165 年，同样在 12 月 29 日的大卫节那一天，"红胡子"腓特烈一世导演了一场仪式，将查理大帝的遗骸从墓中取出供人敬拜，并将其封圣。这样做是为了将查理大帝确立为中世纪罗马帝国的"帝国圣徒"。将查理大帝封圣能够帮助"红胡子"腓特烈一世宣扬"君权神圣的直接性和世俗统治的独立性，以及不依赖于教权，但又以宗教为基础的帝王威望的合法性"。遗骨敬拜仪式之后，围绕着圣查理又发展出了一套形式多样的崇拜体系，从这一体系中产生了中世纪帝国领地内的超过一百处敬拜场所。[19]

西西里的腓特烈完全是有意识地在继承这些做法。作为"红胡子"腓特烈一世之孙，1215 年在亚琛举行加冕仪式期间，他意图将查理大帝

持锤的国王：12 世纪，查理大帝被封圣后，亚琛人制作了一尊新圣骨匣，用于日后存放大帝的遗骸。这尊长达两米的橡木制圣骨匣周身镶嵌有昂贵的镀金工艺金属装饰，上面除了这位圣人皇帝的肖像，还有 16 位皇帝及国王的肖像伴其左右，其中就有西西里的腓特烈。1215 年 7 月 27 日，年轻的国王亲手用铁锤将圣骨匣钉上，这一仪式行为让腓特烈置身于圣查理的正统之中

的遗骸移入新的圣骨匣，以向众人宣告，自己并不仅仅是以查理大帝的后继之人自居。在亚琛大教堂举行的加冕仪式结束两天后，即在布汶战役一周年纪念日那天，1215 年 7 月 27 日，腓特烈亲自拿起了铁锤。僧侣列日的赖纳记录道："盛大的弥撒结束后，在第二个节庆日，国王命人将已被祖父腓特烈皇帝从坟茔中取出的圣查理大帝遗体安葬在一具华美的棺椁中，这尊棺椁由亚琛人所造，镶以金银。国王脱下外衣，取来一把铁锤，与工头一同攀上脚手架，在众人注视之下与工头一同将圣骨匣钉牢。"这次仪式向公众传递的信号与腓特烈祖父的仪式如出一辙：我不仅是继承人，更是圣查理一脉的苗裔！照料遗骨是我个人理所应当的职责，我愿恭顺地肩负这一责任。与伟大的查理大帝和"红胡子"大帝一样，我拿起十字架，率领十字军奔赴圣墓，这在过去和现在都是真正帝王的职责！这样，石宝座、查理大帝的遗骨和领受十字架共同构成统治合法性的三位一体，能将腓特烈升格为未来无可置疑的"罗马人的皇帝"。[20]

　　但是人们不应将所有这些仪式视为许久前就预先安排好的节目，它们实际上是实用策略手段，是为了回应当时遭遇的政治挑战，并且也受到了那些卷入腓特烈政治生涯的利益相关者的影响。西西里国王仅仅实现了

其追求的第一个目标：1215 年，腓特烈在很大程度上已经是一位得到广泛承认、在真正的加冕地被奉为神圣者并被加冕的罗马人的国王，现在他只需等待，等待敌人最后的残余势力瓦解。

即将踏上罗马之旅的胜利者

腓特烈最大的恩庇者，昔日的监护人，使徒之位上的教宗英诺森三世，在 1216 年 7 月突然去世，享年 56 岁。在他去世前不久，人们已经就腓特烈加冕帝的问题与这位"朕的保护者和恩人"协商。因此在 1216 年春季，圣普正珍大殿（Santa Pudenziana）枢机主教兼教宗使节彼得罗·萨索（Petro Sasso，卒于 1219 年）来到德意志，以解决未来帝国及皇帝同西西里王国之间的关系这一棘手的问题。当腓特烈 1213 年在埃格尔向罗马教廷重申皇帝奥托四世四年前已对教廷许下的诺言时，这一问题实际上便得到了讨论，讨论的结果是要充分适应教宗的利益。在这份人称《埃格尔金玺诏书》（Goldbulle von Eger）的文件中，腓特烈宣称愿意为了教宗国的利益放弃意大利中部的重要地区，如斯波莱托公国和安科纳边区，以及其他一些权利。在列举证人时，文件十分细心地注意将王权与皇权相分离，因此在诏书的第二版中，贝拉尔德大主教和西西里王国宫廷总管（Konstabler）瓜尔特琉斯·真蒂利斯（Gualterius Gentilis）的名字被删去。1216 年 7 月 1 日在斯特拉斯堡，腓特烈在圣普正珍大殿枢机主教兼教宗使节面前对教宗做出许诺，然而他从未兑现这一诺言。他在诏书中称，在加冕称帝后，他打算将西西里王国作为教宗封地赐给自己的儿子，自己则放弃西西里的王位："朕不会担任西西里国王，从现在起也不会以此自居。"在文件中腓特烈还给出了他这样做的原因：他不希望给人这样一种印象，即不知什么时候他会采取某种手段将西西里王国统一至帝国（Unio regni ad imperium）——这种统一形式可能会威胁到教廷及其后继者。[21]

这是彻头彻尾的骗局！事情并非如此，腓特烈本人不仅终身头戴西西里王冠，并且在斯特拉斯堡许下诺言时，他就已经着手准备将长子亨利从西西里接到德意志地区，以便将其加冕为罗马-德意志国王。国王的亲信巴勒莫大主教贝拉尔德和施陶芬家族的远亲埃弗施泰因伯爵阿尔布莱希特（Albrecht von Everstein，卒于 1217 年）早已出发前去护送腓特烈的妻儿。也许当腓特烈许下虚假诺言时，母子俩已经在墨西拿海上朝着卡拉布里亚方向而去。在颁布于南部的两份诏书中，稍晚的那一份的时间同样为 1216 年 6 月。

一支由六艘桨帆船组成的小型船队经墨西拿海峡将宫中人员送往南卡拉布里亚海岸。船队在圣欧菲米娅修道院（Abtei Santa Eufemia）附近短暂抛锚。从这里开始，母子俩分道扬镳，分开时间长达数月。阿拉贡的康斯坦丝率领一批陪同人员走陆路去北方，履行自己作为西西里王国女摄政的一些重要义务。她的儿子则跟随船队朝着西北方向继续前进。他们也许在热那亚或比萨登陆。在意大利北部，母子重逢，他们最晚于 1216 年 12 月初到达腓特烈在纽伦堡的宫殿。在这座今天依然雄踞城市之上的古老的帝王城堡中，腓特烈终于再次见到了自己已 5 岁的儿子。

夫妇间重逢的气氛如何，人们只能猜测。也许正如当时的天气一样，温度降至冰点。在阿尔卑斯山以北地区度过的最初这些年，腓特烈同施瓦本贵族女子阿德尔海德开始了一段私情，此女甚至很可能是腓特烈童年时期在福利尼奥的玩伴。与阿德尔海德的这段关系诞生了一名子嗣，为了简便，腓特烈也给孩子取名为 Heinrich（亨利），只不过用的是昵称"Heinz"（海因茨）。后来这位海因茨——其意大利语形式为"Enzio"（恩齐奥）——在父亲的政治生涯中扮演了重要角色。腓特烈夫妇重逢时，阿德尔海德正怀着他们后来的女儿卡塔琳娜（Katharina）。两个女人、两个名叫海因茨的儿子、一个尚未出生的非婚子——这一定不是一对久别重逢的夫妻应有的家庭和睦的样子。但是我们这个时代之前的上层贵族之间的关系遵循全然不同的准则，腓特烈也不例外。

接下来的几年，长子亨利有时会出现在父亲的诏书中，他被称为施瓦本公爵，后来他又变成勃艮第王国统治者代理人（rector）。所有这些头衔都指向一个目的：1220 年 4 月底，腓特烈在法兰克福宫廷会议上成功帮助自己的长子被选举为罗马人的国王，即罗马-德意志国王。腓特烈还假装毫不知情，冠冕堂皇地向出身萨维利家族（Savelli）的新任教宗洪诺留三世（1219 年他曾在阿格诺向这位教宗重申其在埃格尔对英诺森许下的誓言）汇报所谓的选举是如何发生的。据腓特烈称，自己原本打算离开诸侯去南部。但美因茨大主教和图林根封邦伯爵爆发了一场激烈的争吵，这让诸侯立刻意识到，如果腓特烈本人不在阿尔卑斯山以北地区，那他们就急需一位主人和国王。因此是诸侯提出选举亨利为国王。

可是事实完全相反。腓特烈与诸侯之间的斗争早在选举前就已经出现。腓特烈做出了数不清的承诺，给了诸侯尤其是教会诸侯大量好处。这一切都被写入 1220 年 4 月 26 日颁布的著名诏书中，诏书名为《与教会诸侯之盟》（Confoederatio cum principibus ecclesiasticis）。昔日一系列王权落入主教之手，而他们要求以书面形式做出确认，其中就包括合为一体的铸币及关税权，这就会导致教会诸侯势力急剧扩张，反过来说就会削弱王权。[22]

由于小国王亨利尚未成年，因此统治权就落入监护人及统治者身边贵族之手，这些人主要有科隆大主教恩格尔贝特一世（Engelbert I，1216—1225 年在位）、巴伐利亚公爵路德维希、梅斯和施派尔主教康拉德。1220 年 4 月 17 日，腓特烈任命康拉德主教为驻意大利首席大使，并委任其负责罗马之行的准备工作。这些使节，在诏书中多被称为"意大利全境代表"（totius Ytalie legatus），出现在腓特烈统治初期。作为统治者的代理人，他们应当结束争端、缔造和平、接受盟约、保障帝国权利、收税。他们与国王本人一样，是帝国荣耀的化身。除康拉德主教，能代表帝国在意大利荣耀的最著名的使节还有马格德堡大主教阿尔布莱希特二世（1205—1232 年在位）。为了更有效地实行统治，后来就由多名负责更小责任领域的代理人接替单个使节的位子，例如托斯卡纳总督（capitaneus generalis）法萨内拉的潘杜尔夫（Pandulf de Fasanella），以及腓特烈的女婿罗马诺的埃泽利诺（Ezzelino da Romano，1194—1259）。出身于克费尔恩堡（Käfernburg）伯爵家族的马格德堡大主教阿尔布莱希特二世还做了一件特别的事：1207 年，马格德堡的旧大教堂被烧毁，两年后，他为后来建在易北河畔的富丽堂皇的新大教堂奠基。这座教堂修建了两百年，它可能是德意志土地上第一座新式教堂，其风格是阿尔布莱希特从法国一些大教堂那里了解到的，这种建筑风格后来被称为"哥特式"。多个社会领域中变化多端的哥特式风格转向，标志着阿尔卑斯山以北地区步入哥特

腓特烈宣誓效忠： 出身于博尔盖索家族（Borghese）的教宗保罗五世在 1605—1621 年的任期中，为了建设教宗秘密档案馆，令人在梵蒂冈建造了三个带有文件柜的厅室。其墙体上方的湿壁画描绘了获得王位的国王将土地与财富转交给教宗的场景。其中一个主题显示，1219 年在阿格诺，加冕称帝前的腓特烈二世在教宗使节面前宣誓效忠，这位统治者对教宗洪诺留三世重申其 1216 年所做的允诺。匿名的湿壁画画家并未呈现出真实的事件细节及时间顺序，因为画面下方的拉丁铭文称："已在罗马由教宗使节加冕为皇帝的腓特烈二世凭誓言向伟大的教宗洪诺留三世许诺，将保卫先帝对圣座的馈赠。"

时代，这一转变与腓特烈二世的统治相关联。

腓特烈在短时间内由西西里男爵或教宗等其他势力的傀儡成功转变为一方重要势力。在一系列偶然事件的眷顾下，他证明自己拥有非同寻常的政治能力，展现了对仪式与姿态之重要意义的敏锐感知力。如果说施派尔、巴勒莫和亚琛的三次迁棺仪式从象征意义上澄清了腓特烈的出身，并巩固了他的合法统治地位，那么在 1215 年后的时间里，他面对教宗和诸侯所做的政治实践则继续保障了这一统治地位。他从一名需要仰仗他人金钱及武力的"阿普利亚的男孩"，成长为一位广受认可的"罗马人的国王"。就这样，他满怀信心地向着未来前进：罗马的皇权在召唤着他。

第 4 章

帝　王

1220 年于罗马加冕称帝

深秋的阳光初现，温和地照在加冕仪式的游行队伍上，在主耶稣道成肉身后的 1220 年的圣塞西莉亚节那天，这支队伍随着年轻的君主及其夫人康斯坦丝，穿过利奥城（Leostadt，梵蒂冈城内的一部分），来到古老的圣彼得大教堂。空气中香雾缭绕，马蹄声声，人声喧嚷，众人齐声唱着《路加福音》中的诗句："看哪，我要差遣我的使者在你面前，他要在你前面为你预备道路。"（《路加福音》7：27）游行人员华美的服饰、闪耀的织物和珠宝、马匹的挽具、罗马城长官在游行队伍前面举起的锃亮的剑刃，反射着太阳的光芒。在阳光的照射下，装饰着圣彼得大教堂整个外立面上部的那些富丽的马赛克砖也熠熠生辉。这一天充满节日的气氛，因为在中世纪，人们尤为重视在盛大的宗教节日举行加冕典礼，典礼时间一般选在教会节日中周日那一天。在教会年历中，11 月 22 日是纪念圣塞西莉亚的节日，而在腓特烈加冕的这一年，这一天恰好是基督降临节前的最后一个星期日。腓特烈在圣彼得大教堂门口下马，谦卑地问候在枢机主教的环绕下等待他的教宗。在进入大教堂前，他先穿过前厅，那是一片特殊的入口区域，今已不存，在那里的右手方位曾有一具有硕大斑岩棺盖的棺椁，里面存放着皇帝奥托二世的遗体。如今在那里，只是隐秘地散落着昔日圣彼得大教堂的少量残迹。在君士坦丁大帝时期，教堂有五个耳堂、多处祭坛、大批纪念物，然而到了 16 世纪，这些都被拆毁。直到 17 世纪，人们才重新建造了一座宏伟的教堂来代替旧教堂，如今我们还能够瞻仰这座建筑。在这一天，腓特烈以国王的身份看着 11 月柔和的太阳升起，而他又将以皇帝之尊目睹它西沉。[1]

这位未来的罗马人的皇帝不久前才率领一支小队伍从北方来到教宗的管区（梵蒂冈），这片区域位于古罗马城外，在圣彼得大教堂四周，被城墙单独围起。像许多前辈那样，他在马里奥山（Monte Mario）山麓的尼禄草原（Neronischen Wiesen）安营扎寨，从梵蒂冈城中能够看到这个营地。帐篷尚未搭起，教宗与年轻统治者双方的使团就已经紧锣密鼓地开始了谈判，争论的焦点依然是那个老问题，即西西里与帝国之间的法律关系，以及广袤的托斯卡纳领土问题。腓特烈国王向新任教宗洪诺留三世（1216—1227 年在位）许诺王权（regnum）与皇权（imperium）将永久分立，而教宗也愿意相信他。虽然根据经验，他清楚这样的允诺不能完全相信，但此刻对他而言还有更重要的事：排在他心愿单前列的是腓特烈即将领导的十字军东征。因此他愿意听信腓特烈的保证。

在加冕的那个星期日，未来的皇帝带领随从从马里奥山边的营地出发，沿着古老的凯旋大道（Via Triumphalis）下山，朝梵蒂冈方向走去。凯旋大道是沿用了数百年之久的朝圣之路弗兰西大道（Via Francigena）的一条支线，当时这条路穿过了一片没有树木荫蔽的草甸。如今，这里充满了生机勃勃的都市气息。在一条今天早已不复存在的沟渠旁［渠上有一座名为"斗室桥"（ponticellum）的小桥］，腓特烈首先在众人的见证下举行了宣誓仪式，以表明自己一直乐于重视罗马人的优良传统。接着，腓特烈率众经科林门（Porta Collina）进入 9 世纪以来就被城墙环绕的梵蒂冈城。这处城门如今也已消失，当时人们可经此门由圣天使堡附近穿过利奥城北部的防护墙。腓特烈在这里受到了城中教士的隆重接待，他们身着华丽的法衣，手持十字架，摇晃着香钵。腓特烈当时骑马穿过的城墙的一部分一直保留至今，这是因为 13 世纪末的人们赋予其一种额外的功能：城墙内有一条连通教宗寝宫与台伯河畔的圣天使堡的秘密逃生小道，名为"通往城堡的通道"（passetto di borgo）。[2]

　　遗憾的是，关于整个加冕仪式并没有同时代的直接记录留存下来。只有后世的记载谈到了当时的场景，如帕尔马的萨林贝内以及乔万尼·维拉尼所作的编年史。人们可以由此猜测，腓特烈的加冕仪式遵循了一般的加冕流程。但我们无从得知确切的信息。19 世纪或 20 世纪那些描绘腓特烈在罗马的加冕仪式的色彩鲜明的绘画，全是虚构的。这些绘画依据的是一种猜想，即 1220 年举行的加冕仪式与一百年后亨利七世、路易四世或查理四世的仪式本质上一样。这也许没错，但细节上不太可能，因为任何时代的权贵都倾向于即兴演出，或者他们会偏离既定的礼仪规范以建立新的等级关系。是走到地毯上还是在地毯前就停止脚步，这一点在中世纪已经极为重要。另一方面，有一些基础的加冕礼仪被列入几乎所有的加冕程序，这样看来，人们的猜测也并非完全错误，即在腓特烈光彩照人的这一天，这些仪式也是照这样举行的。[3]

　　人们可以获知，13 世纪初加冕程序的具体细节是，未来的皇帝在歌声中由教士陪同穿过拥挤的围观人群，来到圣彼得大教堂前厅的台阶前，教宗正静候于此。相互问候之后，未来的皇帝亲吻教宗的脚，并向教宗奉献黄金。接着他走向从前厅就能看到的塔中圣母马利亚小教堂（Kirche Santa Maria in Turri），在那里，他在上帝面前进一步起誓保卫教宗和神圣的罗马教廷。然后，他便被接纳成为圣彼得大教堂教士会的一员。这意味着未来的皇帝也领受了圣职，可以在做弥撒时协助教宗。他经所谓的银色大门进入拥有多处大门的圣彼得大教堂，在多个地点停留，聆听祷告并做出仪式性的回答。随后他会更衣，直到这时他才穿上真正的加冕服。在这些活动的全过程中，枢机主教和主教都伴随他左右。而教宗在问候之后就已经来到圣彼得大教堂的主祭坛上，原地祷告。

　　除此之外，基本的仪式还包含对未来的皇帝行涂油礼。这是一种来源于古代东方的习俗，用受祝圣的油涂抹统治者，使其与上帝建立特殊的紧密关系。西方观念认为涂圣油具有神圣的力量，《圣经》中的君王大卫和所罗门就是范例。在加冕为帝的仪式中，需以圣油涂抹未来皇帝的肩胛骨之间的位置，涂出十字形，并从右臂的手肘一直涂抹到手腕处。传统上这一仪式需在古老的圣彼得大教堂的莫里提乌斯祭坛（Mauritiusaltar）上举行，而且并非由教宗实施。腓特烈的涂油礼由奥斯提亚（Ostia）枢机主教乌戈利诺（Hugolinus）施行，他本人有这方面的经验，因为1209年10月他曾在奥托四世的加冕仪式上承担同样的职责，为那位未来的皇帝涂油。皇帝腓特烈后来因为乌戈利诺而极为烦恼，因为这位英诺森三世的侄子在洪诺留三世死后就自立为教宗，即孔蒂家族的格里高利九世。不过此时双方尚处于和睦的氛围中。

长达数小时的仪式和典礼的高潮是加冕仪式本身，根据传统，这一仪式应在彼得之墓上方所筑的祭坛上举行。教宗在那里迎接未来的皇帝，两人一同做弥撒。接着，教宗一边口念祝圣词，一边先为统治者戴上一顶主教冠，然后再戴上一顶皇冠。教宗依照程序念出祝圣词："以圣父、圣子、圣灵之名，接受荣耀之象征、统治之桂冠、帝国之皇冠……"接着，皇帝先被赐予权杖和金苹果，随后被赐予一把抽出的宝剑，象征皇帝将保卫教会。接下来又是一系列套语、祈祷和赞歌："愿我们的君主、罗马人最不可战胜的皇帝、永远崇高之人被赐予胜利和喜乐！"为了使祝福能够真正应验，众人先是以歌声向"世界的救世主"基督祈祷，随后依次念出马利亚、三位大天使、三位使徒、三位殉道者、三位忏悔者和三位贞女之名，祈求帮助。在唱过《垂怜经》后，新皇帝脱下斗篷和皇冠，重新在教宗脚下奉上黄金。教宗继续举行弥撒，此时的皇帝则以副助祭的身份来辅助仪式，也就是说皇帝要手举圣餐杯领受圣餐，之后又重新穿戴礼服坐在布道坛上。正式的加冕仪式中还有一道程序，即皇后也需要加冕。未来皇后的加冕仪式与皇帝加冕的仪式仅有少数细节上的不同。不过在腓特烈举行加冕仪式的过程中，康斯坦丝究竟在做什么，我们不得而知。[4]

虽说腓特烈称帝的加冕典礼大体上遵循了彼得之墓上的祭坛和莫里提乌斯祭坛旁的传统习惯，不过在这位西西里人加冕时，还有一件特殊的事被记录下来。正如1215年在亚琛被加冕为国王时那样，这次腓特烈重新以皇帝的身份从给自己涂油的枢机主教乌戈利诺手中接过十字架。这样腓特烈再次承诺自己将参加十字军。此外还有一批在场的诸侯和贵族与皇帝一同发誓加入十字军，至少教宗几天后在给美因茨大主教的信中是这样写的。现在十字军行动再一次明确成为皇帝的纲领性任务。不久，新上任的皇帝向教会保证，将教会诸权利作为加冕法令施行于帝国全境。皇帝命令向帝国境内的诸侯和民众宣告这十部法令的内容，还令博洛尼亚的法律专家将这些法令记录到他们的法律汇编中。它们将拥有永恒的法律效力。事情也差不多如此：在罗马法法典中，这些法令列在腓特烈祖父"红胡子"腓特烈一世颁布的法律之后，成为法典的一部分，这样两位皇帝作为制定法律的统治者，其名在古罗马皇帝查士丁尼（527—565 年在位）开创的传统之中永存不朽。一个半世纪后，常效仿腓特烈二世而活跃于历史舞台上的查理四世，首先以国王的身份，后来又多次以皇帝的身份颁布了一系列与教会保护相关的广泛特权的法令，后人将其命名为《加洛林教会权利法典》（Constitutio Karolina super libertate ecclesiatica）。其中，这位卢森堡家族的皇帝不仅提到了皇帝腓特烈二世在圣彼得大教堂颁布的法律名称，还引用了法律原文。在写给丹麦国王以及北方其他诸侯的书信中，查理甚至逐字引用腓特烈这位"先驱"在加冕日颁布的诏书，并称这份诏书"开启了'帝国的光辉与荣耀'"，不一而足。[5]

　　加冕刚一结束，皇帝就在圣彼得大教堂前为教宗扶马镫，并挽起马的缰绳，步行牵着教宗的马走了几步。这些特殊的行为像是马倌做的事，同样有固定称谓，即"马镫义务"（officium strepae / Bügeldienst）和"马倌义务"（officium stratoris / Stratordienst）。由于这种扶马镫和牵缰绳的义务有时会被解读为皇帝对教宗的扈从关系，有时又会被视为一种礼貌性的尊重，因此在很多皇帝与教宗的会面中，这种行为充满了争议。在这里，原本没有什么特殊意义的无关紧要的古老仪式却摇身一变，成为高度政治化的符号。仪式与象征不仅反映了社会现实，还一同创造社会现实。这在今天也是如此，但是中世纪社会的秩序尤其能够切实体现在象征、姿态、仪式和程序中。[6]

　　人们不能确知腓特烈牵着教宗的缰绳究竟走了多远，但是他们确实一同骑马朝着圣天使堡方向走了一段路。在中世纪时期位于博尔戈区（Borgo）特拉斯蓬地纳（Traspontina）的圣母马利亚教堂——今天这座巴洛克式建筑的位置有所变动——的高地处，两人再次交换了和平之吻，随后分道扬镳。教宗返回寝宫。腓特烈则再次从他过来时穿过的台伯河畔城堡旁的科林门离开了城墙环绕的梵蒂冈，回到了马里奥山上的营地。年轻的西西里国王腓特烈接受皇冠的行为在如今看来仿佛是一首辉煌的终曲，也是罗马教宗为阿尔卑斯山以北地区统治者加冕这一古老习俗的回光返照。虽说在 1209 年皇帝奥托四世也在此接受了皇冠，并且在 1217 年一位拜占庭皇帝也在罗马举行了第一次和最后一次加冕，教宗也因此暂时受到了迷惑，误以为自己可以实现完全的统治，即从此以后罗马教宗可以为东、西罗马帝国的两位皇帝加冕，然而事情的发展并非如此。直到腓特烈登基的 92 年以后，罗马才再一次举行了加冕仪式：1312 年卢森堡家族的亨利七世在这里被加冕为帝。不过他是由三位枢机主教加冕的，而在他之后的皇帝路易四世和查理四世在台伯河畔的这座城市加冕时没能获得教宗亲自祝福的殊荣。腓特烈加冕后经过了整整一个半世纪才迎来了查理四世的第二次罗马之行，在这一次，教宗与皇帝才在台伯河畔的"世界之都"会面，在那里他们一起沉浸于一个古老的世界，这个世界里有古老的仪轨、入城仪式、马倌义务、祝圣以及加冕仪式。[7]

如果说关于腓特烈加冕的具体仪式和地点我们所能获知的细节少得惊人，那么关于他当时身着的服装我们则了解得更多。一些加冕服装和道具历经了多年依然被使用。这位西西里人所穿戴的大部分衣饰可能是在加冕前夕才赶制而成的。长久以来人们都猜测，腓特烈曾穿着一件由国王罗杰二世时期巴勒莫的阿拉伯工匠制作的斗篷，罗杰二世曾身穿这件斗篷参加盛大的典礼。此斗篷是古代诺曼国王加冕时穿戴的宝物之一，后来被腓特烈之父亨利六世从巴勒莫劫掠到北方。这件绣有雄狮和骆驼图案的古老斗篷很有可能出于某些原因而卷入了各种加冕典礼。因为后来它成为罗马帝国各皇帝反复使用的加冕道具，所以得以与其他许多珍宝一同保存在今天的维也纳。

但是，一只被圣光环绕的雄鹰让人们的目光转向了另一件斗篷。在一双为腓特烈加冕特制的手套、一柄镶嵌着珍珠和宝石的典礼佩剑上都有雄鹰图案，它们同某一件丝质斗篷上的图案类似，而这件斗篷目前被存放在主教城梅斯。由于制作这件斗篷时的情形与 1220 年加冕时的情况相符，因此它可能是腓特烈在加冕时穿的那件斗篷。这件精细的丝绸斗篷也诞生于巴勒莫的手工作坊，它曾光彩闪耀地出现在罗马的加冕仪式上，之后很可能作为皇帝的特殊赠礼被施派尔和梅斯主教沙尔芬贝格的康拉德存放在梅斯大教堂的珍宝馆中。相比之下，腓特烈加冕时所穿的阿尔巴（Alba）——一种做工精细的白色衬衣——以及长袜则更为古老，它们的历史可以追溯到国王威廉二世时代。衬衣上可能用红色丝线绣上了一个十字架，象征着年轻国王接受了十字架。但是自 18 世纪末以来，这个十字架图案没能保存下来。这件阿尔巴以及其他一些细节尤其能够表明，皇帝的服饰越来越接近教宗的服饰。[8]

　　在几百年的历史中，加冕以及随后的骑马绕罗马城游行的仪式往往伴随着暴乱，例如在"红胡子"大帝加冕时就曾爆发了真正的巷战。在亨利七世加冕宴会上，由于乱党弓箭齐发，严重骚扰，宴饮宾客受惊，喉管甚至被肉块噎住。然而在腓特烈的加冕仪式上，罗马人却保持着惊人的镇定。这一次，人们破例对教廷更为愤恨，至于这位在台伯河畔接受皇位的陌生人，部分罗马人想必对八年前他在罗马的逗留记忆犹新。两周以后，教宗在写给阿尔巴诺的佩拉吉奥（Pelagius von Albano）的信中称，自己在罗马人完全出乎意料的平静中光荣地为腓特烈加冕。然而和平没能维持多久，因为在加冕时的欢庆气氛背后出现了另外两股势力，它们之间的冲突旷日持久，影响深远，它们就是比萨和佛罗伦萨这对死敌。

　　佛罗伦萨的地方主义者乔万尼·维拉尼在其编年史中写道，有众多来自意大利全境的代表参加了腓特烈的加冕仪式。大批显赫的人物从佛罗伦萨和比萨来到现场。罗马的一位枢机主教为了向佛罗伦萨使节表示敬意而设宴款待他们，在宴会上，其中一位使节对一条漂亮的"小犬"产生了兴趣，于是枢机主教许诺要将小狗赠送给这位使节。然而第二天，同样的事情再次发生在比萨使节身上：枢机主教举办的宴会，漂亮的狗，可以将狗送给我们吗？当然可以。不幸的是，枢机主教忘记自己前一天已经允诺要将小狗送给佛罗伦萨人了。不久，佛罗伦萨人去取这件礼物，遇到了比萨人。双方立刻开始争吵。他们你一言我一语，相互咒骂。当时比萨人带了 50 名士兵，因此他们暂时打败了佛罗伦萨人。而这群佛罗伦萨人又召集了所有在罗马教宗宫和皇帝宫中的同乡，"狠狠报复"。比萨人写信回乡，说明自己怎样遭到了攻击和侮辱，于是议会立刻下令扣押佛罗伦萨人在比萨的货物。佛罗伦萨派遣大批使节来到比萨，请求比萨"考虑昔日的友谊"将货物归还，但是比萨拒绝了。很明显，"昔日的友谊"不复存在。战争爆发了。

接下来的争斗持续了数年，最终在博斯科城堡（Casteldelbosco）战役中，佛罗伦萨人凭借上帝的公正向比萨人证明，傲慢是陨落的前导。维拉尼还说明，自己之所以能得知战争起因及战争爆发的真实情况，是因为他从年长的同乡那里听到这些事情，这些同乡的父辈参加了这场战争，能清楚地回忆这些事。维拉尼叙述的故事是一个典型例子，表现了地方人民拼凑修饰的自我形象认知，因为故事在叙述中分三个阶段展示了事态如何升级，让佛罗伦萨人一直处于正义的一方。这则故事后来超越了维拉尼著作的范畴，成为阿诺河两城之间历经数百年的"世仇"神话的组成部分，这样的神话具有构建共同体的功能，直到不久前还有重要的意义。这场持续了数个世纪的争端，伴随着战争、毁灭和不计其数的死亡——表面上看，其爆发的原因不过是腓特烈二世加冕庆典间隙一条被赠送了两次的狗罢了。[9]

帝王统治

对腓特烈而言，成为罗马人的皇帝意味着什么？他统治的是一个怎样的帝国？这些问题的答案并不像第一眼看上去那样容易。最简单的做法是回想他的头衔，因为腓特烈在其颁布的诏书也就是官方性质的文献中反复使用这些头衔。罗马加冕后，这位新皇帝自称"上帝仁慈保佑的腓特烈、罗马人的皇帝、永远的拓疆者、西西里的国王"（Friedrich durch göttliche Milde Kaiser der Römer allzeit Mehrer und König Siziliens）；有时候会有些许变化："上帝的恩典保佑的腓特烈二世（Friedrich der Zweite durch Gottes Gnade Kaiser）、罗马人的皇帝、永远的拓疆者、西西里的国王"。1231 年腓特烈颁布大型法典《梅尔菲宪章》（Konstitutionen von Melfi）时，头衔则进一步升级。在法典的开头，他自称"罗马人的恺撒腓特烈皇帝，永远的拓疆者，意大利、西西里、耶路撒冷、勃艮第的（国王），幸运而虔诚的胜利者和统帅"［Kaiser Friedrich der Römer Caesar, allzeit Mehrer, Italischer, Sizilischer, Jerusalemer, Burgundischer (König), glücklicher und frommer Sieger und Triumphator］。然而腓特烈本人其实很少会真正罗列这些他自封的或事实上的统治头衔，只有在巴洛克时期，君王们才会精心培育出一条见不到尾的头衔长列来相互比拼头衔。[10]

中世纪罗马帝国统治者的众多头衔，使皇帝位居基督教欧洲其他所有君主之上，因为人们认为帝制是统治的最高贵形式。在诸君主之上本应只有一位帝王，正如一个亲缘关系群体中只能有一位家族首领。14 世纪初，诗人及哲学家但丁·阿利吉耶里（1265—1321）在其国家理论代表作、小册子《君主国论》（Monarchia，或译《君主制论》）中写道："此世的君主国，即人们所说的帝国，是这个时代超越其他所有（统治形式）的一种个人统治，也是寓于一切并高于一切用时间来衡量的事物的统治。"这位佛罗伦萨人在文中还将罗马帝国的理念和世俗与教会分权理念结合在一起，思考了世俗君主制的必要性，并以亚里士多德的理论来佐证。在此前不久，本笃会修士阿德蒙特的恩格尔贝特（Engelbert von Admont，卒于 1331 年）也在小册子《论帝国的起源与终结》（De ortu et fine imperii）中称，由一位帝王统治其他所有君主的政体更为优越和公正。这个问题被写入意大利和德意志的书斋中的羊皮纸卷，具有最高的哲学水平，正是 12—13 世纪的思想界长期广泛讨论并引发极大争议的论题。[11]

由于中世纪罗马帝国的所有皇帝都心怀这样一种意识，即自己是被上帝选中之人，因此他们也会让整个世界明白这一点。这些帝王自认为因上帝的恩典而肩负统治使命；后来欧洲所有的统治者也自我膨胀，认为自己也能感受到这样的使命。此外，"奥古斯都"这一头衔也点出了这些帝王统治所具有的悠久的罗马帝国传统。自奥古斯都时代以来就产生了这样一种观念，即"罗马世界"（orbis Romanus）和"整个世界"（orbis terrarum）是合一的。维吉尔曾说：帝国无边界（imperium sine fine）。这清楚地表明了一种罗马的意识形态，除了宣扬无边界的帝国，这种意识形态还致力实现"罗马的和平"（pax Romana）以及"罗马永存"（Roma aeterna）的目标。因此，即使当时人们看待"整个世界"的方式与今天不同，即世界是一片经验共享的天地，帝王也有资格实行世俗统治——在中世纪也是如此。确立和平的口号与构建世界历史的使命一样，被用来证明各个时期帝国的正当性。[12]

皇帝的奥古斯都头衔有特殊性质，此处曾发生过混淆。深受古典文化影响的主教塞维利亚的伊西多尔（Isidor von Sevilla，约570—636）曾编纂了一部汇集了同时期所有知识的简明手册：《词源》（*Die Etymologien*）。这部著作探讨了事物的语源，如今有远远超过1000部手抄本流传下来，因此摆放在我们面前的是一部"中世纪的布罗克豪斯百科全书"。关于"奥古斯都"这一概念，伊西多尔写道："罗马人认为，奥古斯都是皇权的一个名称，因为罗马人曾通过扩张拓展了国家的疆域。元老院首次将此名授予屋大维·恺撒，因屋大维扩大了国家领土，而他也凭借这一名称及头衔提升了地位。"伊西多尔认为"奥古斯都"这一头衔派生于动词augere（扩大），他的说法盛行于整个中世纪。因此，拉丁文头衔semper Augustus（永远的奥古斯都）的德语对应词并不与古罗马人的本意相同，并不是指"永远的崇高者"，而是写作zu allen czeiten merer des Reichs（永远的帝国拓疆者）。在皇帝腓特烈二世时代，这些头衔的顺序就已有数百年的传统，即使在他死后一直到进入现代时期，这些头衔还是继续存在，最多被细微调整，其中"永远的奥古斯都"与蒙受神恩的头衔"罗马人的皇帝"彼此不可分离，共同环绕着人名。在中世纪盛期依然有纲领性特征的罗马帝国理念，日渐变为能够宣称统治权及地位的一则神话。这一点尤其能体现在对罗马城的统治中。罗马皇帝奥托三世（983—1002年在位）在罗马加冕后继续逗留了数年，在那里设立了行宫。皇帝腓特烈二世则相反，他在罗马逗留期间并不受人们欢迎，众人都在忍耐。查理四世最终获准只能在永恒之城停留一天来办皇帝加冕仪式，夜幕降临之前必须离开。[13]

这些头衔代表的统治区域指涉的正是永不衰亡的罗马帝国。中世纪盛期的人们自然而然地将当时的这个帝国视作罗马帝国。罗马帝国由恺撒（前100—前44）和奥古斯都（前63—14）建立，因悠久的历史而尊贵不凡。自君士坦丁大帝始，这个帝国开始被打上基督教的烙印。这个帝国为基督的诞生提供了空间，并最终将真正的信仰引向胜利。因此这个帝

国保障了教会的统一。查理大帝和奥托大帝（936—973 年在位）分别于
800 年和 962 年加冕称帝，由此，东法兰克人以及后来的德意志人继承了
罗马帝国的衣钵，从三位一体的德意志、勃艮第、意大利王国中创建了帝
国。在向中东欧扩张统治以及在东欧开发土地的进程中（尤其在 13 世纪
大大推进），更多的地区被囊括进来。除去从古罗马继承的疆域，这个中
世纪帝国的一个特殊之处正是其在非法兰克帝国地区的兼并活动。起初，
西方的皇帝对东罗马帝国君士坦丁堡绵延不绝的皇位更迭不胜其烦。的
确，"更正统的"罗马皇帝所在地原本就在西方，民众能够从这些西方帝
王身上充分感受到统治者的排场。然而随着东罗马帝国国力渐渐衰微，他
们无须再关心"两帝并立"的问题，特别是 1204 年一支十字军重创拜占
庭帝国之后，情况更是如此。

腓特烈统治的帝国中的一部分领土名为"帝国的意大利"（Reichsitalien），
它与西西里王国完全不同，主要由伦巴第和意大利中部的其他一些领地
组成。在中世纪，"伦巴第"这一概念不仅指的是今天的伦巴第大区，还
指整个意大利西北部地区，包括皮埃蒙特和今天瑞士境内的提契诺。在
中古高地德语的文本如传说或文件中，这一地区也被称为"兰帕特兰"
（Lampartenland），因为从那里可以翻越兰帕特山脉——现在的阿尔卑斯
山脉。"伦巴第"这一名称的来源是，6 世纪时波河平原曾被著名的国王
阿尔博因（Alboin）领导的伦巴第人（Langobarden）所占领，他们建立
了伦巴第王国，定都帕维亚，自此该王国的核心地区就被命名为"伦巴
第"。8 世纪中叶，丕平国王和查理大帝所统治的法兰克人插手教宗与伦
巴第人之间的争端。法兰克人占领了伦巴第王国，这样伦巴第就成为法兰
克帝国的一部分。随着加洛林王朝的领土被分割，伦巴第变成了加洛林王
朝以及后来奥托治下的意大利王国的中心。因此，罗马-德意志国王同时
头戴伦巴第王冠，于是这片地区就被称作"帝国的意大利"。以中世纪的
视角看，罗马帝国还具有某种特殊意义：一种末世观念认为，罗马帝国的
继续存在会推迟末日审判到来。在上帝的救赎史计划中，罗马帝国是继巴
比伦帝国、波斯帝国、希腊帝国之后最后一个世界帝国。只有罗马帝国灭
亡后，弥赛亚才会第二次降临人世。在上帝的秩序中，罗马帝国占据了中

心位置。自"红胡子"腓特烈一世统治时期起，罗马帝国名字中就有了
"神圣"（sacrum / heilig）这一形容词，这在帝国的官方名称中也是如此。
这样的辉煌一直持续到 1806 年帝国在法律意义上正式终结。"神圣罗马帝
国"——腓特烈二世自 1220 年圣塞西莉亚节开始担任其皇帝——在漫长
的岁月中曾经历了多种不同的统治形式和政体。在这个帝国庇护下，产生
了各种政治区域，它们长时间里只满足于自给自足。这些区域的诞生也直
接与腓特烈二世本人有关。帝国受到了自身政治多样性的影响，因此其绝
大部分政策都有对内倾向。在很长一段时期，最低限度地保证稳定的机制
就足够了。若是人们能对帝国的人员情况做一番想象，一定会优先想到皇
帝以及那些后来成为选帝侯的诸侯。

　　以诗人加利波利的档案管理员乔治斯（Georgios Chartophylax von
Kallipolis）的一首诗歌为例，可以从南意大利的视角了解人们如何将皇
帝腓特烈与罗马帝国的理念联系在一起。这位诗人来自曾隶属于大希腊
（Magna Graecia）的沿海城市加利波利，该城位置在意大利的脚跟部位。
乔治斯大约在 13 世纪中叶以自己的希腊母语为皇帝腓特烈创作了一首
赞歌。他在诗中玩弄了"Friedricus"（腓特烈）这个名字的读音，称皇
帝为"Phryktorikos"（福吕刻托里克斯），意为"火象星座施予者"。这
个名字让人联想到以闪电施加惩罚的希腊神祇宙斯，听起来也与"世界奇
迹"类似。诗人乔治斯通过罗马城与皇帝腓特烈二世的对话来表达其热切
的赞美：

　　　　苦啊，罗马，从无上的福祉中坠落，
　　　　她悲叹着，哭诉自己的不幸：
　　　　"自从我这不幸之城失去了君主，
　　　　因劫掠而丧失强大的权杖，
　　　　自从我与帝王，那些得到三重祝福之人，长辞，
　　　　我就坠入了耻辱的境地，群龙无首。……
　　　　这里曾回响着帝王之威，回荡着君王与总督之名，
　　　　还有其他所有尊贵的余音；

万物都在我面前低下头颅，

四海皆唯我独尊。

然而，那位受到三重祝福的强大君主，

福吕刻托里克斯，这片土地上的奇迹，

青铜制成了他的弓，闪电是他的箭，

他以雷霆使敌人统统葬身火海，

是他，大地、海洋与苍天也皆听命于他，

是他，使福吕刻托之名有了意义，

如今他亲自垂眼看到了我的不幸，

将昔日的权杖交还到我的手中，

使我重归往日的富饶。"

尊贵的帝王，这位带来惩罚与革新的世界统治者，世人应在他的面前战栗，他的火焰拯救了罗马——这个文本一方面证明了诗人对帝王发自内心的赞颂，另一方面展现了诗人玩弄辞藻和意象的游戏兴致。[14]

但是，还有其他人自认为有资格成为古罗马帝王之尊的继任者，他们直接与中世纪帝王竞争，他们就是教宗。随着 11 世纪教会改革以及主教授职权之争的爆发，教会与世俗君主开始在根本性的统治问题上兵戎相见。由于西方特有的教士制度的长期发展，教宗已完全承担起君主的角色，但是教宗制却比当时其他任何权力形式都组织得更好，官僚机构也更为完备，到了 12 世纪末至 13 世纪初，权力格局逐渐向教宗这一边偏转。教宗在主教授职权之争中击败了皇帝，取得了首轮胜利，并采用了越来越多传统帝王统治的象征物，譬如在服饰和珠宝上大量使用紫色。可是教宗并不满足于成为教会的首领和国家的君主，他还想成为全世界的主宰。教宗要求领导并指引全世界的所有君主，当君主犯错时能够斥责和惩罚他们，如果他们顽固不改，就应该废黜。在此过程中出现的一位杰出人物就是腓特烈昔日的恩庇者，出身于孔蒂家族的塞尼伯爵罗塔里奥（Lothar von Segni），1198 年，年仅 37 岁的他成为教宗，称号为英诺森三世。他在担任教宗期间开启了一个教宗霸权的时代。在这个时代，皇权日益成为神授权力的派生物，因此只能经"主的代理人"（vicarius Christi）之手而授予，而主的代理人是基督教世界的首领和根基。据说多年以后，腓特烈曾在一封公开信中指责教宗格里高利九世妄图使罗马帝国臣服，以使全世界所有君主都供奉教宗，所有民众都服务于教宗。一些中世纪盛期的教会法学者甚至将教宗的这一要求用鼓动性的措辞表达出来：皇帝仅仅是"教宗的代理人"（vicarius Papae），甚至还有更露骨的说法，"教宗是真正的帝王"（Papa verus imperator）。这样一来，皇权统治就陷入了可疑的境地。[15]

腓特烈一开始就试图对抗教宗的统治要求。教权逐步帝王化，同时这一过程通过对世俗统治职权的去神圣化来动摇世俗君主的权力根基，对此必须有所应对。不管怎样，教宗的要求终究与罗马帝王理念的内涵无法调和。于是，教权与皇权之争就开始在教权对皇权的模仿（imitatio imperii）和皇权对教权的模仿（imitatio sacerdotii）之间交替进行，具体说来，就是一方试图借助各种手段超越另一方，包括舆论宣传手段。腓特烈作为帝王的许多政治行为，如以弥赛亚的身份降生或举起十字架，其根本目的都是将统治者和皇权再次神圣化。无论是统治者的排场还是立法行为，无论是与异端的斗争还是十字军东征，无论是保护犹太人还是封地问题，腓特烈与教宗之间争夺帝王统治权力的战争在多个战场上打响。

统治者的冠冕

在中世纪的庆典上，人们能够通过冠冕认出谁是统治者。在图像学上，国王或皇帝与冠冕的关系极为紧密，因此在配有图像的手抄本中，统治者总是头戴一顶冠冕。无论是在王座上、马背上、船上，还是夜晚在卧榻上、在澡盆中，没有哪位君王没有头戴冠冕。因此，如果一位统治者没有被描绘为头戴冠冕的形象，那就意味着君主的合法性受到了质疑。这一点很容易能从乔万尼·维拉尼著作的首字母装饰画上看出，在这些手抄本中，查理大帝、"红胡子"腓特烈一世或亨利七世等皇帝戴着华丽的皇冠，而作为邪恶统治者代表的腓特烈二世头上则空无一物。

中世纪的国王和皇帝通常拥有多顶冠冕。这说明君主拥有多处统治区域，例如伦巴第"铁冠"；并且在实物意义上，一位君主确实拥有很多冠冕。古时候曾存在一些极有象征意义的皇冠，例如现存于维也纳珍宝馆的"帝国皇冠"（Reichskrone），这原本是奥托时代的冠冕，但中世纪时人们却认为这是查理大帝的加冕皇冠。这顶皇冠起初是罗马-德意志国王众多冠冕中的一顶，但从中世纪晚期开始，它逐渐获得特殊地位。腓特烈二世时期，单是英格兰的金雀花王朝就拥有三顶曾属于神圣罗马帝国皇帝的冠冕。当腓特烈二世迎娶英格兰的伊莎贝拉（Isabella von England）为第三任正妻时，伊莎贝拉带来的嫁妆中也有一顶冠冕。中世纪晚期，一些冠冕成为整个国家的象征，直到今天还具有构造共同体的功能，例如波希米亚的瓦茨拉夫王冠（Wenzelskrone）以及匈牙利的斯特凡王冠（Stefanskrone）。

当时的巡游统治必需冠冕，如果需要运送皇冠，人们就会将其放入特制的运输箱。有些冠冕甚至可以拆卸，容易折断的部分，如突出的十字架或百合花，事先要拆下，之后再安上。可惜中世纪时期的大部分冠冕已被毁坏或遗失。绝大多数冠冕遭遇的是这两种命运：一些冠冕在社会动荡中被故意损坏，因为它们在物质上象征了业已摇摇欲坠的君主统治；还有一些冠冕唤起了巨大的贪欲，因为它们大多由极其珍贵的材料制作而成。冠冕被撬下宝石后，就被扔进了熔炉。如果君王的冠冕在统治者生前就已留作他用，那么它们就最有可能幸免于难，腓特烈的冠冕就是如此。

我们知道有数顶腓特烈冠冕保存下来，另一些冠冕则还剩一些残骸。有两顶甚至可以说是保存得极为完整。1781 年，当人们打开腓特烈的第一位妻子阿拉贡的康斯坦丝的大理石棺椁时，在棺中发现了一顶带有垂旒（Pendilien）的帽状皇冠。垂旒指的是从皇冠两侧垂下的珠串。长久以来人们都因这顶皇冠的出土地点而认为其是皇后冠。由于该冠冕有女帽的形状，因此人们认为男性不可能佩戴。但拜占庭人却能看出这是卡美拉琼帽（Kamelaukion）样式，在一些拜占庭马赛克画中有时能看到这种冠冕的图像。这种形制的冠冕主要是君士坦丁堡的东罗马帝国皇帝使用，因此也被诺曼国王所接受。由于这种冠冕作为统治标志已经固定在西西里-诺曼传统中，因此这顶冠冕可能是统治者的冠冕。腓特烈在 27 岁时失去了自己的第一任妻子，因此他很可能将自己的皇冠放在妻子的坟墓中。皇冠成了他的一部分，它能陪伴这位西班牙女士一直到救赎的那一天。但是康斯坦丝却不得不交出她年轻的丈夫赠给她的这顶冠冕，如今它成了巴勒莫大教堂的收藏。所以，今天这位皇后安息的棺椁中已没有了这件宝贵的赠礼。[16]

第二件保存下来的为腓特烈所有的冠冕曾命运多舛。三十年战争期间，瑞典军队在德意志地区横行，1631 年 10 月，维尔茨堡被占领，一件特别的珠宝落入瑞典人之手，沦为战利品。这件宝物极为珍贵，甚至连瑞典国王古斯塔夫·阿道夫都想要占有它。这是一只古罗马时期的玛瑙碗，在奥托时期被制成了一只典礼高脚杯。1235 年图林根的伊丽莎白（1207—1231）被封圣后，这只高脚杯又被制成圣骨匣，华丽地包裹着圣女头骨。这件圣骨匣与皇帝腓特烈二世有直接关系，因为 1236 年 5 月 1日，腓特烈二世曾赤着脚、身着忏悔服探访了位于马尔堡的圣伊丽莎白之墓。几天前人们打开了这位圣女的地下墓穴，取出了遗体，将其包裹在紫色的衣物中，放置在一具铅棺内。腓特烈和同来探访的诸侯，包括科隆、美因茨、特里尔、不来梅的大主教，骑士团大团长萨尔察的赫尔曼，以及腓特烈后来的敌人亨利·拉斯佩（Heinrich Raspe），他们一同将棺材从墓穴中抬出，抬到被圣方济各祝圣过的祭坛上。容纳这座祭坛的建筑所在的位置，如今矗立着圣伊丽莎白教堂。这位圣女的头颅早已与身体分离——这在当时并不鲜见，因为人们会将圣物分割，以增加可供崇拜的物品。在庆典上，腓特烈用自己的一顶珍贵冠冕为这枚圣骨匣所包裹的头颅加冕，随后又将其放在一个金制的容器中。

在整个欧洲范围内，这种用真正的统治者冠冕给圣人加冕的行为在奥托时代之后的中世纪时期多次出现。最为著名的一次是给盛放查理大帝头颅的圣骨匣加冕的事件，所用的是皇帝查理四世在亚琛加冕时用过的一顶皇冠。腓特烈二世捐赠的装饰有他本人冠冕的圣伊丽莎白圣骨匣，与另一件镀有黄金并镶嵌有宝石的圣物匣一同长期存放于马尔堡的圣伊丽莎白教堂。这样一来，这里就变成了一个深受欢迎的朝圣地，连查理四世也乐于探访。如今这件圣骨匣存放在斯德哥尔摩的"金室"中，这是一间如同保险柜一般的地下贮藏室，位于瑞典历史博物馆（Historiska Museet）。在北欧，人们可以将腓特烈二世的皇冠视作数以百万计馆藏中的"第一号"
藏品。至于其他一些不一定为腓特烈所有，但至少来自腓特烈时代的冠冕
残片，人们现在已难以辨别它们原本来自哪里，目前它们被保存于维斯瓦
河畔的克拉科夫和普沃茨克，因为这些部件后来又被装在其他圣器上。[17]

统治者的冠冕：两项曾属于
腓特烈的冠冕保存了下来。
1235 年图林根的伊丽莎白
被封圣后，腓特烈赠送了一
顶冠冕（上图），将其安放
到包裹圣女头骨的华丽圣骨
匣上。另一顶皇冠的外形则
像卡美拉琼帽（左图），君
士坦丁堡的东罗马帝国皇帝
都佩戴这种冠冕，1222 年，
腓特烈将这顶皇冠送给第一
任妻子康斯坦丝作为陪葬品

所谓的"帝国皇冠"首先会让人联想到神圣罗马帝国的皇冠，今天它和许多其他加冕用品一同存于维也纳。现在不能肯定腓特烈是否曾在加冕仪式、游行、宫廷庆典或是礼拜仪式上戴过这顶后来有无比崇高地位的皇冠。也许腓特烈戴过，因为他对象征行为的力量有极为特殊的感受。这顶皇冠能赋予人特别的合法性，这是因为中世纪时期越来越多人认为这顶皇冠属于查理大帝。由于自 12 世纪起，查理成为圣人，受到崇拜，因此这顶皇冠不仅是世俗统治的符号，还是一件可以触碰的圣物。最终人们可以在皇冠前面的一块珐琅金板上读到世俗统治权力究竟来源于何处："君王假吾行统治"（per me reges regnant），这句话写在王座上的基督上方。这些象征皇权的物品，包括皇冠，为腓特烈所有，至少从 1219 年 6 月起就是如此，当时已故皇帝奥托四世的兄长不伦瑞克的亨利（Heinrich von Braunschweig，卒于 1227 年）将这些物品转交给了腓特烈。此外，有证据表明腓特烈 1220 年加冕后将加冕物品赐给了来自德意志的参加典礼者，他们将这些物品带回了北方。总之，帝国膳务总管坦讷的埃伯哈德（Eberhard von Tanne）在 1221—1240 年间将这些珍宝保存于自己位于上施瓦本地区最高山丘的瓦尔德堡（Waldburg），在那里，这些珍宝由附近魏森瑙修道院（Kloster Weißenau）的普雷蒙特雷会（Prämonstratenser）僧侣看护。后来大约在 13 世纪 40 年代，这些物品，包括这顶金板皇冠，都被转移到普法尔茨的特里菲尔斯城堡中保存。当时的人们认为这顶皇冠具有何等强大的象征力量？这顶皇冠是如何有力地赋予佩戴者以合法权力的？这些力量又是如何聚焦在皇冠前部金板上那枚世间罕有的、被世人称作"孤儿"（Waise）的宝石上？若是想要了解这些问题，我们只需读一读福格威德的瓦尔特在腓特烈的叔父菲利普戴着这顶皇冠时所创作歌咏皇冠的诗歌，就会得到答案：

> 诸侯乐于欣赏怡人的景象，
> 可有谁若是怀疑，若是动摇，
> 就应抬眼看看孤儿在谁的额前闪耀，
> 这颗珍宝才是诸侯的指路明星。[18]

关于皇帝腓特烈的另一顶珍贵的冠冕，我们只是听闻曾有此物存在。这件宝物——目击证人帕尔马的萨林贝内曾讶异地注明其"如煮锅般大"——被人从腓特烈身边抢走，当时正是 1248 年，被腓特烈包围的帕尔马人突出重围，一路推进到腓特烈的营地，抢走了帝王的财宝。其中就有一顶冠冕，后来一个名叫"短腿"（curtus-passus）的畸形侏儒戴着这顶冠冕，在众人的喧闹声中以胜利者之姿穿过帕尔马城。据萨林贝内回忆，冠冕一度保存在帕尔马大教堂的法器室中，后来就销声匿迹。此外还有其他若干归腓特烈所有的冠冕，关于它们只流传下来一些零散的传说，这些冠冕可能与腓特烈的妻子们有关。不过根据所有资料可以确定的一点是，腓特烈曾拥有的冠冕数量一定十分可观。

随处可见的黄金帝王像

除了皇冠和其他象征皇权的标志以及盖有特别封印的诏书，货币也是统治者有效的表现及宣传手段。通过货币，统治者的名字甚至画像在每个臣民的手中流转。铸造货币意味着统治。1220 年，后来西西里穆斯林暴动的首领穆罕默德·伊本·阿巴德（Muhammad ibn 'Abbad）开始在岛上发行自己的货币，货币上铸有他作为埃米尔的称谓。虽说他此时尚未谋反，但仅是这样的做法就让腓特烈无法忍受，因为这触及了腓特烈在西西里岛上的基本统治权，于是腓特烈以残酷的手段应对此事。

铸有统治者头像以及精心设计的王座图案的中世纪货币，如同金属制的诏书印玺一般代表了无上的权力。这一情况基本保持到了今天。此外，铸币权与市场及关税政策有着紧密联系，这在前君主政体时期有助于巩固统治。人们渴望拥有铸币权、货币发行权，渴望强制执行货币流通，垄断货币兑换，这一切统称货币权（Münzregal）。起初只有国王专门保有货币权，统治者可以将货币权继续下放。在德意志地区，货币权首先被赋予有权势的主教。后来，世俗和教会诸侯、城市甚至修道院都逐渐从君主手中夺取越来越多的货币权，至少在帝国的阿尔卑斯山以北地区是如此。腓特烈二世时期重要的王室铸币厂所在地有美因河畔的法兰克福、阿尔滕堡、施韦比施哈尔（Schwäbisch Hall）——施韦比施哈尔铸造了货币"赫勒"（Heller）；后来又有阿格诺、埃格尔、韦茨拉尔（Wetzlar）、格尔恩豪森（Gelnhausen）以及其他一些城市。腓特烈的祖父和父亲重新开始重视君主的货币权，建立了新的铸币点，如塞莱斯塔、伯尔尼、施韦因富特（Schweinfurt）。在行宫、帝国城堡和国王领地能够合为一体，而归君主管辖的地方，皇帝们就试图重申货币权，或重新掌控货币权，比如在罗特韦尔和林道（Lindau）。但是教会诸侯以及后来的世俗诸侯又成功地使原属于国王的货币权越发为自己所用。这样一来就产生了大量独立货币区，有各自的货币成色和货币流通方式。1220 年，腓特烈二世缔结了《与教会诸侯之盟》，该盟约在铸币问题上有大范围妥协，最终不过是强化了早已划入主教权杖之下的权力。

起初在阿尔卑斯山以北流通的是银制芬尼（Pfennig），这种货币被称为第纳尔（Denar）。后来又发行了金额数倍于第纳尔的格罗申（Groschen）。12 世纪末及 13 世纪上半叶，在伦巴第和托斯卡纳诸城邦出现了更大更重的银币，意大利人称其为格罗西（Grossi），仅一枚银币就可兑换 12—24 枚芬尼。由此产生的式样繁多的格罗申的铸造形式，折射出阿尔卑斯山以北以及意大利北部一直持续到中世纪晚期的复杂的政治版图。

在庞大的腓特烈帝国北部还存在一种特殊的货币：布莱克梯特（Brakteat）。这是一种中间凹陷的银芬尼，从一面压铸而成，就像略厚的金属薄片。其名称也由此而来，因为 bractea 的意思就是"薄片"。有些硬币实在有些过薄了，我们不禁要问，当时的人们在使用这种货币的过程中究竟如何确保钱袋中没有银屑。布莱克梯特的流通体系十分奇特：每年货币需要被召回，并收集起来拿去熔化，接着重新铸造，然后发行。在整个阿尔卑斯山以北地区，特别是在领土扩张后的东北和东部地区都是如此，只有莱茵地区少数货币区例外。当拥有布莱克梯特的人上交旧货币时，他们只能收回更少的新货币，通常是 12 个旧币换取 9 个新币，这对任何一个货币发行者而言都是一桩有利可图的买卖，这相当于 25% 的资本税。然而到了腓特烈统治时期，为了再次发行双面铸压的芬尼，布莱克梯特逐渐销声匿迹。

在意大利半岛南部和西西里岛，铸币业中出现了将阿拉伯、拜占庭、欧洲元素相融合的现象，这使南部拥有特殊的地位，这种地位一直保持到中世纪晚期。在这一地区流通的是名叫"塔里"（Tari）的金币，按照阿拉伯标准铸造而成，上面还有阿拉伯铸文。如今保存下来的塔里钱币重量完全不等——这枚重将近 10.5 克，另一枚仅重 2 至 3 克——显然每枚硬币的含金量标志了各自的购买力。此外还有依照拜占庭货币样式制造的银币和铜币。皇帝亨利六世和腓特烈二世统治时期，芬尼体系的货币代替了当时一直在流通的其他货币，这表明西西里王国进一步融入了欧洲大陆的金融体系，不过在腓特烈统治时期这一过程尚未完成。这一切意味着：在皇帝腓特烈的庞大帝国中没有统一的货币体系。[19]

腓特烈二世统治时期曾铸造了一种特殊的金币，它算是中世纪最著名且最精美的钱币：奥古斯塔金币（Augustalen）。这种裤子纽扣大小的钱币在外形和重量上都有意识地接近古罗马帝国发行的奥里斯金币（Aureus）。这表明，皇帝垄断金币铸造的传统可以追溯到古代。1231 年在墨西拿和布林迪西铸造的这种钱币背面铸有 FRIDERICVS 的花押字样，环绕着一只头部转向右边的雄鹰图案，货币发行者借这些字母说出了自己的名字。

这种金币的正面是皇帝腓特烈二世的胸像，外形完全是古罗马风格，脸朝右边，头戴月桂花冠，身着一件固定于肩部、被称为"帕鲁达门托姆"（paludamentum）的军队统帅战袍。货币发行者通过硬币上的铸文透露了自己的地位，这样一来，腓特烈没有遗漏任何一个应当考虑到的称号：人们可以读到 IMP(ERATOR) ROM(ANORUM)-CESAR AVG(USTUS) 字样，意思是"罗马人的恺撒奥古斯都皇帝"。金币传达出的信息在字面上就已经很明显：我，腓特烈，是一位罗马皇帝，与奥古斯都以降的我的直系先辈一样，我依照授予我的权力命人铸造金币。无独有偶，在发行这种货币的同年，腓特烈的著名法典也问世了，这就是按照罗马帝国传统颁布的《奥古斯都法典》（Liber Augustalis，即《梅尔菲宪章》）。

为奥古斯塔金币铸模的是技艺极为精湛的艺术家，他们成功地创造了一幅远超中世纪早期铸币造像水平的帝王头像。由于铸模工艺极为精细，奥古斯塔仅凭外形就展现了极高的价值——一件真正的艺术品，记录了时代的趣味。此外值得注意的是，如果人们将钱币摆正，从下往上翻而不是从右往左翻，那么翻过来的钱币上无论是统治者的头像还是雄鹰图案，都只会头朝上。这种使硬币正反面图像相对倒转180°的铸币方法被称为"法式钱范对置法"（französische Stempelstellung），安茹的查理一世（1266—1285年在位）从法律上将其确立为西西里王国唯一适用的铸币法。后来，这种铸币法在法国、意大利、西班牙帝国境内以及美国发展成传统的铸钱工艺，然而在德意志、英国和东欧却没能推行。

奥古斯塔金币上铸刻的帝王像受到了古代风格影响，它没有个性化特征，是一种理想化的画像，其设计遵循了古罗马钱币的样本。自奥古斯都或提比略起，一直到君士坦丁大帝之后时代，这段时期的硬币上铸刻的帝王画像的样式可以视为奥古斯塔金币的始祖，由此，那些特殊的金币如哈德良及马可·奥勒留时期的金币，表现出极大的相似性。此外，现藏于亚琛大教堂珍宝馆中的洛泰尔十字架（Lothar-Kreuz）上的奥古斯都浮雕宝石（Augustus-Cameo）也影响了金币头像的风格。恩斯特·康特洛维茨认为只有某一种特定的里昂奥古斯都钱币是奥古斯塔金币的模板，因为这种硬币有头像的那一面上刻有IMP CAESAR，按照中世纪的观念，这代表头衔；而有雄鹰的那一面则刻着AUGUSTUS，代表名称，这与腓特烈铸造的奥古斯塔金币的形制一致。但这种观点并不具有说服力，因为这

人手皆有帝王：1231—1259年间腓特烈铸造并发行了约100万枚金币（奥古斯塔）。金币的正面是一幅表现为古罗马风格的腓特烈二世理想化胸像，上面的铸文是"IMP(ERATOR) ROM(ANORUM)-CESAR AVG(USTUS)"，背面是一只鹰，并标出了货币发行者"FRIDERICVS"

种奥古斯都钱币不是黄金铸币，但一个有力的论据是，这种金币上同样描绘了鹰的主题，不过鹰头是朝向左边。而鹰的图像也可能受到了安条克的四德拉克马（Tetradrachme）钱币的影响，腓特烈最晚可能在东方见过这种钱币。总之不管怎样，奥古斯塔金币会采用这种铸像，不仅因为下级宫廷大臣做出了这样的决议，还缘于皇帝腓特烈本人的统治者意志。

在钱币史上，奥古斯塔金币也是一次重大革新。自皇帝"虔诚者"路易（814—840 年在位）发行苏勒德斯金币（Solidus）以来，又经历了 400 多年之久，西方世界最早的一批肖像金币，包括腓特烈命人制造的奥古斯塔金币方才出现。直到 1252 年，高度发达的意大利城邦才开始铸造金币：热那亚制造了热那维诺金币（Genovino d'oro），佛罗伦萨则制造了刻有百合花图案的弗罗林金币（Fiorino d'oro）。1284 年，威尼斯开始铸造金币杜卡特（Ducato）。据估算，皇帝腓特烈发行的奥古斯塔金币的总数约为100 万枚，如今只有不到 350 枚保存下来。由于现存 64 枚不同的压铸头像的钱范和 100 枚压铸鹰像的钱范，还有价值为普通奥古斯塔金币的一半的钱币即半值奥古斯塔保存下来，因此可以推测当时应该的确流通过这种钱币。编年史家圣日耳曼诺的理查就记载了将新货币带到众人中间的一位商人的事迹。

一枚奥古斯塔的毛重为 5.26 克，相当于一西西里金盎司的四分之一。其中所含贵金属为 20.5 克拉（含金量为 855‰），相当于含有 4.54 克的纯金。这些数据之所以重要，是因为钱币学家认为可以据此了解钱币度量衡的换算情况。腓特烈的奥古斯塔与北非和拜占庭的货币体系一致，因为拜占庭苏勒德斯（在中世纪早期及盛期相当于美元在今天的地位）和以此为原型后来在腓特烈时期铸造的许佩皮伦（Hyperpyron，意为"超纯度"）都含有 4.5 克纯金。在伊斯兰世界流通的两第纳尔（Doppeldinar）中也含有同样数量的贵金属。可是，奥古斯塔没能通行于意大利北部地区以及受意大利北部影响的中西欧经济带。这是因为热那亚、威尼斯、佛罗伦萨城稍晚时铸造了重量为 3.52 克的金币，这是为特定贸易体系专门发行的。很显然，奥古斯塔更适用于南部地中海地区而不太适应北方大陆地区的需求。因此，这种新式的华丽钱币注定无法取得其他货币那样的成功地位，譬如佛罗伦萨古尔登（Gulden），14 世纪时在全欧范围内被采用并仿制；或威尼斯杜卡特，其一直到 1797 年在图案、重量、成色上都没有变化。

那么腓特烈用来铸造钱币的这么多黄金又是从何而来？人们估算出的 100 万枚金币怎么说也需要用 4.5 吨的纯金才能打造。在中世纪的欧洲，除了当时面积更大的匈牙利的矿层，其余地区并没有多少可供开采的黄金矿藏。不过这一点在腓特烈时期没有多大意义。由于维吉尔笔下"可耻的拜金欲"（auri sacra fames）无法通过人们孜孜以求的炼金术得到满足，那么就只能从别的地方得到这种众人心向往之的金属。专家推测，当时人们将熔化阿拉伯和拜占庭金币所得的黄金重新铸成了一部分金币。此外，还有一部分贵金属主要从北非获得，因为腓特烈与马格里布的执政者有良好的政治往来，并向该地区大规模出口粮食。

几乎没有别的钱币效仿奥古斯塔。在意大利北部城市贝加莫和科莫，人们在银铸的第纳尔和格罗西上刻了肖像。起初在墨西拿，安茹的查理一世铸造了金里亚尔（Goldreal），其重量和外形仍然在模仿腓特烈的奥古斯塔，只不过他以百合花冠取代了肖像头上的月桂花冠，并且自然而然地

发行皮革当作黄金：1240—1241 年，围攻法恩扎城期间，腓特烈耗尽了支付军饷的钱币。为了应急，他发行了印有自己画像的皮革，每块皮革的价值相当于一枚奥古斯塔金币，维拉尼在编年史中记载了这件事

用一面绘有百合花的盾牌替换了令人生厌的施陶芬鹰。虽然腓特烈的奥古斯塔代表了中世纪晚期金币铸造业的开端，但这种钱币最终并未在货币史上留下什么影响。不过，奥古斯塔有力见证了腓特烈的皇权观念。另一个例子展现了皇帝腓特烈在金钱问题上具备何等丰富的想象力：乔万尼·维拉尼在编年史中记载称，1240 年底至 1241 年初，这位统治者围困法恩扎长达八个月，在此期间他耗尽了所有铸币，于是他下令发行一种印有自己头像和雄鹰图案的皮革。这种皮革的单位价值相当于一枚奥古斯塔金币。因为材质的价值与其购买力不符，因此这种皮革货币事实上应看作一种信用货币，是今天纸币的一个先驱；顺便一提，在中国，11 世纪就已经有了纸币。这种盖有戳印的皮革后来的确可以用来兑换奥古斯塔。对金钱了如指掌的维拉尼马上向佛罗伦萨的读者介绍了奥古斯塔金币的价值："一枚金币相当于一又四分之一佛罗伦萨古尔登"。[20]

1224 年创立那不勒斯大学

统治者可以通过头戴冠冕或利用和行使统治权力（譬如货币权）的方式来彰显自身存在。但是，无论在过去还是现在，统治也需要借助知识得到巩固，知识的承载者直接与统治结构的凝聚力相关。为了保证统治区域内的有效行政和法律的贯彻，不仅需要舞刀弄剑的武夫，还需要管理方面的专门人才。国家急需听命于统治者、懂读写、善于辞令特别是受过法律方面训练的人才。中世纪早期的人事关系中单纯的扈从制尚不需要这类人员。然而随着政权形式复杂化，君主越来越需要专业人才来更好地利用成文的罗马法，设立巡回法庭，执行宪法，还要一丝不苟地贯彻统治者意志，而且这方面所需的人数比宫廷官员的数目还要庞大。在中世纪盛期，这样的专家越来越多地由大学培养。如果在国内没有大学，那么就必须建一所。1224 年，腓特烈二世在那不勒斯就做了这样的事。表面上看，他只是开办一所培养专业人才的培训机构，似乎全无他意，然而此举背后隐藏的更多的则是权力政治方面的考量。[21]

在中世纪盛期，传统的修道院及教会学校在培养必需的专业人才方面所起的作用逐渐变得不足。因此在 11 世纪的意大利，那些靠学生缴纳的费用来支撑办学的小型私立学校发展为传授专业知识的中心。这些学校主要是博洛尼亚、拉韦纳、帕多瓦的法学学校以及萨勒诺的医学学校。巴黎的学校则以传授神学知识而独树一帜，该校的发端与其他学校略有不同。然而，将神学研究集中于单独的一所学校，这样就有可能让培养高级神学家以及发展神学学说的活动符合教会的利益，这一情况一直维持到了14世纪。随着大学对欧洲的精神生活越发重要，教宗和皇帝都开始要求赞助新学校。这样一来，在教育政策方面，教权与皇权之间的关系开始变得紧张，并且会在某些领域爆发冲突。直到后来，建立大学并保护大学才在原则上成为君主的事务，人们一窥德国大学体制就能明白这一点。这一现象的开端是 1348 年皇帝查理四世建立布拉格大学，在这个意义上他是在效仿腓特烈二世。后来又有许多大学群起效仿，譬如 1365 年的维也纳大学、1386 年的海德堡大学、1388 年的科隆大学。直到 1500 年，欧洲已有共计 66 所大学。

为了替整个帝国招募大量专业人才，腓特烈只能聘请外来的法学家，或者将自己国内的臣子送到意大利北部去求学，首选地就是与施陶芬家族敌对的博洛尼亚。腓特烈始终认为这一难题唯一的解决方法就是建立自己的学院，他在 1224 年盛夏实现了这一目标，建立了那不勒斯大学。腓特烈做出指示，未来他的西西里臣民应该在这里，并且也只能在这里学习，而不是"出国"。然而这一教育机构不像已知的意大利北部的大学那样，实行有法律自治性质且学生能自由选择课程的学生联合体的模式。在意大利北部，学生和教师有一套自己的规章制度，同时以一个政治法律统一体的面貌一致对外。这种经过真正的宣誓而成立的共同体被称作 universitas。该词在当时也可以指其他的共同体，不过后来特指高校组织形式的"大学"（Universität）概念正是脱胎于此。腓特烈的大学并未遵循这种联合体模式，而是借用了古代皇家学院的模式。它呈现出一种受统治者命令的"国有大学"的模样，因此，它与当时博洛尼亚等城邦中其他自由组合而形成的那类学院相对立。尽管如此，那不勒斯大学依然是地方建校热潮的先行者，这一热潮在近代早期促生了一大批依附于地方君主的教育机构。

建校两年后，腓特烈宣布剥夺博洛尼亚的法律保护令，试图从那里为那不勒斯的学校招揽专家。然而这一努力却一无所获。相反，腓特烈参加十字军东征时，教宗的军队占领了意大利南部，那不勒斯的教学机构完全瓦解，1234 年才得以恢复。随后在 1239 年，腓特烈从"他的"学校中开除了来自叛乱的意大利北部城邦的学者，这一反应不免有些小肚鸡肠。显然腓特烈的高校政策目标在于尽一切手段葬送博洛尼亚在法学研究领域的领导地位，让那不勒斯取而代之。西西里王国（如果可以安排的话）甚至整个帝国的法学研究重镇应当在这里，在维苏威火山旁建立。在招聘教员或大学内部司法权问题上，甚至在给予授课资格方面，绝不容许教会官方有一丝一毫啄的余地。

腓特烈本人也曾针对建立大学这一问题发表过自己的见解。1224 年7 月，腓特烈曾向官员和臣民颁布了一道训令，这道训令很可能属于日后声名显赫的大文书长维尼亚的彼得罗起草的第一批文件。在训令中，腓特烈宣告他对他的教育机构独有的所有权，并简要说明了在这里教学和学习的条件："因着上帝，朕生活并统治着，朕的一切功绩都献给上帝，所作所为都归于上帝之名，凭着他的恩典，朕愿知识的清泉和博学的养育所为王国带来众多聪慧而富于远见的男子，他们通过探索自然、研习法律来侍奉万物都应侍奉的上帝，他们因维护正义而为朕所喜悦，他们依照朕的意志制定的规则，所有人都必须服从。

"朕宣布，在可爱的那不勒斯城内，不论何种科学都应被传授，学术研究应活跃兴盛，这样，一切对知识充满渴求的人都可以在王国中寻得一处地方满足自己的热情，他们也就不会为了追求知识而被迫寻访外族人士，在异国他乡寻觅乞求。然而朕要努力使这一财富为朕的祖国带来利益，因为朕特别重视臣民的福祉。自然，求学者也应有最光明的前程，也能期待将来会获得最多的财富，但是懒惰者不可能获得高贵之人所拥有的高升机遇。已准备好成为法官之人，将有大量财富等待着他，且他有望获得恩典和礼遇。此外，朕还聘请学识渊博者服务于朕，他们功勋卓越，广受赞扬，而那些以自身的不懈努力而脱颖而出之人，朕将委任其教授法律和正义之原则。"

腓特烈似乎对自己的作为不太有信心，不过他还是极力赞美这所大学的建立，随后他又谈到了日常生活方面的问题，例如未来的教授及学生的住宿情况："为了让学生们能心甘情愿、心情愉悦地走进自己心仪的课堂，朕为他们准备好了居住之地，那里应有尽有，建筑漂亮宽敞，居民谦和友善；人们生活所需的一切都会从陆地和海洋带来，朕会从各种渠道筹措资金，准备好住所，招募教师，颁发奖学金，许以厚礼，这一切都会与学生们的地位相称。朕让学生在父母的眼皮底下学习，这样他们就能免于许多麻烦，无须再长途跋涉，奔赴他乡。朕保护他们免遭强盗的觊觎，这些人会在漫长的陆上旅途中抢夺学生的财物。并且学生们会愉快地发现，由于朕的慷慨，他们只需付出更少的花费、经历更短暂的旅程就能到达自己的学校。朕已决定派遣一大批学者入驻学校，其中朕忠实的法官贝内文托的罗弗雷德（Roffred von Benevent）硕士以及伊塞尔尼亚的彼得（Petrus von Isernia）硕士担任民法教授，他们是学识渊博、精明能干、责任心强且经验丰富之人，这一点他们已多次向陛下证明，并且将来还会继续做出明证，朕充分信任他们，就如同对王国中其他忠臣一般。在其他学科朕也有相应的安排。"

可是下文中，语气却陡然一转，突然变得有威胁，以避免使训令内容沦为诱惑的蜜糖。违抗腓特烈的意志、在"他国"的博洛尼亚或其他地方从事学术活动的师生，要饱尝鞭笞之苦。反之对于顺从的人，腓特烈甚至设定了那不勒斯房租金额的上限；这是十年前一位牛津的教宗使节曾采用的做法。腓特烈的这份训令有意识地秉承祖父"红胡子"腓特烈一世于1155年颁布的《学者特权令》（Authentica Habita）的文件精神，该文件是针对漫游学生的保护令，而腓特烈的训令则保障了学生在那不勒斯的人身及财产安全："无论来自何方，学生都应在旅途、住宿、返程时享有安全权，使其人身或财产方面不会遭受损失。城中为学生准备的最好住所的年花费为两个金盎司，决不允许涨价。……考虑到本省物产丰富，因此对粮食、酒、肉、鱼和其他食品朕不做特别规定。在出售食品时对学生和市民应当一视同仁。"[22]

大棒加胡萝卜的政策取得了成效。经过多次新建和改组，那不勒斯大学继续发展。中世纪最耀眼的神学家及哲学家托马斯·阿奎那（阿奎诺的托马斯）曾是那里最著名的学生，后来还成了那里的教师。那不勒斯大学成立七百周年之际，格奥尔格圈子的成员在巴勒莫的该校缔造者的陵墓前向他表达敬意。从 1987 年起，为了纪念缔造者，那不勒斯大学以腓特烈之名命名为那不勒斯费德里科二世大学（Università degli Studi di Napoli Federico Ⅱ）。大学的徽章上有他的面容，且造型仿照了《西西里金玺诏书》上的印玺图案。如今，那不勒斯费德里科二世大学凭借 10 万多名在校生和 8000 名科研人员而成为意大利规模最大的大学之一。那不勒斯大学因君主的统治要求而生，它是皇帝腓特烈留给后人的遗产中一尊华美的圣杯。

第 5 章

立法者

1231 年《梅尔菲宪章》

1230 年夏末，一道不同寻常的命令传遍了皇帝腓特烈的帝国南部全境。皇帝在每个省任命的负责司法的法官（任期为一年）应即刻精心挑选出四名年长者，这些人必须通晓法律。此处所指的法律为自诺曼国王罗杰二世及威廉二世时期就已实施的习惯法，其中部分是成文法，部分只是在日常生活中实行。这些专家须立即前往腓特烈的宫廷。在皇帝身边，这些法律专家同其他受过法律训练的宫廷大臣合作，将西西里王国适用的诸多法律编纂成一部法典，负责此项工作的是宫廷大法官莫拉的亨利（Heinrich von Morra），后来颇有权势的维尼亚的彼得罗可能也起了一定的作用。这部法典成为未来西西里王国司法实践的唯一基础。

人们从罗马法、教会法、诺曼法律、拜占庭法律及伦巴第法律中吸收了许多单独的法律条文。这项工作以极为罕见的速度完成，1231 年 8 月，在梅尔菲（此地位于卢卡尼亚，即今天的巴西利卡塔地区北部）的宫廷会议上，法律专家委员会的工作成果在皇权的授意下公之于众。令人讶异的是，这项成果并没有官方名称。由于腓特烈二世颁布的这部所谓《梅尔菲宪章》是西西里王国的法律总集，因此它常被冠名为《西西里王国宪章》（Constitutiones Regni Siciliae）。自 19 世纪始，则盛行《奥古斯都法典》（也可译为"帝王之书"）这一名称。据沃尔夫冈·施蒂尔纳（Wolfgang

Stürner）考证，腓特烈时期所用的名称应为《帝王宪章》（Constitutiones imperiales）或《朕之法律汇编》（Constitutionum nostrarum corpus）。可是腓特烈为何要在这个时间点授命编纂这部法律总集？[1]

数个世纪以来，存在一种正义统治的理想，具有象征意味的正义女神（Iustitia）的形象正是这一理想的最佳化身。皇帝腓特烈二世也将这一正义统治的形象镌刻在著名的卡普亚桥头堡上。在当时，人们认为帝王执行立法权的行为是在恢复一项一直以来就归属于帝王的权力，立法是统治者作为正义的缔造者兼守护者应承担的众多职责之一。早在腓特烈二世所处时代之前就已存在为凡世制定法律的悠久传统，这一传统与帝王密不可分。在希腊化时代，人们就将如神明般的统治者赞颂为"活着的律法"（lex animata）。渐渐地，围绕统治者的特质产生了一种固有观念：其志为法，其言为令，其行为义。唯有统治者自身才能脱离于法律，也不受制于法律。

最能影响帝王的法权观念的莫过于罗马皇帝狄奥多西二世（408—450 年在位）和查士丁尼一世（527—565 年在位），此二人在位期间都编纂并颁布了法律总集。他们的法典不仅仅维护了正义，最重要的是证明了统治者有能力长久维护法律秩序。在这一方针的引导下，"红胡子"腓特烈一世做出了重要举措，即在 1158 年隆卡利亚会议上，效仿查士丁尼法典，颁布了《全部法》（lex omnis）。根据此法，腓特烈一世要求一切司法权都应确定为帝王所有。这一立场延续到孙辈腓特烈二世，再至皇帝查理四世。1356 年查理颁布《金玺诏书》，这部文件同样既彰显了他作为立法者的皇帝的地位，又表现了帝王的立法权力。伟大的但丁·阿利吉耶里对此做了哲学及神学上的论证补充。他在小册子《飨宴》（Convivio）以及《君主国论》中阐述称，帝王的权威与立法行为即"被书写的理性"（regione scritta）合二为一。帝王固有的使命正是颁布、记录、支配法律。[2]

但我们不应将中世纪帝王行使立法权之举与现代立法者拥有的自由混为一谈。一方面，直到近代早期，塑造法律的统治权行为原则上都以法律传统为导向，换言之，人们应当将帝王的立法行为更多理解为法律逐渐演变的证明，而非变革的坚决意志的反映。因此，腓特烈二世立法的方法也不过是寻找在古代就已适用的法律，并命人汇编。即使是狄奥多西和查士丁尼也没有重新编纂法典，而是去搜集旧法并将其系统化。然而在中世纪立法的困难在于，立法行为长期受制于口头流传的法律传统。到了13世纪，在整个欧洲范围内，将适用的法律书写成文的需求开始愈加迫切。这绝不意味着要加入新的内容，而是要将新方法应用到已有的内容上。另一方面，中世纪并不存在今天意义上的成文法。历史文献中很少有文本全面描述历史上的法律状况，也少有文本具备决定性的立法性质。因此，通过帝王的法律行为来构建政治关系，这一意图会体现在法律命令及法律汇编中，如《梅尔菲宪章》；也部分体现在协定中，例如地区和平条约以及其他条约；不过主要表现为特权这一悠久的形式。欧洲法制的发展脉络体现在特权中，但这些特权只涉及个别的情况。因此必须从特殊之处以及小范围中构建出普遍情况。[3]

皇帝腓特烈遵循了帝王立法者的传统，颁布了一系列法律及法律汇编，其中最重要的是《梅尔菲宪章》、《卡普亚法令》（Assisen von Capua），以及1235年《美因茨国土和平法令》（Mainzer Reichslandfriede）文件中体现的法律观念。腓特烈在加冕日颁布的法律我们已经提及，《卡普亚法令》则是1220年皇帝返回西西里王国后颁布的第一批法律，它们都属于这位"阿普利亚的男孩"升格为罗马人的皇帝后用以巩固权力的手段。从长远看，这些法律是新兴国家的权力主张的产物。正如被视为神明的古罗马皇帝所做的那样，腓特烈不仅通过发行文书来公布法律，还反复主持立法和司法工作。统治者宛若不会自行言说的神明，他通过大文书长维尼亚的彼得罗来公开宣告法律。

腓特烈在多大程度上符合正义统治的理想形象？他究竟是怎样立法的？通过《梅尔菲宪章》的例子，人们能清楚了解这一点。随着时间推移，不同的法律修正案被加入这部1231年颁布的法律总集。此外，1231年制定的另一些法律后来也经过了修订，变得更易于管理。《梅尔菲宪章》是自6世纪查士丁尼一世颁布《民法大全》以来第一部由统治者编订的大型法律汇编，是古代晚期之后欧洲第一部国家法典。腓特烈同时代的人也这样认为：阿普利亚的圣山（Montesacro）修道院院长格里高利将腓特烈誉为"西西里法律的奠基人"。除去一小部分条例，整部法典基本上都是西西里和意大利南部通行的法律，一直沿用到 19 世纪初的拿破仑时代。

开始编订《梅尔菲宪章》的一个诱因是一些谣言，据称当时著名的教会法学家兼修会首领，后来甚至被封圣的加泰罗尼亚多明我会修士佩尼亚福特的赖孟多（Raimund von Peñafort，约 1178—1275），受教宗格里高利九世委托，要编一部教宗颁布的教令总集。此谣言还真就应验了。1230 年，教宗的确委托了赖孟多整理现有的纷繁复杂的教宗法令。若不是赖孟多于 1220 年强调，由于世人的罪孽，帝王、国王和诸侯，无一例外，都必须臣服于教会的审判，腓特烈还不会觉得这一委托有多么令人不安。赖孟多的说法表明教会法官要求对世俗事务也有全面的管辖权。如果腓特烈二世不想失去普遍范围的立法权力，特别是对西西里的司法统治权，他就必须比赖孟多和教宗抢先一步。[4]

腓特烈将自己置身于罗马帝国晚期的立法传统中，因此身为帝王的他将自身的权力要求合法化了。这样在与教宗的斗争中，帝王颁布的法律就具有刀剑般的杀伤力。果不其然，在那个夏季，当与腓特烈的意图有关的谣言传到教宗的耳中之后，未待《梅尔菲宪章》颁布，教宗就已反应激烈。在 1231 年 7 月 5 日的一封信中，教宗甚至试图阻止腓特烈的行动，而在法律问题上协助腓特烈的卡普亚大主教雅各布（Jakob）也在同一天收到教宗的严厉警告。

流传到今天的《梅尔菲宪章》已知共有 15 份手抄本，其中有 7 份保存了法律条文和框架。还有一份法条的希腊文译本，没有包含后来添加的新条款，但是这一版本到底是受腓特烈之命写成的官方译本，还是仅供私人使用，这一点还存在争议。起初这部法典共有 219 种单行法，分为三册。法典的基本内容是法律的导向、国王及其官僚的行政管理，以及王室收入的保障。当贵族的权利与国王的权力要求在某一方面不抵触时，贵族的权利就会强化，程序上也会简化。法典的核心部分是民事及刑事诉讼程序的有关规定，例如传讯、诉讼时效、举证及上诉程序。最高上诉法庭为宫廷法院。重要的单行法规中有禁止以暴力手段自力救助的内容，并限定了各阶层的诉讼法庭。法典将唯一的刑事追诉权赋予王室司法机构，即使案件涉及教会权利，例如通奸、渎神或赌博，也不例外。部分条款上带有标题，例如"第 1 条第 29 款：关于火灾、房屋倒塌及船舶失事""第 3 条第 63 款：针对削切或减少金币重量之人的处罚""第 3 条第 66 款：关于隐瞒遗嘱之人"。针对医生及药剂师的规定完全是开创性的，法律禁止任何人身兼此二职，以防止病人受骗。意图行医之人必须在萨勒诺学习并在那里通过考试。

　　显然皇帝腓特烈也亲自参与起草了一些法律。后来的宫廷法官伊塞尔尼亚的贝内迪克特（Benedikt von Isernia）写给一名学生的一篇报告意外流传下来，该报告称在编写关于携带武器禁令、拔出武器以及用武器攻击的条款时，腓特烈让人解释了罗马法中相应的规定。腓特烈认为罗马法中的规定不尽如人意，因此命人为自己的王国制定出另一个解决方案。现在让我们来感受一下法典的语言风格，看一看某些规定的主要内容。皇帝尤为关心背离正统信仰的问题，在整个执政时期他都很关注，因此在法典的开篇，他立刻提出了这一问题："第 1 条第 1 款：关于异端及巴塔里亚派（Patarener）。皇帝腓特烈，永远的崇高者。异端分子妄图撕开上帝那身无缝的长衣；他们沉湎于罪恶，以罪恶为名，其本身就是一种分裂的表现，他们竭力在对上帝不可分裂的统一信仰中制造裂隙，使放心交由好牧人放牧的羊群脱离彼得的守护。……正如犯下叛国罪者应被判处死刑并剥夺财产，叛国者身死后，对他们的追忆也将消散，我们也应如此对待前文所述巴塔里亚派广为人知之罪，揭露这一干人等之无耻行径，他们在黑暗中跌跌撞撞，只因其没有追随上帝。"[5] 下面这一法条摘引自国王罗杰二世约 1140 年编写的法令，被收入《梅尔菲宪章》："第 1 条第 4 款：任何人不得插手国王之行为及决策。同上者（罗杰二世）。不得批评国王的判决、决议、指令或行为。若批评国王的判决、行为、指令、决议以及其所遴选和委任之人的功绩，都与渎神无异。"[6]

　　暴力法则（Faustrecht）是一个特殊的问题。"第 1 条第 9 款：关于复仇决斗（Fehde）。同上者（皇帝腓特烈）。伯爵、男爵、骑士或其他任何人，如其主动在王国内公开武力决斗，应在所有财产被没收后判处死刑。而若有人采取强制或报复手段，则应被处以没收一半财产的刑罚。第 1 条第 10 款：关于携带武器禁令。同上者。朕之意图并不完全在于惩处已犯下的恶行，而是要消除犯罪的可能及动机。由于当下携带非法武器极易导致人身伤害及谋杀，出于正当考虑，防患于未然胜于事后施以刑罚，朕通过现行的法令对王国内所有忠实的子民施以禁令，任何人不得肆意携带尖锐的非法武器，即锋利的匕首、刀剑、长枪，或甲胄、盾牌、锁子甲、铁棒及其他一切武器，制造这些武器，更多是为了造成伤害而非为了其他合法目的……"[7]

发愿献身上帝的妇女以及从事"人类最古老的行业"（娼妓）的妇女都会受到皇帝的特殊保护。"第 1 条第 20 款：关于强抢及奸污修女。罗杰国王。胆敢强抢献身上帝的妇女或是尚未披上修女头巾的处女之人应被处以死刑，即使在其有意与该妇女成婚的情况下也是如此。第 1 条第 21 款：关于奸污妓女。威廉国王。一切臣服于统治者权杖之下的臣民都应享受朕的恩典，无论男女，都无须提防强者、同类或最卑贱之人，无须遭受任何形式的暴力，皆可享受和平的荣光。因此，即使那些从事下流淫乱行业以获取金钱的不幸妇女，也可欣然享受朕的善意，任何人不得违背她们的意愿，强迫她们满足自己的淫欲。若有人违抗这一普遍规定，经审理被判有罪之后，应被处以极刑。……"该法条接着还说，强抢未婚女子、已订婚女子或寡妇，将面临死刑的惩罚。[8]

其他一些罪行的后果没有那么严重。一些法律惩处的是基本的日常问题，例如污染生活环境。这些法律颁布之后，人们再也不得在流经聚居区的水域加工亚麻和大麻。制革产生的废弃动物尸体不得被随意丢弃野外任其腐烂，而未葬在骨灰坛中的死者应埋葬在地下约一米深的地方。如若违反规定，虽说不会掉脑袋或鼻子，但要为此向宫廷缴付一枚奥古斯塔金币。皇帝让人在法条旁边单独注明，他已查明这样的腐烂过程皆会产生令人难以忍受的恶臭。不过除去皇帝亲自过问，这类法律的新鲜之处还在于，帝王法典竟然会规定这种事情。生活环境变成了法律及政治方面的大事。此外，彼得·斯劳特戴克（Peter Sloterdijk）称，当他"在欧洲开始着手研究一种正在兴起的关注身体自我污染的法律活动"时，注意到了一种新的品质。"不是每种臭味源都有资格引发'粪坑不可避免散发臭气'

这种自然法则——因为这样的观念，施陶芬王朝颁布的空气保护法已跨越了现代性的门槛。"由于"免疫状况被排除出宗教顺从的范畴，而被转入技术、法律及政治秩序中"，因此腓特烈"作为环境政治家……是我们这个时代的人"。然而正如腓特烈的法律所要求的那样，腐烂的尸体应被丢弃在距离居住地 0.25 英里（1 英里约合 1.6 千米）以外的海里或河里，这也表明距离现代意义上的生态意识还有很长一段路要走。[9]

在法典的结尾，皇帝再次做了一番总括说明，并表达了自己的愿望："出于对上帝之威名的赞颂，以期得到上帝之恩宠，朕开始了这一工作，并在仁慈的上帝的引领下将其完成，朕所有的臣民都可以感激涕零地接受这份成果。……后世必定不会相信，朕最终编订面前这部法典并非为了获得身后之名。事实上朕的意愿是，当正义的喉舌缄默之时，朕能在这个时代清除昔日的不公，愿正义那新鲜的幼枝迅速生长，带来新王的胜利。在主道成肉身后的第 1231 年，即第 4 个小纪纪年（Indiktion）[①]的八月，法典递交于盛大的梅尔菲集会，随后在第 5 个小纪纪年的九月正式颁布。感谢上帝。阿门。阿门。"[10]一部真正意义上的根本大法就这样收尾了。

诏书：帝王意志的载体

然而皇帝腓特烈的统治日常并非编订和颁布大型法典，而是琐细的治理工作。皇帝一边做规范性立法，一边确认他人的特权，这两种做法交替进行，从而实现"统治常态"。为此，数百年来统治者都在使用写在羊皮纸上的诏书。我们已经听说了三份颁给帝国北方最强大最高贵的诸侯——波希米亚国王及摩拉维亚边区伯爵——的著名诏书，即三份《西西里金玺诏书》。目前已知有 2700 份皇帝腓特烈统治时期的诏书，其中一部分原件保存了下来。腓特烈的诏书如今散落在欧洲全境超过 850 处档案馆中。如果要将它们全部整理成一个全新的批注版，需要耗费专业人员

---

① 古罗马时期至中世纪末期的一种纪年法，15 年为一次循环，公历年份与小纪纪年的换算公式为（公历年份 +3）÷15，所得余数即为第几个小纪纪年。

整整 16 年的时间。但是
最近还在不断发掘出新的
文本，例如在因斯布鲁克
一部迄今还未引起人们注
意的抄本中录有大约 30 份
手稿，而在卡拉布里亚地
区的圣乔瓦尼-因菲奥雷
（San Giovanni in Fiore）一
处抄本陈列室中也发现了
若干文件。第一部系统收
录所有已发现的腓特烈诏
书文本的全集，既不在意
大利也不在德国，而是在
法国出版。《腓特烈二世文
书史》（*Historia diplomatica
Friderici secundi*），这部某
种程度上在今天仍不可或
缺的皇皇巨著长达 12 卷，
19 世纪中叶由法国历史学
家让-路易-阿尔方斯·于
亚尔-布雷奥勒（Jean-Lo-
uis-Alphonse Huillard-Bré-
holles，1817—1871）出版。

经过签章方可生效：1223 年 3 月，腓特烈二世在费
伦蒂诺（Ferentino）确认了费尔登主教伊索（Bischof
Iso von Verden）的所有特权以及费尔登教会的自由
权。这份诏书展示了庄重文书的典型特征，如基督符
号 "C"、绘成图形的对上帝的祈求语、一行写在开头
的拉长的文字、结尾落款以及一个花押印。蜡印挂在
一根丝线上

只有对此有爱好的贵族才能负担这部著作高昂
的价格。[11]

　　显然当时腓特烈二世的文书部（Kanzlei）起草的文书要多得多。许
多未经润色的训令，即那些向臣民及仆从下达的命令，会在执行统治者的
想法之后因不再有用而被销毁。此外在帝国位于阿尔卑斯山以南的地区，
诏书也要多得多，因为这一地区的书写技术发展得更好，与别处不同。在
阿尔卑斯山以北地区，依照旧有的法律能够通过击掌或借助象征而约定的

事情，在南部则需要草拟一份书面文件。同样，许多统治者的命令不仅要口头传达，还必须写成书面指示。腓特烈统治时期发布的施政文书数目究竟有多庞大，从帝王的文书部一份残缺的总目（register）中就可窥见一斑。这类总目会收录颁布或收到的文件，最初出现在教宗的文书部。腓特烈时期的文书总目中收录了公之于众的文件，这样人们就可以大概了解谁接到了怎样的命令，谁应得到怎样的权利。腓特烈的继任者即安茹王朝的国王也命人继续编纂这样的总目，腓特烈时代这份残缺的总目与后世的总目一起经历数百年流传下来。残缺的总目中包含逾千份记录，而时间跨度仅为 1239 年 10 月至 1240 年 5 月，共计七个月，其中只收录了书面命令、通告、质询，还有与西西里有关的文件。如果根据这七个月的书面文件产出量来估算 1208 年腓特烈亲政之后的整个在位期内颁发的文件数量，那么得出的保守结果就会是 5 万到 6 万份。阿尔卑斯山以北地区直到 15 世纪才达到这样大的数目，具体说来是皇帝腓特烈三世（1440—1493 年在位）在位 50 余年间以统治者的身份颁布了同样多的文书。总目收录的腓特烈训令及文书原件都没能保存下来，这表明文件的损失有多么严重。

如今这份残缺的腓特烈文书总目（最早的书面总目之一）的原件已不复存在。在第二次世界大战中，它与存放在那不勒斯国家档案馆最为古老的馆藏中众多极为珍贵的档案一同毁于大火。当时为了保护这些馆藏，人们将其存放在诺拉（Nola）附近圣保洛贝尔西托（San Paolo Bel Sito）的蒙特萨诺别墅（Villa Montesano）中，而 1943 年 9 月 30 日，德国军队在撤退时将它们全部焚毁。不过，二战前德国中世纪史学者爱德华·斯塔默尔（Eduard Sthamer，1883—1938）在研究施陶芬家族城堡时曾集中使用过腓特烈二世时期西西里文书总目，做了摘抄记录，还请人拍摄了照片，这实在是不幸中的万幸。颇有预言意味的是，1920 年斯塔默尔就曾请普鲁士科技部支持其研究工作，"因为档案常会随着时间的推移由于种种原因而减少"。斯塔默尔死后，他的一部分遗物留在罗马，而另一部分人们觉得已经因战乱而遗失，直到 1993 年，人们才在柏林科学院的档案馆中重新发现了这些遗物。斯塔默尔搜集的资料构成了腓特烈二世文书总目现代版本的重要基础。[12]

无论从何种角度来看，这份残缺的总目都是富有说服力的文献资料。哪些文件作为书面法令离开了文书部，皇帝腓特烈本人又在关注哪些问题，这些都值得注意。当时曾有一项下达给墨西拿的秘书官布林迪西的托马斯（Thomas von Brindisi）的命令，令他隆重款待巴比伦苏丹的使臣，并在他们到达之后立即通知皇帝本人。这位大臣还要负责燕麦种植、盐场、宦官及海盗方面的事务，皇帝还委任他消灭米拉佐花园中的狼和狐狸。皇帝传达给其他臣僚的命令都是有关造船、港口或装备那不勒斯等地城堡的事务。黑山的理查（Richard von Montenigro）应负责龙山堡垒（Rocca Montis Draconis）的重建工作。针对在巴勒莫、奥古斯塔、特拉帕尼等地扩建磨坊和港口的问题，皇帝给出了清楚的指示。若查明某人为叛徒，那就必须将其绞死。人们还应当购买黑奴并将他们训练为乐师——为此皇帝还立即订购了四支笔直的长号（当时这种长号还没有活瓣装置）以及一支银制"小号"，这些都被送往皇帝的寝宫。于是人们可以顺便得知腓特烈拥有一支黑人长号乐队。在另一些信件中他询问道：隼怎么样了？鹰和豹子又在做什么？在这些命令中，皇帝的动物园时常占据重要地位。皇帝也为自己创办的大学任命了教授，罢免了不学无术的法官。斯基法托（Schifato）的堡主（Kastellan）应负责照料被风暴吹倒的树木。虽说人们有理由认为一些命令只不过是以皇帝的名义发布的，而事实上是臣属关注工作进展情况，但是在这里，腓特烈展现出关怀备至的国父形象，也略带有操控欲的专制君主的倾向。

这份总目残篇在施政史方面也具有重要意义。它向今人清晰地传达了当时的工作流程，还提到了一些具体的名字："法官苏埃萨的塔德乌斯（Thaddaeus de Suessa）传吾皇之命，令班特拉的雅各布（Jacob de Bantra）写信给城堡看守、苏埃萨的威廉·德·劳伦蒂奥（Wilhelm de Laurentio de Suessa）。"[13] 这部分记录的第一行内容就提到了一则发布给城堡管理者的命令是如何产生的，并提及参与人员的名字。在这份总目残稿中我们能看到共有 18 名人员负责传达皇帝的成文法令，其中多次出现维尼亚的彼得罗和苏埃萨的塔德乌斯。

撰写诏书属于文书部的职责。文书部并非今人理解中的官方机构，而是一群专家，他们还需要完成宫廷中的其他任务。有时阿尔卑斯山以北地区的统治者会从帝国诸侯的随从中借调熟练的抄写员。随后的工作往往是这样的流程：诏书的受益者按照自己想法草拟文书的内容并撰写成文，统治者的文书部只需在这份文件上盖章予以确认。这种情况中的文书被称为受领人制诏书（Empfängerausfertigungen）。一个绝佳的例子就是 1216 年 5 月马格德堡大主教阿尔布莱希特二世（1205—1232 年在位）在维尔茨堡的一次宫廷会议上领受的诏书，他的一系列权益借此得到腓特烈确认。这些诏书并非由国王的文书，而是由大主教手下的一位文书所撰写。阿尔布莱希特这一次可能是委任其经验最丰富的抄写员海登赖希（Heidenreich）来书写，此人已用羽毛笔为主人马格德堡大主教工作了将近 20 年。最初的文书部脱胎于通晓书写的宫廷神职人员组成的圈子，这些人来自人们通常所说的宫廷教堂，而宫廷教堂在宗教事务上服务于宫廷，其成员是有特别素养的专业人员，因此也负责撰写文书。这一组织完备的文书部门是腓特烈二世的官方通告机构，它是真正意义上的"帝王意志的传声筒"。这里撰写的文书都能准确表达出帝王希望人们理解和看待的内容。腓特烈时代的诏书无一例外都是用拉丁语写成的，它们并非 19 世纪人们所认为的那样是包含法律内容的独立文件，而更多的是帝王统治自我标榜（Selbststilisierung）的明证。[14]

在文书部内部，文书事务没有按照帝国各个地区单独划分。全部门需要负责整个帝国境内的文书。不过参与文书撰写工作的人的出身自然会影响到各自笔下文书的风格。例如腓特烈统治德意志伊始，人们能够从他的文书中看出若干典型的西西里风格特征，因为这些文件显示出了西西里与德意志公文习惯并存的现象。1218 年 9 月，腓特烈从遥远的乌尔姆为远在墨西拿的金匠佩罗诺·马拉莫特（Perrono Malamorte）签发了一份文书，羊皮纸上有一个德意志式的基督符号"C"（Chrismon）——当时诏书中常见的基督的象征——紧随其后的是一句祈求上帝的西西里式祈祷语（Invocatio），统治者的名字也是以西西里的方式书写，接着又是德意志公文中惯用的花押印（Monogramm）和落款（Signumzeile），而在题写日期时又重新采用了南部风格。另外，帝国的不同地区所接收的诏书原本就外形各不相同。总体而言，颁发给北部地区的文件制作得尤为华丽，而西西里的受诏人获得的诏书风格较为朴素。

如今已无法准确获知当时是谁在领导文书部，因为腓特烈时代的文书部再也没有被称作"文书长"的领导者了。1220 年前后主要是由熟悉财政事务的廷臣即司库（Kämmerer）来领导文书部。虽然耶路撒冷名义上设有文书长职位，但其实这是一个纯粹的荣誉头衔。直至维尼亚的彼得罗和苏埃萨的塔德乌斯接管了文书部的领导职能，决策权才再次明晰界定。腓特烈统治时期，施政方式反复无常，但前文所述的总目残卷却清楚地展现了 1239—1240 年的办事流程。此外，一份留存至今的 1244 年的文书部条例也允许我们对腓特烈统治末期文书部门的日常运转做一番推测。根据这项条例，诏书必须在两天以内制作完毕。一名联系人将统治者的命令送达至制定诏书的地方；接着人们在送来的文件上注明"奉吾皇之命"。随后一名文书会写出这份诏书的内容，再将其录入总目。统治者曾特别许可文书团体在草拟和撰写诏书以及办理事务时在一定程度上可自我负责，同样又有显著的身份意识。羊皮纸上会留一些空白，以供稍后书写其他内容，譬如盖花押印，这也表明当时甚至存在劳动分工。

花押印是一种交织的线条，皇帝名字的字母以艺术的方式在其中卷曲。另外，参与诏书制作的重要人员会在文件上留下自己的记号。在某份诏书的下方，首先映入观者眼帘的是花押印旁一行拉长的字母组成的笔触精细的落款。这本身是一种符号，通过其外形可以看出这一定是某种重要的内容，它让受诏人知晓这份诏书是由谁颁布，应感谢何人之恩："蒙受神恩而战无不胜的罗马人的皇帝、永远的崇高者、耶路撒冷及西西里国王、吾主腓特烈二世之标志［SIGNUM D(OMI)NI N(OST)RI FRIDERICI SECUNDI DEI GR(ATI)A INVICTISSIMI ROMAN(ORUM) IMPERATORIS SEMP(ER) AUGUSTI JER(USA)L(E)M ET SICILIE REGIS］。"在羊皮纸上书写这样的艺术字要求书写人精神高度集中，其过程也十分费力，特别是有一部分单词要按照一般文本固定的规则缩写。所以 domini（主人）会缩写成 dni，nostri（我们的）写成 nri，gratia（蒙受恩典）写成 gra。除了许多其他的可能，con- 和 -us 以及属格复数变形的词

统治者之名宛若拼图游戏：这是 1219 年一份诏书中的落款和花押印，那时的腓特烈尚未加冕称帝。该落款包含了下列话语："蒙受神恩的罗马人的国王、永远的崇高者、西西里君王、吾主腓特烈之标志。"

尾 -orum 和 -arum 也有固定的缩写标志。同时注意这些规则并不容易，这就会导致书写人犯错。在一份现今保存在梵蒂冈的正式的腓特烈诏书中，平日里工作起来专心致志的书写员在书写落款的时候似乎有些心不在焉，结果将 IMPERATOR（皇帝）一词中的字母"P"遗漏了。就这样，依照自我宣告的庄严诏书所写，只有战无不胜的 IMERATOR 永传于世。[15]

皇帝腓特烈的所有诏书会用两种印章来认证，它们用蜡或金子制成。在"普通"文书即尺寸较小的"日常文件"上，会附上一枚由染色的蜂蜡、树脂和其他配料混合制成的统治者印章。为此人们会沿着诏书的底部用一长条羊皮纸绳边，并在中间位置钻出两个或更多的孔，文书再用彩色的（一般是金红色的）丝线穿过这些孔，在丝线的另一端悬挂印章。而与之相对，诸侯并不用丝线，而是使用一种被称为"普雷色尔"（Pressel）的羊皮纸条将印章挂在自己颁布的文书上——这种诏书制作方法在腓特烈时代之后也为王室文书部所采用。印章在过去并非总是悬挂：奥托王朝、萨利安王朝和施陶芬王朝早期的统治者曾将他们的蜡制印章牢牢地压印在诏书上。腓特烈时代一枚普通的统治者蜡制印章直径大约 8—10 厘米，由一个小碗形状的印匣制成，往印匣里面填入蜡料，通过按压即可压出蜡印。由于按压印章需要一些力气，因此今天在一些蜡印上甚至还能看到文书助手托住印章背面时留下的指纹。

腓特烈二世有多个这样压制蜡印的印玺，长期以来，上面的图案就是一个坐在王座上的国王。印玺上的统治者手持权杖和帝国金苹果端坐着，头戴冠冕，正脸看着观看印玺的人。一行铭文告知了名字和头衔：

"蒙受神恩的罗马人的国王、永远的崇高者腓特烈"［FRIDERICVS DEI GR(ATI)A ROMANOR(VM) REX (ET) SEMP(ER) AVGVSTVS］。然而这些统治者的画像就像硬币上的那些画像一样，没有描绘统治者本人的真实样貌，而是遵循了理想的形象。更重要的是他人能够从帝王的象征——冠冕、权杖、帝国金苹果——看出这是一枚统治者的印章。比如，几个世纪以来，附在未成年统治者的文书上的那些王室印章中，没有一枚表现他们是王位上的男孩形象。印玺制作得极为细致，因为印玺上的图像是统治者展示形象的核心。因此当统治者要加上其他头衔时，印玺也必须替换。通过腓特烈二世的诏书，人们可以区分出不同的印章：起初腓特烈使用的是受选人印玺（Elektensiegel），这类印玺用于"被选举"为皇帝之时，即正式加冕为帝之前；后来腓特烈使用了其他几种印玺，这些印玺在他担任国王期间和称帝后都在使用。

价值更高的诏书（无论是法律内容的意义还是诏书本身的装饰和制作工艺）要使用黄金印章。人们称其为"金玺"（Goldbulle）。中古高地德语的 bulle 来源于拉丁语的 bulla，意思是"小盒"。金属小盒意思就是金属印玺，它们的材质，如铅、黄金或白银，能够从外表上凸显出文书本身、文书的签发人和接收人的重要地位。附金属印章的文件也同日常文书一样用名贵的羊皮纸书写，纸会裁得大一些，印章也是用丝线悬挂的。因为金属印玺的重要特征，其名称 bullae 很快被人们借来指代整个文件，因而中世纪和近代早期的人理解的 Bulle 是一种确立重大事实的文书，这种事实往往具有国家法律性质，例如 1356 年皇帝查理四世颁布的《金玺诏书》。金玺发源于拜占庭文书部使用金属印玺印出来的印章，这种印章用铅制成。教宗诏书上的印章一般也为铅制，通常会以文献的起始文字，即所谓的 Incipit（开始）来命名，如 1302 年出身加塔尼家族的教宗卜尼法斯八世（1294—1303 年在位）颁布的著名诏书《一圣教谕》（Unam sanctam），以及 1520 年出身美第奇家族的教宗利奥十世（1513—1521 年在位）对马丁·路德颁布、威胁要革除路德教籍的训谕《主兴通谕》（Exsurge domine）。

腓特烈颁布了大量带有黄金印章的诏书，很可能超过 200 份。他或许是打造了最多金玺的罗马-德意志国王及皇帝,而紧随其后的是他最重要的模仿者皇帝查理四世。腓特烈的部分金玺如今依然附在原始的羊皮纸文件上,还有一些金玺已与文件分离,单独保存。我们之所以会知道另一些如今缺失印章的诏书曾有金玺,是因为文本中提到了使用"金玺"(bulla aurea):"……朕已下令通过随附的朕的金印确认其效力。"但宣称使用金玺印章的做法并非固定原则,因此我们也会发现一些诏书上虽然闪着金光,但文中完全没有提到金玺。腓特烈二世帝治时代的金玺直径约为4厘米,大小为蜡制印章的一半,上面的图案也是一位头戴冠冕的皇帝,四周同样环绕着皇帝的头衔。与蜡制印章上已有的头衔类似,此处的金玺刻上了腓特烈更高级别的尊衔:"蒙受神恩的罗马人的皇帝、永远的崇高者、耶路撒冷及西西里国王腓特烈"。就这样,凭借对耶路撒冷的统治而取得的普遍理解的皇帝身份地位,在印玺金色的光芒中闪耀。腓特烈的同时代人要理解"神圣帝国"的含义,就必须了解腓特烈对整个基督教世界所肩负的责任。

金玺背面有一句对永恒之城的恭维语,它是另一种形式的自白,清

罗马牵动整个世界:腓特烈二世在阿尔卑斯山以北地区统治初期曾以《西西里金玺诏书》为维护自身地位的权宜之计,后来自 1215 年于亚琛加冕为王之后,一直到 1220 年加冕称帝之前,腓特烈都用一枚印玺来制作金印,这枚印玺显示了他罗马人的国王的身份。印玺背面的内容宣示了罗马帝国的古老传统,这种宣示也继续用在之后的皇帝的印玺上。在印玺背面,一个象征化的城市符号周围环绕的铸文内容是:"罗马为世界之首,她牵动整个世界的缰绳。"

晰地表明了古罗马帝国的根基以及帝王统治的延续，还表现出对教宗的挑衅。它见证了这座城市数个世纪以来不断传承的尊荣，承载着古典时代和基督时代的记忆，每一个字都是光辉的证词，证明罗马作为一处记忆之场如何独立于自身真实的历史而承载记忆。金玺背面描绘了一座想象的教堂大门和四座教堂塔楼，它们象征着一座城市，其周围的铸文是一句六音步诗（Hexameter）："罗马为世界之首，她牵动整个世界的缰绳。"（ROMA CAPVT MVNDI REGIT ORBIS FRENA ROTVNDI）自奥维德始，罗马就被称作世界之首，但"牵动整个世界的缰绳"这一说法可能是出自萨利安时代的天才诗人及传记作家维波（Wipo，卒于 1046 年后）。带有关于缰绳的铸文的黄金罗马印玺图像有着悠久的传统，始于 11 世纪中期，直到中世纪末期都在装饰着帝王的金玺诏书。帝王面对罗马的自白是在宣告，最终牵动整个世界的是罗马人的皇帝。在加冕称帝之前，腓特烈用于认证诏书的金制西西里王玺背面的图案自然不能涉及罗马，因此在诺曼传统中，王玺图案是一座带有城墙的高塔，可以理解为西西里王国的象征，其周围环绕铸文，祈求着世界统治者基督。

一系列带有金属印章的文件证实了用于制作印章的金和铅如何参与到皇帝腓特烈与教宗争夺最高权力的斗争中。作为最高的司法统治者，皇帝有维护和平、平息诸侯之间纷争的权利和义务。1237 年 8 月在奥格斯堡，皇帝用金印为瑙姆堡大教堂教士与蔡茨（Zeitz）教堂教士之间旷日持久的争端确立了解决方案。自两百多年前，即 1028 年主教座堂由蔡茨迁往瑙姆堡以来，双方就开始争夺主教权，例如在主教选举时谁在何时拥有何种投票权重，主教应当称呼自己为瑙姆堡主教还是蔡茨主教，等等。经历了漫长的岁月，双方才逐渐有望和解。1230 年，马格德堡大主教和瑙姆堡主教达成了书面妥协。随后在 1236 年，教宗格里高利九世就此事颁布了一份教谕。仅从教会法层面上看，此事已经一清二楚。然而蔡茨有人想要确认这一点，并且即便这事严格来说属于教会事务，他们仍想取得皇帝的首肯。1231 年人们就已乞求国王亨利七世认可。六年后，他的父亲腓特烈以隆重的方式满足了人们的请求，他颁布了一份诏书，并附上带着帝王庄严的金玺。在教会法问题上，金制皇帝印章至少与铅制教宗印章具有同等的法律效力。同样，在需要以金玺认证的其他领域也持续存在这样的竞争局面。通过扶持腓特烈二世的竞争对手亨利·拉斯佩国王，罗马教廷取得了小规模的胜利。在亨利·拉斯佩唯一存世的金玺中，金色罗马城的图案一如既往，但除此之外，这枚金玺还模仿教宗印玺，添加了彼得和保罗两位使徒的头像，他们显示了罗马事实上的归属。[16]

　　我们究竟从何处了解腓特烈二世颁布的诏书原文？首先自然是通过那些经受了时间考验流传至今的原始文件。原件得以留存有赖于众多因素，有时甚至十分偶然，直到今天，这类偶然因素还在发生根本影响。战乱、洪水、火灾、盗窃、档案馆破败，导致诏书遗失的可能性数不胜数。许多诏书内容能流传到今天，皆因有人将其抄写了下来。还有一些内容被后世帝王颁发的诏书原文收录——这种抄录方式称为"转抄"（Transsumieren），来源于拉丁语 transsumere。以这种方式制作的文件称为"转抄文书"（Transsumpt）。若一份诏书的确经过了有权确认其效力之人的亲自审查，如统治者或统治者的文书，那这类诏书就被称为"检定书"（Vidimus），此名意为"我们已见证"。认可了腓特烈二世一大批诏书的统治者中就有查理四世，这似乎是意料之中的事。登上统治者之位的人一再回顾并确认前任的诏书，这一做法贯穿了整个中世纪，并一直延续到近代早期，这样一来，在原件丢失的情况下，至少诏书的内容有机会保留在后世的转抄文书中。

　　皇帝腓特烈关于承认罗马教会权利的大批诏书都已被教廷颁布的教令原文抄录。例如，1245 年夏季在里昂召开的大公会议意图废黜腓特烈，人们提前将皇帝曾赋予教会权利的文书及其他文件共计 35 份诏书抄入多份篇幅较长的转抄文书中，这些转抄文书由教宗英诺森四世同在场的主教附上印章予以认定。这些文件用来证明皇帝违背了具体的诺言，以此证明罗马教廷在此之后取得的权力地位，以及教廷对众多欧洲君主所拥有的建立在封建法基础上的领主权。因此，里昂转抄文书表明，在意识形态解释权方面，腓特烈二世的诏书在当时具有何等高贵的地位。腓特烈二世诏书的其他文本在接下来的数个世纪被收录在复本、权利书及法典中。这些既可能是未经装饰的文集，也可能是装帧华丽、有时装订成厚厚书册的羊皮纸手抄卷。由教会制作的精美诏书抄本的杰出代表是一部三卷本的《权利之书》（ Liber privilegiorum ），由罗马教廷文书巴托洛梅奥·萨基 / 普拉蒂纳（ Bartolomeo Sacchi / Platina，1421—1481 ）编订而成。学识渊博的普拉蒂纳于 1475 年被任命为梵蒂冈图书馆的第一任馆长，梵蒂冈的一幅著名湿壁画甚至记录了这一事件。[17]

　　孤本诏书有时能证明重要的权利和所有权，所以这类作为物证的诏书有极高的价值。因此教宗（他们是建立欧洲最早的收件及寄件分类登记档案的先驱者）在圣天使堡的圆柱形石堡内部为自己最珍贵的文件建造了一个能够抵御炮击的房间。这些珍贵文件在此保存了数世纪。该档案馆因此得名城堡档案馆（ Archivio Arcis ），里面有众多编有序号的档案架（ armarium ）。到了今天，这个档案馆变成了梵蒂冈秘密档案馆（ Archivio Segreto Vaticano ），隐藏在一座现代建筑里，那些档案标号仍然展现了腓特烈二世的诏书对教宗而言有多么珍贵。一份标注日期为 1219 年 9 月、签发地为阿格诺的羊皮纸原件记录了腓特烈向教宗洪诺留三世许下的誓言，这份文件在梵蒂冈秘密档案馆的编号为 "A. A. Arm. I-XVIII, 26"（城堡档案馆档案架 I-XVIII，26 号）。顺带说一句，离这份文件不远处存放着前文提到的 1245 年废黜腓特烈的里昂大公会议的那份重要的转抄文书，其编号为 "A. A. Arm. I-XVIII, 96"。18 世纪，枢机主教朱塞佩·加兰皮（ Giuseppe Garampi，1725—1792 ）经过一番艰苦劳作，将教宗档案馆中的文书（其中也有皇帝腓特烈的文件）系统地录入《加兰皮档案汇编》（ Schedario Garampi ），该书今天仍在使用。不过这位"索引卡片箱之王"并非出于对秩序的纯粹爱好才这样做，而是因为他已经认识到，在一个受到谬误威胁的时代，如果需要通过历史文献为现在和将来指明方向，这些可以作为论据的诏书在与开明专制的斗争中将会有十分重要的意义。这一切都表明了腓特烈二世的诏书已超越了自身具体的法律内容，获得了巨大的政治意义。皇帝腓特烈本人并没有固定的档案存放地。恰恰相反，常年跟随统治者四处周游的文书部官员显然会将很大一部分材料携带在身边，因为他们需要这些羊皮纸卷和印玺来做日常工作。然而从长远看，罗马教廷在档案方面的组织工作更为出色，这证明了皇帝腓特烈二世战略上的劣势。

1235 年美因茨宫廷会议

《与教会诸侯之盟》和《诸侯优待法规》（Statutum in favorem princi-pum），这是 19 世纪历史学界为腓特烈二世的两份特别诏书所取的冗长名称。前一份诏书我们已经有所了解，因为这份 1220 年 4 月 26 日颁布于美因河畔法兰克福的诏书与腓特烈罗马之行的准备工作有密切联系。后一份由皇帝腓特烈于 1232 年颁布于奇维达莱（Cividale），确立其子亨利七世国王于 1231 年 5 月获得的特权。两份诏书都认可了一大批权利，这些权利都是在过去的数十年尤其在腓特烈的叔父菲利普和奥托四世两王并立时期落入各路诸侯之手的。最终诸侯先前已经获得的权利通过腓特烈的印章得到了书面确认。其中就包含了一系列能够限制国王在诸侯各自领地内施加影响的权利，例如国王在诸侯领地建立新铸币厂、关卡甚至是城堡和城镇的权利。为此，19 世纪甚至是 20 世纪的德国历史学家都对腓特烈评价不高，原因是他使昔日的王权落入诸侯之手，为小邦统治提供了土壤，从而导致德国后来在政治上四分五裂。当时人们强烈希望能效仿法国和英国，走一条直接通向民族国家的道路。如今人们的心态变得更冷静，因为这些诏书正式确认的是帝国诸侯业已获得的权利，而当时通向现代国家还有多条道路可以选择。[18]

这些特权表明，皇帝腓特烈的西西里立场以及此刻他对帝国南部疆域的关注才是重中之重。1220 年腓特烈返回南部的西西里王国后锐意进取，夺回了失落的西西里王权，但同时，腓特烈为了能够与北部诸侯达成一致，在夺回昔日王权的问题上并没有始终如一坚持自己的意愿。如果以阿尔卑斯山以北地区视角来看，这一行为可以用约翰内斯·弗里德的话解释为对王权的“荒废”，而王权在某种程度上“牺牲自己，成全了腓特烈在意大利的目标”。此外，随着这些特权得到承认，教会诸侯和后来的帝国世俗诸侯形成了一个单独的群体，与国王对立。事实上，过去只存在赋予个别王侯以特权的现象，然而上文两份诏书的施令对象是“所有诸侯及贵族"，等级社会由此开始形成。这与英国 1215 年的《大宪章》极为相似，只不过一开始表现得并不明显。在英格兰，同样有一批作为社会团体的人群得利，只是在英国丧失权力的是国王，得利的是男爵和议会，而在德国，成为赢家的是身为小邦君主的诸侯。最终这些诏书成为宪法诞生的重要依据，因为它们是反映国王以及未来的皇帝与阿尔卑斯山以北地区诸侯之间关系的样板。[19]

1235 年 8 月 15 日，正值圣母升天节，皇帝腓特烈与一批位高权重的诸侯齐聚美因茨的贵族大会（curia generalis），这次有帝国显贵参与的宫廷会议被史料反复提及。依照皇帝在一份诏书中的说法，这次莱茵河畔大会的目的是"重组整个国家的宪法"，不过人们不应将此理解为要建立全新的法律形式，而更应将其视为恢复已被确证的法律形式。好的法律一直存在，人们要做的只是再次发现并重新利用。的确有不少尊贵之人来参加美因茨宫廷会议：帝国境内几乎所有的大主教都出席了，有美因茨、科隆、特里尔、萨尔茨堡、贝桑松大主教以及马格德堡新任大主教，唯有汉堡–不来梅大主教格布哈德（Gebhard，1219—1258 年在位）留在北方；主教方面则由担任皇帝宫廷文书长的雷根斯堡主教西格弗里德领衔出席；此外还有班贝格、康斯坦茨、奥格斯堡、斯特拉斯堡、施派尔、巴塞尔、希尔德斯海姆、奥斯纳布吕克、列日、乌得勒支、康布雷、梅斯、凡尔登、瑙姆堡、梅泽堡、帕绍（Passau）、艾希施泰特（Eichstätt）及弗莱辛的主教和大主教，穆尔巴赫（Murbach）、赖兴瑙（Reichenau）和埃尔万根（Ellwangen）的有影响力的修道院长，巴伐利亚、布拉班特、萨克森、洛林和克恩滕（Kärnten）的公爵，图林根封邦伯爵，巴登、迈森和勃兰登堡的边区伯爵，以及其他众多强大的贵族。这次会议表明，在阿尔卑斯山以北地区，皇帝无法直接做决策，他需要诸侯的协助，正如常言道，需要诸侯的建议；另一方面也说明诸侯本身热衷于参与决策，而这一点在中世纪晚期有了一定改变。

经过长达一个星期的斡旋、讨论、文件认定、分封，人们因滔滔不绝而口干舌燥，大概也少不了畅饮。一周后，正如《科隆国王编年史》（Kölner Königschronik）所记载，皇帝举办了一次盛大的宴会，并按照身份头戴冠冕接见了所有宾客。与帝王维护和平的职能直接相关的重要事务都得到了确定。其中一项重要成果就是，持续了半个世纪之久的施陶芬与韦尔夫家族之间的斗争终于尘埃落定。此处可简单叙述一番争端的缘由：1180 年，强大的萨克森和巴伐利亚公爵"狮子"亨利受到打击之后，只被允许保留自己非受封所得的地产，即所谓的自主地（Allod），他所有受封的帝国采邑都被剥夺，他也因此丧失了帝国诸侯的地位。在中世纪这样一个浸淫着荣誉观念的时代，地位的削弱几乎等同于肉体上的死亡。只有从国王或教会帝国诸侯处受封采邑之人方可成为帝国王侯，而韦尔夫家族如今不再拥有这样的采邑了。不过在随后的数十年里，亨利及其后裔在贵族等级序列中依然算是没有人身依附关系的自由贵族（edelfrei），此外他们属于王族一脉，因此韦尔夫家族不遗余力地意图重返昔日诸侯之列也就不足为奇了。命运女神的偏好飘忽不定，时间历经了两代人，直到"狮子"亨利之孙、绰号为"孩子"的奥托（Otto das Kind，1204—1252）在美因茨最终重获帝国王侯之位。由于皇帝腓特烈与长子国王亨利七世之间发生了不愉快，又顺势考虑到诸侯对此事的一致意见；并且腓特烈借自己与英格兰的伊莎贝拉谈婚论嫁之机开始接近英国王室，而英国王室历史上与韦尔夫家族有着紧密联系；此外，皇帝还希望能以此对抗教宗支持韦尔夫家族另立新王的威胁，因此，现在通向和解的道路已被扫清。

在此契机下签发的正式诏书详细记录了化解冲突的经过。诏书用简练的语言展示了罗马通行法的支配力，具体而言是在区分财产权（proprietas）和所有权（dominium）方面。诏书还详细说明，为了使业已决定的事务获得效力及合法性，在美因茨当着帝国大人物的面举行了哪些仪式。我们得知奥托当时行过跪礼，以握手礼（Handgang）和宣誓效忠的方式行使了个人的臣服礼，并获得旗帜，完成了受领公爵头衔的授衔礼，而旗帜是古老的帝国诸侯采邑的象征。诏书解释道："随后奥托还在这次大规模的宫廷会议上将合十的双手放入朕手中，置于早已举起的神圣的帝国十字架之上，并宣誓效忠。鉴于其展现出纯粹的忠诚，毫不做作，全身心接受朕的考验，服从朕的命令，并将其不附庸于任何人的自有城堡交付于朕……因而在众位诸侯的建议、赞成和支持下，朕将不伦瑞克城与吕讷堡城堡并其治下的所有城堡、人民及附属产业整合，由此划出一块公爵领，朕根据帝王之权责，封朕前文所述之血亲奥托为公爵及王侯，将该公爵领作为帝国采邑赐予奥托，该采邑可传给他的子女继承人，同时依照习俗，朕郑重地赐其旗帜，以示分封。"这样，在美因茨宫廷会议上，除了产生新的帝国王侯奥托，还诞生了奥托新的公爵领"不伦瑞克公国"。这块公爵领的新鲜之处并非仅仅在于其名字，还在于它不再同施瓦本、萨克森或巴伐利亚等领地那样，被置于部族记忆区域的古老传统中，而是被视为从不伦瑞克城衍生而出的一片立足于地区的统治区域。[20]

美因茨宫廷会议还确定了一件大事。自古以来，如果发生私人冲突，有人遭遇到了不法侵害，那么在这种情况下就应该复仇，这实际上是一种暴力法则。在中世纪的贵族社会中，和平并非正常状态，人们必须愿意给予和平，发誓维护和平，用那个时代的语气来说，就是要"确立"和平。在提出决斗要求后，人们可以打倒并伤害对手而不用受到惩罚。如果某人以骑士、诸侯身份甚至城市的名义认为自己的权利受到了损害，就可以诉诸复仇决斗手段，因为这事实上是惩罚权利侵害行为的唯一可能的办法。一般来说，由于敌对双方都试图尽可能有效伤害对方，而领主们都藏身于坚固的城堡或城镇中，并筑起高耸的城墙来防范，因而一方根本无法真正抓住另一方，因此敌对双方只得拼尽全力，以刀剑和火使对方的财产化为不毛之地。大片地区因此遭受蹂躏。

由于帝王肩负有维护和平与正义的责任，因此自 12 世纪早期，皇帝腓特烈就试图通过推行国土和平（Landfriede）措施，以求至少能在一定期限内阻止人们行使复仇决斗权，同时找到另一种解决冲突的方式。但是人们只在短期内感受到气氛的缓和，因此不断推行国土和平，反对无约束的复仇决斗行为，这一过程贯穿了整个中世纪晚期。总体而言，直到 15 世纪末期国家宣告实行永久国土和平的法令，同时专制主义国家开始推行暴力垄断措施，这一进程才得以终结。然而即便是最具影响力的休战命令，也不足以消弭这个世界的冲突，因为在宣誓和平的同时还必须确保有可能寻得各方一致首肯的解决方案。这样就得首先采取法律途径。一份关键文件描述了 1235 年 8 月在美因茨宫廷会议上通过帝国和平法令的情形。

这部《美因茨国土和平法令》（这也是学界所造的新词）规定，复仇决斗权应遵从法律程序的规定。当时通行的惩戒式审判应让位于刑事审判。此外根据当时的观念，无武器的人群，如妇女、农民和犹太人等应受到法令保护。圣地则得到特殊保护，侵犯这类特殊区域的行为应受到制裁。[21]

这份文件规定，在开始决斗前，应首先向宫廷法院起诉，由法院做出最终判决。只有当审判无法进行的时候，才能正常开启决斗程序。决斗必须正式提出，并且只能在提出决斗的三天后进行。根据西西里地区的惯例，需要任命一位宫廷法官执行司法程序，该法官作为统治者的代理人，代表宫廷法院受理诉讼并做出判决。《美因茨国土和平法令》总共包含29个条款，除了刑事法规，还包括其他一系列关于司法、铸币、关税、交通、通行权、防御权、对法外之徒的处理、教会监护者（Kirchenvogtei）及宫廷法官职务方面的规定。该法令详细说明了应如何惩罚反抗父亲的儿子，乍一看去这有些非比寻常。这或许反映了皇帝腓特烈与其长子亨利之间爆发的冲突。宫廷法院的诞生与国王亨利七世的陨落、西西里法律经验的应用、腓特烈二世维护君主永久司法权的努力息息相关。《美因茨国土和平法令》之所以重要，还因它是后世国土和平法令的范本，并且在随后的数个世纪里，君主治下的宫廷法院也根据该法令定期开展司法活动。

《美因茨国土和平法令》还在另一个方面值得注意：流传下来的法令文件是用拉丁语和中古德语写成的。这份文件刚问世时不太可能以两种语言写成，而拉丁语一直是公文及法律用语，因此该文件应该是用拉丁语颁布的。然而《科隆国王编年史》则称这份法令是用德语颁布的。由于原始文件没有保存下来，只留下一些13—15世纪的抄本，并且这些抄本内容不一致，因而这一问题最终无法解决。不过一些帝王法令的德语版本至少证明，在整个13世纪的阿尔卑斯山以北地区，民族语言的影响力已变得多么强大。一百多年以后，三分之二的帝王诏书都是用德语撰写的。然而人们不能将《美因茨国土和平法令》看作一部帝国基本法，因为它并非一部重新整合形式的帝王法令，用哈根·凯勒（Hagen Keller）和克努特·戈里希的话说，它事实上展现的是一种"秩序的幻象"。虽然腓特烈在位期间还颁布了其他诸多诏书，对后世的历史进程也有着重要意义，但美因茨宫廷会议却获得了无可比拟的地位。这位三婚不久的帝王甚至还可能在这次会议上为自己的忠实追随者萨尔察的赫尔曼颁发了另一份广为人知的诏书，这份诏书我们后面会再次介绍。

保护犹太人和镇压异端政策

1235 年圣诞节后不久，位于黑森的城市富尔达爆发了一场过度的私刑。230 名犹太男女遭到肆无忌惮的杀害，因为人们相信了一则如瘟疫般在欧洲流传了数十年的谣言：犹太人秘密杀害基督徒儿童，并用他们的血举行肮脏的仪式。谣言称，有一位富尔达的磨坊主在圣诞节那天同妻子去教堂，他的五个未成年的儿子留在他位于城门前的磨坊内。两名犹太人趁机在耶稣诞辰之日以犹太教屠宰牲畜的手法屠杀了这些孩子，他们刺死了孩子，接住了他们的血，将其用于他们不可告人的目的。是的，人们甚至看到了他们如何用浸透蜡的亚麻布口袋装走了这些血。为了抹去犯罪痕迹，这些犹太人将房屋付之一炬，这样人们只能从房屋中抢出已被烧焦的孩子尸体。没有人会相信这是一场事故。皇帝腓特烈当时正住在位于阿尔萨斯的阿格诺行宫。一支富尔达市民代表团抬着孩子们的尸首前来面见腓特烈，请求将孩子们尊为殉道者，并要求对丧尽天良的"孩童屠夫"采取进一步的惩罚措施。与此同时，谣言甚嚣尘上，帝国全境的犹太人心惊胆战，因而寻求他们的主人腓特烈的保护。他们的确有这样做的理由，因为就在同一年，在其他三个地方也传出类似的关于献祭谋杀的传闻。此外，犹太人还希望"红胡子"腓特烈一世在位时于 1157 年为沃尔姆斯的犹太人签发的特别保护令能得到更新和扩充，以此保障他们的安全。腓特烈二世亲自过问了此事，在宫廷法院举行了一次审判，并于 1236 年 7 月签发了一项针对犹太人的特殊保护令，在这份文件中确认了他祖父的那份诏书。然而这一事件极为复杂，仅想用一次宫廷会议判决结果解决此事绝无可能。[22]

虽然基督徒与犹太人在欧洲朝夕相处，但是在等待救赎的问题上，他们彼此水火不容。两个群体都坚信自己掌握了颠扑不破的关于末世（endzeitlicher）的真理。到了 13 世纪，流传在欧洲全境的献祭谋杀传闻令基督徒和犹太人的关系持续恶化。最初，谣言产生于富尔达事件发生之前 100 年的英格兰，据称犹太人在复活节将基督徒儿童钉死在十字架上。这一说法就像幻影一样，很快席卷了欧洲：1144 年在诺里奇，1167 年在蓬图瓦兹，1168 年在格洛斯特，1171 年在布卢瓦，1179 年在巴黎，1181年在维也纳，1221 年在埃尔福特，到了 1235 年就轮到了富尔达，这一切只是一大批老套的迫害事件中最重要的几起案例。每当基督徒儿童遭遇所谓无法解释的死亡后，随之而来的就是对犹太人的集体迫害、审判和处决，还有对臆想的受害者的敬拜。富尔达事件的发展正符合反犹传说的典型模式，这类反犹传说承载着人们无比的仇恨，然而又没有多少变化，就这样一直流传至 16 世纪初。

还有一种说法掺杂在众多传说故事中蔓延于欧洲，该说法认为展示圣体时圣体会遭遇来自犹太人的威胁。1215 年，第四次拉特兰大公会议将变体说（Transsubstantiationslehre）确立为正统，根据这一学说，在举行圣餐礼时，酒和面包本质上经过了变化，会变成真正的基督的血肉。从那时起，对献祭谋杀的指控就可能会同对亵渎圣体的指控联系起来，因为当圣体受到伤害时也会流出真正的血。随着基督教血液神秘主义的发展，除了与耶稣受难类比的说法，还开始产生一种说法，称犹太人需要用基督徒的血烤制无酵饼、实施神秘的魔法或医治先天性疾病。这样犹太人就并非因其宗教，而是由其本性驱使而实施此等谋杀。在巴黎民众过分狂热的幻想中，犹太人的小折刀第一次刺向了基督变化而成的肉身。1240 年，就在这里，人们导演了一出对"塔木德"的特殊审判，伴随着满满一车犹太典籍被焚烧殆尽。

潜在的反犹主义和此起彼伏的末世论浪潮之间的紧密联系令舆论进一步发酵。犹太人期盼，根据犹太历，创世后第五个千禧年终结时会迎来弥赛亚；而这一时间点恰好与基督教历法中主道成肉身后的 1240 年相合，这样的信仰反过来又加强了民众的情绪。而在当时，蒙古人重兵压境，在欧洲引发了恐慌，民众认为这些蒙古人是巴勒斯坦北部以色列王国消失的十支派的后裔。这一点在下文还会论述。起初只存在于宗教领域的对立现象分离而出，转化为一种覆盖了整个生活领域、充斥着厌恶和憎恨的歧视，到了中世纪晚期和近代早期，这种歧视使犹太人变为令人惧怕而又饱受憎恨的社会边缘人。皇帝腓特烈二世所面临的具体情况，正是长久以来影响中世纪和近代欧洲文化史的一条漫长发展线上的一个节点。

皇帝腓特烈回应了富尔达市民的要求和犹太人的请求，他首先在阿格诺组织了一支由帝国各地身居要职之人组成的智囊团。但是，让教会和世俗诸侯就此事达成一致的努力未能成功。事后，皇帝命人在记录此次宫廷会议判决的诏书中写道："为了查明上述罪行的真相，朕已召集帝国诸侯、要人和若干贵族，以及修道院长同各地虔诚之人来到朕的身边，以广纳谏言。众人对此莫衷一是，未能按照既定的要求提出有效建言，因此朕内心深知并可以预见，针对有犯下上述罪行嫌疑的犹太人最恰当的处理方式是，令皈依基督信仰的那些犹太人来处理此事，这些人虽是犹太信仰的反对者，但又无法否认自身会因种族出身而从'摩西五经'及《旧约》中获得与此相关的知识。虽说根据朕查阅的多部著作的权威说法，理性使朕的良知断定上述犹太人无罪，但为平息无知大众之怒，也为伸张正义，朕现派遣特使将众位诸侯、要人、贵族、修道院长及虔诚者给出的有效建议，连同众人就此事达成的一致决议送达西部地区所有君主，望诸位君主尽可能从各自王国境内选派多名熟知犹太律法但后来又受洗之人来到朕的宫廷。"[23]

腓特烈在此另辟蹊径。他请求西欧各国君主选派改宗基督教的犹太经文学者来到自己的宫廷。这些专家如制定《梅尔菲宪章》的法律专家一样，集合组成调查委员会，其中数名前犹太教信徒来自英国、法国和西班牙。这些学者是热忱的皈依者，例如闻名遐迩的新晋多明我会修士尼古拉斯·多宁（Nikolaus Donin）。不过数年之后，这名前犹太教徒被证实是特别激进的宗教狂热分子。正是在这名犹太改宗者的鼓吹下爆发了巴黎塔木德焚烧事件，因为他曾在1239年在教宗格里高利九世面前谴责塔木德诋毁耶稣和基督徒，指责塔木德内包含不正当学说。可以肯定的是，他从1236年起就开始抹黑自己曾经的信仰。总之，腓特烈后来将其开除出委员会。

腓特烈召集的专家最终得出了一个意料之中的结论：没有任何文献

资料显示犹太人热衷于杀人放血。结论的原文为："无论从《旧约》还是《新约》中人们都无从证实犹太人热衷于杀人放血，正相反，根据《圣经》（希伯来语称为 Berechet）、摩西制定的戒律和犹太律法（希伯来语称为 Talmilloht），他们尽力避免自己被血污染，这恰好足以反驳上述观点。"此外犹太人完全没有必要秘密刺死儿童，因为与其让自己承担这样的罪名，倒不如给成年男子放血，这样得到人血要容易得多。于是，在得到诸侯的赞同后，1236 年 7 月，腓特烈在动身前往意大利前，于奥格斯堡宫廷会议上颁布诏书，宣告犹太人并未犯下所控重罪。今后不得再有人对犹太人提出该项指控，否则将失去皇帝的恩宠。[24]

腓特烈此处采用的程序有一系列特点，颁布的文件也绝非单纯将皇家宫廷法院判决记录下来的普通诏书，而是一份带有重大政治转折意味的文献。因为在审判过程中，腓特烈等人首先仿照宗教裁判所的审判程序进行了类似于听证的行动（腓特烈制定《梅尔菲宪章》时曾举行听证，当时在整理西西里法律时他咨询过专家），接着以逻辑证明犯罪证据是无效的，以此间接证明清白，而这种方法当时只在封圣的程序中才会运用。从神学角度上看，这份文件符合当时的时代精神，因为彻底灭绝犹太人或令犹太人彻底皈依基督教与上帝的救赎计划相背离。人们需要犹太人，以证明基督教相比于旧约福音具有优越性，因为直到时代终结的末日，犹太人都应承受可见的法律及社会排斥，在排斥中生存，从而见证这一点。

这一观念契合了主教凯撒利亚的优西比乌（Eusebius von Caesarea，314—339 年在任）所作《福音的预备》（Praeparatio evangelica）中的观点。自优西比乌起，书中包含的观点就广为流传，它认为，一切宗教和世界观都是基督教胜利扩张必要的先决条件。一种统治新特性也由此产生。犹太人如今被视作君王的私产，也是国库收入的特殊来源，他们第一次被称作"朕之国库的仆人"（servi camere nostre），开始享受皇帝的保护，并要为此缴纳多种税。对统治者而言，攻击犹太人的行为就是在侵犯君主的财产，是在忤逆君王。"帝王国库的仆人"这一概念几个世纪里反复出现在统治者的诏书中。非现代意义上的宗教宽容使腓特烈做出这样的审判，颁布这样的诏书，但幸运的是，腓特烈及其谋士对神学和国库收入的双重信念使他们愿意保护随时都受到死亡威胁的犹太人。

从腓特烈的立场看，以法庭审判的方式颁布的犹太人保护令在另一个方面也是一着巧妙的政治棋，因为"上帝的走狗"（domini canes）——多明我会在当时就已经获得了这样的形象——正在充当教宗的爪牙，积极参与富尔达献祭谋杀案的调查工作。埃尔福特的多明我会修士在编年史中极为关注该事件，这绝非偶然。通过争夺对犹太人的控制权，皇帝与教宗这两支力量在他们整个斗争领域中开辟了一块新的战场。因此腓特烈使用了多明我会宗教裁判所的审判程序，从而还击了多明我会服务罗马教廷、突然干预世俗统治者内部事务的行为。

然而时代的舆论发展使犹太人受到更加无情的排斥，皇帝腓特烈的保护意志很快消散。腓特烈死后，屠杀浪潮再次席卷各地：1283 年的美因茨，1285 年的慕尼黑，1287 年的莱茵兰；犹太人不断因为受到献祭谋杀的指控而惨遭杀害。海涅在《巴哈拉赫的拉比》（*Der Rabbi von Bacherach*）中为莱茵地区的一次屠杀事件树立了文学的丰碑。在 1298 年"伦特弗里希迫害事件"（Rintfleisch-Verfolgung）和 1336—1338 年"阿姆雷德暴动"（Armleder-Aufruhrs）引发的大屠杀中，有成千上万的犹太人在弗兰肯地区遭到杀害。犹太人为献祭谋杀而使无辜孩童流血，为折磨主的肉体而亵渎圣体，并且正如许多德国教堂的图像展示的"犹太"的形象那样，在臭烘烘的母猪身上吮乳——人们干脆将一切罪名都扣在犹太人头上。即使是腓特烈二世和那脱胎于专家委员会判决结果的保护令也无法阻止这一趋势。并且不管皇帝出于什么原因将犹太人置于自己的保护之下，他在那个时代的历史记忆中都会承受极其恶劣的评价，即便今天这一做法给他带来了仁爱的名声。

一个典型的例子就是本笃会修士瑟诺讷的里歇尔（Richer von Senones，约 1190—1267）。在距离皇帝行宫阿格诺西南百余千米、坐落于孚日山脉中的瑟诺讷修道院内，里歇尔撰写了一部编年史，一直记录到1264 年，书中包含了大量修道院历史及圣徒传说，也谈到了富尔达的犹太人。这名僧侣偶然间听闻了事件的一些经过，却混淆了一些细节。首先，他将腓特烈为被控献祭谋杀的犹太人平反的行为与对皇帝正统性的质疑联系在一起。里歇尔的记录表明了非下层民众对腓特烈保护犹太人之行为的看法："无人能掩盖犹太人最卑鄙无耻的罪行，且长久以来我等自知犹太人对救世主的所作所为，因而理应每日反复讲述此等恶行，以劝人向善，教化民众，以匡正众人之傲慢，增长基督之荣耀。在阿尔萨斯的阿格诺城内曾居住着众多犹太人。彼时，先皇腓特烈（在正义的主宰下，此人后来于里昂被教宗英诺森四世废黜，丧失帝王之尊）统治着罗马人的王国，其逗留于阿格诺之时，正值基督徒庆祝复活节之际，在这座城中生活的犹太人依照（他们的）律法同时在庆祝逾越节……不知以何种方式，这群犹太人俘获了三名七岁的基督徒男童。他们在自己的住所中用这三名儿童做下卑鄙的勾当，以庆祝他们的节日。而这几名儿童亦因此被害。恰巧有基督徒意外发现此事，冲入犹太人的住所，发现这几名儿童周身赤裸，却已死亡。当时皇帝腓特烈恰好外出。基督徒因此决定将孩童尸首保存直至皇帝归来。然而犹太人感受到了危险，经过商讨，他们决定以贿赂平息皇帝的怒火。于是他们前去面见皇帝，以重金蒙蔽其双眼，获得了君主的恩典，兴高采烈地返乡归来。待皇帝返回阿格诺后，基督徒带来那三名儿童的尸首，并向皇帝报告犹太人如何将他们杀死。但皇帝回答：'既然他们已死，那就将其埋葬，他们现已别无他用！'听闻这些，基督徒困惑地离去了。这不幸的皇帝暴露了自己信仰缺失，他平静地释放了犹太人，却在面对如此无耻行径时未能为基督徒匡扶正义。关于犹太人要说的已然够多，因为纵然这名卑劣的皇帝连犹太人造下此等罪孽都不予惩治，那位最强大的法官也绝不会放任此事，他必将腓特烈并犹太人罚入地狱的监牢。"[25]

　　1239 年 3 月 20 日，皇帝腓特烈第二次被教宗处以绝罚，不久后又被斥为异端。在统治末期，他甚至险些因为异端而受到审判，教宗则号召十字军征讨他。但是腓特烈二世本人与异端做斗争而颁布法令的举措贯穿了他整个执政时期：早在腓特烈还在任国王的时候，即 1213—1219 年，还有 1220 年，那时的他已经为耀眼的皇冠所装扮，他就颁布了这样的法律。1224 年以及 1231 年的《梅尔菲宪章》中，后来又在 1232 年、1238 年、1239 年，皆有针对异端的法律问世。一名异端分子，亲自颁布法令打击

异端——这如何能是同一个人？ [26]

如果宫廷法院对犹太人的判决已是一起政治事件，那么腓特烈二世的异端法案也应该置于广阔的政治环境中考量。这些法令的诞生并非如1231 年《梅尔菲宪章》第一款所言，皆因异端分子妄图"撕开上帝那身无缝的长衣"（这说的是异端分子威胁到了上帝建立的团体）。无缝长衣这一比喻取自《约翰福音》，可理解为未分裂的教会的象征。这件最后的长衣是基督生死和复活的见证。此外，制作这样的无缝衣物需要精细的工艺，因而这件衣物十分贵重——对此曾爆发过激烈的争论：基督在拥有这样一件衣物的情况下是否还能算是贫穷。与撕开长衣的异端分子的斗争为皇帝提供了绝佳的论据来支撑其统治的合法性。皇帝腓特烈颁布的对抗背离正统信仰之人的各法令可以归入不同的统治阶段。他在教宗的建议下于 1220 年加冕日颁布了一部法令，其中的条款针对的是意大利北部城邦的公社团体及这些城邦颁布的法案，时人认定从该地区团体及法案中可看到异端的萌芽。彼时教宗对腓特烈的法令有一定的兴趣，因为只有帝王的权威方能将教廷的计划转化为政治实践。维护教会的利益也能巩固帝王的权力。但其新颖之处在于：最初是教会将异端列为逆君罪行，如今异端这一发源于教会的观念又被引入腓特烈治下的法律逻辑。

后来腓特烈又向前迈了一步，1224 年在西西里岛的卡塔尼亚重新颁布了一部打击伦巴第异端的法令，这一事件乍看不过是为了巩固帝国使节马格德堡大主教阿尔布莱希特二世的地位。该法律规定，被证实为异端之人应遭受火刑。事实上他们早就该死，但现在他们必须"遵照朕之旨意，在烈火的审判下化为灰烬"。过去从未有过如此残酷的做法。此外，另有几名异端活下来充当反面教材，但在这之前他们应被割去一件渎神的器官：舌头。学界目前广泛争论对被视为异端的逆君者施以火刑这一想法的来源。这种刑罚是源于阿尔卑斯山以北地区的法律理念，还是源于法国？特奥多尔·蒙森（1817—1903）在罗马刑法研究中就已特别指出，火刑在古罗马帝国是一种公开处决纵火者、巫师、投毒者的刑罚。在中世纪盛期，火刑就已被单独用于惩治所谓正统信仰的叛徒，例如 1155 年，主张剥夺教会世俗财产的布雷西亚的阿诺尔德（Arnold von Brescia）就先被绞死，接着被焚烧。在腓特烈二世这个案例中，用于异端的火刑，更有可能发源于打击异端的地区即西西里王国的法律传统。在西西里存在诺曼和拜占庭两种类型的刑罚传统，早在国王罗杰二世统治时期，背弃信仰的宫廷宦官会被烧死，同样，在西西里掷骰子时用渎神的话语咒骂之人要被割去舌头。[27]

异端案件需要由宗教裁判所来调查，与当时一直实行的古老诉讼程序相比，宗教裁判所的程序十分先进，因为不再单独由神意做出裁决。这样一来，真相成了关键。但由于获知真相需要审问证人的书面记录和被告的供词，因此就会有刑讯逼供。直到启蒙时期，刑讯都是合法的司法手段。卡塔尼亚法令之后颁布的反异端法的目标是要将之前只适用于伦巴第地区的法令拓展至西西里、勃艮第的阿尔勒王国甚至整个神圣罗马帝国全境。虽然从表面上看，这批法令是为了剿灭渎神者，但其最重要的政治动机无疑是将帝王打造成教会的全权守护人。"完全权力"（plenitudo potestatis）在中世纪盛期和晚期的教权与皇权之争中扮演了重大的角色，因为当时人们一再争论权力的来源。如果权力直接来自上帝，那么帝王就是直接从天主手中接过世俗权力的宝剑，铲除教会的敌人。但如果天主给予的权力首先经由其代理人也就是教宗移交给帝王，那么谁在何时获得这一"完全权力"就由教宗来决定。

腓特烈并未因这些法令变成教会的同党，这与人们起初所理解的不太一样。恰恰相反：究竟谁才是异端分子，对此他有最高决定权。此外，作为"教会的守护者"的腓特烈凭借这批法令让帝国的世俗权威成为各地区关注的焦点，从而使教权退居皇权之后。异端行为既是对天国君王的褒渎，也是对尘世帝王的忤逆，这种看法最终顺利地使背离信仰的行为成为人们观念中破坏和平和团结的行径。从现实意义上看，还出现了一种新的形势：叛逆者如今将被划为异端，可以被直接处以火刑。腓特烈的反异端法同时稳固了自身及后继者的统治。从此，皇位与消灭异端的重任紧密相连。正如后来的皇帝查理四世面对教宗时所言，因为"好皇帝必须是打击异端之锤"，因此查理四世的文书部在查理本人颁布的反异端法令中直接援引腓特烈二世的多部反异端法。腓特烈二世1232年和1238年诏书中的解释性套语几乎未经修改就被引用，这是为了再次申明，皇权是由上帝直接赐予的。但是腓特烈二世的反异端法使异端概念逐渐扩展到政治领域，这就会带来另一个难题：皇帝本人可能在与教宗的政治斗争中陷入教宗所理解的异端的危险境地——腓特烈的确也遭遇了这样的局面。后世的帝王在为自己的反异端法添砖加瓦时，恰好用的是腓特烈二世这名时人记忆中的异端皇帝的法令，也吸收了他对统治的理解，这一点颇令人玩味。[28]

第 6 章

建筑所有人

昭示统治权：蒙特城堡

在任何一个时代，精美的大型建筑不仅可以保护人们免受恶劣天气及敌人的侵袭，还是宗教敬拜、祭仪或世俗统治行为的石制或木制外壳。华丽的建筑一直都象征着统治权，因此建筑活动与统治行为本身极为相似。有代表性的建筑能够将建筑的创造者和所有者抬高到整个帝国的霸主之位，它们是真正的统治符号。

皇帝腓特烈二世也有意识地利用了建筑的表现功能。从 1220 年加冕称帝到 1250 年去世一共 30 年的统治时间里，在腓特烈的西西里王国境内充斥着石工木工的喧嚣。最新研究表明，在皇帝腓特烈的努力下，西西里至少扩建或新建了 287 座建筑。一份城堡重建指令提到了 225 处建筑，这些建筑需要 400 多座城市和村庄的居民来负责维护。当时福贾和巴里地区可以称得上是大型建筑工地。这些地方建造或改建了大量城堡、塔楼、宫殿，它们如此密集，使意大利靴子的马刺位置及遥远的周边地区所产生的影响，真的恰似一枚有幸被皇帝佩戴在脚脖子上的马刺：有出色的防御能力，又光彩夺目。[1]

腓特烈统治时期最负盛名且最夺人眼球的建筑是蒙特城堡。也许在欧洲，无论是过去还是现在，都很少有一座历史建筑像这座城堡那样产生了如此多的传闻，受到如此多的解读，人们对它加以猜测和渲染，甚至干脆无中生有。人们不需要将世界上所有八角形建筑都拉来当作这座建筑的样板，因为仅仅是静静端详这座建筑，就足以令人沉迷其中。蒙特城堡位于阿普利亚一块贫瘠之地中部，矗立于穆尔杰（Murge）高地一座山丘之巅，外形如军事要塞。由于亚得里亚海岸和巴西利卡塔山区之间的平原的海拔从此处才开始升高，因此无论人们身处哪个方位，都可以从很遥远的地方望见这座城堡。[2]

皇帝腓特烈在世时，这座建筑的名称还不是如今闻名遐迩的蒙特城堡。最初这座城堡采用了附近的蒙特圣母马利亚（Santa Maria del Monte）修女院（当时很有可能已经荒废）的名字。在 1240 年 1 月 28 日从古比奥（Gubbio）寄给蒙特富斯科洛的里卡尔多（Riccardo de Montefuscolo）的信件中，皇帝下令，"针对朕计划建造的蒙特圣母马利亚修道院旁的那座城堡，需要着手开始工作了"。顺便一提的是，这封信是唯一保存下来的与"蒙特圣母马利亚城堡"的建造工作有关的皇帝文件。如今我们无法证实城堡的准确建造时间，唯一可以肯定的是这封信寄出后不久这座城堡才开始建造。我们再继续往下读，看看皇帝写给卡皮塔纳塔（Capitanata）的法官蒙特富斯科洛的里卡尔多的信中还有什么内容："因朕有意在蒙特圣母马利亚修道院旁建造一座城堡，而为此需要你……立即预备好建筑材料，朕特此委任你，朕的忠臣，即刻安排人手置办石灰、石料及一切所需之物。"显然在皇帝看来，这座将要建成的城堡极为重要，因为他还补充道："在此期间你应反复向朕汇报，你对此事有何种打算。"建造工作持续了数年。我们不清楚皇帝当时是否亲眼见到这座城堡完工，甚至也不清楚他是否真正看过这座建造中的城堡，因为没有任何证据表明他曾造访过那里。也许腓特烈之子曼弗雷德才有幸建成这座城堡。直到 1463 年，也就是皇帝腓特烈死后逾两个世纪，当时城堡主才在一封信中首次使用了蒙特城堡这一著名称谓。[3]

城堡主体构成一个封闭的八角形建筑结构，而在每个角上还有一座八角形的塔楼。从清晰的角度来看，这确实是一个巧妙的简洁设计。现存 20 米高的外墙的建筑材料为棕黄色或灰白色的石灰石，在背景环境的衬托下熠熠生辉。入口处的大门和几根精选的装饰性立柱是用一种叫红色角砾岩（breccia rossa）的精美装饰石料凿制而成的，地质学家以他们特有的严谨态度将这种石料归类为"再沉积碎屑灰岩"（resedimentären Trümmerkalk），因为石料的主要成分是灰岩碎屑。这种石料的名称从字面上应译为"红色碎石"，它的颜色使人联想起斑岩的皇家内涵。建筑材料以及简明的八角形外形使这座建筑具有迷人的庄严感。建筑的内部空间分为两层，环绕着一处同为八角形的天井。建筑八角形的平面布局使人联想到中世纪的洗礼盆［如查理大帝在亚琛的行宫礼拜堂、拉韦纳圣维塔莱（San Vitale）教堂以及耶路撒冷的洗礼盆］，二者之间有相似之处。这一切都与腓特烈自儿时起就懂得熟练掌控的帝王形象相称。

由于每座八角形塔楼都有两面墙连入城堡的主体围墙，因此每座塔楼都有六面墙朝外。塔楼并未包纳所有的旋转楼梯，其内部也有不同用途的房间，比如浴室和厕所。卫生设施巧妙地与屋顶排水系统和蓄水池相连，人们甚至可以冲洗厕所管道；这里没有如欧洲数以千计的城堡那样的简陋室外厕所，这就需要在用水方面掌握极为丰富的技术和经验。同样，这些房间中的通风、传声、采光系统也颇值得我们注意。熟悉近东地区建筑的人会发现，这座城堡与伊斯兰文化区域的建筑风格相近。这座建筑的结构简洁却又令人印象深刻，人们完全有理由称

"红色碎石"制成的狮子：人们用于建造蒙特城堡的建筑材料是灰白色的石灰岩。而入口处的大门以及一些精选的装饰件，如壁柱和大门上的狮子像，则是以红色角砾岩凿制而成

其为施陶芬王朝统治下的意大利南部建筑艺术最为成熟的作品,以及中世纪建筑史上的重要丰碑。

然而我们并不清楚腓特烈原本为何修建这座城堡。无论研究者推断出怎样的用途,都会出现一系列有力的反对意见。大多数人认为蒙特城堡的职能是充当狩猎行宫或防御性建筑,又或许是腓特烈二世最喜爱的住所。一座狩猎行宫最起码应当能够烹调猎物和安置马匹,但显然人们在这里做不了这些事。那或许蒙特城堡是一座防御城堡?一座军事堡垒至少应配备有防卫功能的城门装置,譬如吊桥、城垛、壕沟,关键还要有储藏室,这样才能经受住敌人包围,而这一切在这座建筑中也没有。如果蒙特城堡是一座像皇帝行宫那样用于展示皇威的建筑,那它规模又太小,而且过于偏僻,距离所有重要交通要道和城市都十分遥远。

这座城堡有没有可能只是一处深受腓特烈喜爱的住所?支持这一解读方式的理由是腓特烈二世曾亲自参与这座建筑的规划。但是在腓特烈二世的行程记录(里面按照时间顺序记载了他停留过的地方)中,没有任何证据表明他曾在蒙特城堡中停留,甚至在施工期间也没有,也没有其他文献可以佐证这一点。以《中世纪罗马城的历史》(*Geschichte der Stadt Rom im Mittelalter*)一书而扬名的历史学家兼作家费迪南德·格雷戈罗维乌斯(Ferdinand Gregorovius,1821—1891)还提出了另一种解读,他在漫游期间写道:"正如人们所看到的那样,这座俯瞰着广袤原野的标志性建筑被百姓称为阿普利亚的观景台或阳台。更确切地说,它应当被称作阿普利亚的皇冠。因为这座黄色的宫殿仿佛一道墙顶冠盖(Mauerkrone),立于那座山丘之上。当夕阳令它闪耀着绛紫和赤金之色时,它宛若霍亨施陶芬王朝的皇冠,装点着这片壮美的土地。"[4] 这或许听上去有些过于诗意了,但这的确是事实:人们可以从各个方向遥望蒙特城堡,它看上去的确像一项石冠,是皇权永恒的象征。腓特烈很可能的确想要设立一个统治符号,以此来唤起众人的赞美,使众人臣服。凭借这座建筑,他在视觉上控制了整片地区,不费一兵一卒。过去这八座塔楼可能还要略高于城堡中心的墙体,因此头戴王冠的山丘的形象会显得比今天更为直观。人们若是从字面意思上理解"墙顶冠盖"(墙顶冠冕)这一概念,那应该就会想到古希腊罗马及中世纪艺术中墙冠的传统主题。数个世纪以来，硬币、石碑、宝石以及手稿和插画上的神祇和象征性人物都会佩戴一圈艺术化的城墙样式头箍，他们是城市、行省、王国的拟人化形象。一座抽象化的罗马城，或是一座位于故乡阿普利亚的天堂般的耶路撒冷城——这与皇帝的统治设想正相匹配。很显然，同以往一样，这又是一座主要用于瞻仰的建筑，也是无言的信息展示。

　　这座城堡原本也可能是设计作为皇帝腓特烈的一处避难所，用于躲避教宗的攻讦和统治者在日常生活中受到的敌意。费迪南德·赛布特（Ferdinand Seibt）已经注意到腓特烈与百年后的查理四世在这一方面的相似之处，后者在波希米亚地区的都城布拉格附近修建了卡尔什特因城堡（Burg Karlstein）。它是卢森堡家族的心灵避难所，是"精神上的避暑行宫……这里与那里"——那里指腓特烈的蒙特城堡——"存在着同样漫无目的的林中僻静"。[5]

　　然而安茹的查理，这名篡位者，却在 1266 年曼弗雷德死后将腓特烈的孙子囚禁于此，从而将施陶芬家族的避难所变成了施陶芬家族的监牢。这座建筑是否特别适合当作监狱，或者查理这样做是否在有意识地改变当时这座城堡广为人知的职能，这一切都不甚明晰。不过昔日实施统治的王朝如今却在自己帝国的象征之物中受苦受难，这蕴含了一种强烈的象征性力量。1326 年，阿图瓦的查理（Karl d'Artois）买下了这座城堡。1487 年，城堡内的房间见证了阿拉贡的腓特烈和巴尔索的伊莎贝拉（Isabella del Balzo）的婚礼。1522 年，蒙特城堡成为鲁沃（Ruvo）和安德里亚（Andria）的领主卡拉法家族（Caraffa）的财产，一直到 1774 年，城堡都为这一家族所有。城堡甚至还在 1528 年受到炮轰。16 世纪初期以后，这座城堡逐渐衰败，后来变成了牧羊人和劫道歹人的栖身之所。到了 1743 年，这座建筑给时人的印象已经是"破败和荒废"，但绝大部分大理石墙面依然保留。1876 年，意大利政府购得了城堡，此时城堡的墙板、镶嵌画和大部分装饰性雕刻都已不复存在。由于整个建筑的保存情况极差，建筑本身已毫无价值，因此高达 2.5 万里拉的金额已不能算是单纯的购买费用，而是政府重视城堡的一种象征。政府收购城堡后就开始修

时间的侵蚀：这张 1900 年左右拍摄的照片显示，蒙特城堡外墙在数个世纪里经受了多少风霜。20 世纪修缮城堡时，整个外墙被彻底翻修

缮工作，时间长达一个多世纪，整个城堡墙面被彻底翻修。直到 20 世纪 90 年代，现代测量技术才给合理分析蒙特城堡的工作奠定了坚实的基础。如今人们可以清楚地证实，城堡的形状不规整，它不是一个规则的八角形，这说明城堡是一座典型的中世纪建筑，在整个建造过程中它的外形不断被修正。

蒙特城堡就这样保存下来，成为一个历史记忆的现象。腓特烈也许从未造访过那里，但在现代人对腓特烈的记忆中，蒙特城堡超越了其他所有的城堡。它就像皇位那样隶属于这位帝王。它可能是意大利最著名的城堡，因为"亚平宁之靴"中最负盛名的中世纪帝王的名字与其紧密相连。传说中的帝王，以及城堡建筑那鲜明的外形，就像面粉和酵母，使"蒙特城堡"这块记忆面团发酵得如此美味，直到今天，依然让人们对这座建筑议论纷纷，并做出各种神秘的解读。这座城堡是欧洲的记忆之所，其特殊意义不仅在于它曾被镌刻在意大利一分硬币背面，还在于其在 1996 年被列入世界文化遗产名录。

巩固统治权：城堡网络

　　皇帝腓特烈二世无节制地建造城堡。没有任何一位统治者像他那样新建了如此众多的防御工事，也不会像他那样大规模加固和扩建已有的设施。腓特烈统治时期，近 300 座城堡构成了一张细密的大网，覆盖整个西西里王国。仅在今天的阿普利亚地区就有超过 150 座城堡或城堡遗迹保存下来。腓特烈的这些城堡作为权力和统治的担保，在南意大利的土地上耸入云霄。受到威胁的土地可以得到防御工事由内而外的保护。历朝历代都没有人能够不打掉城堡这样的利齿就从腓特烈及其子子孙孙手中夺得西西里王国。皇帝命人在山巅、关隘、渡口处修建坚固的工事，以控制周边地区，守卫行军道路，例如在瓜尔多塔迪诺（Gualdo Tadino）、切拉诺和卡普亚就是如此。他也在阿奎拉（L'Aquila）、卡西诺山附近的亚努拉要塞（Rocca Janula）和卢切拉（Lucera）等地方修建城堡，借此守卫通向教宗国的边境地区。[6]

　　甚至在其宿敌佛罗伦萨附近，皇帝也于 1240 年彻底扩建并加固了普拉托的堡垒，该堡距离佛罗伦萨仅 18 千米。它能够守住自北向南穿越皮亚诺山（Montepiano）的交通要道，若要翻越亚平宁山脉，这里的山口地势最低。起初有一座城堡作为帝国采邑赐予阿尔贝蒂（Alberti）伯爵，后来腓特烈在该堡的基础上修建了这处堡垒综合体，增加了两座塔楼，如今这座堡垒甚至被称为"帝王之堡"（Castello dell'Imperatore）。在文献中该堡垒多次被称为"帝王行宫"（palatium imperatoris）。值得注意的是，在有八座塔楼的普拉托城堡的西北角有一座精美的仿古大门，其优美的外形与同样有八座塔楼的蒙特城堡大门极为相似：三角形的山墙，柱上楣构下部也有半露柱，并且在钩状门拱下方，仿古式叶状柱头支撑的檐口左右两边各蹲着一头雄狮。不过人们从普拉托城堡绿白相间的大理石块中还能感受到一丝比萨地区的罗马建筑风格。同样值得注意的是，蒙特城堡和普拉托城堡这两座外表看上去宏伟的建筑都没能体现出抵抗敌军长期包围的防御性建筑所应有的价值，它们的价值在于展示功能。腓特烈二世的两个儿子恩齐奥和安条克的腓特烈（Friedrich von Antiochia）在普拉托城堡中履行统治者职责，他们主要担任托斯卡纳的帝国总代政（Generalvikar）。距普拉托城堡不远的数千米处，在紧邻阿诺河南岸的一处开阔地上还建有德意志圣米尼亚托城堡（San Miniato al Tedesco），这座城堡在数世纪前的皇帝行宫基础上建成，也是皇帝代理者的驻地。

腓特烈还通过扩建和新修海边要塞来保卫海岸和港口，例如在意大利东海岸有特拉尼（Trani）、巴里、巴列塔（Barletta）、布林迪西和奥特朗托（Otranto），在西海岸有那不勒斯和加埃塔。叙拉古的马尼亚切城堡（Castel Maniace）、奥古斯塔全新的建筑群以及八座塔楼的极具威慑力的卡塔尼亚乌尔西诺城堡（Castel Ursino）守护着西西里岛的东岸。这些要塞不只是用来防备可能从海上进攻的穆斯林和海盗，还用来抵御当时最强大的海军的劫掠。我们在下文还会谈到这一点。上文提到的王国境内的所有这些城堡并非逐一建造。在最受威胁的1239年和1240年间，墨西拿、卡塔尼亚、伦蒂尼（Lentini）、卡尔塔吉罗内（Caltagirone）、奥古斯塔和叙拉古同时开始建造城堡，一年之后，也就是1241年，在切尔维亚（Cervia）、法恩扎、切塞纳和贝尔蒂诺罗（Bertinoro）又开始动工。城堡网络是腓特烈帝国陆军、海军、要塞组成的三位一体军事组织的一部分。无论是这

帝王之门：腓特烈十分看重普拉托城堡西北角一座有帝王气派的大门的造型。这座仿古大门十分精美，有三角形的山墙，柱上楣构下方是半露柱，与同样有八座塔楼的蒙特城堡大门外形相似

腓特烈二世的城堡网络（书中地图系原文插图）

些岩石见证者，还是皇帝的书信、命令和诏书，都可以向我们讲述腓特烈对安全的全方位追求。[7]

20 世纪初，中世纪学者、标杆式的领袖、罗马的普鲁士历史研究所所长保罗·弗里多林·凯尔（Paul Fridolin Kehr，1860—1944）成功利用了德皇威廉二世的兴致。凯尔设法说服了这位醉心于施陶芬王朝的霍亨索伦王朝皇帝，让他意识到现在急需认识、测绘、深入研究目前仍研究不足的南意大利城堡。1905—1915 年间，两位建筑和艺术史学家阿图尔·哈泽洛夫和马丁·瓦克纳格尔骑着骡子，挎着相机，穿越了过去几乎无人探索的阿普利亚、卡拉布里亚、巴西利卡塔地区。在这片现代化基本未渗入的土地上，他们记录了中世纪防御工事的遗迹。他们拍摄的照片让人觉得施陶芬和安茹的时代似乎才刚刚过去。今天的城堡研究者也很难再找回当时二人所获得的感受。瓦克纳格尔曾记下他刚到罗卡因佩里亚莱（Rocca Imperiale）——"帝王堡垒"，腓特烈二世在 13 世纪 20 年代扩建的重要城堡——时的情形：

"当我到达罗卡因佩里亚莱时正值午间。车站差不多紧邻海边，被一座外形类似城堡的高大塔楼所掩护，四周围绕着一些房屋。但据我估计，要到达堡垒所在的地方需要从海边往内陆再走一小时。我在小火车站旁的一间餐厅暂时落脚；一位顶呱呱的胖老店主笑容可掬地告诉我，他刚让厨子为他做好了一锅墨鱼汁意大利面，我马上可以同他分享。因为我不想等着坐傍晚的邮政马车，他还带我去找几名在货仓屋檐下消磨时光的赶骡人，说服他们在睡饱了午觉后捎上我和我的行李，把我带到上面的城堡村镇去——只消'两支香烟'即可，这是当地描述'小费'的常用说法。"这里谈到的高大的塔楼是一座 16 世纪的海岸守卫塔。如今它俯瞰着一片带有砾石滩的浴场：罗卡因佩里亚莱海滩。城堡本身则离塔楼有 4 千米远，腓特烈统治时代结束后它也被一再加固，在 17 世纪甚至成功抵御了土耳其人的进攻。为了到达那里，瓦克纳格尔必须首先补充体力。

"在这当口，意大利面端了上来，我们一边吃，一边谈论着新意大利王国的政治状况和旧那不勒斯王国的种种好处；浓郁的卡拉布里亚葡萄酒和午后令人窒息的闷热开始起效，最终，谈话尚未结束，我们却一个接一个靠在桌旁睡去。此刻在火车站周围，除了几只饥肠辘辘的苍蝇，许久没有任何活物的动静。在这片南方的土地上，一切都沉入了那夏日午间神圣的寂静中，人与动物都是平等的。"[8] 除了与腓特烈城堡相关的信息，我们还了解到，那不勒斯王国在百姓的记忆中一直是重要的参考系。人们还听说，当南方那光芒跳动的太阳挥舞着它的权杖时，没有人能够违抗它的命令——在评价社会状况和政治行为时这并非微不足道的因素：灼热或严寒可能会影响历史进程。又或者，正如兰佩杜萨所言：南方的太阳是真正"事实上的统治者：那残暴的、没有人性的太阳，令人发昏、麻痹人的太阳，它摧毁了个人意志，将万物奴役得动弹不得，它在庞大的梦境中、在暴行中恣意玩弄世间万物，这梦境与暴行同样独断专行"。在"隐秘的外省腹地"，哈泽洛夫和瓦克纳格尔成功获得了一份前无古人的影像资料，让人们可以首次系统研究高水平的建筑文物。

为了对南意大利城堡做基础研究，中世纪史学者爱德华·斯塔默尔（1883—1938）从腓特烈二世及其继任者颁布的诏书的总目和其他大量文献中整理出了宝贵的证据。其中一些卷目已出版，但是要想系统整理这些成果，以做进一步研究，人们还需要走很长的路。这一方面

献身科学： 20 世纪初，阿图尔·哈泽洛夫和马丁·瓦克纳格尔探索研究了南意大利的一批城堡。他们的工作可能会危及生命，有时他们需要在令人眩晕的高度研究建筑细节。当时用来保护勇敢的瓦克纳格尔的绳索可能很难防止他跌落。所幸的是一切平安无事

是因为在 20 世纪上半叶，政治领域的动荡使研究工作停滞不前，而另一方面则取决于斯塔默尔这样的研究者的生存状况。第一次世界大战前，斯塔默尔在罗马普鲁士历史研究所成功谋得职位，但由于 1915 年战争爆发，他失去了这份工作。停战协议签订后，斯塔默尔在柏林的普鲁士科学院获得了档案及图书管理员职位，但在 20 世纪 20 至 30 年代这段时间里，他常常需要想办法向普鲁士科技部申请特别假期以便赴意大利做研究，并且每次他都需要手持"舍内贝格区（Schöneberg）警察总局开具的一份出境许可、一份赴意大利的入境签证和德国与奥地利之间一次往返的签证"。当他终于来到那不勒斯的城市档案馆后，他已经错失了宝贵的时间，因为腓特烈二世的文书总目被锁了起来，而掌管钥匙的里卡多·菲兰杰里（Ricardo Filangieri）伯爵恰好不在，斯塔默尔在 1931 年 5 月 12 日的日记中记载了此事。于是他就用别的活动来打发时间，去吃了他最喜爱的那不勒斯菜：比萨饼和海鲜汤。第二天，斯塔默尔前去拜访意大利哲学家贝内戴托·克罗齐（1866—1952），克罗齐向他抱怨"我们这个时代在精神上懒散而漫无目的"。一年后，为了获得关于腓特烈二世的文献，斯塔默尔在布林迪西又要同其他力量搏斗。1932 年 4 月 6 日，他在日记中写道："我刚度过了一个可怕的夜晚：西洛可风、叮人的蚊虫、'跳蚤堆'，魔鬼化为三种模样，就想让我不得安宁；现在我像散了架一般。"爱德华·斯塔默尔与魔鬼搏斗，最终凭借个人的巨大努力在南意大利收集到了关于城堡的无比珍贵的资料，与腓特烈二世有关的资料也在其中。[9] 腓特烈的那些城堡并非都是由他自己重建的。在统治初期，皇帝腓特烈不得不收归一部分诺曼王室的防御设施，例如国王威廉二世时代的城堡，置于皇权控制之下，因为大部分现存城堡在腓特烈未成年时以及他离开西西里期间落入了当地贵族之手。男爵手中的城堡明确表现了他们的高傲自大，也意味着他们限制了国王的最高军事权力。

这样一来，腓特烈 1220 年从德意志返回后做的第一件事就不那么令人惊讶了：在《卡普亚法令》的框架下，他颁布了名为《新建城堡拆除法》（De novis edificiis deruendis）的法律。也就是说，新加冕的皇帝不仅要求索回之前脱离自己控制的全部地产，还下令拆除或没收过去数十年里私自修建的所有城堡和防御设施。1189年以后兴建但不属于皇帝的那些防御设施，无一例外，全都必须拆除，或者回到1189年以前的状态。此外，腓特烈原则上禁止男爵再新建城堡。

但是宫中一些有势力的人想方设法从腓特烈那里取得了豁免权。例如圣日耳曼诺城——我们从来自本城的著名编年史作家那儿得知——1224年夏季开始拆除城墙，这时有两位深受腓特烈敬重的宫廷大法官前去面见腓特烈，他们叫彼得和罗弗雷德。这两位教友被冠以圣日耳曼诺市民之名，但实际上是以个人名义来与腓特烈交涉。他们巧妙地辩称，该城居民一直忠于统治者，若是他们能拥有完好的城墙，将会为腓特烈带来最大利益。腓特烈也理解这一点，于是命令宫廷大法官莫拉的亨利撤销拆除令。[10]

腓特烈占有城堡的方式同样显示出其政治上的敏锐洞察力，他坚决强硬的态度也令人瞠目结舌。如果有封臣拒绝交出城堡，那此人将感受到这项法律执行起来毫不手软。举一个例子：切拉诺伯爵托马斯不愿交出战略地位极为重要的切拉诺、奥温多利（Ovindoli）以及罗卡曼多尔菲（Roccamandolfi）等城堡。于是腓特烈派出军队，于1222年包围了伯爵的城堡，占领了其中几座；伯爵则十分勇武地抵抗，又夺回了几座。后来双方意图和解，一年后达成协议，切拉诺的托马斯应当让出城堡，并且离开这片土地，他的妻子则可以保留莫利塞（Molise）伯爵领。腓特烈一获得上述城堡即撕毁协议，命令宫廷大法官莫拉的亨利传唤伯爵。伯爵没有现身，这样就给皇帝落下期待已久的口实，莫利塞伯爵领被收归皇室所有。切拉诺的托马斯失去了所有，而腓特烈则得到了他想要的一切。除此之外，腓特烈还借此事清算了个人的陈年旧怨，因为托马斯与其父切拉诺的彼得在1210年时已经是皇帝奥托四世的得力助手，腓特烈并未忘记此事。

以这种或其他方式赢得的城堡，作为西西里王国军事组织的组成部分隶属于腓特烈。腓特烈任命了一种新侍臣负责管理城堡，并且为了有效地保卫领土，他还改造了一种业已存在的职能。这一新侍臣职位叫“城堡代管”（provisor castrorum），由腓特烈设立以承担管理城堡的职责。代管在特定区域内对城堡内的武器、粮草和相应的人员具有监管权，必要的时候他甚至可以自主调动城堡内人员，后来他甚至要支付军饷。一切情况都要准确记录下来，并交由宫廷审查。城堡本身则由城堡主掌管。这一职位虽然自诺曼人时代就已存在，但1231年腓特烈的《梅尔菲宪章》才专门对其服务职能做了更具体的规定。根据规定，城堡主只有当获得明确的指令时才允许在城堡外携带武器。同样城堡内的其他人也只能在不携带武器的情况下外出，并且不得有四人以上同行。总体而言，腓特烈统治时期在城堡人员管理方面呈现出某种"官僚化"的形态。端坐于国王城堡中的高傲男爵（这些人一再证明自己并不是城堡主这一职位可靠的候选人）越来越少，而皇帝挑选的殷勤的忠仆则越来越多。于是，封建关系得到重组，偏向于一种侍臣体系。[11]

在皇帝腓特烈大兴土木的过程中，逐渐发展出一种新的城堡建筑风格。大部分城堡有一个石制的矩形或多边形结构，在每个角上附有巨大的塔楼，构成大范围可见的建筑主体。环绕在城堡周围厚达数米的城墙使外人难以进入城堡。建筑内部采用了不同类型的装饰，穹顶上和房间内的门窗装饰得十分富丽。人们完全有理由将这批南意大利施陶芬时期的城堡看作普鲁士的条顿骑士团各城堡的样板，只不过这些骑士团城堡不是为了一个家族，而是为了一个男性组成的骑士团体而建造的。由于人们仅为这些城堡设计了防御功能，因此城堡结构呈现出最大程度的数学般的简洁以及军事上的便利特征。然而要修建这么多的城堡需要金钱，甚至是大量金钱。皇帝同样知道该怎么解决这个问题。他用于修建城堡、豢养常驻军队、维护管理机构运转的大部分经费是通过控制贸易获得的，为此他自己组建了一支舰队，配备有新式港口和造船设施。于是从1231年开始，那不勒斯、布林迪西、尼科泰拉（Nicotera）、墨西拿成为拥有特权的中转站，这些城市通过赋税和关税获得了大量财政收入，这些钱可供修建城堡。同年，皇帝下令在西西里东海岸建立奥古斯塔城，这样就诞生了一处新港口、一座新城堡、一片全新的聚居区。

没过几年，腓特烈就用这种方式将整个南意大利变成了一座自成一体的坚固堡垒，堡垒通向海洋和其他陆地的出口可以随时关闭，随时能得到保护。或许持续的焦虑感可以解释为什么腓特烈修建了数百座城堡，却只建造了一座教堂。阿普利亚的阿尔塔穆拉（Altamura）有唯一由腓特烈二世资助修建的教堂。这座教堂建于 1232 年，供奉的是圣母马利亚。该教堂享有豁免权（exemt），也就是说，它在法律上不隶属于主教区或大主教区，而是直属于罗马教廷。腓特烈可以根据自己的意愿任命教堂最高等级的神职人员，这样做显然会影响与附近格拉维纳（Gravina）主教区的关系。除了建造教堂，腓特烈还设法通过行政指令来扩张聚居区，扩建城市的费用则由邻近的城镇负担。

腓特烈想要拥有如此多的城堡，不仅是为了抵御内外敌人，还有其他动机。与其先辈和继任者一样，腓特烈通过巡游的方式统治帝国。在从这座城堡奔赴下一座城堡的旅途中，或者在坚固的塔楼、猎苑、行宫内，腓特烈会思考和商讨重大的政策，这些政策的重要性等同于在都城做出的决策。接下来，我们要探讨最重要的一座都城：福贾。

享受统治权：都城福贾

无论是在穆斯林的埃米尔和谢赫统治时期，还是在诺曼人王朝，西西里君主都常驻巴勒莫。现在需要做出改变了。腓特烈二世治下的巴勒莫不再是那个受到国王偏爱的驻地，它因此失去了权力中心的地位。剥夺巴勒莫的国王驻地及首都职能无疑是在削弱巴勒莫城的威望，但令人惊讶的是，后世在追忆腓特烈时并没有因为此事而记恨这位帝王。究竟是什么促使腓特烈向北迁都，对此我们只能猜测。难道是因为巴勒莫偏居扩大后的帝国一隅？是不是巴勒莫距离意大利北方这块棘手之地乃至距离德意志都过于遥远？或者腓特烈只是想将都城设在一处狩猎资源丰富的地方？这一点我们不得而知。我们只知道，随着时间一天天过去，福贾逐渐成为皇帝在西西里王国境内最喜爱的都城——当然它并没有获得现代意义上行政当局所在地的首都城市地位。

如果人们根据皇帝腓特烈巡游的行程记录来比较其在各地停留的频率和时长，会很容易发现皇帝对福贾的偏爱：从 1221 年到去世那一年这 30 年时间里，皇帝来过福贾将近 40 次，几乎每年如一，有些年份甚至来过不止一次。皇帝去其他地方的频率远不如福贾：卡普亚 18 次，梅尔菲 14 次，而他成长的地方巴勒莫则去过 16 次，当然每次停留的时间比较久。

即使是最忠实于皇帝的意大利北部城市克雷莫纳，皇帝也只去过 22 次，这完全无法与福贾相提并论。在帝国北部，皇帝最喜爱去的明显是位于阿尔萨斯地区的施陶芬行宫阿格诺，他曾在那里待过 22 次。其他重要的德意志城市有去过 15 次的纽伦堡，以及各去过 13 次的施派尔和奥格斯堡。在皇帝选择福贾作为自己最喜爱的驻地以前，这座城市并没有充当都城的传统，过去它一直只是无足轻重的小地方。皇帝死后，这座城市再次沦落到这番境地。但在皇帝去世之前 30 年里，福贾一直是施陶芬王朝在西西里王国的统治中心。皇帝很有可能在这里以及卡皮塔纳塔的其他地方度过一年中最寒冷的几个月。到了夏天，皇帝则会居住在不那么炎热的地方，那里也离阿普利亚平原不远。[12]

1223 年，在腓特烈第一次到达阿普利亚地区两年后，他开始按照建筑师福贾的巴尔托洛梅奥（Bartolomeo da Foggia）的规划在福贾修建新宫殿。到了 1225 年，宫殿应该已基本完工。这座装饰豪华的宫殿如今已不复存在。多次破坏最终使它灰飞烟灭，其中最严重的几次灾难是 1731 年大地震、1898 年城市档案馆火灾以及最后 1943 年同盟国的轰炸。很可惜，对腓特烈的这处宫殿，我们只有一些模糊的认识，源于地震发生前绘制的地图集。意大利建筑史学家通过评估书面及考古证据认为，这座宫殿的占地面积非常大。它点缀有花园、喷泉和雕塑，它的内部由内衬有昂贵大理石的宽阔大厅构成，旁边是宫廷马厩和贮藏室。立柱也算是豪华的石制装饰品，部分石柱是用一种名叫"辉绿岩"（Verde antico）的淡绿色石料凿成。喷泉、大理石狮子像、雕塑——这一切都将宫殿布置得像童话世界一般。腓特烈的内兄康沃尔的理查结束十字军东征后于 1241 年来此地休养时，被深深震撼。消息通过理查之口从宫殿传到了英格兰，被巴黎的马修所作的编年史记载下来。理查的妹妹、腓特烈的第三任妻子伊莎贝拉，于 1241 年在这座宫殿中逝世。

两份主要文献记录了这座腓特烈都城的一些信息。一份是 16 世纪的福贾风景画，此画直到 1973 年才发现于罗马安吉莉卡图书馆（Biblioteca Angelica）。从这幅自南向北鸟瞰的图上看，整座城市被一圈城墙围住，而在东面有一座带有附属设施的宏伟建筑，图注称其为"皇帝费德里科二世之宫"（Palazzo di Federico Imperadòr 2）。第二份信息详实的文献线索则应归功于教士乔万尼·巴蒂斯塔·帕奇切利（Giovanni Battista Pacichelli，1641—1702）阁下。18 世纪初，这位插画师受西西里国王的委托，用散点透视法绘制了王国境内的各个城市。这些图直到画家死后的 1703 年才发表于《透视中的那不勒斯王国十二省》（Il Regno di Napoli in prospettiva diviso in dodici provincie）一书中。这些城市图中也有福贾的风景画，上面有一座建筑清晰可见——标注名称为"皇帝费德里科之家"［Casa di Fed(eric)o Imp(erador)e］。在大地震前不久，这座建筑肯定还存在，保留了昔日皇宫的绝大部分建筑结构。

　　曾经如此华丽的腓特烈福贾宫殿，如今只有一道正门和一段铭文保存下来，这两件遗物是福贾城市博物馆一面侧壁的组成部分。正门极有可能从未离开它最初的位置，它高约 7.5 米，宽约 3 米，包含一个有精美叶形装饰的拱顶，拱顶由两个雄鹰形状的柱头支撑。铭文有五行文字，给出了宫殿的动工时间：1223 年 6 月。铭文中也提到了腓特烈二世的在位时间和任皇帝的时间，还谈到了首席建筑师巴尔托洛梅奥设计这座宫殿和监工的事。铭文的结尾写道："为了使国王的城市福贾成为荣耀的帝王都城，皇帝腓特烈下令建造这座宫殿。"腓特烈二世对福贾和卡皮塔纳塔的偏爱之情尤为强烈。他牵挂着这片地方。腓特烈与教会决裂后，这座城市的大门曾一度向他紧闭，也许他曾深为苦痛地诉说道："福贾啊，我的双手造就了你，而你却为何逃避我？"喜欢将纷繁的命运浓缩起来的费迪南德·格雷戈罗维乌斯曾在拱门前发表了一番激情澎湃的言论："面对施陶芬王朝头号天才帝王曾多次居住的皇宫这片最后的残骸，每一个德意志人都会怀着最深的激动，沉湎于他那志在四海的帝王气概，他们仿佛能看到皇帝正与他信任的大文书长维尼亚的彼得罗共商对付意大利归尔甫党人（Guelfen）和罗马教廷的大计。"只可惜，即使是最深的激动之情，也同腓特烈这座华丽的宫殿一般，早已消失不见。[13]

衍生统治权：卡普亚桥头堡

　　1266 年 1 月，法国国王圣路易的弟弟安茹的查理从罗马出发，去武力抢夺腓特烈二世之子曼弗雷德的西西里王国，当时随行的有他的家族神父匈牙利的安德烈亚斯（Andreas von Ungarn）。这名细心的男子就像通信员一样传达作战情况和主人取得的光荣胜利，然而他的记叙也传达了意想不到的细节。他带着一丝赞叹之情谈到了对手的父亲。当安德烈亚斯随查理的军队从罗马向南进发，来到卡普亚时，突然在卡西利纳大道（Via Casilina）与阿庇亚大

腓特烈王国的入口：这座带有"会说话的雕塑"的桥头堡建于 1234—1239 年间。现在的模型是根据安德烈亚·马里亚诺（Andrea Mariano）1928 年的复原图制成的，也参考了更早的图纸

道（Via Appia）交会处看到了一座宏伟的门楼，守护着一座横跨蜿蜒流淌的沃尔图诺河的古老罗马桥。安德烈亚斯记录道："此处有一座桥，昔日曼弗雷德的父亲腓特烈享有帝王的荣耀时，曾花费两万盎司纯金，在桥头修建了两座大得惊人、无比壮观的塔楼。为了让自己永垂不朽，腓特烈在这两座塔楼上刻了自己的石像：他伸出双臂，一只手的两根手指举起，好像在提醒着什么，他张口仿佛惊雷，似乎在发出傲慢的威胁，因为有几行诗句镌刻在旁，恐吓着策马经过之人以及读到这些诗句之人：'帝王命我守卫王国 / 我将令意志不坚者蒙羞 / 若想一生问心无愧，请你安然策马走过 / 不忠之徒则当受到放逐，在囚牢中死亡。'"这些是皇帝借正义女神之口明确说出的话语。[14]

　　这座带有"会说话的雕塑"的桥头堡令人印象深刻，它建于 1234—1239 年间。它由两座圆柱形塔楼组成，塔楼彼此相对的两面趋于平坦，形成了一条通向桥梁的通道。1239 年 11 月，皇帝命令负责工程建设的奇卡拉的尼科洛（Niccolo da Ciccala）亲自征集盖塔楼顶部所需的资金，并从卡普亚的城堡主那里索取大理石。两座塔之间建起了一道连接墙，墙朝向城市入口的那一面有一组三层楼高的雕塑结构。墙的下部拱门上方有三座圆形浮雕，其中两座是两位法官，可能是维尼亚的彼得罗和苏埃萨的塔

复制品的复制品： 在那不勒斯宫廷史学家弗朗切斯科·达尼埃莱（Francesco Daniele，他曾让人绘制棺材中皇帝腓特烈的遗体图像）的建议下，雕塑家托马索·索拉里（Tommaso Solari）在 1779 年前根据卡普亚帝王头像原件制作了一件复制品，1943 年这件复制品被毁。后来的各种腓特烈头像的石膏和陶土制复制品依照的都是索拉里的这件复制品，它们分布在那不勒斯、卡普亚、格平根（Göppingen）和安魏勒等地，还有一件刻有头像的宝石归历史学家弗里德里希·冯·劳默（Friedrich von Raumer）所有。这幅图片中展示的复制品现存于卡普亚，上面的铜绿色是后来形成的。原始的帝王头像在复制的过程中经历了多少次外形上的削减和添加，如今尚有争议

德乌斯；而位于拱门正上方的雕塑，一尊巨大的女性头像，则表现了"帝王的正义"这一主题。在这些雕塑上方还有三处拱形壁龛，其中左右两边各有一座雕像，位居中间的则是皇帝本人威严的塑像。这座帝王像头戴锯齿形冠，手持权杖和帝国金苹果，无论是在建筑结构还是图像表现方面，帝王像都是整个雕塑群的中心。这些塑像上方原本还有一圈雕塑，只是如今已无法辨认外形。

这组建筑雕塑如今只有一部分保存下来，它们是一种政治宣告，将帝王的精神和严格的正义形象化。这些雕塑明确告诉每个踏上王国第一大都市的旅人，王国的主人是谁。建筑雕塑是刻入岩石的正义理念的化身，而正义则出自帝王，腓特烈曾于 1231 年通过《奥古斯都法典》将正义带向人间。帝王以可见的正义传道者、执行者、守护者的形象现身于世人面前。作为正义的唯一来源、尘世间活着的律法之象征，腓特烈不仅在羊皮纸和金币上，还在大理石上效仿那位曾为世界带来正义的和平时光之人：奥古斯都。如同在货币和印玺上那样，以雕塑的形式效仿奥古斯都的君权（应当从帝王身份而非个人这一角度来理解），这一做法不再为个人特质留有存在空间，因为此处的重点是要展示一种理念而非个人特质。自卡

尔·阿诺尔德·威廉森（Carl Arnold Willemsen，1902—1986）始，人们普遍认为这批建筑雕塑受到了腓特烈本人的强烈影响。然而我们并不清楚这位皇帝是否只是将自己的统治设想与建筑联系在一起，还是他的确亲自绘制过建筑图样或草图。

在恩斯特·康特洛维茨的解读中，这座桥头堡"是在美化腓特烈和国家的形象"。阿诺尔德·埃施则称其为"腓特烈王国及其法制体系令人生畏的庄严图像"。后来有许多建筑效仿了它的样式。它所确立的统治者形象标准被安茹王朝所吸收，并一直流传至阿拉贡王朝。在那不勒斯新城堡（Castel Nuovo）入口处两座高大塔楼间的大理石立面上，凯旋主题浮雕体现了这座桥头堡的影响。除此之外，14 世纪帕勒建筑工人行会（Parlerbauhütte）在伏尔塔瓦河岸的布拉格老城区所修建的桥头堡外形也类似卡普亚桥头堡，该桥头堡源于查理四世的倡议，上面塑有头戴冠冕的皇帝查理四世的形象。[15]

皇帝腓特烈二世的塑像，卡普亚桥头堡上的雕像核心，是中世纪帝王造像划时代的作品。古代晚期之后，人们第一次可以以纪念碑般的三维肖像形式在记忆中再现一位同时代人的形象。这座塑像对后世表现统治者和教宗形象的艺术产生了多种影响。13 世纪的新艺术发展与有意识地接受古典文化以及艺术表现理念的转向（这一转向可以追溯到 12 世纪甚至是 11 世纪末）密切相关。自基督教时代早期起就受到排斥的纪念个人的艺术作品此时又慢慢得到认可，成为表现历史模范人物的手段，这样一来，这些作品就被视为有教化意义且兼具社会价值的艺术创作典范。罗马共和国时期造像的典范之作在这个时代重现生机，它们有别于古代晚期用于帝王崇拜的塑像。法学家、历史学家以及以《罗马珍奇录》（*Mirabilia urbis Romae*）之名著称于世的一批文献的作者促使人们重估古代艺术。11 世纪末以后甚至有各式再利用的旧建筑石料（Spolien）参与构建个人记忆。直到这座卡普亚纪念物建成 40 年后，才诞生了同样有纪念性质的教宗塑像。[16]

岁月渐渐磨蚀了这座桥头堡。腓特烈统治时代结束后的一个半世纪里，这座桥头堡依然光彩夺目。来自卡普亚附近的公证员及朝圣者马尔托

尼的尼科洛（Niccolò da Martoni）曾意图于 1394 年和 1395 年前往圣地，
不料当时的混乱局势迫使他去了雅典，他认为，建造雅典卫城山门的大理
石与皇帝腓特烈二世用来建造卡普亚桥头堡的大理石一样精美。又过了一
个半世纪，腓特烈桥头堡开始了漫长的死亡过程。首先在 1557 年，西班
牙城堡建筑工为卡普亚修建现代风格的要塞时曾拆除了建筑的大部分。这
一时期也诞生了今天依然守卫这座城市的城堡。两个半世纪后，法国革命
军又摧毁了这座建筑昔日的华丽装饰仅存的部分。最后在 1943 年，美国
人的炮弹毁掉了塔楼和桥梁。如今在原址上仅剩两座布满钙华的基座，基
座上有数米高的灰色凝灰岩残余墙体。人们在战后又仿照旧时的样式，用
混凝土重新建造了罗马古桥。只有历史迷才知道，在这里耸立过一座建
筑，曾深深地打动匈牙利神父，又曾被马尔托尼拿来与雅典卫城山门做对
比。如今的卡普亚变成了一座僻静而贫穷的小城，集市上有一家烟草摊在
售卖这座城市被战争摧毁之前的照片。如果有人在当地的文化协会"支持
本地"（Pro Loco，一个集游客中心、借书处及官方办公室为一体的组织）

今天的卡普亚桥头堡和古桥

打听腓特烈的桥头堡，那他就会被他们看作"行家"和这座城市的朋友，他们会将他的名字登记到来宾簿中。桥头堡目前仅存少量装饰性雕塑，其中就有一尊从中间断成两半的帝王雕像的躯干部分，还有一些头像和狮子像的残骸，它们都保存在坎帕诺博物馆（Museo Campano）。在那里它们只能唤醒人们些许细微的感受，即那面豪奢的墙在过去曾多么雄伟壮观。

　　关于皇帝腓特烈在位时期的建筑活动，总体上可以肯定的是，若是没有腓特烈和他的建筑，没有蒙特城堡、卡普亚桥头堡，没有他建造的那些堡垒和宫殿，我们将无法想象文艺复兴时期那一系列伟大作品的诞生。西西里的那不勒斯新城堡那座著名的凯旋门、卡塞塔韦基亚（Caserta-Vecchia）的宫殿以及穆索梅利（Mussomeli）的城堡在风格上都属于腓特烈建筑的传统。修建这些建筑的最初目的是要维护统治，但耗费了大量的物资和精力，最后完全没有产生效用。不过，若是为了数个世纪的时间里对腓特烈统治时代的记忆，动用这一切资源又是值得的。

　　与之相反，帝国北部发展出了一种完全不同的建筑艺术。以始建于1209 年的马格德堡大教堂为开端，发源于法国的哥特风格在北方站稳了脚跟。这些直入云霄的全新大教堂是世界变革，尤其是主教在地方上的新式统治权的一种表达。而在意大利，人们全然不想看到这种野蛮人的"哥特元素"，人们直接忽视了这种风格。腓特烈也是这样做的。当费迪南德·格雷戈罗维乌斯在 19 世纪中叶评价腓特烈二世在建筑上的成就时，他的头脑中也许正想着自己深受哥特风格影响的故乡。他在《意大利漫游时代》（Wanderjahre in Italien）中写道："至少在谈到建筑之美及其丰富程度时，诺曼时代是西西里最为光辉灿烂的时代，如今我们在巴勒莫看到的所有杰出的建筑都是诺曼人的纪念碑，因为施瓦本人没能为这里增添任何重人的东西，甚至皇帝腓特烈本人也没有做到。"[17]

第二部

激　情

第 7 章

情　人

腓特烈与女性

　　腓特烈是一个情种。他一生中曾与多名女士擦出激情的火花，其中13 人的情况我们之所以能得知，皆因腓特烈与她们都育有子女。若是人们在这一基础上再保守地加上一些与腓特烈相恋却未能开花结果的女性，那人们就能够设想，曾与皇帝腓特烈同床共枕的恋人数量有多么可观。除此之外，为了解闷，腓特烈还沉湎于"典雅爱情"（Minne），即对身份高贵的美貌妇人的迷恋。当时的骑士虽然在对这些贵妇的歌颂中日渐憔悴，但他们并不能真正将她们拥入怀中热吻。至少在青年时代，除了统治者身份，腓特烈的外貌也为他的吸引力加了分。1207 年左右的一段文字这样写道："他的面容俊美，极富魅力，前额光洁，双目炯炯有神，流露出快活的情绪，单是看着他就让人心生愉悦。"甚至对腓特烈素来评价不高的萨林贝内也不得不承认这位统治者"是一位美男子，身形优美，体态适中"。腓特烈一生无论在何处停留，总有贵族妇女的心儿迷失在他那"炯炯有神的双目流露出的快活情绪"中。从这些或多或少有些短命的情事，无论是婚姻关系还是婚外情中，我们可以看到一种数十年来反复出现的行为模式。[1]

　　腓特烈作为情种的名声要早于唐璜这一文学形象，在人们的记忆中留下了广泛的印记。有两则例子可以形象地说明这一点。14 世纪中叶乔万尼·薄伽丘在小说集《十日谈》第五日的第六则小说中将腓特烈拈花惹草的喜好加工成了一则趣味故事。他甚至安排其中一个场景发生在巴勒莫宏伟的库巴王宫。这则故事是这样的：在那不勒斯附近有一位名叫莱斯蒂杜达的少女被西西里水手劫走。这几名水手无法确定这名少女应当属于谁，于是决定"将她献给西西里国王腓特烈，因为这位国王正当青春年少，喜好美貌的女子。于是他们立刻动身前往巴勒莫，依照计划行事。当国王看到姑娘这般美貌，立刻欢喜不已。但国王目前身体有些不适，就命人将姑娘安顿在王家花园中央一座叫'库巴'的华美住宅中，好生服侍，直到自己身体完全康复，侍从立即照办"。[2]

　　然而姑娘有一位倾慕者，他寻找她，最终找到了她，想方设法要把她救出来。他来到库巴宫后与恋人紧紧相拥，没有立刻和姑娘一同逃走。他们被国王腓特烈逮个正着，国王"不禁勃然大怒，恨不得亲手拿起匕首将这两人就地宰了"。但后来国王认为"将他们当众在火刑柱上烧死"更为妥当。他们背靠背被拴在柴火堆上时，幸而有国王的海军元帅出手相救。国王认识到自己不公正，于是这件事有了童话般的和美结局。这则故事有两点十分有趣：第一，情种的名声牢牢印刻在腓特烈的身上，甚至一个世纪后，薄伽丘对此都有所耳闻，并将腓特烈的事迹写入作品。第二，在整个故事发展过程中，国王腓特烈并不是一个正面人物，他暴躁残忍的天性在这里扮演了重要的角色。这一点并不奇怪，因为在腓特烈死后数百年里，编年史作家、历史学家、诗人都对他评价不高——即使是面对他的桃色事件也是如此。这一点直到现代才从根本上改观。

　　然而在一则现代故事中，人们对腓特烈的那些风流韵事已不再像过去那样抓着不放，他们的态度更多的是佩服。来自西西里的侦探小说家安德里亚·卡米莱里（Andrea Camilleri，生于 1925 年）曾摇身一变，成为一名电台节目主持人，对"腓特烈二世"做了一次"不可能的采访"。在采访中他们也谈到了女性。"卡米莱里：'接下来，如果您允许的话，我们打算谈些安全的话题。所有的，我是说，无一例外，所有为您作传的人都将您写成了一个没有底线的浪荡公子。在这里我不得不引用一些话。'腓特烈：'说吧，说吧。'卡米莱里：'费拉拉的里科巴尔多（Riccobaldo da

Ferrara）说，腓特烈极爱与妇女同床共枕，所以他占有了一大群美艳妇人。伊莫拉的本韦努托（Benvenuto da Imola）说，腓特烈身边总是围绕着一大群美丽的年轻女子。'腓特烈：'我能不能问你一个问题？'卡米莱里：'尽管问，陛下。'腓特烈：'你是西西里人吗？'卡米莱里：'是的，陛下。'腓特烈（悄悄地）：'那么，我们西西里男人是怎么看待女人的？'卡米莱里：'这个嘛……虽说我现在算不上是年轻小伙了，不是吗……我，我也没什么可抱怨的……前不久还有一位年轻的德国女士……'腓特烈（打断他）：'哈，你看吧？你也一样！要是一个皇帝不如别的男人雄壮，那他还怎么统治西西里？他们肯定会瞧不上你，在他们眼里你就是个废物，一头没牙的老虎，有违上帝的恩典！'卡米莱里：'您难道不觉得您太夸张了吗？三位夫人。还有一大群年轻貌美的女人。两座后宫！'腓特烈：'三座。有一座是移动的。但你可别忘了，我的王国里可住着阿拉伯人！小伙子啊，这些后宫存在的意义就是为了骗骗这帮阿拉伯人！'"据此，"成为最雄壮的西西里男人"就变成一种政治成就，人们特别愿意看到腓特烈拥有这样的成就，也乐于将这一成就安在腓特烈头上，哪怕人们读到这段文字时免不了会心一笑。此处仿佛有一匹来自南欧的种马在嘶嘶地打着响鼻，直到今天，这等发情的嘶鸣还在给某位国家统治者带来乡亲们不低的认可。列侯纷争往往会演变为情场的较量，因为一个王国的力量不仅来自君主的军队，也会从君主的下体喷涌而出。路易十四和"强力王"奥古斯特（August der Starke）等君主的风流韵事显然也得到了特殊的记忆。[3]

　　从腓特烈时代起人们就对腓特烈的情事津津乐道，其原因有多种。首先，风流韵事直到今天依然有极高的娱乐价值。其次，一名"不公正的国王"、有失体面且没有统治资格的暴君原则上也应当是一个放荡者。正是由于这一点，曾有"卡诺莎之行"的皇帝亨利四世时常被敌对的萨克森编年史作家"目击"到与放荡的女子在帐篷中行淫，因为被革除教籍的统治者势必在各种问题上放荡不堪。但是后世必有一定的理由才会一直诽谤前人，否则流言蜚语无法持久。

　　我们从历史文献中能够找到关于腓特烈的 20 名子女的记载或信息；

但我们基本可以确定，腓特烈实际的子女数要更多。这些子女是腓特烈与三名正妻、九名情妇和可能的唯一真爱比安卡（Bianca）共同生育的。这20名子女中，有一些人的名字响亮动听，如布兰奇弗勒（Blanchefleur）、塞尔瓦吉娅（Selvaggia），而其余一些人的名字可能都源于同一个名字：如果将亨利（海因里希）看作海因茨的昵称，那么腓特烈的孩子中就有三个名叫海因茨。腓特烈会给孩子取这个名字，原本是因为亨利是萨利安-施陶芬家族的一个常用名，甚至可能是主要的家族常用名。腓特烈二世的父亲皇帝亨利六世也叫这个名字。后来腓特烈的长子亨利七世国王所生两个儿子也就是腓特烈的孙子中，一个也叫亨利；而另一个则叫弗里德里希。在中世纪，当姓氏的意义尚未体现之前，本名的意义在传统中比在现代更为重要。那么，这么多亨利究竟都是怎样的人呢？

第一位亨利是腓特烈的长子亨利七世。第二位亨利则是腓特烈与伊莎贝拉婚姻的结晶。这位亨利原名卡洛托（Carlotto），但在长子亨利去世后又改了名，这在中世纪并不鲜见。这位新任的亨利只比自己的父亲多活了几年。第三位名为海因茨，他名字的拉丁语形式是 Entius，意大利语形式 Enzo 或 Enzio 都是来自于此，他是腓特烈与初恋阿德尔海德旧情复燃的产物。此外，皇帝也将自己的本名腓特烈赐予了两个或三个儿子，而腓特烈和亨利一样也是施陶芬家族的常用名。"红胡子"腓特烈同样也给诸子改了名字，以将自己的名字传给他们。如此频繁地将亨利和腓特烈这两个名字传给后代，也折射出了帝王想要让家族常用名在父系支脉中传承不绝的迫切愿望。值得注意的是，腓特烈的儿子中没有哪位以腓特烈母系一脉的诺曼先祖罗杰或威廉之名命名。

关于腓特烈与妻子们的关系，我们要注意的是，虽说腓特烈都是根据大的政治原则来挑选妻子，但他后来很少将她们看作政治伙伴，只有他的第一任妻子例外。他不再让后两任妻子参与国家事务。这一点值得注意，因为在过去的数个世纪中，有一些统治者的妻子——人们能够想到的有奥托大帝的第二任妻子阿德尔海德、奥托二世的妻子狄奥凡诺（Theophanu）、皇帝亨利二世的妻子库尼贡德（Kunigunde）——曾扮演了极为重要的政治角色。这些女性统治者秉承着"配偶共治"（Consortium regni）理念，其中一些人被同时代的编年史作家以及自己的丈夫称为"统治伴侣"(Consors regni)。

腓特烈对"配偶共治"理念的看法全然不同,这一点从加冕程序上就能够看出。1212—1216 年,阿拉贡的康斯坦丝在西西里代表夫君摄政,她于 1220 年在罗马与腓特烈一起获得了皇冠。皇帝显然觉得为后来迎娶的妻子再举办一次加冕仪式有些多余。布列讷的伊莎贝拉(Isabella von Brienne)无须借助腓特烈的影响就已加冕为耶路撒冷女王,但她从未被加冕为西西里王后,遑论加冕为罗马皇后。至于英格兰的伊莎贝拉则根本没得到加冕,她的兄长英国国王亨利三世曾在 1239 年向妹夫抱怨,自己的妹妹从未公开戴上皇冠。皇帝在康斯坦丝之后迎娶的女士都会被立刻送到指定作为她们住所的城堡中,要想拜访她们必须获得皇帝的许可,即使是康沃尔的理查(1209—1272)这样的兄长也是如此。1241 年夏季,理查结束十字军东征,在返回故乡英国的途中曾打算去看望妹妹伊莎贝拉。有记载称,伊莎贝拉在婚礼结束后立刻从公众的视野中消失了。巴黎的马修称,皇帝将"皇后交由多名摩尔人太监和类似的老怪物照料",换言之:交给他们监视。正式成婚后,一待争取到了同盟,确定了遗产继承,明确了统治权利,像金丝雀一般被关在笼中的腓特烈妻子就只能看丈夫的脸色了。只要腓特烈的政治利益还与她们捆绑在一起,她们就是权力游戏中的木偶,一旦她们完成了使命,或者局势有变,她们很快就会变得无足轻重。"腓特烈身边没有女性安身立命的土壤",恩斯特·康特洛维茨如此阐述这一局面。但是缺失安身立命的土壤,与腓特烈对统治身份的理解,尤其与他的王后在统治中扮演的角色有直接的关系。腓特烈这样的情况看上去更像是一位南欧的部落首领与自己的女人的关系。

唯一的皇后:阿拉贡的康斯坦丝

腓特烈在八到十岁之间订婚,具体时间可能是 1202 年夏季之前。他未来的妻子名叫阿拉贡的桑查(Sancha von Aragón,1186—1215)。她是阿拉贡国王阿方索二世(卒于 1196 年)与其妻莱昂-卡斯蒂利亚的桑查(卒于 1208 年)所生的四个女儿之一。桑查的兄长正是好战的阿拉贡国王佩德罗二世（1196—1213 年在位），他在桑查与腓特烈订婚时统治着一个强大的王国。腓特烈的监护人英诺森三世促成了腓特烈与桑查的联姻。这场联姻并不像表面看上去那样无私，因为一旦与阿拉贡结亲，年轻的西西里国王的目光便会被引向西面，也就不会再关注意大利北方以及阿尔卑斯山以北的帝国。教宗们常常自认为是高明的媒人，出于政治目的，他们经常干预欧洲各国的婚姻问题。他们也多次插手腓特烈后来的婚事。由于这对未来的夫妇在订婚时还是孩子，因此新娘的母亲按照教宗的意思一同来到了西西里。这样做可能会造成一种怪异的局面：腓特烈的岳母可以以养母的身份严厉控制女婿。这个想法很美好：未来的罗马人皇帝会被一位卡斯蒂利亚贵妇玩弄于股掌之中。

1204 年底，腓特烈与桑查的婚约取消，但他并不能因此摆脱岳母桑查，因为人们又为他选定了桑查的大女儿康斯坦丝为妻。1204 年与 1205 年之交，十岁的腓特烈与阿拉贡的康斯坦丝订婚。这位未来的妻子至少要比他大十岁，她是 1204 年去世的匈牙利国王的遗孀，已育有一子，但孩子早夭，于是遭受命运打击的她离开了匈牙利，回到西班牙。然而在缔结婚姻时，年幼的腓特烈并未启程前往伊比利亚半岛。在新郎不在场的情况下，婚礼于 1208 年 10 月在萨拉戈萨举行。这种在前现代时期常见的婚礼形式需要一名代表来代替未来的新郎，这种形式叫作"代行婚礼"（per procurationem），在德语中有时被称作"手套婚礼"（Handschuhehe），因为全权代表要拿出新郎的一只手套作为信物。腓特烈第一次成婚时由马扎拉（Mazarra）主教代行婚礼。直到 1209 年 8 月，这对夫妻才双双来到巴勒莫完成了结婚仪式。这位新娘不仅经验丰富，还在同年夏季带了 500 名骑士到西西里给腓特烈作为结婚礼物，这样新郎便可以好好利用这支劲旅来巩固自己的统治。这支军队由新娘的兄弟普罗旺斯伯爵阿方索（1180—1209）指挥，但可惜到达巴勒莫后不久，军中就出现了大规模疫情，当时在大队人马中经常发生这种情况：一场传染病夺走了大部分阿拉贡战士的生命，他们的首领也一同离开了人世。

不过康斯坦丝之所以是出色的配偶，不仅仅是因为她带来的战士。她的教养根植于阿拉贡宫廷的文化氛围，阿拉贡宫廷是当时欧洲发展程度很高的宫廷，来自如今的法国南部的吟游诗人丰富了阿拉贡都城巴塞罗那和萨拉戈萨当地所培养的高雅诗歌艺术。诺曼国王治下的巴勒莫曾经也有精雕细琢的宫廷文化，然而来自德意志地区的军事势力将整个王国推向了混乱，当他们离去后，只留下一片废墟。在康斯坦丝及其随从的影响下，此时的巴勒莫宫廷获得了新的文化生机。1211 年，康斯坦丝为丈夫产下了第一个孩子，这也是她唯一的孩子，即长子亨利。我们在后文会继续讨论这名长子的悲剧命运。1212 年，腓特烈前往北方，康斯坦丝则留在巴勒莫担任摄政，代表丈夫处理西西里的国事。夫妻一别就是整整四年。1216 年，康斯坦丝带着年幼的儿子亨利追随丈夫来到德意志。她终于能够伴随丈夫左右，1220 年 11 月，她与腓特烈一同来到罗马，并加冕为皇后。

　　在经历了 13 年的婚姻生活后，1222 年 6 月 23 日，康斯坦丝在卡塔尼亚去世。她被埋葬在巴勒莫的一尊大理石棺椁中，这尊棺椁可能曾用于装殓一具男性遗体。棺椁有古典风格，上面的猎狮图案对一位女性亡者来说极不正常，这证明棺椁曾属于男性。在棺盖的左上角以及长边，我们能看到后人为康斯坦丝所刻的两行墓志铭。上面刻道：OBIIT CATANIE MCCXXII（1222 年逝于卡塔尼亚）。接着是一组以动人的个人口吻写的对句：SICANIE REGINA FVI CONSTANTIA CONIVNX / AVGVSTA HIC HABITO NVNC FEDERICE TVA（我曾是西西里王后康斯坦丝，也是妻子和皇后 / 如今我在此长眠，腓特烈，我属于你）。

　　然而腓特烈很早就表明自己并不仅仅属于康斯坦丝。1211—1212 年间，国王有了一个情人，我们不清楚她的名字，只知道她来自诺曼-西西里伯爵家族。这段婚外情为腓特烈带来了一个儿子：佩托拉诺的腓特烈（Friedrich von Pettorano，约 1212—1240）。腓特烈 1212 年因为赶赴北方而离开了这位西西里伯爵之女的怀抱，但他在北方立刻又投身新的情场历险。自 1213 年起，他与一位同自己年龄相仿的阿德尔海德相爱。我们在关于腓特烈童年的章节中已经讲到了这位施瓦本贵妇。阿德尔海德生于1194 年或 1195 年，是马拉诺（Marano）公爵、未来的斯波莱托公爵乌尔斯林根的康拉德之女。她的母亲姓名不详，出生后不久就离开了父母的腓特烈得到这位公爵夫人的照料。腓特烈如何接近这位童年的玩伴，两人又是如何发现还有别的游戏等待着他们，这一切只能想象了。这段关系同样带来了两个孩子。1215 年或 1216 年，阿德尔海德为腓特烈生了一个儿子，他们给孩子取名海因茨，意大利语名为 Enzio（恩齐奥）。1238 年底，腓特烈将他扶上撒丁的王位。1249 年撒丁与意大利北部城邦作战期间，恩齐奥被俘虏。在长达 23 年的铁窗生涯中，他备受折磨，再也没能获得自由，最终在 1272 年，56 岁的他死在牢狱中。死后他被安葬在博洛尼亚的圣多米尼克大教堂。

恩齐奥出生后不久，大约在 1216—1218 年间，腓特烈与阿德尔海德又生了一个女儿，名叫卡塔琳娜，这个女孩后来根据外祖父的头衔被称为"马拉诺的卡塔琳娜"。这个头衔表明阿德尔海德的确是腓特烈孩提时期认识的那个女孩。卡塔琳娜 1247 年二婚嫁给了卡雷托（Carretto）伯爵兼萨沃纳（Savona）边区伯爵雅各布，约 1269—1272 年间去世。我们不清楚阿德尔海德后来怎样了。她活到了 1218 年之后，也许一直到 1234 年才去世，她去世时已嫁人，丈夫身份不明。

1220 年在罗马加冕称帝后，腓特烈不仅投身于帝国南部的统治事业，还继续他的猎艳之旅。我们对他这一时期婚外情的了解依赖于有关这段时间出生的子女的记载。一位叫安条克的玛丽亚或玛蒂尔德（Maria / Mathilde von Antiochia）——人们无法确定她究竟叫什么——的情妇为皇帝生了一个儿子，名叫安条克的腓特烈（约 1226—1256），他后来被父亲任命为安科纳边区和托斯卡纳的总代政。还有一位迷人的曼娜（Manna），她是墨西拿大主教贝拉尔德的侄女。她为皇帝情人生了一个男孩，名叫理查（约 1222—1249），后来理查成为基耶蒂（Chieti）伯爵，兼任北意大利总代政。此外还有一位不知名的美人，她可能来自兰恰（Lancia）家族的宫廷。她为腓特烈生育的女儿名叫萨尔瓦莎（Salvaza）或塞尔瓦吉娅（Selvaggia，意为"野姑娘"），后来皇帝出于政治原因将塞尔瓦吉娅嫁给了残暴的军事首领罗马诺的埃泽利诺三世。

小王后：耶路撒冷的伊莎贝拉

加冕的皇后阿拉贡的康斯坦丝 1222 年离世之后，腓特烈便可以再婚

了。同任何有权力意识的贵族一样，一位皇帝并不适合单身或鳏居，有时
婚姻比赢得战争更能获得有吸引力的领土、王位或头衔。后世的哈布斯
堡家族有一句格言："让别人投入战争，而你，有福的奥地利，还是结婚
吧！"这句格言同样适用于雄壮的腓特烈二世，腓特烈的第二次婚姻充分
证实了这一点。1223 年，教宗洪诺留三世的使节充当了此次联姻的中间
人。1220 年腓特烈加冕称帝后曾允诺参加十字军东征，而教宗则希望为
他挑选未来的妻子，以此催促他踏上征程。进入人们视野的联姻对象是当
时 11 岁的布列讷的伊莎贝拉（1212—1228），在其他文献中她也被称为
约兰特（Jolanthe）或约兰达（Yolanda）。她是耶路撒冷王国的女继承人，
该王国的统治区域仅限于一片狭长的海滨地带，其中并未包括首都耶路撒
冷。耶路撒冷王国的权力及政治地位已是一落千丈，但该国统治者头衔衍
生出的威望却无可估量。教宗的计划似乎十分顺利：腓特烈发誓未来将履
行这段婚姻的义务，承担起圣地的责任。

　　伊莎贝拉生于阿卡，是布列讷的约翰（卒于 1237 年）和蒙特费拉的
玛丽亚（Maria von Montferrat，1191—1212）之女，她从玛丽亚那里继
承了耶路撒冷的王权。根据王位继承法，约翰不能直接对王位提出要求，
因此 1212 年玛丽亚死后，伊莎贝拉被指定为王位继承人。1225 年仲夏，
皇帝腓特烈派海军大元帅马耳他的亨利率一支庞大的舰队将新娘从阿卡接
到意大利。此次婚姻也是通过"代行婚礼"的方式缔结的，皇帝的亲信帕
蒂的雅各布（Jakob von Patti，1223—1225 年在位）主教为新娘戴上了婚
戒。皇帝本人没有亲自出席，这使罗马教廷和东方极为恼怒，因为这样一
来皇帝多次允诺的十字军计划似乎又要暂时搁置。这两位新人的正式婚
礼后来于 1225 年 11 月 9 日在布林迪西的卡萨莱圣母大教堂（Dom Santa
Maria del Casale）举行。

　　然而只当新娘新郎共度新婚之夜后，他们才在法律意义上正式完
婚；而对这一夜人们私下谣传着离奇的流言。据说，年已 30 岁的皇帝完
全没有兴趣与 13 岁的新娘同床共枕，他反倒在随伊莎贝拉一同来到意大
利的 20 岁堂姐布列讷的阿内丝（Anais von Brienne）的怀抱中度过寒冷
11 月的夜晚。阿内丝是布列讷伯爵瓦尔特三世（卒于 1205 年）与诺曼国

王坦克雷德的女儿欧特维尔的埃尔维拉（Elvira de Hauteville）之女，这样看来她和皇帝竟然还是远亲。不过这在当时并不是什么新鲜事，欧洲的高等贵族原本就只能联姻。腓特烈的所有妻子都或多或少与他沾亲带故。

这段关于新婚之夜的丑事很有可能是人们出于宣传目的编造出来的，他们想进一步强调这个后来的敌基督放荡的天性。人们甚至还时不时会听到关于他强暴的传闻。谣言似乎很可信，因为皇帝的确不知从何时起就与阿内丝有了私情。如果腓特烈在 1229 年创作的那首坎佐尼情诗（Kanzone）中歌颂的美人"叙利亚之花"（la fior di Soria）真的是阿内丝，那这段关系持续的时间还要更长。这段情事的结晶是女儿比安卡菲奥雷（Biancafiore），其法语名为 Blancheflewr（布兰奇弗勒，意思都是"白花"），阿内丝于 1226 年夏末产下她。布兰奇弗勒在蒙塔日多明我修道院的修女身边过了一生，1279 年在那里去世。而美丽的阿内丝后来嫁人，并生育了其他子女。除了阿内丝这朵叙利亚之花，皇帝还为自己的彩色花环采了更多鲜花，其中有一朵来自北方的雪绒花：20 岁的伯爵之女沃尔夫索尔登的丽琴莎或丽齐娜（Richenza / Richina von Wolfsölden，约 1205—1235）。这段关系的结晶是女儿玛格丽特，她后来嫁给了阿切拉伯爵阿奎诺的托马斯（1226—1273），1298 年左右去世。

现在让我们回到腓特烈与小王后耶路撒冷的伊莎贝拉的婚姻。腓特烈对年轻的妻子态度十分霸道，二人婚后只在福贾共度了短暂的时光，不久腓特烈就安排妻子住在那不勒斯附近的泰拉奇纳（Terracina），后来又让她居住在巴勒莫北部的蒙雷阿莱。面对岳父，皇帝腓特烈则显得并无分寸，他表现出的更多的是对权力的欲望。婚礼结束后不久，腓特烈立刻索要耶路撒冷王位，并且迅速公开使用这一头衔，他与布列讷的约翰的关系因此破裂，再也无法弥补。伊莎贝拉生下了两个孩子。1226 年降生的是一个女孩，但在出生后不久就夭折了。1227 年 8 月，伊莎贝拉与腓特烈一同住在布林迪西附近的十字军营地内，而此时，一场灾难性的瘟疫席卷了整个军营。伊莎贝拉显然就是在这里生下了她与腓特烈的儿子康拉德。1228 年 4 月孩子降生后，伊莎贝拉可能患上了产褥热，八天后，疾病结束了伊莎贝拉短暂的一生，也结束了她与腓特烈仅两年半的婚姻。这位耶路撒冷女王葬在安德里亚大教堂，后来她的帝王婚床的继任者英格兰的伊莎贝拉也将安葬于此。

下一位新娘到来：英格兰的伊莎贝拉

现在我们要更详细地叙述腓特烈的第三次联姻和婚礼情况，因为与此相关的文献比涉及另外两次婚姻的史料更为详实，也记载了最高等级的联姻最典型的细节。年轻貌美的英格兰的伊莎贝拉（1214 / 1217—1241）又名伊丽莎白，是昂古莱姆的伊莎贝拉（Isabella von Angoulême，1188—1246）与已过世的英国"无地王"约翰之女。1214 年约翰的军队曾在布汶遭遇惨败。伊莎贝拉的兄长很有势力：他们是英格兰的亨利三世（1207—1272）以及康沃尔和普瓦图伯爵理查，后者甚至在 1257 年成为罗马-德意志国王。这段姻缘从多方面看来都显得有些下流，并且涉及政治敏感问题。从传统上看，施陶芬家族与法国王室卡佩家族关系密切，1214 年的布汶战役之后，事实证明了两个家族的关系有决定性的重要意义。与之相对，"狮子"亨利（卒于 1195 年）与英国王室安茹-金雀花家族（1154—1399 年间的英国国王都是这一家族的直系血脉）联姻，这使韦尔夫家族与英国的关系空前友好。皇帝与英国公主的联姻是教宗格里高利九世的主意，这违背了业已建立的亲疏关系，或许教宗希望能够借此破坏传统的联盟，并暂时平衡英国与法国王室之间的权力关系，这一愿望的确实现了。

首先，这段婚姻之所以会带有一些下流的味道，是因为这位比皇帝腓特烈年轻 20 岁的新娘在几年前本应嫁给腓特烈的长子亨利。当时科隆大主教恩格尔贝特试图为二人做媒，以使英国更有力地支持科隆的利益。然而皇帝从中作梗，最终为长子赢得了奥地利公爵利奥波德六世（1176—1230）之女奥地利的玛格丽特（1204 / 1205—1266）为妻。1225年 11 月，国王亨利七世迎娶了巴本堡家族（Babenberg）的这位女子。

根据文献记载，英格兰的伊莎贝拉美艳惊人，她在 1235 年与年过 40岁却已两次丧偶的腓特烈成婚时才 21 岁。英国编年史家、本笃会修士文多弗的罗杰详细记载了 1235 年皇帝提亲、皇帝新妇的旅途以及新娘来到新郎怀抱时的情形，巴黎的马修则扩充了一些细节。现在让我们看一看这些僧侣想要大家了解怎样的信息："在当年2月，两位圣殿骑士受皇帝腓特烈派遣，率领一批骑士和使节来到威斯敏斯特面见英国国王，向国王呈上一封附有金玺的信函，在信函中皇帝向国王的妹妹伊莎贝拉求婚。……但英国国王认为此事关系重大，于是与主教及国内政要商讨了三天。他们再三斟酌，最终一致认为应当将这位年轻女子许配给皇帝。因此他回应……并同意了腓特烈的联姻请求。"[4]

　　不过这里提到的两位信使其实并非圣殿骑士，而是条顿骑士团的一位教友与腓特烈宫廷大法官维尼亚的彼得罗，后者是当时最受皇帝信赖的亲信。彼得罗受到全权委托，拥有充分的机动空间，无须征求他人意见就可以对不可预见的问题做出决策。总而言之，皇帝的这些使者获准与此次谈判所涉及的对象见一面。罗杰继续写道："使者请求国王允许他们见一见新娘，于是国王派遣了数名值得信赖的信使去伦敦塔带来他那受到严密看护的妹妹。信使恭敬地将公主带到威斯敏斯特，让她在国王的陪同下会见皇帝的使者。美貌的新娘21岁，正值青春年华，好似盛放的鲜花；她身着王室华服，装扮合乎礼仪。使者们一见这位少女的美貌，精神振奋，一致认为她完全有资格与皇帝成婚，于是他们以皇帝的名义许下誓言，确认缔结婚姻，并向公主献上皇帝的订婚戒指。使者们为公主戴上戒指后立即称呼她为罗马帝国的皇后，一致欢呼：'皇后万岁！万万岁！'"

　　通过人们许下的誓言和伊莎贝拉戴上戒指的方式可以断定：腓特烈的第三次婚姻也是以"代行婚礼"的方式缔结的，维尼亚的彼得罗是此次婚礼的代理人。虽然文献记载中没有提到人们曾交出手套作为信物，但这应该也是一次"手套婚礼"。在为新娘戴上戒指、呼喊"皇后万岁！"前，人们还进行了漫长的谈判。早在1234年11月，皇帝就曾在一份诏书中全权委托维尼亚的彼得罗和科隆大主教亨利（1225—1237年在位）担任使者，向未来的新娘许诺，她将获得的晨礼或亡夫遗产（Morgengut / Wittum，最初二者是单独的法律概念，后来逐渐合流，都指代送给未来妻子的财产，一旦丈夫去世，这些财产将用于保障寡妇的生活）是西西里岛上的马扎拉山谷（Val Mazzara）和蒙特圣安杰洛（Monte Sant'Angelo）及其境内所有的城镇、城堡、村庄。诏书中注明的这些财产是历史上的西西里王后通常都会获得的亡夫遗产。根据法律和习俗，在婚礼当天应当通过文书确认移交这些财产，皇帝则许诺会给文书附上金玺。[5]

"随后，使节令忠实的信使快马加鞭，向皇帝禀报事情的进展，复活节过后，皇帝派科隆大主教和鲁汶公爵率领一批贵族

献给未来妻子的婚戒：1235 年，腓特烈二世与英国的"无地王"约翰一世之女伊莎贝拉成婚。腓特烈走到新娘面前，向她献上一枚戒指。本笃会修士巴黎的马修所作《英格兰史》(*Historia Anglorum*) 的相关叙述的注释描述了当时的场景："皇帝腓特烈带领英国国王亨利三世之妹伊莎贝拉踏入婚姻的殿堂。"

前往英国恭迎皇后，从肉体上真正履行业已缔结的婚姻的责任。"罗杰此处记载的两位王侯，一位是上文已经提到的科隆大主教亨利，另一位其实是布拉班特及下洛林（Niederlothringen）公爵亨利二世（1207—1248），他们将护送这位成长于优雅宫廷氛围中的新娘。伊莎贝拉优美的举止和文雅的谈吐想必令所有人愉悦，也给皇帝腓特烈二世留下了深刻的印象。

罗杰在叙述婚礼情形时开始谈到新娘的嫁妆。伊莎贝拉早在婚前就有大量华丽的服饰：一身带有鹿皮绳边的红色长袍、一件装饰有犀牛皮的猩红色长裙，还有数套用精美的法国织物制成的蓝色和绿色衣裙，一些英国登记册中的记载称这些衣裙上还装饰着白鼬皮。在婚礼当天，嫁妆的华丽更是登峰造极。在这些财宝中有一顶冠冕，上面装饰着四幅君主像，这些君主像很可能是画在珐琅片上的："王室的财富似乎都无力承担此次婚礼的开销。为了向皇后表达敬意，人们发挥精湛的技艺，用最纯的黄金和昂贵的宝石制作了一顶冠冕，冠冕上绘有四位英国国王的肖像，他们都是

殉道者和忏悔者，国王希望他们能充当妹妹的守护圣人。那些点缀有贵重宝石的黄金戒指和钱币、熠熠生辉的首饰、丝绸和亚麻布衣裙以及其他种种类似的珍宝令所有妇女目不暇接，心中渴望，在这些宝物的映衬下，皇后光彩照人地出现在众人面前，一切都仿佛童话故事。皇后身着由各色丝绸、毛料、亚麻制成的皇家礼服，每一件都使她显得如此光艳夺目，人们几乎无法确定她最终到底要穿着哪一件服装来赢得帝王的心。新娘的床上铺着五颜六色的丝绸被褥和枕头以及用最精美的亚麻布制成的床单，还装饰有其他配件，整个床铺看上去十分柔软，任何经受不住诱惑躺在床上的人都会很快进入甜蜜的梦乡。此外，所有用来盛酒菜的容器都是用纯金和纯银制成，甚至厨房中所有的锅具也用纯银打造——这在大家看来根本没有必要。"

　　伊莎贝拉丰厚的嫁妆自然是全伦敦热议的话题。圣奥尔本斯的编年史家意图借此说明新娘与皇帝门第相当，完全相配。读者的脑海中会不自觉地想到新娘的兄长国王亨利三世一年后与普罗旺斯的埃莉诺（Eleonore von der Provence）的婚礼。顺带一提，历史文献中关于那次婚礼的记载也在竭力抬高英国王室的地位。然而罗杰此处恰好没有记录腓特烈求婚时双方谈判的内容。当时的人们或许已经不那么喜欢谈论金钱了，但不管怎么说，新娘的嫁妆总计相当于 3 万马克"上好的斯特林银币"。斯特林（Sterling）是一种 1.5 克重的英国分币，含有一定纯度的银，如今这种纯度的银依然用于制作首饰。而此处的马克直到近代早期都不是货币名称，而是一种贵金属的重量单位，具体重量各地有所不同。正是因为如此，为了保险起见，国王亨利三世为此处表示重量的马克定下了换算率。1 马克应等于 13 苏勒德斯或先令外加 4 第纳尔或芬尼（1 先令等于 12 第纳尔），根据这样的算法，1 马克重量就等于 160 银芬尼，相当于 160 个斯特林银币。嫁妆的价值庞大：无论人们是用伦敦地区的马克单位（和当时通用的科隆马克一样，伦敦马克约等于 234 克）来计算，还是用斯特林银币所含贵金属重量来计算，为伊莎贝拉的婚事准备的金钱总额都高达 7 吨银。

　　国王允诺给妹妹的嫁妆的确是一笔相当可观的财富。我们可以从亨利三世 1235 年 2 月的一份诏书中读到，这笔嫁妆将分期定额交给值得信赖的使者。如此多的金钱将通过税收的形式摊派给英国境内所有的采邑和教堂来筹集。[6] 5 月 6 日，威斯敏斯特举行了一场豪华的盛宴，宴会结束之后，皇帝的新娘便在大批随从的护送下，带着她成堆的财宝箱，出发前往欧洲大陆与丈夫见面，她的兄长亨利国王一直护送她到海边。旅途中他们绕行至坎特伯雷大教堂的一处著名的圣徒墓地，即托马斯·贝克特（1118—1170）之墓，打算在那里做一番祷告。对伊莎贝拉而言，获得圣人的支持不仅关系到她未来的生活，还关系到她即将踏上的旅途。有一段路需要渡海，而在 5 月，即使是北海也可能会颠簸难行。此外，当时人们也无法选择最短的海路前往大陆。人们从英国东部的一座港口城市［该城从属于地位十分重要的五港同盟（Cinque Ports）］出发，沿着佛兰德海岸线航行，接着跨越西面的斯海尔德河前往安特卫普，最终到达神圣罗马帝国境内——全程约 300 千米水路。人们必须昼夜兼程，因为海上航行难以看到陆地，不便于定位，而夜晚航行的优势就在于人们可以通过星辰导航来弥补这一不足；数百年来人们渡海都会用到这一方法。抵达斯海尔德河三角洲（文多弗的罗杰误写为莱茵河口）后，年轻的新娘终于可以长舒一口气，因为她终于要踏上坚实的土地了。不过，现在让我们再看一下罗杰记载的关于这段旅途的更多细节：

　　他们到达"桑威奇港，那里已等候着 3000 名骑士。皇后则与科隆大主教及其他随从等贵族男女在 5 月 11 日登船，扬帆起航，向着大海进发。兄妹相别，唯有泪千行。一行人在海上航行了三天三夜，抵达了莱茵河口，又过了一个昼夜，他们抵达安特卫普，踏上了帝国管辖的土地。他们登陆时，前来迎接的是一大群全副武装的贵族，皇帝派这些人来保护皇后的安全，他要确保皇后日夜受到严密的看护。有传闻称，皇帝的敌人与法国国王结盟，意图绑架皇后来阻止这桩婚姻"。年轻的新娘在接下来的旅途中受到了隆重的欢迎。人们甚至举办了一场骑士比武，在中世纪的贵族文化中这是仪式庆典的高潮。通常骑士比武有两种：一种是一对一长矛对战（Tjost），另一种是多人混战（Buhurt）。一对一长矛对战是两位训练有素的重装骑兵间的决斗，他们要骑在马上飞奔着冲击对方，用钝矛将对方挑下马鞍。今天人们理解的比武就是指这种。但起初流传最广的比武形式却是多人混战，这是一种大规模战斗，战斗时，两大群全副武装的人马要冲向对方阵营，将对方的人打下马。罗杰也谈到了这种比武形式。不过这位僧侣只是简要叙述了比武过程，并且内容很不准确，因为一方面只有与骑士同等出身的贵族才能参加比武盛会，另一方面，绝不可能有这么多普通市民像他记载的那样拥有产自伊比利亚半岛的珍贵烈马："教堂的钟声敲响，附近的教士举行了盛大的游行，摇着铃唱着赞美诗前去迎接她。数不清的艺术家及音乐大师也加入游行队伍，他们奏响形形色色的乐器来表达新婚的喜悦，在为期五天的赴科隆的旅途中，音乐声一直陪伴着皇后。皇后驾到的消息一传到科隆，成千上万的市民便换上节日的盛装，手捧鲜花和棕榈枝到城门外欢迎。市民们骑着西班牙骏马，用马刺驱使着马儿快跑，在多人混战中，他们相互击打，折断了手中的长矛和藤杖。"[7]

皇帝美丽的新娘最后到达了科隆。当她撩起面纱，露出面庞，穿过科隆的街道时，城中的妇女都为之惊叹。不过这位美人必须在这座城中等候六周，因为此时她的夫君正在德意志西南部忙于镇压长子的叛乱。叛乱平息后，皇帝腓特烈让新娘前来找他。七天后，在七月初，伊莎贝拉来到莱茵河畔的沃尔姆斯。"新娘到达之后，皇帝满怀喜悦，隆重地接待了她。她精心打扮，她的气质令皇帝欢喜不已。……在亲眼见到她的那一刻，皇帝就爱上了她，而当他在新婚之夜发现她未经人事，心里更是喜爱。"7月15日，沃尔姆斯也举行了大型庆典。本笃会修士巴黎的马修自豪地称，共有4位国王、11位公爵、30位伯爵和边区伯爵前来欢庆这场婚礼，这还不包括出席的教会诸侯。整整四天，人们纵情宴饮。令人惊奇的是，这位僧侣竟然对新婚之夜的情形了如指掌。也许新娘的陪同人员返回后私下咬耳朵，传出了各种细节，马修可能听到了一些信息："第一次与新娘过夜时，皇帝一直等到占星家告知吉时已到，才愿意从肉体上认识她。直到清晨，两人才真正同房，结束之后，皇帝便把皇后当作孕妇，将她交给他人细心照料，并对她说：'小心，现在你已经怀有子嗣！'"[8]

盛大的婚宴结束后，新娘从英国带来的陪同人员返回不列颠岛，或者更确切地说，他们被遣送回去了。他们带着皇帝送给内兄的贵重礼品，其中有三头豹子，它们象征着英国王室的纹章。只有两名英国侍女留在伊莎贝拉身边：一名是精通广受赞誉的英国刺绣的伦敦女子凯瑟琳，另一名可能是保姆比塞（Biset）。皇帝夫妇在阿尔萨斯的阿格诺度过了接下来的几周时间，皇帝在那里又收到了几位亲戚对他婚礼的祝福。卡斯蒂利亚和莱昂国王"圣者"费尔南多三世（1199—1252）的使者送给他名贵的西班牙战马作为礼物。费尔南多的第一位妻子伊丽莎白，又名西班牙的比阿特丽克丝（Beatrix von Spanien，1203—1235），是皇帝腓特烈的叔父施瓦本国王菲利普之女。费尔南多与伊丽莎白结合后生下了"智者"阿方索十世（1221—1284），这位卡斯蒂利亚和莱昂国王因为热爱艺术被载入史册。与腓特烈的英国内兄理查一样，1257 年阿方索利用他与施陶芬家族千丝万缕的联系，让一部分诸侯选举自己为罗马-德意志国王，这一点我们后文还会谈到。

在阿尔萨斯度过美好的夏日时光后，皇帝前往美因茨的宫廷会议处理重要国事，其中就有我们曾谈到的《美因茨国土和平法令》以及将韦尔夫家族升格为公爵家族的事务。他的妻子伊莎贝拉后来长期生活在帕多瓦东面数千米的诺文塔（Noventa），皇帝不时会来看望她。无论在这里还是在别的地方，伊莎贝拉都只能深居简出，而皇帝则努力为她创造奢侈的生活条件来抚慰她的心灵。伊莎贝拉的兄长康沃尔的理查来西西里看望她时，发现她身边堆满了新的"不知名的玩具、游戏设施和乐器"，这些都是皇帝安排给她消遣的。伊莎贝拉似乎对音乐有特殊的偏好。然而对任何一位在她这个位置上的女性而言，有一点是显而易见的：她一生中唯一的真正任务就是生下一位合法继承人，还要生育尽可能多的子女，以确保皇帝后继有人。

伊莎贝拉在初次生产时没能如愿为丈夫生下儿子。1236 年底，伊莎贝拉产下一名女婴，为她取名玛格丽特（1236—1270）。玛格丽特 17 岁时嫁给了出身韦廷家族（Wettin）的图林根封邦伯爵、萨克森普法尔茨伯爵、迈森边区伯爵阿尔布莱希特（1240—1314 / 1315）。这段婚姻不能算幸福，因为皇帝之女不得不在 1269 年逃离人称"堕落者"（der Entartete）的残暴丈夫。她与儿子分别之时，泛滥的母爱令她咬了儿子一口，赐予了儿子迈森边区伯爵腓特烈一世（1307—1323 年在位）以"被咬者"或

"面颊被咬者"（admorsus）的别名。1268年康拉丁（Konradin）死后，施陶芬家族的追随者便寄希望于腓特烈二世的这位外孙，以期能重夺政权。曼弗雷德国王的婚生子都已沦为阶下囚，因此玛格丽特与阿尔布莱希特的婚生子有权要求继承施陶芬王朝的大统。与施陶芬家族的这层亲戚关系使腓特烈一世以及他的韦廷家族继任者有继承王位的资格。"被咬者"腓特烈曾一度得意扬扬，甚至在一些书信中自称耶路撒冷和西西里国王腓特烈三世。然而出身维斯孔蒂家族的教宗格里高利十世（1271—1276年在位）及罗马教廷坚决反对将施陶芬的腓特烈的外孙选举为罗马国王。

1237年底科尔特诺瓦（Cortenuova）战役胜利后，好消息接踵而至：伊莎贝拉为皇帝腓特烈诞下了一位皇子。这个人们期盼已久的男孩起初名叫卡洛托或扎洛托（Zarlotto），但如我们已经提到的那样，他后来改名为亨利。1247年，腓特烈将这位讨人喜欢的美少年任命为西西里王国的代理总督（Statthalter）。腓特烈在遗嘱中将阿尔勒或耶路撒冷分封给亨利，而亨利在父亲死后一直支持同父异母的兄弟曼弗雷德和康拉德四世。1253年或1254年，他早于康拉德数月撒手人寰。而伊莎贝拉与腓特烈度过六年的婚姻生活后，于1241年12月1日死于福贾的产床上，极有可能是因为难产，当时她正在生产第四个孩子，可能是个女孩。一个年轻女子在经历过多次生育后早逝，这在中世纪并不是什么新鲜事。然而腓特烈与伊莎贝拉的婚姻如此短暂，并且第三任妻子也同第二任妻子一样在产床上死去，这无可避免会引发流言蜚语，人们不怀好意地声称，伊莎贝拉被皇帝虐待致死，她甚至可能遭到了皇帝的毒杀。英格兰的伊莎贝拉后来被葬在安德里亚大教堂，那里早已安息着布列讷的伊莎贝拉。[9]

美好的婚姻计划：奥地利的格特鲁德

美丽的伊莎贝拉死后，皇帝腓特烈决定再婚。这次他选中的是巴本堡的格特鲁德（Gertrud），又称奥地利的格特鲁德（1226—1288）。她是巴本堡家族在奥地利的最后一位统治者奥地利公爵"好战者"（der Streitbare）腓特烈二世（1230—1246年在位）的侄女。这一联姻计划看似很有希望，是一桩大有好处的买卖。皇帝提出的条件是将奥地利公国升格为王国；这

种情况虽说不常见，但也并非稀奇，帝国境内本就已有波希米亚王国，而
强大的萨克森和巴伐利亚公爵"狮子"亨利早在"红胡子"腓特烈一世在
位时期就有过类似的雄心壮志。而且奥地利还与匈牙利王国接壤，十分嫉
妒匈牙利王国的地位。"奥地利国王"——这听上去实在诱人！此外，格特
鲁德的这位好战的叔父曾被皇帝剥夺了法律保护权，因此联姻可以弥补并
巩固双方的关系。奥地利获得王冠与和平的代价便是青春年少、生育力强、
血统高贵纯正的格特鲁德。这对皇帝腓特烈而言极为重要：他想通过与出
身高贵的女子成婚，多留下几个合法子嗣。这里尤其需要强调子嗣的合法
性。即使是皇室家庭也无法避免分娩时婴儿死亡以及儿童早夭，如果有资
格继承王位的后代越来越少，那即使是庞大的家族也很快会被命运女神消
灭。为数众多的有王位继承资格的后代能够让统治者家族更有可能存续。

　　虽然腓特烈子女众多，但此时的情况却不容乐观。有资格继承王位
的婚生长子国王亨利七世已经去世。腓特烈与年轻的叙利亚女子布列讷的
伊莎贝拉所生的儿子康拉德还在世，他是未来的继承人。虽然美丽的英国
女子伊莎贝拉育有二子，但一个孩子腓特烈已早夭；另一个儿子卡洛托虽
然长大成人，但后来在父亲去世后三年也死去了，时年 16 岁，死时没有
留下子女。这一联姻计划之所以诱人，还有一个重要原因，即格特鲁德能
够成为即将升格为王国的奥地利公国的继承人，因为根据"红胡子"腓特
烈一世时期给予的一项特权，即"小特权"（Privilegium minus），格特鲁
德和姑妈奥地利的玛格丽特一样，在没有子嗣的奥地利的腓特烈死后都有
权利继承公国。虽然皇帝腓特烈无法预知，一年后年仅 35 岁的"好战者"
腓特烈公爵真的战死了，但当时公爵没有子女的现实总会让人怀有希望。

　　这看似完美无缺的计划最终却流产了，其原因可以算得上是一桩丑
闻：格特鲁德拒绝了婚事，她没有出席 1245 年 6 月在维罗纳宫廷会议上
举行的签约仪式。在初夏的微风中，城头悬挂的皇帝旗帜旁还飘扬着这些
人的旗帜：拜占庭皇帝，卡斯蒂利亚王储，萨尔茨堡、沃尔姆斯、弗莱
辛、帕绍、雷根斯堡、特伦托的大主教及主教，以及各地公爵和伯爵。奥
地利公爵也携大批随从来到了阿迪杰河畔的这座城市。唯独 19 岁的格特
鲁德没有露面。多么尴尬啊！这真是前所未有的丑闻，是对罗马人的皇帝

的侮辱，连亲眼见证此事的人和编年史作家的鹅毛笔管中的墨水都为之凝固。因此我们不清楚这位年轻女士为什么不愿意嫁给年已 51 岁、三次丧偶、可能会被废黜的皇帝。难道是因为他被开除教籍令她不快？还是她依然深爱着与自己订婚多年的波希米亚王储弗拉迪斯拉夫（Vladislav）？还是背后隐藏着其他政治考量？我们只知道，她不甘心接受这样的命运，不愿沦为欧洲统治者的政治婚姻赌局中的谈判筹码。

格特鲁德的拒婚使历史发生了大转折。这一事件从三个方面产生了深远的影响。第一，巴本堡家族在经历了近三百年的统治后，终于于 1246 年在该地区消亡，奥地利错失升为王国的时机。这令继任的哈布斯堡家族极为恼火。后来他们伪造了一份"大特权"诏书（Priviligium maius），为自己编造了新的权利，还想出了"大公"（Erzherzog）这样一个响亮的头衔和夺人眼球的标志，以使自家在贵族等级中显得比其他诸侯地位更高。第二，若是腓特烈能与格特鲁德再生下几名合法后裔，那么施陶芬家族就会有更多的继承人。第三，如果能与巴本堡家族的这位女子成婚，那波希米亚国王瓦茨拉夫一世（1230—1253 年在位）因格特鲁德与自己的长子摩拉维亚的弗拉迪斯拉夫曾有婚约便对奥地利提出的权力主张就会无效。不久之后，奥地利就能体会到这一点，这个国家变成了纷争的起因，被波希米亚普热美斯家族和匈牙利阿尔帕德家族激烈争夺。

然而皇帝腓特烈依然没有放弃。13 世纪 40 年代中期，他最后的联姻计划瞄准了萨克森的尤塔（Jutta von Sachsen，卒于 1266 年）。她是萨克森公爵阿尔布莱希特一世（约 1175—1260）与奥地利的阿格尼丝（Agnes von Österreich，1206—1238）之女，也就是阿斯坎尼的伯恩哈德（Bernhard von Askanien）的孙女。在帝国北部很有势力的阿尔布莱希特与皇帝相识已久，他常在意大利逗留，曾与皇帝一同参加十字军，奔赴圣地。这桩婚姻原本可以大大巩固皇帝在德意志北部及中部的地位。然而与格特鲁德的婚事一样，教宗英诺森四世得知腓特烈的计划后便从中作梗。但即使如此，尤塔似乎还是踏上了与未来丈夫相见的旅途。至于此事为何不了了之，不同文献的记载彼此矛盾。有一种可能是教宗想办法颁布了一条禁令阻止了这桩婚姻，但最可能的解释是，当皇帝 1250 年去世时，这

位公爵之女还没有赶到未来夫君的身边。五年后，尤塔嫁给了勃兰登堡边
区伯爵约翰一世（约 1213—1266）。如果腓特烈最终和格特鲁德或尤塔又
生下了有资格继承王位的子嗣，也许施陶芬家族在政治上就不会那么快烟
消云散，而这又有谁能料到。

真爱：比安卡

　　一个人只消足够放浪形骸，就可以因为一些原本理所当然的事获得
时人及后世的相当多的认可。整理皇帝腓特烈不计其数的婚姻和婚外情谱
系的学者"赞许地"称，在兰恰女爵小比安卡身为腓特烈的宠姬期间，即
从 1227 年至学界长期认定的比安卡去世的 1233 年或 1234 年，腓特烈既
未有外遇，也未缔结新的婚姻关系。特别是耶路撒冷的伊莎贝拉在产褥期
去世后，比安卡是一人独占腓特烈。这明显暗示了学者们所怀的真实好
感。此外还有一种说法：腓特烈曾在比安卡临终之际与其正式成婚。这样
做是要为两人的子女追加合法身份。

　　但假如比安卡并未死于 1233 年或 1234 年，而是死于 1245 年，甚至
如今天的历史学家所猜测的那样，直到 1248 年才去世，那么上文的第一
个论据就不是那么温情脉脉了，而是就此烟消云散。这样一来，临终之际
的婚姻就有一丝实用主义的意味，即使人们想方设法认定皇帝对比安卡的
情感深切而真挚，这种实用主义也会掩盖他对比安卡不求回报的爱恋。因
为 1245 年皇帝向巴本堡的格特鲁德求婚遭拒后，他还能够通过事后给予
比安卡名分的办法寻求解决方案，这样做至少能够增加合法继承人及可能
的接班人。关于这位情人、伴侣以及最后成为妻子的女子，皇帝腓特烈却
三缄其口。正如腓特烈同时代人所注意到的那样，这段关系长期未得公
开。也许这对双方而言的确是一段伟大的恋情，当时的史诗曾多次歌颂。

　　所有文献都描述比安卡·兰恰为"美艳绝伦"。我们不清楚她具体
的生卒年，但她应该生于 1210 年左右。比安卡出身于皮埃蒙特的兰恰家
族，她的母亲可能先与兰恰家族的一位伯爵成婚，后来二婚又嫁给了阿
利亚诺的博尼法乔（Bonifacio d'Agliano）。兰恰家族有三人曾担任"红
胡子"腓特烈的侍从。别名为"老者"（il Vecchio）的曼弗雷德一世·兰

恰（Manfred I Lancia，卒于 1215 年）曾是吟游诗人，后来因为经营不善而愈加贫困。他的两个儿子曼弗雷德二世（生于约 1195 年）和约尔丹努斯或焦尔达尼奥（Jordanus / Giordanio，卒于 1267 年）得到皇帝腓特烈二世的宠信，是皇帝忠实的臣子。皇帝称曼弗雷德二世即比安卡的伯父为"朕之忠臣"（fidelis noster），委托他护送自己被俘的儿子国王亨利七世从德意志出发前往意大利，并在 1239 年任命他为伦巴第的代理总督。比安卡的兄弟加尔瓦诺·兰恰（Galvano Lancia，卒于 1268 年）则在腓特烈统治时期被任命为西西里总代政。后来他与腓特烈的一个孙子一同迎来了悲惨的结局。

腓特烈是通过比安卡的亲属与她相识，还是这些亲属因比安卡的缘故才进入腓特烈的宫廷，这一点我们不得而知。但不管怎样，腓特烈与兰恰家族的关系暴露了他与这位情人的关系。据猜测，32 岁的腓特烈在 1226 年或 1227 年认识并爱上了美丽的比安卡。彼时，叙利亚之花仍然在他的怀抱中绽放，而明面上伴他左右的则是布列讷的伊莎贝拉。小王后伊莎贝拉去世后，腓特烈终于可以尽情释放对比安卡的爱恋。两人的恋情远远早于腓特烈与英格兰的伊莎贝拉 1235 年缔结的婚姻，因为早在 1230 年，比安卡就生下了女儿康斯坦丝，这个女孩后来成为统治尼西亚帝国的拜占庭皇帝约翰三世·杜卡斯·瓦塔特西斯（约 1192—1254）的妻子，77 岁时在瓦伦西亚去世。1232 年，比安卡在韦诺萨（Venosa）为腓特烈生下了一个儿子，并按照亲属的名字为他取名曼弗雷德。我们在本书其他章节还会谈到他。比安卡最后生下的是维奥兰特（Violante，约 1233—1264），这个女儿后来成了卡塞塔伯爵夫人。比安卡所有的子女后来都获得了名分，他们能够与婚生子女平起平坐，人们可以从他们在婚姻市场上的地位认识到这一点。中世纪贵族的婚姻生活准确反映了他们在实际的社会等级中的位置。比安卡的女儿康斯坦丝成为拜占庭皇帝的新娘，曼弗雷德国王的第一任妻子比阿特丽克丝与法国王室卡佩家族有血缘关系，而他的第二任妻子与他的姐夫一样都是来自拜占庭皇室。人们能够看出，比安卡在皇帝腓特烈心目中的地位无人能出其右，因为 1241 年第二任妻子伊莎贝拉去世后，皇帝赠予比安卡大片土地，这些地产有格拉维纳、特里卡里科（Tricarico）、蒙特斯卡里奥索（Monte Sciaglioso）伯爵领，还包括蒙特圣安杰洛，后者传统上是西西里王后应得的赠礼。

围绕这段罗曼史有一系列离奇的故事：根据某些地区的传说，比安卡死于巴里以南约 40 千米处的焦亚德尔科莱（Gioia del Colle），然而没有任何中世纪文献可以证实此事。18 世纪初，人们在当地的堂区教堂"找到"了她的坟墓，墓中有一幅怀抱婴儿襁褓的女士肖像画，还画有一只雄鹰；人们坚信这只可能是比安卡·兰恰的安息之所。但是这位怀抱婴儿的女子更符合圣母马利亚的形象，鹰则代表了当地的雄鹰纹章。而在西西里，人们一直还在传说，在格拉苏里亚托城堡（Castello di Grassuliato）中，腓特烈的鬼魂还在游荡，因为比安卡曾在那里与他共沐爱河。

人们同样能够在夜晚的焦亚德尔科莱听到比安卡的哀叹。18 世纪拉马的波纳文图拉（Bonaventura da Lama）神父在其编年史中道出了原委。据他称，比安卡在怀着曼弗雷德的时候曾被妒忌的皇帝腓特烈囚禁在焦亚德尔科莱的塔楼中，因为腓特烈怀疑一名宫廷侍从才是孩子的亲生父亲。为了证明自己的忠贞，比安卡在产下曼弗雷德之后，将孩子与自己切下来的乳房一同放在托盘上送到腓特烈面前。这个孩子有着与皇帝一样的胎记，而她的乳房从未被皇帝以外的人触摸过。皇帝明白了一切，然而为时已晚，幸福一去不复返——比安卡最终流血而死。幻想时常依托于实物，因此在名为"皇后塔"（Torre dell' imperatrice）的城堡的砖石结构上有两处仿佛是魔法之手变出的拱顶，它们代表了比安卡的双乳。

不幸的比安卡是否曾为她铁石心肠的情人流过泪？是的，定有泪千行！如今在安德里亚，人们还能从马里奥·穆奇糖果屋（Confetteria von Mario Mucci）买到一种小颗粒的淡紫色糖果，它们会让人想起腓特烈的这段伟大的爱情，以及留存在世人想象中的悲伤结局。这种糖果的名字叫作：比安卡·兰恰的紫罗兰爱情之泪（Lacrime d'amore di Bianca Lancia alla Violetta）。

第 8 章

诗 人

"吾爱佳人"：西西里诗人群体

> 吾作歌一曲，
>
> 欲博卿一笑，
>
> 赐吾生花笔，
>
> 直待新曲成。

在皇帝腓特烈宫廷中流传的数首诗中，有一首诗以这样的方式开头，这些诗可能诞生于皇帝的头脑，甚至还可能由皇帝本人亲自写在纸上。腓特烈的创作源于一种贵族文化，在这种文化中，国家的首席骑士——国王和君主首先必须是骑士——也被要求追寻"典雅爱情"。不过我们这位吟诗的皇帝是个特例。巴勒莫诺曼王宫外墙上的一幅浮雕点明了他的特殊之处。这件 19 世纪的石雕作品出自西尔韦斯特罗·库法罗（Silvestro Cuffaro）的作坊，它描绘了皇帝在宫廷诗人的簇拥下的场景。浮雕下方还有一段铭文，引自但丁著作《论俗语》（*De vulgari eloquentia*）。在这部创作于 1303—1305 年间的未完成论著中，但丁主要探讨了起源于古罗马拉丁语的新罗曼语的问题。他还论述了人的语言能力、语言的源头及建造巴别塔后语言的混乱。浮雕从此作中引用了一句话："……由于意大利人创作的所有作品都被冠以'西西里'之名，并且我们发现，有众多生于西西里的学者写下了华美的诗篇，因此西西里俗语有理由获得优于其他任何语言的殊荣。"但丁对西西里方言的中心地位的评价以及腓特烈在诗人群体中扮演的角色对 19 世纪的人们极为重要，因为随着统一的意大利民族国家建立，意大利语才成为意大利的官方语言。浮雕上第二段铭文向浮雕的欣赏者解释了腓特烈为何受到众人的感激："……感谢腓特烈二世的开明，最早的意大利语诗歌从这尊古老的王座飞向五湖四海。"事实上，皇帝腓特烈身边的诗人流派可以看作意大利民族文学的先声。正因为如此，但丁才会将围绕在腓特烈二世身边那些用民族语言创作的诗人的聚会场所称为"西西里诗艺学校"（scuola poetica siciliana）。[1]

在腓特烈时代，文学创作广受欢迎，它已经成为一种潮流，并深深地渗透到骑士文化中。这并非一直如此。虽说在墨洛温王朝和加洛林王朝时期人们也会创作诗歌，但这些诗歌主要停留在教会语境中，当时人们主要创作用于宗教仪式的赞歌或颂扬圣徒的史诗。该文学派别的重要代表人物是一位僧侣，后来他成为普瓦捷主教，他就是万南修·福多诺（Venantius Fortunatus，约 536—610）。他勇于踏入激情的境域，除了创作圣徒生平传奇，他还歌颂过一位祈祷的妇女的指印，这是她在递给诗人一块布丁时留在上面的。不过除去偶尔有之的开胃菜，宗教主题总体上还是诗歌创作的决定性因素。即使到了奥托时期和萨利安王朝时代，这一点也没有改变。在这一时期，人们很少创作世俗题材的作品，除了僧侣，其他人几乎不会创作，因为他们不懂得书面语。到了 12 世纪，骑士文化得到发展，法国开始出现吟游诗人，情况逐渐发生变化。忽然之间就出现了类似沙蒂永的戈蒂埃（Gautier de Châtillon，1135—1201）这样的诗人，他的名字的拉丁文形式是 Gualterus，相当于德语中的 Walter（瓦尔特）。戈蒂埃原本是神学家，却用拉丁语创作了著名的《亚历山大》（Alexandreis），这部作品将广为流传的亚历山大大帝题材用传奇般的骑士故事形式加以丰富和润色。这一时期另一位诗人是生于 1125—1135 年间、卒于 1165 年以后的"大诗人"（Archipoeta），其真名不详。他供职于"红胡子"腓特烈一世的文书部，曾创作了一首歌颂皇帝的赞歌。由此，人们

皇帝聆听诗歌： 巴勒莫诺曼王宫外墙上出自西尔韦斯特罗·库法罗作坊的浮雕展示了皇帝腓特烈作为文学家被宫中人簇拥的场景。浮雕上刻有一段文字，引自但丁的《论俗语》，图像与文字一同表明，腓特烈的宫廷是意大利文学语言的源头；至少在 19 世纪人们是这样认为的

为诗歌发掘出世俗题材。

　　时隔不久，福格威德的瓦尔特、埃申巴赫的沃尔夫拉姆、斯特拉斯堡的戈特弗里德、奥埃的哈特曼（Hartmann von Aue）等骑士开始用诗歌描绘解释他们眼前的世界，他们让自己笔下的特里斯坦、帕西法尔、维勒哈尔姆（Willehalm）、埃勒克（Erec）和伊魏因（Iwein）挥舞起刀剑，策马扬鞭，向贵妇献殷勤。法国吟游诗人的影响力辐射到了德意志和意大利。早在 1220 年，赴罗马接受加冕的腓特烈的宫廷就已经出现了若干诗人的身影。来自罗芒（Romans）的福尔凯（Folquet）和来自图卢兹的吉列姆·菲盖拉（Guihelm Figueira）等宫廷诗人创作了许多献给统治者腓特烈的诗歌。这些诗歌所用的体裁可以粗略地理解为"仆人诗"（Sirventes），因为它们都属于受托创作的应制诗。

　　"仆人诗"不仅是中世纪时期古法语吟游诗的重要体裁，其原有的三至四行诗组成的有链韵（Kettenreim）特征的简单诗节还发展出更精巧的形式，成为但丁精妙绝伦的三行诗节（Terzine）的雏形。自 13 世纪上半叶起，诗人们愈加雄心勃勃，试图用诗歌来表达对整个世界的认知。例如阿普利亚圣山修道院院长格里高利留下了一部编纂于 1231—1236 年的韵文百科全书，该书包含 3 万余首六音步诗，令人印象深刻。凭借这部作品，格里高利在他那个时代的思想史和文学史上获得了特殊地位，因为此作涵盖了神学、音乐、植物学、天文学或星相学、动物学、医学和历史等多种学科。

在这一时期，一些诗人在腓特烈二世的宫廷如鱼得水，那里的环境使他们乐于互相吟诵自己的新作。身处诗人中间的腓特烈也亲自拿起了笔，这会让人想到，统治国家的帝王是一位艺术家。从腓特烈的统治中人们可以看到艺术家之国的理念，这种理念对斯特凡·格奥尔格身边的文学家有极大的吸引力，在这群人中就有恩斯特·康特洛维茨。俗世的领导者与缪斯之子、权力与精神之间的对立在这位统治者身上消弭，这是知识分子所梦寐以求的。此外，典雅爱情及骑士作诗有特殊之处，仿佛是在岸上游泳。这种行为类似在无水的环境里模拟游泳的优美舞蹈。具体说来，宫廷诗人玩弄辞藻，以言语的形式向贵妇人示爱，但他们绝对不可以投入贵妇的怀抱，因为无论是被崇拜之人还是诗人本人都已另有所属。在对美女怀有极大热情并希望一亲芳泽的腓特烈看来，这种思想刺激有趣。自诺贝特·埃利亚斯（Norbert Elias，1897—1990）的社会学著作《文明的进程》（*Über den Prozeß der Zivilisation*）起，我们了解到，在中世纪的贵族社会中，典雅爱情（这种爱情长期以来被理想化为精神之爱）对领主赢得社会控制权以及"武士的宫廷化"起到了作用。[2]

帝王宫廷中的诗人不光有艺术家的身份，他们的首要任务是参与统治工作，例如处理外交事务，或是担任其他重大职务。在这里，并不是诗人在担任公职并凭借自己的诗作而升迁，而是一群宫廷中的决策者和当权者受到鼓励变成了诗人。他们中的一部分人早在少年时期就受到了宫廷的影响，这些人要么担任过贵族的侍从，要么本身就是高等贵族之子。腓特烈宫廷中的诗人绝非只懂用蹩脚诗句讲愚蠢笑话的街头艺人或小丑，他们属于王国境内的知识精英阶层。西西里诗人圈子不仅包括西西里岛上的诗人，还容纳了意大利南部的一些本土诗人，这些人并不总是待在皇帝身边。

在皇帝腓特烈羽翼下的"西西里诗艺学校"中，人们实验了词句和形式，不仅创作了新的诗作，还创造出全新的诗体，这种诗体从西西里出发，席卷了整个欧洲：这就是十四行诗。在帝王的宫廷中，父亲腓特烈与儿子曼弗雷德、恩齐奥和安条克的腓特烈一同努力创作最优美的诗句。西西里诗人群体中另一位重要的诗人是莫拉的雅各布（Jakob von Morra），其笔名为"阿普利亚人贾科米诺"（Giacomino Pugliese）。他得到了皇帝的信任，官至安科纳边区总代政。雅各布深受普罗旺斯诗人的影响，坚持久经考验的诗歌模式。其他宫廷诗人还有曾多次担任城市长官的阿里戈·泰斯塔（Arrigo Testa）、皇帝的驯隼人雅各布·莫斯塔奇（Jakob Mostacci）、法学家伦蒂尼的贾科莫〔Giacomo da Lentini，又名艺术家诺塔罗（Notaro）〕和科洛纳的圭多（Guido delle Colonne）。后来名扬天下的经院哲学家托马斯·阿奎那的兄弟阿奎诺的赖纳德（Rainald von Aquino）也是其中一员。腓特烈身边最重要的"立言者"大文书长维尼亚的彼得罗也在这个圈子中吟诗作对。彼得罗的天赋不仅体现在他的拉丁语文书中，还体现在他创作的爱情诗中。现在让我们来读一读这些宫廷诗人的诗作，首先是本章开头所引的皇帝诗句的部分下文：

> 吾心所牵挂，
>
> 唯有诉衷肠，
>
> 为博卿恩宠，
>
> 吾自长思量。
>
> 爱卿红颜美，
>
> 柔情蜜意长，
>
> 久久不相离。
>
> 报吾一片心，
>
> 赐予吾胆毅，

独为卿沉沦。[3]

另一首不能确定是否为腓特烈所作的诗则写道：

> 苦啊，我无法相信，
> 与女主人别离，
> 竟唤起我心中无比的痛楚。
> 一告别我甜蜜的人儿，
> 回忆她与我相伴的时光，
> 我所渴求的唯有死亡。
> 当海岸在船后消失，
> 我从未像此刻这样心痛。
> 若我不即刻将船儿驶回港湾，
> 我坚信，我会立刻倒地身亡。

腓特烈究竟因为同哪位女士——如果真有这么一位特定的美人的话——告别而内心如此痛苦，这是一个谜。而下面这几行诗句则会引发更多推测：耶路撒冷女王美丽的堂姐阿内丝可能就是那位意中人。在第四段诗节中他热烈歌颂了一位"叙利亚之花"：

> 可我欢乐的歌声飞走，
> 去代我问候叙利亚之花，
> 那个她将我的心儿俘虏。

腓特烈的儿子曼弗雷德在许多方面与父亲十分相像，即使在创作激情澎湃的爱情诗时也毫不逊色。在《女王啊，我的爱》（*Donna, lo fino amore*）一诗中他写道：

> 女王啊，温柔的爱，

以它的魔力充满我，

用尽全力将我单独献给你，

此刻我只能暗自思量：

爱情在我心中悸动，恣意生长，

而我该如何向你话衷肠。

啊，那样甜美的开始，

我沐浴在它的光芒之下，

请为满怀爱意的感官带来更多生气，

我好似头戴桂冠，欢乐满盈。

曼弗雷德的同父异母兄弟恩齐奥的诗歌则不那么像情诗，看不到尽头的牢狱生涯为他的后半生奠定了阴郁的基调。也许《爱情，你曾有多少次》（*Amor mi fa sovente*）的诗句就诞生在牢狱中：

爱情，你曾有多少次

令苦痛压在我心上，那般苦涩，那般沉重。

你的赠礼只有叹息与折磨。

巨大的恐惧时常攫住我：

我再也看不到自由的太阳，

在这里被遗忘，仿佛早已被埋葬。

与此相对，阿奎诺的赖纳德的诗句读着像受到了温柔爱情的眷顾，因此显得更为轻松明快。而同样满怀爱意的维尼亚的彼得罗则用水手的口吻写道：

美人，我将爱情献给了你，

希冀你为我带来平静，

我静静守候，等待爱情的圆满，

仿佛等候适当的时机，好天气来临。

好似一位在风中的水手，

想要抢风时，便拉紧风帆，

如他所愿，他幸运地掉转了方向，

我也要出发，直到寻得你，我的女王。

可惜的是，如今保存下来的在腓特烈宫廷担任要职的文人雅客所作的 320 首诗歌中，有超过半数的诗作者不详。而其中却有 100 余首诗歌的作者署名为同一人，这使我们有充分理由怀疑这个署名的真实性。同样，对皇帝腓特烈的创作我们也不能十分肯定，因为目前署有腓特烈名字的五首诗中，只有两首可以完全肯定是腓特烈所作。不过相比之下能够肯定的是，腓特烈的宫廷诗人曾为他们的诗歌配上了曲调。萨林贝内坚信，腓特烈本人不仅会歌唱，还懂得作曲。如今人们已经知道，后来在欧洲宫廷中大受欢迎的琉特琴发源于阿拉伯地区，接着经由西西里——并非人们长久以来认为的西班牙——而在意大利传播开来。

收集古老手稿、沐浴的帝王

皇帝腓特烈二世拥有一座图书馆，它实际上是存放手稿和羊皮纸卷的收藏室，里面的书卷有些早在腓特烈登基前数十年就已成书，有些是在宫廷缮写室中写成的。人们不仅研究这些手稿，还会继续编辑和评注它们。腓特烈巡游时甚至随身携带一部分羊皮纸卷，显然他时常会在劳累的旅途中阅读。只有这样才能解释为什么在帕尔马城前遭遇落败后，除了一大批今已不明的羊皮纸卷，他还丢失了一部装帧华丽的手抄本，其中包含自己评注《穆阿明》(Moamin) 的内容。《穆阿明》一书的内容将在介绍腓特烈驯隼的章节中探讨。腓特烈的图书馆中还收藏了神学著作，例如 13 世纪 30 年代成书于耶路撒冷的《诗篇》(Psalter)，腓特烈可能是在与英格兰的伊莎贝拉成婚时得到此书的。可以肯定的是，为了满足宗教仪式的需要，帝王的藏书中还有《逾越颂》(Exultet) 书卷。这些 10—13 世纪在意大利南部成书并流传的插图本书卷用于复活节之夜的圣餐仪式，它们得名于举行烛光礼 (Lichtfeier) 时所唱诵的复活节赞歌的第一个词

"欢呼吧"（exultet）或中世纪时期复活节赞歌的头一句"天上的众天使请欢呼吧"（exultet iam angelica turba caelorum）。其中最有名的来自萨勒诺的《逾越颂》手稿上描绘了在宫廷众臣的簇拥下登上宝座的统治者画像。

腓特烈的图书馆中甚至收藏了多个版本的亚历山大传奇，这个传奇故事在中世纪的流传度仅次于《圣经》。亚历山大大帝这位著名的马其顿英雄征服世界的成就和奇遇是中世纪人最重要的榜样，因为他是理想骑士的化身，他周游了整个世界——至少在宫廷小说中是如此。中世纪最著名的亚历山大传奇有来自那不勒斯的大司祭利奥（Leo）所作的《亚历山大大帝生平》（Historia de preliis Alexandri Magni）、神父兰布雷希特（Lambrecht）所作的亚历山大史诗［史称《斯特拉斯堡亚历山大史诗》（Straßburger Alexander）］以及上文所提到的沙蒂永的戈蒂埃所作的包括5000行六音步诗的《亚历山大》。福格威德的瓦尔特也熟知亚历山大题材，在一首劝说节俭的国王施瓦本的菲利普要乐善好施的格言诗中，瓦尔特歌颂了亚历山大的"慷慨"。奥埃的哈特曼在《埃勒克》中也谈到了这位马其顿君主慷慨大方的美德。

皇室法官斯波莱托的奎利基努斯（Quilichinus von Spoleto），或称维利基努斯（Vilichinus），也将亚历山大题材用来歌颂皇帝腓特烈二世。他于1237年底用拉丁文对句写成了《亚历山大大帝传》（Historia Alexandri Magni），该作于14世纪被译成意大利语，又被改编为德文版的《韦尔尼格罗德亚历山大传》（Wernigeroder Alexander）。在这部作品的结尾，作者以第三人称视角谈到自己，并告知写作此书的意图："这部传记由一位名叫维利基努斯的人所作。他来自斯波莱托，职业为法官，他将这位马其顿人的领袖的功绩独立写成了诗篇。该作于基督诞辰后的1236年问世。在随后的一年里，在上帝的帮助下，作者进一步润色此作。创作此诗时，罗马皇帝腓特烈统治着西西里及耶路撒冷。他在伦巴第击败了叛党，征服了敌人。……维利基努斯还写下了更多的诗篇来颂扬这位统治者。"如同昔日的亚历山大，皇帝战胜了敌人——这里指的是科尔特诺瓦战役。《亚历山大大帝传》的诞生是为了增加统治者的荣耀。很显然，这位法官还在羊皮纸上写下其他歌颂皇帝腓特烈的作品，例如《腓特烈二世赞歌》

（ *Preconia Frederici II* ）。⁴

时隔不久，骑士埃姆斯的鲁道夫（Rudolf von Ems）在福拉尔贝格用中古高地德语写成亚历山大史诗，这部史诗被认为是为皇帝腓特烈的诸子所作的王侯镜鉴，其最主要的教育对象是康拉德四世，但此诗也有可能是受亨利七世的委托写成。中世纪时期这些假托亚历山大大帝之名所作的传奇故事就这样在皇帝的圈子里传播。不仅如此，皇帝显然还在图书馆中收藏了不同类型的"亚历山大文本"。可以肯定的是，他本人收藏了手下法官奎利基努斯的亚历山大诗篇。一部腓特烈死后才问世的《亚历山大大帝生平》插图本透露，皇帝宫中不仅有相关的拉丁语译本，还有一部 13 世纪上半叶从拜占庭流落到意大利南部的华丽的希腊文手抄本。人们将腓特烈二世比作亚历山大，这想必令他十分受用。这样做的不仅有奎利基努斯和法国吟游诗人，甚至还有一位阿拉伯编年史作家。"事实上，自亚历山大时代以来一直到今天，"阿布·法代尔（Abu al-Fadayl）这样写道，"在基督教世界中还从未有一位君主能与他（腓特烈）相媲美。"而腓特烈二世去世后不久，他的追随者普雷奇的彼得（Petrus de Prece）在为他的帝王尊严辩护时，同样援引了亚历山大的功绩。即使对皇帝怀有敌意的方济各会修士帕尔马的萨林贝内，当他记录皇帝曾动用一头驮着高塔一般的战楼的战象，上面满载兵士时，他也会想到传说中亚历山大的象兵。恩斯特·康特洛维茨最终也不得不承认，他认识到，"哪怕是在最细微的细节上，所有文艺复兴时期的暴君……与腓特烈二世都是一个模子里刻出来的，他们是这位汇聚一切力量的'反亚历山大'的继业者（Diadochen）"。⁵

来自埃博利城的教士、重要的编年史作家埃博利的彼得（我们在"少年"一章中已经介绍过他）名下有三部作品，他曾在其中一部作品中提到了这三部作品，同样，人们猜测它们也被收藏在皇帝腓特烈的图书馆内。其中有这位作家的处女作《皇帝纪念书》，其主要内容是皇帝亨利六世征服西西里的事迹。腓特烈肯定拥有这部书，因为此书不但再现了其父如何开始统治西西里，预言了腓特烈将重建帝国，而且让这位将成为后人远祖的未来统治者化为天上的星宿。腓特烈当然乐意将这样的颂歌收入囊中。人们猜测彼得的第二部作品也藏于腓特烈图书馆，只可惜该书没能保存下来。这部书题为《腓特烈的赫赫功勋》（*Mira Federici gesta*），目前学界认为其内容主要是腓特烈的祖父"红胡子"腓特烈一世的事迹。但也有研究观点认为，从未离开过意大利南部且与腓特烈二世本人关系如此紧密的彼得更可能写下的是孙子的赫赫功勋，而非祖父的成就。

　　彼得笔下的第三部作品同样可能为腓特烈所有。这是一部极不寻常的著作。它表明埃博利的彼得不仅是细心的编年史作家，还对中世纪盛期的医学知识有一定的了解。与处女作一样，这部书层次丰富，能令人产生一系列不同联想。它的开篇第一句话是"浴场之名及功效"（Nomina et virtutes balneorum）。根据人们的了解，中世纪时期的著作没有书名，因此它们常以第一句话或按照后来抄写者所总结的内容来命名。这本书也是如此，因为一位抄写员在卷首空页上写着"关于波佐利浴场"（De balneis Puteolanis），由此得名。这是一部教化诗，由 37 首箴言诗组成，描写了位于那不勒斯西部 10 千米处早在古代就已闻名于世的波佐利（Pozzuoli）、巴亚（Baia）及其周边地区的温泉浴场。此处是非洲板块和亚欧板块摩擦地带，因此在此处的弗莱格瑞（Phlegräische，意为"燃烧的"）火山地区，特别是在火山口的硫气孔处，数百年来都在从地球内部喷出硫黄味的热气，古希腊人认为这里是地狱的一部分。尽管如此，古希腊人还是在此开发温泉浴场。罗马人也曾在巴亚开辟浴场，寻欢作乐。彼得曾在一些短诗中赞扬这里的 35 处温泉及盐水泉的治疗功效。关于一处名为"卡拉图拉"（Calatura）的温泉，人们可以读到以下文字："卡拉图拉的泉水能让肺部得到正常休养，消除重感冒引发的咳嗽。它能重塑胃动力，增进食欲。经常用此处的泉水洗浴能促进消化。它使人容光焕发，头脑清醒，身心愉悦，还能去除脸上的瘢痕。"[6]

　　研究者猜测，这部乍看如一部温泉指南的作品写于 1211—1220 年间。不幸的是，该书原稿和腓特烈时期的手抄本都没有保存下来，而现存的最古老的版本是腓特烈之子曼弗雷德时代的一部插图本，这和关于驯隼的书籍的情况一样。这部插图本成书于 1258 年左右，并不完整，其抄写员似乎严格忠实于原本。书写人名叫约亨西斯（Johensis），可能来自 13 世纪 50 年代那不勒斯的一处正规制书作坊，该作坊曾为西西里国王宫廷制作了一系列精美的书籍。由于当时浴疗方法得到广泛运用，特别是遵循盖伦医学传统的医生爱使用这种治疗方法，因此这部作品在后世广泛流传，还被译成那不勒斯方言和法文。这部作品共有 20 种抄本，其中有 10 种附有丰富的插图。最古老的一部手抄本现存于罗马安吉莉卡图书馆，它可以说是视觉上的盛宴。每首箴言诗下都配有艺术水准极高的画饰，数不胜数，即便放在今天也依然让人觉得新奇，它们描绘了浴场的客人使用洗浴设施的场景，将读者引入水疗的世界。一些插图上绘有挤满洗浴者的水池。还有一些插图上绘有紧邻海边的浴池，读者可以通过水中的鱼儿辨别这些浴池。而另一些图片上则绘有泉水，人们在用水瓮从泉中汲水。读者甚至还能从某些图片上看到蒸汽和水泡从泉水中升起。几乎每幅图上都能发现这样的细节。许多浴池仿照拜占庭风格加了顶盖，显得十分雅致。这些诗句和图画很可能受到当时依然可见的古代铭文和壁画的影响，另一些绘画主题可能遵循了当时流行的圣经故事的插图程式。比如旅途中的浴客像是在逃往埃及，在池中沐浴的场景变成了耶稣的洗礼，而一些成群结队的浴客则会让人想到正在遭受火刑折磨的人。

然而这部乍看像是各地浴场指南的书

沐浴时观赏日月：这幅画饰出自埃博利的彼得所作的描写浴疗的著作，它展示了"人称'日月同辉'"的皇帝浴池。然而开放的天花板并不是为了吸引洗浴者，而是提醒皇帝注意这座将要坍塌的设施

却有更为高远的意图。一些图描绘了倒塌的拱顶和废墟，它们曾是古代的浴场设施，后来由于地震和地面沉降而部分被毁。决不能任由事情这样继续发展。腓特烈以古罗马皇帝的直接继任者自居，因此这部作品是在告诫这位当政的罗马人的皇帝，要翻修这些浴场。彼得将这部书献给皇帝本人："请接受这部献给您的小书吧，尘世的太阳。"由此可以肯定，这位"太阳王"将这部写给自己的书保存在图书馆中。这位每天都要泡澡的皇帝甚至可能读过这本书，至少他熟知温泉特别的疗效。浴疗很可能曾救过他一命。1227 年夏末，准备从布林迪西海港出发的十字军战士遭遇大规模瘟疫的侵袭。多人死于这场疾病，其中就有图林根封邦伯爵路德维希四世（1217—1227 年在位）。皇帝本人也染病了，只得用因发烧而变得沙哑的嗓音下令暂时中止十字军东征。圣日耳曼诺的理查记载称，皇帝随后赶往弗莱格瑞地区，泡在弥漫着硫黄气息的浴池中，如愿以偿地解除了病痛。

　　彼得曾记载具体名字的一处温泉，皇帝甚至用过："关于皇帝的浴池，人称'日月同辉'。"在"日月同辉"洗浴的人能从浴池看到星星，因为半边建筑已经垮塌，可以径直看到天空。这一章节借此再次劝诫皇帝要想办法重建这处一直在使用的浴池。不过，日月之间的比较还涉及更大范围的联系。上帝这位造物主在天空放了两处光源，它们被喻为教宗和帝王。可谁是太阳，谁是月亮？谁自己会发光，而谁又只能由另一位照亮？彼得已经用他献给太阳腓特烈的题词回答了这个问题，那么人们就有理由猜测，"无敌太阳"（Sol invictus）的理念也是由此产生的。但不管怎么说：浴疗起了作用，高烧消退，皇帝恢复了食欲，正如安吉莉卡图书馆藏手抄本里关于卡拉图拉的插画所描绘的那样，皇帝能够兴高采烈地设宴进餐。他急需恢复体力，因为不久以后，这位破坏誓言而没有发动十字军的统治者被教宗开除了教籍。[7]

科学与艺术的赞助人？

　　与前文所述的书籍情况有所不同，我们可以肯定，皇帝腓特烈图书馆收藏有亚里士多德著名的《论动物》的节选本，这一版本译自阿拉伯哲学家伊本·西拿（Ibn Sīnā）——拉丁语名为 Avicenna（阿维森纳）——的阿拉伯语评注本。这部手稿是归帝王所有的宫廷馆藏本，因为其中有一处直接指涉帝王的文字游戏："Felix elmelic dober Friderich salemelich"（幸运的君王，好人腓特烈，愿和平与你同在）。这句话每个词的上方还有标注，好让读者理解这句话由哪几种语言组成："拉丁语、阿拉伯语、斯拉夫语、德语、阿拉伯语。"这不仅表现了掌握这些语言的抄写人拥有的喜悦和自豪之情，还涉及一个显然时刻被皇帝所牵挂的更为广阔的领域：科学。[8]

　　除了诗歌艺术、书籍收集、与狩猎有关的体验（我们之前就已听说过），皇帝腓特烈的爱好还拓展到了自然科学领域。在此有必要提出一个问题，即腓特烈是不是一位充当科学艺术赞助人的非比寻常的帝王？他的宫廷是否与柏拉图学园或查理大帝在亚琛的学术群体类似？如果答案是肯定的，那么在多大程度上可以这样说？腓特烈的宫廷是否能与西西里国王威廉一世繁荣的巴勒莫翻译学校或卡斯蒂利亚国王"智者"阿方索十世的缪斯宫廷相媲美？他的圈子会不会是早期文艺复兴的宫廷、欧洲人文主义者的聚集地？首先需要考虑到，文献中记载的腓特烈的大部分行为以及他与有才智之人的交往，不仅是出于个人兴趣，还与占支配地位的统治合法性相关联。统治者的"求知欲"是帝王排场的一部分。腓特烈及身边的学者不仅代表了学术中心，还代表了统治核心。帝王宫廷看待知识时所遵循的准则自然与修道院以及快速发展的城市教育机构和大学所遵循的准则有所不同。不过腓特烈本人对科学也的确怀有极大的热情。

　　但是人们很难准确评价腓特烈本人在其中扮演的角色。这一点可以从皇帝的"西西里之问"中看出。传说这是皇帝腓特烈二世提出的一系列哲学基本问题，提问的对象据说是来自穆尔西亚的阿拉伯思想家阿布·穆罕默德·阿卜杜·哈克·伊本·萨伯因（Abu Mohammed Abd el-Hakh Ibn Sabīn，约 1217—1269）。腓特烈除了发问世界的永恒性、人对终极原因的认知、希腊哲学与启示之间的关系，还讨论了自然、范畴的数量和灵魂不灭等问题，萨伯因给出了详尽的解答，而这些问题通过这位后来生活在休达的孤僻哲学家及亚里士多德专家的著作而流传于世。他在前言中解释了自己是如何得到这些问题的，当时皇帝重金悬赏征求这些问题的答案，而他对此并不动心，因为他只想借此证明伊斯兰教优于基督教。这使人不得不怀疑这些问题可能只是一种文学上的虚构。事实的确如此：东方学者安娜·阿卡索伊（Anna Akasoy）通过充分的证据证明，伊本·萨伯因为了衬托自己的观点而编造了这些腓特烈之问。这类杜撰的问答游戏在哲学和文学领域一直有悠久的传统，柏拉图的对话就是如此。因此腓特烈和他的问题事实上就承担了提示功能，为身处北非这种反哲学环境的伊本·萨伯因创造了一个合理的哲学思考契机。恩斯特·康特洛维茨其实不必埋怨这位阿拉伯人贬低皇帝的口气，因为这番自以为是的言论从未传到皇帝的耳朵里。[9]

但我们必须注意这样一个事实：人们再一次将这些问题扣在腓特烈二世头上，而完全不考虑他的先辈"红胡子"腓特烈一世和亨利六世，也不会想到他的后辈康拉德四世、曼弗雷德或荷兰的威廉（Wilhelm von Holland）。这说明，在阿拉伯世界，皇帝腓特烈二世以对哲学充满兴趣的君主形象而著称，否则这样的附会毫无意义。

一些重要成果能够证明腓特烈宫廷对科学的兴趣，并且这些成果在科学史上有突出意义。与之密切相关的有两位学者。一位是哲学家、医师、炼金术士、占星家迈克尔·司各脱（Michael Scotus），但丁认为他是魔法师，在意大利他也被人称作"西西里的梅林"。但丁断然将他放在了地狱第八圈，在那里预言者与巫师头部扭向背后，四肢扭曲，虽然他们位于买卖圣职者之后，但要在江湖骗子之前受苦。另一位是中世纪欧洲最伟大的数学天才比萨的列奥纳多（Leonardo da Pisa）。这两位学者与腓特烈二世会过面，两人对欧洲思想史和文化史产生了最为深远的影响。[10]

另外，作为艺术的赞助人意味着要资助诗人。早在腓特烈第一次来到德意志地区，他就将一块采邑赐予了德语区著名的宫廷诗人福格威德的瓦尔特，以保障他的生活，而诗人也一直没有忘记这位后来加冕称帝的君主的恩惠。在遥远的德意志，瓦尔特赋诗一首，并委托信使把诗献给已回到南方的赞助人：

> 请在诗中接收我的谢意，崇高的罗马帝王，
> 为了让我幸福，您的赐予如此丰厚。

我无法亲自答谢，只得请您看看我的决心。

您使我沐浴着恩宠的光辉，

谁若靠近看，便要烧去眉毛，

有人若心怀嫉妒，对我翻起白眼，

那恼人的双目也会被您的光芒灼伤。

他们的睥睨亵渎了我的幸运、您的恩宠。[11]

没有星辰的星座，一群兔子

从迈克尔·司各脱（但丁将他的名字写作 Michele Scotto）的姓可以看出，他可能在 1175 年前后生于苏格兰。早年他对名称、定义、词源学产生了兴趣。同当时的很多学者一样，他的基础读物是塞维利亚的伊西多尔的著作《词源》，这部书可能是中世纪早期和中期最受欢迎的百科全书。从迈克尔·司各脱对这部著作的使用情况人们可以推测，他全面接受了当时的正统教育，求学的地方可能是牛津或巴黎。在掌握了丰富的拉丁语和文学知识后，他最终去了托莱多。当时的托莱多是文化重镇，还是阿拉伯语科学文献最重要的翻译中心。1220 年以前，他还在那里翻译了以阿拉伯文版本流传下来的亚里士多德关于动物的历史、构造和起源的三部著作。他翻译的这些文本后来不仅影响了腓特烈关于鹰隼的著作，还被大阿尔伯特（Albertus Magnus，约 1200—1280）所著的《论动物》（De animalibus）所引用，深远影响了思想史。[12]

迈克尔还将阿拉伯统治时期的西班牙哲学家伊本·路世德（Ibn Rushd，1126—1198，西方称他为阿威罗伊）对亚里士多德著作所做的详细注释翻译过来，这对欧洲中世纪经院哲学的发展产生了更加重要的影响。现今一共有 14 部阿威罗伊注释的拉丁文译本保存了下来。其中一部分很可能是迈克尔·司各脱直接在腓特烈二世的宫廷完成的，例如《论天地》（De coelo et mundo）。阿威罗伊的注释区分了源自理性思考的理性真理与源自天启的真理，这就给托马斯·阿奎那等经院哲学家带来了解读亚里士多德著作的概念工具。

这些文本也在皇帝腓特烈的宫中传播，其中部分文字在当时第一次为西方世界所知。这批著作极为重要，因为它们关注的是人类思想中的基本矛盾：世界是概念和理念的影像，那么能否在概念和理念中寻求现实的本质，也就是真理？被视为共相（universalia）的理念是现实的基础，那作为概念的理念是否真实存在？至少柏拉图给出了肯定的答案。又或者个别事物是否具有现实性，这些共相是否仅仅是个别事物的名称（nomina）？与柏拉图不同，亚里士多德则肯定后面的观点。思想家之间由此爆发了争论，哲学史称之为"共相之争"，而这也成为困扰人们上千年的难题。

关于"能生的自然"（natura naturans）和"被生的自然"（natura naturata）间对立的问题也同样棘手。这两个拉丁语词组，前者指事物本原的创造力，后者则是对被创造物的总括。自约翰内斯·司各脱·爱留根纳（约815—877）始，即在腓特烈时代之前约400年，人们就开始思考二者之间的关系。腓特烈身边的学者研究的这些论题都是人类思想的核心问题，他们意图借助理性的手段和亚里士多德的思想来解决这些问题。

除去基本的哲学挑战，还存在一个难题，即翻译的问题。翻译阿拉伯语哲学和自然科学著作的难点在于，译者除了要具备出色的语言技巧，还需对所译的内容十分了解。此外，由于阿拉伯文字中未标出元音，译者很容易在理解文本内容时犯下严重错误，从而导致译文语义不明，内容残缺，因此这项工作也显得尤为困难。即使是迈克尔也不能幸免。当他使用一部基于普林尼《自然史》写成的错误百出的关于星座的抄本时，他犯了一个可笑的错误。普林尼原稿中的 aequinoctii sidus（意思是"秋分时的一个星座"）被错误缩写为 equi scdus，因此这位苏格兰人认为这个词是 equus secundus（字面意思是"第二匹马"）的缩写。然而即使是用最先进的望远镜也无法在天上勾勒出"第二匹马"这样一个星座。既然这匹马儿没有办法在天上撒欢，那么正如我们在下文将要看到的那样，它就只好在绘有图画的手抄本上奔跑了。[13]

1220 年左右，迈克尔·司各脱离开了托莱多，并于 1224—1227 年服务于教宗洪诺留三世和格里高利九世。不久后他来到了皇帝腓特烈二世的宫廷。也许他受到了比萨的列奥纳多的引荐，后者曾称迈克尔为"最出色的哲学家"。迈克尔在皇帝的宫中继续翻译阿拉伯语文本。在皇帝的明确

缪斯宫廷中的哲学家：这幅贾科莫·孔蒂（Giacomo Conti）绘于 1860 年的油画展示的是迈克尔·司各脱将亚里士多德著作译本献给腓特烈二世的场景。也许他正在思索，为什么在名为"第二匹马"的星座中根本没有看到星星

要求下，他翻译了哲学家阿维森纳评注的《〈论动物〉节选》(*Abbreviatio de animalibus*)，以供皇帝创作《论用鸟行猎的艺术》(*De arte venandi cum avibus*) 时使用。他将这部 1232 年完成的译稿献给了皇帝。前文提到的由四种语言构成的文字游戏正是出自这部手稿。除此之外，迈克尔还在占星术和哲学领域为他的雇主出谋划策。1227 年秋季皇帝在波佐利康复疗养时，就曾向这位宫廷占星家提出了一系列问题。在备孕合法继承人之前，皇帝很可能也听取了这位占星家的意见。在当时，占星术是"真正的"科学，它的任务是将地球上发生的事件与天象同步，使小宇宙和大宇宙相协调，从而解答未来的问题。

奠定迈克尔今日声望的主要是他自己创作的一部哲学著作：《导论》(*Liber Introductorius*)。这部书与隼类知识手册同为腓特烈宫廷中诞生的最重要的著作。这的确是一部具有百科全书风格的作品：罗杰·培根、大阿尔伯特、托马斯·阿奎那，他们都熟知并引用过这部著作。自 1228 年起，这部书经过多次编辑方才完成，随后被献给腓特烈二世。书中一部分内容甚至是在腓特烈的授意下创作的。这部著作还展现了腓特烈对那个时代的科学问题的特殊兴趣，因为迈克尔在书中探讨了关于土、水、气的基本论题，也研究了天文学、占星术、气象学、医学、音乐、历法学等领域，还探究了天文学研究的历史以及房中术、妊娠、胚胎学、面相学等问题。

迈克尔的这部作品很可能在他在世时或去世后不久就已经以插图手抄本的形式传播了。然而腓特烈时代的版本没能流传下来。稍晚于这一时期的最古老的《导论》插图手抄本成书于 14 世纪中期，其中的插图风格令人联想到乔托，该手抄本最初收藏于地中海东部岛屿上的塞浦路斯国王的图书馆内，现存于慕尼黑的巴伐利亚州立图书馆（Bayerische Staatsbibliothek）。

抄本中丰富多彩的插图和图示详细解释了天地的构造，另一些图示则展示了亚洲、欧洲、非洲的陆地，天堂的位置以及日月的升落，还有的图片上画着一些手指骨和音符。[14] 东方和西方是天堂的大门，抄本制作者仿照星象图，将大门绘成了巨龙的身体。巨龙的头部和尾部在手稿中反复出现，因为月球围绕地球公转时穿过黄道的点，即月球交点，也被称为"龙点"（Drachenpunkt）。画家在白道上将今天人们熟知的黄道十二宫分为两组，"龙之头"和"龙之尾"的位置也在这里。中世纪时期的人认为地球上真的存在龙这种生物，曾试图对其分类。手抄本中所绘的龙很容易辨别，因为人们视其为一种与林德虫（Lindwurm）有亲缘关系的龙。手抄本内所有插图里都出现了一种特殊的龙，与常见的四脚的龙不同，这种龙只有两只脚，专家很快将其鉴定为"双足飞龙"（Wyvern），拉丁文名称为"draco Africanus"（非洲龙）。精美的星象图也占据了抄本较大的篇幅，其中就有前文提到的因翻译错误而诞生的"第二匹马"。和第一个马形星座"飞马座"一样，"第二匹马座"也被人想象成一匹长有双翼的马，但这幅星象图没有如其他星座那样画上星星。一个没有星辰的星座，这怎么行呢？迈克尔也发现了这一点，于是他写下了自己的猜测："它（指马）缺乏可见的星体，但部分星体位于'旗帜座'（Fahne）之内。"于是作者在离"第二匹马座"稍远的位置画了一面"旗帜"。日月图像是最激动人心的部分：太阳驾着一辆四马战车穿越地球上空，手持四季的象征符号。一支火炬射出的三道写有文字的火焰组成了一座有基督教象征意味的拱门，上面写着"圣父、圣子、圣灵"。这部抄本的确是一件华美的作品，内中充斥着时代的知识与当时人们想象出的各种图像。[15]

迈克尔·司各脱一直服务于皇帝腓特烈，直到 1235 年去世。关于他的死流传着一则轶事，据称迈克尔·司各脱作为货真价实的占星家曾预言自己会被一颗小石头所杀害。为了避免这一命运，他发明了一种头盔。有一天迈克尔去参加弥撒，取下了自己的防护头盔。就在这时，拱顶上有一颗小石块松动掉落，砸在他的头上，断送了皇帝腓特烈身边这位著名哲学家的性命。[16]

在今天，即使不是每天都要做运算的人都清楚，一个数字处于不同数位就代表不同的值。例如在 1111 这个数字中，4 个 1 分别代表 1000、100、10、1。但这一计数体系的前提是数字 0。这样简单却又如此天才的想法源自印度，后来经由阿拉伯人传播到西班牙。欧洲人能够学会用 0 来计数，需要感谢腓特烈二世时期的一位学者，他虽然没有直接在腓特烈宫廷生活和工作，但在迈克尔去世前十年他就已经认识了腓特烈本人。

此人就是中世纪最著名的数学家，他叫比萨的列奥纳多（约 1170—1245），而他更广为人知的名字是斐波那契。他出身于航海贸易城市比萨的一个商人家庭，因此他熟知比萨的殖民地，例如北非港口城市布日伊（Bougie），即今天阿尔及利亚的贝贾亚。正是在布日伊这座生机勃勃的贸易中心，列奥纳多学会了使用印度–阿拉伯数字计算，显然也正是在这里，他领悟了印度–阿拉伯数位体系的意义。比萨的列奥纳多撰写了多部关于数学的著作。最重要的一部是写于 1202 年的《计算之书》（Liber Abaci），他在此书中阐述了新的计数方法。在随后约 25 年时间里，斐波那契将这一方法发展成一个体系。可惜其《计算之书》只有 1228 年的第二版存世。[17]

在宫廷哲学家安条克的特奥多尔（Theodor von Antiochia，约 1195—1250）的建议下，1226 年 7 月，皇帝腓特烈二世在列奥纳多的故乡比萨城会见了这位大数学家。皇帝及其身边的学者借这个机会向数学家提出了一些复杂的问题。皇帝身边精通圆锥曲线问题的宫廷数学家巴勒莫的约翰内斯（Johannes von Palermo）向他提出了三个问题，斐波那契后来在著作《花》（Flos）和《平方数书》（Liber Quadratorum）中探讨了这些问题。皇帝的宫中有多名熟悉数学问题的学者，其中就有一名货真价实的数学家，这一点可能并不稀奇，但历史上皇帝本人对数学感兴趣的情况却十分少见。与其他众多统治者尤其是那些根本未受过教育的君主相比，对科学及文艺有着浓厚兴趣的腓特烈二世显得鹤立鸡群。而从另一方面看，腓特烈身边的学者群体却未能达到西班牙精神文化中心的水准，后者显然更受"圣者"费尔南多之子、施瓦本的菲利普之外孙"智者"阿方索十世的重视，而阿方索十世也同腓特烈一样会作诗。在 1252 年起长达 32 年的统治期内，阿方索十世为不同民族知识传统的智识融合带来全新的面貌，他被视为卡斯蒂利亚民族文学的奠基人。由于这位国王在神圣罗马帝国政治生活中占有重要地位，我们今后还会再遇见他。腓特烈和阿方索死后，探索异国知识传统的热情再次消退。

腓特烈二世对科学的广博兴趣之所以有特殊的重要性，还因其展现了统治者的威望。法律专家委员会、文书及行政专业人士、创办大学、诗人圈子和藏书、宫廷哲学家和宫廷数学家，此外还有观察自然界的活动、"鸟类科学"和亚里士多德评注：这些都是奠定腓特烈二世在科学领域特殊地位的关键词。这些词使人们有理由将这位统治者评判为领先于时代的人文主义者、有自由精神的人，甚至是伊壁鸠鲁主义者。这里我们应小心谨慎，不要将后人记忆中阴魂不散的所有荒唐试验都扣到这位皇帝头上：为了研究最初的语言而将儿童隔离，为了研究消化过程而割开人的肚子，只是为了看一看灵魂是否会从桶口跑出而将人闷死在桶中。

可以确证的是，腓特烈的确想要认识那位为西方数学引入 0 的人，并想要与他一同探讨算术问题。也许腓特烈也与列奥纳多讨论了那个著名的兔子问题，至今这位数学家依然因该问题而闻名。在《计算之书》的结尾，斐波那契谈到了若干有趣的想法，其中就有一个数列，这就是人所熟知的斐波那契数列。这个问题看似十分简单：一对兔子从出生后两个月起，每个月能产下一对小兔子，在没有兔子死亡的情况下，一年后共会有多少对兔子？斐波那契用这个例子做出了一个数列，演示了一年 12 个月里的具体情况。他指出，每个数与前面一数相加得出新数字，构成这一数列：1+1=2，2+1=3，3+2=5，5+3=8，"这样这个数列就能在月数不

间断的情况下无尽延续"。根据斐波那契的思考得出的数列如下：1，1，
2，3，5，8，13，21，34，55，89，144，233，377，610，987，1597，
2584，4181，6765，10946，17711，28657，46368，75025，121393，
196418，317811，514229，832040，1346269，2178309……腓特烈是否
理解了这个关于生育力旺盛的兔子的问题？很有可能！总之他读过《计算
之书》。或许当他劳神费力地读完斐波那契这部数学著作后，便把这些关
于算术的羊皮纸卷统统束之高阁，接着重新拿出自己写诗的纸页。他在纸
上写下了这样的诗句：

> 众人赞颂您的高贵和美貌，
> 称没有任何女子能与您媲美，
> 对此我坚信不疑，有如磐石；
> 您啊，胜于一切的女士，论风姿
> 没有任何女子能与您相比。
> 您那姣好的容颜
> 令我坚韧，予我愉悦。
> 我若能歌颂您，我的女王，
> 我必能荣获更高的价值。[18]

第 9 章

驯隼人

克里姆希尔德的隼

克里姆希尔德（Kriemhild）美艳绝伦，任何贵族小姐都无法与之相比，《尼伯龙根之歌》的第二个诗节中就提到："在任何国家都没有比她更美的少女。"有一天她梦见自己驯养了一只隼，它"强壮、美丽、有野性"，但是两只老鹰却将它撕碎；她从未经历过这样的坏事。母后向不知所措的少女解释，这只健壮的隼其实是一位高贵的骑士，是她未来的丈夫。在宫廷恋歌中，隼是恋人的象征，它被老鹰攻击并撕碎是不祥之兆，因为克里姆希尔德的梦预示了后来西格弗里德被哈根（Hagen）和贡特（Gunther）所杀。同样在 12 世纪中期以后，在多瑙河流域有一位抒情诗人用隼来比喻恋人，他就是库伦贝格尔（Kürenberger）："我饲养了一只隼 / 已有一年多。"隼在 1200 年前后的宫廷象征世界中有特殊地位，这有赖于贵族对狩猎活动的喜爱。

猎捕野生动物——这并非为了取食——向来是贵族运动，它是阳刚之气的象征，是统治阶级的特权，深受君主喜爱。长久以来，狩猎与统治之间存在着紧密联系。无论是狩猎还是统治，人们都要使用武器，需要技巧、勇气和耐心，还会遇到危险，甚至会威胁到生命，例如人会从马背上摔下，或被受了伤的野兽所攻击而死。但狩猎也是没有特定目的的游戏，只是为了凸显猎手的胜者气概。狩猎与战争就像弟兄，成功的猎人必然是常胜将军。然而并非所有的狩猎形式都可以称得上有英雄气概：用陷阱、捕网、粘鸟杆或沟坑捕获猎物不会带来名誉和荣耀，反而会招来骂名——中世纪的文人正是这样认为。12 世纪不断发展的宫廷骑士文化为狩猎带来了宫廷庆典的元素。十字军战士看到了东方君主对狩猎的热情，之后将狩猎文化传播到了欧洲各地。在东方，人们以巧妙的方式来狩猎。动物不仅是猎物，也是狩猎的帮手，数百年来，人们早已习惯骑着骏马，跟随一大群猎狗在林中驰骋。但有一种能力比这些都更受尊重，这是一种艺术，是宫廷教养和礼仪的体现：这就是用猛禽行猎。[1]

用隼行猎的方法源于古代晚期的东方，这种方法在东方蓬勃发展。同样有文献证实，在中国汉代，人们也掌握了这一特殊的狩猎技艺。民族大迁徙时期，日耳曼人很可能学会了这一技艺，至少西班牙的西哥特人已了解此技。公元 500 年前后诞生于阿尔戈斯和科林斯的一批马赛克镶嵌画给出了相应的证据，它们描绘了数名携带猛禽的骑兵。在 11 世纪的巴约挂毯上，无论是哈罗德·葛温森国王，还是诺曼底公爵即未来的威廉国王，他们的手上都站着隼。到了中世纪盛期，广为流行的用隼行猎的技艺在当时的文学中有所反映。奥埃的哈特曼的《埃勒克》以及《尼伯龙根之歌》中都有相应的文字涉及以隼行猎，并且专门展现了作为宫廷象征物的隼。我们可以在《马内塞诗歌手抄本》(*Manessischen Liederhandschrift*)中看到许多王侯都在用隼狩猎，例如迈森边区伯爵亨利。这种狩猎方式自然十分铺张。除去其象征意义不谈，巨额的开销只有高等贵族才能负担，这就是隼仅流行于高等贵族阶层的原因。隼是大贵族地位的标志，其意义类似刀剑和铠甲之于骑士。如果失去了这些标志，贵族在严格的等级社会中的地位便会岌岌可危。乔万尼·薄伽丘在《十日谈》第五日的第九个故事中采用了这一主题，故事讲述了一位陷入穷困的贵族将自己的隼——他仅存的身份象征——做成了意中人的盘中餐。这名男子虽然牺牲了身份的象征，却赢得了苦苦追求的女士的爱情。[2]

皇帝的宠儿

没有哪位中世纪的统治者像腓特烈二世那样沉迷于用隼狩猎。他是个名副其实的隼迷。"他对隼有着异乎寻常的热爱。"一个半世纪后的潘多尔福·科莱努乔这样描述腓特烈的爱好。这是他全部的"寄托"。腓特烈对隼的热爱招致施塔德附近一座本笃会修道院的院长兼编年史作家阿尔伯特的讥诮，他称腓特烈的母亲康斯坦丝是从一位驯隼人那里抱养的腓特烈。此外，由于腓特烈一刻不停地携隼嬉游，因此他不得不遭受最惨痛的失败。1248 年，在一次携隼围猎的活动中，帕尔马人突袭了腓特烈的军队，抢走了腓特烈所有的财物，包括一顶冠冕和一部装帧华丽的珍贵书籍，即《鸟类与犬类之书》(Liber de avibus et canibus)。腓特烈将大部分精力倾注在了隼身上，甚至身在远方都不忘关心这些鸟儿。在 1239 年 11 月 24 日的一封信中，腓特烈亲切询问宠物的情况，并命令宫廷最高驯隼人向自己汇报："隼是否情况良好，它们的数目是多少，特别是那些在马耳他擒获的隼情况如何，另外今年是否获得了游隼，共有几只。"

乔万尼·维拉尼在编年史中写道："他在阿普利亚的福贾沼泽地带建了一处鸟苑，在格拉维纳建了一处狩猎围场，又在梅尔菲山区设了另外一处猎场。冬季他在福贾用隼狩猎，夏季他则在山区随心所欲地围猎。"有时候会有 50 余名驯隼人为腓特烈服务，我们知道其中某些人的名字。隼也有自己的名字。例如腓特烈为一只猎隼取名"萨克索"(Saxo)，意为"萨克森人"，这个名字可能指出了这只隼的来历。[3] 那么人们狩猎时都使用哪些种类的隼？隼又为何如此受喜爱？虽然隼是一种小型或中等体形的猛禽，但它们双翅细长，飞行速度快，因此是典型的冲刺型飞行家。与鹰和鵟不同，从解剖结构看，隼更适合主动飞翔，不太适合乘风翱翔。因此大部分种类的隼既能够在飞行中搜寻猎物，又能够栖息等候猎物到来。如果隼发现了猎物，便会从很远的距离开始追击。所有隼类的一个特征就是，它们向下弯曲的上喙前端两侧有尖齿状凸起，被称为"隼齿"。这一构造使得隼能够咬住猎物的脖颈或后脑勺，从而置猎物于死地。因此用隼狩猎的方法得名 Beize，源于 Beißen (咬)。不过隼的利爪只能捕捉和抓紧猎物，人们也由此将隼称为"抓式捕手"(Griffhalter)，而鹰或苍鹰 (Habicht) 则被称为"抓式杀手"(Grifftöter)。但是隼也可以高速俯冲，随后用利爪猛力抓住猎物，猎物会受到猛烈冲撞而丧命。有些隼有极强的冲击力，甚至能够击杀小型的瞪羚。在野生条件下，隼能存活 15—18 年，在豢养条件下寿命则能达到 25 岁。有三种隼最适于狩猎。皇帝腓特烈那部著名的隼类知识手册尤为关注这三种隼，他视其为最优隼种，并大加推崇。[4]

第一种隼是矛隼（Gerfalke），是世界上体形最大的一种隼，分布于欧亚大陆和北美的极地地区，包括格陵兰。矛隼体长 48—61 厘米，尾长占三分之一，翅展达 130—160 厘米。体形较大的矛隼通常为雌性，雄性则体形较小。一只雄性矛隼平均体重为 1 千克，雌性则可以超过 1.5 千克。第二种隼是猎隼（Sakerfalke），体形稍小，但与其他一些隼类相比则同样较大，18 世纪末以后，猎隼也被称为"扼隼"（Würgfalke）。猎隼体长约半米，身形紧凑，体格健壮，生活在东北欧草原及森林草原地区的猎隼翅展达 100—130 厘米。这一隼种最初的名称也出现在腓特烈二世的隼类知识手册中，该名称出自阿拉伯语的 caqr，大意为"狩猎用隼"或"高贵的隼"。第三种隼是游隼（Wanderfalke），这种隼比前两种大型隼分布更广泛。雄性游隼翅展约 80 厘米，雌性约 1 米。游隼差不多只在空中猎获中小型鸟类为食。腓特烈最喜爱使用产自北欧如挪威或冰岛的矛隼和猎隼来狩猎。如今分布在极北地区的隼比分布在较南地区的隼体形更大。白色的大型矛隼无论过去还是现在都极其珍贵。

要获得这种天赋异禀的猎手很不容易。中世纪欧洲北部的大部分隼类贸易在吕贝克。在中世纪晚期，这座城市还有义务每年为皇帝和帝国保留一定数量的隼。这种上贡形式脱胎于一种可能始于施陶芬王朝的特殊的"隼税"，14 世纪中叶的文献对此有多次记载。皇帝腓特烈二世也从吕贝克这座汉萨同盟城市获得了几只最爱的隼。1240 年初，腓特烈委托几位年轻的"贵族侍从"（valetus）从吕贝克带几只冰岛隼回意大利。我们之所以能了解此事，是因为 1240 年 2 月 11 日皇帝曾在一封信中下令偿还两名帕尔马商人 36 盎司黄金。这两名帕尔马人分别叫彼得·马格努斯（Petrus Magnus）和阿尔伯特·布索利（Albertus Busoli），他们为这些年轻贵族垫付了一笔费用，按照当时墨西拿地区的盎司重量换算，其价值相当于现在的一千克黄金。而 valetus 或 vaslet 一词在诺曼人使用的古法语中指的是尚未被封为骑士的大贵族乃至国王之子，因而这群买隼的皇家使者可能是属于贵族侍从等级的年轻男子。我们还知道帝王宫廷中一些皇家侍从的名字，通常他们 14 岁时开始进入宫廷，在皇帝身边效力，还要接受骑士美德和宫廷行为准则方面的教育。教育的重点是实战和狩猎，也需要学习用隼行猎的技巧，为接受骑士封号做好准备。腓特烈曾给一位贵族侍从的父亲写信谈到，精神和肉体上的磨炼能使年轻贵族免于"在温润的欢愉和懦弱的忧虑中松懈颓废"。[5]

两位帕尔马商人垫付的这笔钱涵盖了这群年轻贵族及其随从和马匹，当然还有隼，前往特拉维河畔，随后再回到意大利中部蒙特法尔科内（Montefalcone）旅途中的住宿、粮草的开销。一行人大约走了 3000 千米的路程。在正常情况下平均每天行进 30—40 千米（特快信使骑马每天能走 50—60 千米），再加上需要几天时间休息，那么整个旅途要持续三个月。取隼的成本的确不低。皇帝除了在获取和训练隼时付出不少花费，还准备了一些雄伟的建筑来满足其对狩猎的爱好。有部分研究者坚持认为著名的蒙特城堡也是专为用隼行猎准备的狩猎行宫。甚至还有一些专家认为，城堡的八角形塔楼能产生特殊的气流，便于隼起飞。不管怎么说，"腓特烈曾在此处携隼围猎"这一想法如此诱人，为历史的挂毯编入了几缕别样的线条：1938 年，根据维尔纳·派纳（Werner Peiner）的设计图，宁芬堡（Nymphenburg）的哥白林挂毯（Gobelin）工场制作了一张挂毯，上面是理想化的中世纪场景：皇帝与隼在蒙特城堡中。据称，这张挂毯与一批表现了用隼行猎的挂毯共同装点了赫尔曼·戈林支持建造的柏林"飞行员之家"（Haus der Flieger）。[6]

腓特烈论用隼行猎

腓特烈二世用隼行猎不仅是为了排场或消遣，还因为他对自然科学有极大的兴趣，这在当时很不寻常。他系统记录自己的经验和研究，将这些内容与自己从其他论述狩猎技巧的著作中读到的研究成果相结合。目前已知有两部著作，皇帝腓特烈本人在其翻译、编订、传播的过程中起到了决定性作用：一部是《穆阿明》，另一部是著名的隼类知识书籍《论用鸟行猎的艺术》。这两部著作的成书过程以及后来的命运非常复杂，因而在学界引发了激烈的争论，不过在它们在中世纪科学文化领域的地位这个问题上，又极有启示意义。[7]

　　1248 年在帕尔马遭遇的那场大溃败中，皇帝失去了那本装帧华丽的《鸟类与犬类之书》。一位名叫吉列姆斯·博塔提乌斯（Guilielmus Bottatius）的米兰商人可能从劫掠的士兵那里低价购得这部价值连城的手抄本。1264 年，吉列姆斯意图将手抄本卖给普罗旺斯伯爵安茹的查理，以讨好这位未来的当权者，后者当时正准备攻打西西里。为了让伯爵切实明白他将得到一件怎样出色的献礼，博塔提乌斯还为伯爵题献了一封信，详细介绍了这部手抄本的内容。从这封信中我们得知，这部书对皇帝而言"比其他令其愉悦的任何一物都更为珍贵，没有什么语言可以赞美此书那令人惊叹的华丽和极为重要的意义。此书缀以金银，工艺精湛，并饰有皇帝陛下的画像，相当于两部《诗篇》的厚度，依照合理的顺序传授了关于苍鹰、隼类、雀鹰和其他种类的高贵鸟儿以及各类犬只的有用知识"。这也是我们掌握的关于这部手抄本的最后信息。[8]

　　长期以来，人们都认为这部手抄本是《论用鸟行猎的艺术》的一部精装简写本，皇帝在帕尔马战败时将其遗落。但约翰内斯·弗里德和斯特凡·乔治斯（Stefan Georges）的研究证明这部手抄本是皇帝的另一部作品。这部价值连城的书中包含了几部未知狩猎手册的汇编，皇帝汇集整理其中的内容，并补充了自己的研究。皇帝补充的内容极为丰富，这使人们有理由认为这部书是皇帝撰写的第二部隼类知识书籍，因为即使是从其他书中整理出的内容也表现出有编纂者个人风格的狩猎思想。此外手抄本中可能还包含了皇帝亲笔撰写的较长段落，这些段落后来经过进一步修改。

　　不过《穆阿明》很可能保留了这部失落在帕尔马的书籍的核心内容。[9] 早在数个世纪前，阿拉伯世界就已经积累了用隼行猎的丰富经验，并撰写了大量相关文献，为了获得与自己的爱宠相关的更为深入的知识，皇帝设法获得了一批阿拉伯语的狩猎知识著作，并命人译为拉丁语。这部名为《穆阿明》的隼类及犬类专业治疗书籍便在此之列。书名"穆阿明"（Moamin）源于译者将"Muhammad"（穆罕默德）缩写为"Moam'"，后来的抄写员将位于右上角的缩写符错认作字母 i，以为"Moami"是作者的名字。该书由两部阿拉伯语文献汇编而成，一部是 8 世纪的文集《阿扎姆·吉特里夫》（*Adham al-Gitrīf*），另一部是 9 世纪的《穆塔瓦基勒之书》（*Kitāb al-Mutawakkilī*）。第一部隼类知识文献为猎人吉特里夫·伊本·库达玛·贾萨尼（al-Dschitrīf Ibn Qudāma al Dschassānī）所作，他曾在 8 世纪中叶为多位哈里发效力。这部作品本身包含了一些古代作品的内容，甚至还记载了亚历山大大帝与医生之间就隼类疾病发生争执的一个对话版本。根据"亚历山大"一名的阿拉伯语形式，这段对话版本被命名为"依斯干达本"（Iskandar-Version）。不过皇帝腓特烈在翻译对话时使用了另一个更长的版本。而《穆塔瓦基勒之书》主要探讨了如下问题：如果心爱的飞禽鼻塞流涕、喙部脱臼或耳朵疼痛时，驯隼人应当采取什么措施？根据这本书，这类疾病最好分别用狼的脂肪、涂有橄榄油的老肥尾（Fettschwanz）、瞪羚肉来治疗。而棕榈油或茄子油则可以防止隼的喙部断裂。

腓特烈二世亲自汇编和缩略了这些文献，在他积极参与下，在他的宫廷中，才编出了《穆阿明》的若干个版本，之后进一步的版本则一直流传了 8 个世纪，直到今天已有至少 70 个手抄本，十多种语言。产生于腓特烈宫廷的《穆阿明》文本是东西方文化交流的一个范例。这些文本证实了一部阿拉伯语文献的存在，而其部分内容可能不再为今天的阿拉伯世界所知。但是腓特烈是从哪里得到的这些阿拉伯语文献？他是否在十字军东征时从当地的统治者那里得到这样的礼物并带了回来？或者是不是迈克尔·司各脱的继任者、宫廷哲学家安条克的特奥多尔 1225 年左右来到皇帝宫廷时带过来的？特奥多尔是叙利亚基督徒，他游历广泛，还在摩苏尔度过一些时日。因此这个猜测有一定的道理。但也有可能这些文献来自西班牙，因为还有一个卡斯蒂利亚语译本流传了下来，这个译本是 13 世纪中叶在爱好艺术的国王"智者"阿方索十世的支持下诞生的。然而还有一些迹象表明这些文献可能来自北非地区，因为腓特烈二世在 1240 年初曾与突尼斯统治者交好，后者则借此契机送给腓特烈一部原本为阿拔斯王朝哈里发穆塔瓦基勒（847—861 年在位）所作《穆塔瓦基勒之书》的抄本。

腓特烈敬重的学者安条克的特奥多尔将这部书译成了拉丁语。由于这部书的阿拉伯语原本没能保存下来，因此，受到腓特烈鼓励而成书的拉丁语译本及修订本、数年后产生的卡斯蒂利亚语译本和其他若干阿拉伯语节选本共同构成了当代复原这部书内容的基础。[10]

　　编纂《穆阿明》的时间大约在 1240 年 8 月至 1241 年 4 月间，当时腓特烈正日复一日狂怒地从山上俯瞰敢于抵抗围攻的城市法恩扎。在帕尔马城外失去的那部精美手抄本显然包含了腓特烈编纂的《穆阿明》中的内容，还涵盖了其他关于狩猎的重要文献，如《丹库斯国王》（*Dancus rex*）和《驯隼人吉列姆斯》（*Guillelmus falconarius*）。这两部文献都出自腓特烈的外祖父罗杰二世宫廷，罗杰二世在西西里自然也会吸纳东方的知识。人们有理由设想腓特烈会撰写相关评注，或许他还会写下较长的篇章，这些文字可能是他后来的著作的开端。《穆阿明》是一部在中世纪意大利广为流传的实用手册。完成该书后不久，腓特烈又下令制作了至少 10 部手抄本。这些抄本作为用隼行猎的知识手册供驻扎在各地的驯隼人使用。根据目前掌握的信息，现存将近 40 部抄本，还有同样多的容易查阅的版本。此书后来的意大利语译者之一莫罗埃洛大师（Maestro Moroello）曾记载称，《穆阿明》出自迦太基国王科拉莫梅利诺（Coramomellino）之手，由皇帝腓特烈的医生特奥多尔大师翻译。然而这与前文所述并不矛盾，这些乍看有些传奇色彩的来历实际上彼此相容，因为 Coramomellino 这一名称是意为"信众之主"的哈里发称号的意大利语形式。在当时，迦太基指代突尼斯，这显然说明腓特烈是从哈夫斯王朝的一位哈里发那里得到这些用于修订的基础文献，而这一点之后逐渐为人所知。后来，一些《穆阿明》抄本落到了阿拉贡人和斯福尔扎家族（Sforza）手上，有一些被法国国王查理八世（1483—1498 年在位）和皇帝马克西米利安一世所得。皇帝腓特烈甚至还为自己的儿子恩齐奥制作了法语和意大利语版本。人们猜想，恩齐奥在看似遥遥无期的牢狱生涯中阅读这本书，一直到 1272 年去世，或许他也做了一些修订——这成了一部真正的监狱读物。

　　另一部关于用隼行猎的文献汇编就是皇帝腓特烈所作的著名的隼类知识手册，当人们谈到这部书时常会同时念出皇帝的大名。该书标题言简意赅:《论用鸟行猎的艺术》。人们认为它成书于 1241—1248 年间。可惜现在没有腓特烈在世时绘制的手稿留存，哪怕是不完整的手稿也没有，也许皇帝留下的草稿尚未完成。现存或已知的文本不到 25 份，这使《论用鸟行猎的艺术》比起《穆阿明》传播范围要小得多。皇帝这部著作现存最古老的版本是其子曼弗雷德在任西西里国王时从父亲的草稿中整理出来的抄本，内有曼弗雷德自己的评注并附有插图。这意味着这部广为人知的隼类知识手册插图本并非出自腓特烈在位时期，并且他本人也从未爱不释手地翻阅此书，而是直到他去世后约 15 年，这部书才问世。曼弗雷德是腓特烈与比安卡·兰恰所生之子，也是西西里国王，他与父亲一样是狂热的驯隼人。于是曼弗雷德将父亲的文稿制成了一部华丽的手抄本，并完善了文稿中的未尽之处。他将自身的经验添加到父亲的文稿中，用"曼弗雷德国王"的字样标出。手抄本可能产生于 1258—1266 年间，不过这部书也未能完成，这一点可以从手抄本末尾一批已绘制成形但仍未上色的插图中看出。这部隼类知识书的简略版手抄本十分珍贵，现藏于梵蒂冈，里面的插图包含逾 900 个单独场景，其中最有名的莫过于皇帝本人与一只隼在一起的画像。《论用鸟行猎的艺术》之所以比流传更广的《穆阿明》更有名气，这些画饰功不可没。皇帝这部配有插图的书原本是一根嫁接在《穆阿明》旁枝上的接穗，却因为开出了鲜艳的花朵，而最终抢去了哺育它成长的大树的风头。

现在我们来仔细看一下曼弗雷德手抄本中流传下来的皇帝的文字：首先，皇帝从整体上阐述了鸟的分类，尤其是非猛禽类的分类方法，接着开始谈到隼类及其驯化方法，介绍了驯隼必要的辅助设备，并分享了他用矛隼、猎隼、游隼狩猎的知识。书的开头则有一篇类似于前言的文字，阐述了这部作品的意义、结构、内容。在关键词"关于本书的要求"下，腓特烈写道："朕之所以撰写这本论用隼行猎的著作，目的是要原原本本地展现现有的行猎的知识，维护其在艺术领域的地位，迄今为止，尚无人掌握了相关知识，也无人将其视为一门艺术。"狩猎应当成为一门艺术或技艺，而中世纪的人一般将其视为一门学问。在中世纪盛期及晚期的大学，各学科被称为"艺"（artes），因为人们在大学里会学习"七艺"，其中就

巴顿在西西里：1943 年盟军攻入西西里，巴顿在布罗洛和莱尔·伯纳德中校交谈。巴顿的部队进军迅速，德军无暇顾及巴勒莫的腓特烈二世石棺

教堂与国王陵墓：巴勒莫大教堂中有若干用斑岩制成的棺椁，罗杰二世、亨利六世、腓特烈二世以西西里国王的身份安葬于此。这些棺椁最初被存放在圣坛下，18 世纪末大教堂被彻底翻修后，棺椁被转移到侧面的礼拜堂内。丹尼尔·恩切夫摄

东方风格的巴勒莫：在腓特烈曾度过青少年时光的巴勒莫，至今仍有许多东方风格的建筑，如狩猎宫堡库巴宫和吉沙宫、圣卡塔尔多教堂、海军元帅圣母教堂以及这幅图中展示的圣若望隐修院。1130—1143 年，罗杰二世在一座阿拉伯建筑的基础上修建了该隐修院，它是西西里第一座罗马天主教修道院

头戴王冠的婴儿：《皇帝纪念书》中的康斯坦丝皇后正在将襁褓中的婴儿腓特烈交给斯波莱托公爵夫人。婴儿头上的"小王冠"以及妇女们覆盖布的双手强调了他的特殊地位

华丽的礼拜堂：帕拉蒂纳礼拜堂属于诺曼王宫，其内部的装饰图案极为华丽，也许年幼的腓特烈曾漫步其中，注视墙上精美的马赛克画

赎罪与面纱：沃尔姆斯大教堂是重要的罗马式建筑，建于 1018—1181 年间。1235 年 7 月，这座教堂不仅目睹了国王亨利七世试图在父亲腓特烈面前公开请罪，以迫使父亲接受自己的忏悔，还见证了腓特烈与英国国王亨利三世之妹伊莎贝拉的盛大婚礼

囚于"蛋堡": "蛋堡"旧名"圣萨尔瓦托里斯城堡",坐落于离那不勒斯不远的一处礁岩上,12世纪时诺曼人将其改建为要塞。这座城堡多次用来关押著名囚犯,其中就有腓特烈的生母康斯坦丝皇后。《皇帝纪念书》中插图的注文写着"海边的萨尔瓦托里斯城堡"和"皇后"

轮上的基地: 11世纪,米兰人开始使用卡洛奇奥车,这是一种插有军旗的重型战车,军队将其作为"基地的替代品"拉到战场上,并会不惜一切代价保卫它。直到中世纪末期,意大利北部许多城邦还在使用这种车,它们甚至还有自己的名字。乔万尼·维拉尼《新编年史》中有一幅少见的描绘这类战车的插图,图上的战车是腓特烈二世在1237年科尔特诺瓦战役中从米兰人手中夺来的

"强大的山"：阿卡城东北部约 30 千米处坐落着蒙特福特城堡废墟。这座城堡的名字来源于拉丁语 Mons fortis，意为 "强大的山"。它是条顿骑士团领地的中心，曾多次遭遇包围。1271 年 6 月，苏丹拜巴尔下令在城墙下挖凿地道，城堡就这样落入苏丹之手。之后，这座城堡再无人使用，逐渐衰败

接近敌境：1240 年，腓特烈二世在阿尔贝蒂伯爵的城堡的基础上，扩建出普拉托堡垒。这座堡垒距离佛罗伦萨仅 18 千米，其功能与其说是防御敌人，不如说更多地是展示统治者的威严

骑士的武器:《皇帝纪念书》中的这幅图描绘了德意志将领施魏因斯波因特的迪波尔德率领手下的骑士追击一队敌人的情景。图中详细展现了 1200 年前后的武器装备：剑、长矛、长及膝盖的锁子甲，还有后来被桶盔所取代的带有护鼻的钟形盔、末端逐渐变尖的椭圆形盾，以及两匹身着绘有纹章的马衣的马。通过"会说话"的纹章（野猪）可以认出迪波尔德。除了鹰和狮子，野猪因体格强壮，也是经常出现在纹章中的动物形象

甲板上的摇桨者：《皇帝纪念书》中所绘的战舰大约是 1200 年以前西西里海军所使用的。图上可以清楚地看到一排排船桨、船首的一根撞角、高耸的船尾，每根船桨都由一名船员操控。值得注意的是船上的旗帜飘扬的方向正好相反

谈判赢得圣地：1229 年，腓特烈二世与埃及苏丹卡米勒多次谈判，卡米勒最终同意和平交出耶路撒冷等地。乔万尼·维拉尼《新编年史》描绘了腓特烈（左二）与卡米勒（右三）谈判一事

宫中最高雅的捕猎方法：诞生于 14 世纪的《大海德堡诗歌手抄本》即著名的《马内塞手抄本》多次描绘用隼捕猎的场景。这幅插图表现的是腓特烈二世的孙子康拉丁国王与朋友巴登边区伯爵腓特烈行猎时放飞隼的情景。显然插图者还不知道隼帽这一工具的存在

皇帝携隼端坐于王位上：在装帧华丽的插图本《论用鸟行猎的艺术》开头，绘有端坐王位之上的皇帝腓特烈及其子曼弗雷德的正面像

歌颂腓特烈：福格威德的瓦尔特是中世纪最重要的德语诗人，发展了格言诗体裁。他得到腓特烈资助，摆脱了穷困，成为腓特烈的歌颂者。《大海德堡诗歌手抄本》绘有他的形象

发生在礼拜堂：1212—1220 年间，腓特烈时常造访在过去具有重要地位的皇帝行宫埃格尔，祖父"红胡子"腓特烈曾在那里召开宫廷会议。1213 年，腓特烈在那里的双层礼拜堂内颁布了一份著名的诏书，史称《埃格尔金玺诏书》。极少有中世纪诏书会像这份诏书那样，在提及商讨会议地点后还会指明会议具体是在哪座建筑中召开，这就是："发生在埃格尔城堡礼拜堂。"

阿普利亚的皇冠：蒙特城堡位于阿普利亚一块贫瘠之地中部，如一顶皇冠屹立在穆尔杰高地一座山丘之巅，人们可以从各个方向遥望这座城堡

皇后的古代棺椁： 1222 年，腓特烈的第一任也是唯一一被加冕为皇后的妻子康斯坦丝被安葬在巴勒莫大教堂内的大理石棺椁中。棺上刻着几行墓志铭。1791 年人们在棺椁中发现了一顶皇帝的冠冕，那是腓特烈给妻子的陪葬品

曾经的立言者： 维尼亚的彼得罗文采出众，出任腓特烈宫廷的大文书长，为腓特烈起草各种诏书和书信，成为重要权臣，后因腓特烈的怀疑而被处死（或自杀）。图为多雷的《神曲》插图，彼得罗失去肉体，变成了树，在地狱备受煎熬

《西西里金玺诏书》：1212 年 9 月 26 日，年轻的西西里国王腓特烈在巴塞尔给波西米亚国王和摩拉维亚边区伯爵颁发了三份《西西里金玺诏书》。图为其中一份诏书

教宗的马倌：在罗马四殉道堂内有一幅 1246 年的壁画，这幅画创作时，教皇英诺森四世与皇帝腓特烈二世之间的斗争达到了顶点。画中步行的罗马皇帝君士坦丁牵着教宗西尔维斯特乘坐的白马的缰绳，将教宗领入永恒之城罗马，从而引领教宗进入属于教宗自己的领地。该画意图表明：一位比腓特烈更加英明的帝王（君士坦丁）让罗马这座古老的帝都变成了永远的教宗城市

遭受绝罚：腓特烈二世因故迟迟没有出发参加十字军，遭教宗格里高利九世绝罚；后来腓特烈对撒丁岛提出统治要求，再遭格里高利九世绝罚。乔尔乔·瓦萨里描绘了教宗颁布绝罚令的场景

废黜皇帝：腓特烈二世与教宗英诺森四世发生冲突，1245 年英诺森四世召开里昂大公会议，颁布绝罚令，将腓特烈废黜

国王拥立者：美因茨大教堂内最古老的墓碑属于 1239 年在大教堂领受圣职的美因茨大主教埃普施泰因的西格弗里德三世。西格弗里德与两位"对立国王"，亨利·拉斯佩和荷兰的威廉，一同出现在碑上，这位教会王侯在推举二人为王的过程中起到了决定作用

不祥之兆：乔万尼·维拉尼《新编年史》中的这幅插图描绘了 1248 年被腓特烈围困的帕尔马人如何反攻并占领腓特烈用木栅栏固防的营地。此战腓特烈遭遇惨败，不仅丢掉了木头营地，还失去了整个国家的宝藏

radino el duca dosterie el conte　　nõa diamo fred p chein tenuto sante huomo. Et parue de pla innocena

施陶芬王朝的垮台：腓特烈二世之孙康拉丁国王在塔利亚科佐被安茹的查理击败，和几名亲属一起在那不勒斯遭斩首，施陶芬王朝就此垮台

祖国之父： 1888 年，人们在那不勒斯王宫的外墙壁龛内安上了数座统治者塑像。这组塑像始于罗杰二世，终于埃马努埃莱二世。腓特烈二世也被列为具有重要历史意义的意大利统治者及意大利国父之一

有算术、几何和语法。在这个意义上，皇帝想要证明自己懂得"行猎的艺术"，并意图原原本本地呈现现有的知识。[11]

关键词"本书标题"之下写出了这部著作的完整标题："宛如天神的崇高者、罗马人的皇帝、耶路撒冷及西西里国王腓特烈二世之著作，论用鸟行猎的艺术，以分类和探究来揭示以鸟行猎中自然的作用。"腓特烈也谈到了用隼行猎为何如此困难："猛禽为何比犬及其他四足动物更难以驯服：……因为猛禽与其他鸟类和野生动物相比，天生更容易躲避驯养人。猛禽不像其他鸟类以人类种植的谷物及其他作物为食……四足动物不像鸟类那样灵巧，可以逃离并躲在远处，因为它们行动笨拙，附着于土地；鸟类则行动敏捷，可以飞向空中。因此，比起鸟类，人类更容易让四足动物臣服于人自己的统治，能够借助暴力或其他手段将其擒获。那些能够飞向天空的鸟类，人类无法借助暴力手段，而只能凭借自己的机敏方能抓获并驯服它们。由此可见，用鸟行猎的艺术要比其他行猎方式困难得多，也更为高贵。"像驯服一条狗那样真正驯服一只隼绝无可能。人只能让隼些许驯服，它们不会习惯性地回到驯隼人身边。如果隼为了追击一只飞得很快的鸟，例如鸽子，已飞去很远的地方，而驯隼人又没能及时追上它，那这只隼就会永远消失。它们永远不会成为统治者的私产。"无法借助暴力手段，而只能凭借自己的机敏"——腓特烈这样写道——方能抓住并驯服它们，这是一个巨大的挑战。[12]

腓特烈的狩猎手册是当时最为全面实用的隼类知识手册。腓特烈在书中不仅介绍了隼的驯化技巧和用隼行猎的方法，还展现了广阔的鸟类研究图景，他让读者看到了不同种类的鸟飞翔与哺育幼雏的场景。该书介绍了逾 100 种鸟，其中一些是首次研究。书中不仅描述了多种猛禽，还介绍了形形色色的猛禽的猎物，这些动物被绘制成插画，极为逼真细腻。曼弗雷德的手抄本包含了 900 多幅草图和彩图。书中提到的几乎所有鸟类都可以在自然中观测到。图片与文字说明能够帮助我们识别 130 多种鸟。借助书中的信息，人们能够重构 13 世纪中叶阿普利亚北部的动物分布情况。手抄本中描绘的最著名的鸟类有鸵鸟、多种鹈鹕、鸬鹚，鸬鹚在书中被称为"海老鸦"（corvus marinus）。手抄本中的 phoenicopterus 指的是一只粉红色的火烈鸟，它可能是被人抓来的，因为这种鸟在意大利没有繁殖栖息地。插图中最常见的是黑鹳和白鹳，其中甚至有一只白鹳在塔楼上筑巢并小憩——这是该物种在人类建筑上繁殖的最早例证。插图中被捕食的鸟类多为鹭、鹤、雉、鸡、雁、鸭的特定亚种。插图展示第二多的鸟便是猛禽。除了隼的多个亚种，还出现了鹰、鸢、苍鹰、雀鹰、鹫、鸮。最新鸟类研究成果表明，这部著作介绍了一种特殊的鸟，该作称其为"沙漠鸨"（bistarda deserti）。这实际上是蛇鹫，一种来自非洲大草原的猛禽，又名"秘书鸟"，这种鸟极易捕捉，或许它们被腓特烈本人从东方带到欧洲，又或者是他人赠给腓特烈的礼物。

这部手抄本中出现的鸟类远比腓特烈本人实际了解的要少得多，因为这部作品并非打算全面概述鸟类知识，而是试图系统梳理有关猛禽和猛禽可以猎捕的鸟类的知识。由于手抄本中的鸟类常常是基于细致的观察结果绘制而成，因而这部作品在西方科技史上可以说是独树一帜。恩斯特·康特洛维茨认为，这部隼类知识手册是"最早的西方经验科学文献之一"。事实上，这部作品标志着人类迈向现代思想之路的一个重大进步。当时人们认为中世纪动物寓言（Bestiarien）和生理学（Physiologos）就已够用，后者是一种产生于古代晚期的动物生命研究，它并不关注准确的动物科学，而是从基督教救赎史的视角来阐释所有动物。而在此书里，为数代人所传抄而从未受到争议的古代知识被加入个人的观察中。

腓特烈也从古代著作中汲取了营养，特别是亚里士多德19卷本的动物学著作。不过他对待亚里士多德作品的态度不同于常人。如果腓特烈自己的认知与这位哲学家相抵触，那他就会去批判。从根本上看，比起亚里士多德坐冷板凳式的动物学研究，腓特烈更钟情于自己在林间地头的经验研究方法，虽说亚里士多德在当时一直被视为无可争议的权威，但他的双眼只能从故纸堆中寻找学问，却不能从枝头或池塘水面上拍打的双翅中获取新知。在书的前言中，腓特烈写道："如有必要，朕在写作过程中将追随亚里士多德的思想；但是根据朕从经验中所得的知识，亚氏在某些问题上，特别是在某些鸟类的天性方面，偏离了真理。因此朕不会在所有问题上都追随这位哲学之王的脚步，因为他甚至几乎从未用鸟狩猎过，而朕则自幼热爱用鸟行猎，一直都在从事此项活动。"比如腓特烈注意到："一些水鸟虽然游泳技能出色，但它们飞行能力较差，因此它们不能离开水域，例如几乎所有能够潜泳的鸟类都是如此。相反，亚里士多德在其动物学著作中认为，飞行能力一般的鸟类都善于行走或奔跑，而能够潜泳的鸟类飞行能力弱，行走能力还要更差。在某些层面上看，亚里士多德的论断适用于陆禽；但对于不善飞行的水鸟，正如上文所言，这一论断并不适用。由于水鸟主要生活在水中，因此它们的双足构造不适宜行走而更适于游泳，这些鸟类无论其飞行能力强弱，几乎都无法很好地行走。"[13]

同样，人们认为所有喙部弯曲的鸟类都是猛禽，对此腓特烈予以反驳："一些鸟类的喙部笔直，例如绝大多数非猛禽类，另一些则喙部弯曲，例如猛禽类。然而人们会发现不少非猛禽类也有弯曲的喙部，例如寒鸦、喜鹊等。而亚里士多德在其动物学著作中称，所有喙部弯曲的鸟类都是猛禽——事实并非如此！"有一则根深蒂固的鸟类传说，自亚里士多德的动物学著作起，经普林尼的《自然史》，再到大阿尔伯特的著作，被一再翻出，这就是鸟类的冬眠。由于在寒冷的冬季看不到某些鸟类的踪迹，人们就认为它们躲藏在某个隐秘的地方冬眠。但腓特烈对候鸟迁徙行为的描述修正了这一观念。另一则令腓特烈不得安宁的传说则是大雁是从树上长出的。著名的百科全书作家塞维利亚的伊西多尔在《词源》中就提到过这个荒诞的事情。此

隼儿的爱好是漫游：腓特烈在隼类知识手册中描述了动物的一些特殊习性。根据腓特烈的说法，游隼为了完成远距离飞行，会落在船尾。为了不至于精疲力竭而落入海中，游隼宁愿被人抓住

等幻想的起因很简单：黑雁在遥远的北部高寒地区育雏，因此人们自然无法在不列颠或北海及波罗的海沿岸发现它们的卵或巢穴。大雁是从树木中长出的说法在爱尔兰和苏格兰地区广为流传，这些地方的人将附着在浮木上的鹅颈藤壶（Entenmuscheln）看作小雁孵化的地方。为了验证这则在自己看来十分古怪的传说，皇帝命人从北方送来海上漂浮的木头。通过观察，他得出结论，黑雁和白颊黑雁并非生于木头，而是要在遥远的地方繁育后代。直到 16 世纪末，荷兰航海家威廉·巴伦支（Willem Barents，约 1550—1597）才在赴北极的远洋探险中证实黑雁也是从蛋中孵出的。

不过，伟大的皇帝偶尔也会犯错：曼弗雷德手抄本中绘有一种白色羽毛、双翅边缘黑色、双足为红色的鸟，正啄食哺乳动物的头颅，这可能是骆驼的头。插图旁边有一行后来附上去的解释语："一只大雁在食用腐尸。"可一般情况下大雁并不会做这样的事。腓特烈之所以会得出如此奇怪的观察结论，可能是因为他与随从一同看到了一只白色大鸟在啄食动物头颅，然而这只鸟并不是大雁，而是一种外形与大雁非常相似的鹫，很可能是白兀鹫。

这部作品现存最古老的版本第一页背面绘有统治者腓特烈与一只蹲栖的隼的形象。在这幅画的下方则能看到其子曼弗雷德在向驯隼人做出指示。毕竟这部作品在评述鸟类知识时，最主要的目的还是驯化用于狩猎的隼。由于隼生性孤僻，因此要将它们训练成能够听从他人意愿的群居动物将是一个巨大的挑战。为此需要使用一定的辅助工具和手段，但这些工具的名称如今并不一定广为人知。今天的驯隼人还在使用一种"扯饵"（Zieget），其拉丁文为 tiratorium。此物实际上是鸟翅膀或鸟腿，上面还留有许多肉。如果站在手臂上的猛禽开始变得不安，甚至有要"蹦跳"的迹象，也就是烦躁地扇动翅膀，那么这只紧张的宠物就会得到一根扯饵，当它忙着撕咬扯饵时，它就会忘记原本紧张不安的原因了。

皇帝腓特烈的隼类知识手册中关于驯隼的另一个核心概念是"拉眼皮"（Aufbräuen），其拉丁文为 ciliare。驯隼人用针线刺穿猛禽的下眼睑，将下眼睑拉起盖住上眼睑，接着将线的末端绑在头部，让猛禽在一段时间内无法看见东西。这样做是因为隼看见人会害怕。当隼适应了人的抚摸、喂食和携带之后，驯隼人就会拆线，这一做法叫"放眼皮"（Losbräuen），拉丁文为 deciliare。人们可以从曼弗雷德手稿的插图中清楚地辨别出哪些隼被拉过眼皮，这样的隼看上去就像在驯隼人的手套上睡着了。直到 1228 年和 1229 年远征东方，这位驯隼的帝王才从阿拉伯人那里学会了使用隼帽，用隼帽可以随时蒙住隼的双眼。腓特烈将隼帽及其使用方法介绍到了西方，今天的驯隼人仍在使用它们。除"拉眼皮"，另一些中世纪的训练手段也会被现代人看作虐待动物，例如毫无防御能力的鹤会被拿来当作驯隼的诱饵。人们用绳穿过鹤的鼻孔将其喙部绑住，然后缝起鹤的双眼，绑住双腿，烧去爪子，这样当幼隼试着用锋利的爪子去捕杀鹤时，就不会受到任何伤害。[14]

献给教宗的礼物

腓特烈所作的《论用鸟行猎的艺术》现存两个版本：一部是篇幅较长但不完整的六卷本，现藏于博洛尼亚和巴黎；另一部是篇幅较短的两卷本，附有六卷本中没有的附录。篇幅较短的版本现在更为出名，因为它曾归腓特烈之子曼弗雷德国王所有。1266 年，曼弗雷德国王在贝内文托战役中阵亡，这版抄本便落入了战胜者安茹的查理之手。于是法国人暂时成为曼弗雷德手抄本的主人。如今可以证实，该抄本在 14 世纪初为贵族当皮埃尔及圣迪济耶的让二世（Jean II de Dampierre et de Saint-Dizier）所拥有。让二世命人将其翻译为古法语，并复制了其中的画饰，于是这份手抄本又成为其他手抄本的基础。在之后的三个世纪里，曼弗雷德手抄本下落不明，直到 1594 年出现在纽伦堡显贵、有名望的自然科学家约阿希姆二世·卡默拉里乌斯（Joachim II Camerarius）家中。奥格斯堡的文学家马库斯·韦尔泽（Marcus Welser）将手抄本借出付印，1596 年第一批印刷本出版。随后发生的事又变得不甚明朗，总之这部腓特烈的隼类知识书又成为普法尔茨选帝侯的手抄本藏品。以首版拉丁语印刷本为基础，1756 年出版了手抄本的第一部德译本，译者为约翰·艾哈德·帕修斯（Johann Erhard Pacius）。但是帕修斯在翻译书中的专业术语时很是费力，因为他对用隼行猎一无所知。为此，每当遇到这方面的术语时，他便请教委托他翻译此书的勃兰登堡-安斯巴赫边区伯爵卡尔·威廉·腓特烈（Carl Wilhelm Friedrich，1712—1757）的手下，那些主要来自荷兰的专业驯隼人。因此这些术语中的荷兰语元素被悉数保留，例如 Staart，意思是"尾巴"。帕修斯的译本用词后来成了德语驯隼专业术语的基础。

后来这部隼类知识著作的手抄本被加上木制封皮，与海德堡的帕拉蒂纳图书馆（Biblioteca Palatina）内一批价值无可估量的藏书被送往罗马，保存于梵蒂冈图书馆。直到今天，这部手抄本的编号依然是 Codex Palatinus latinus 1071，这表明这部手抄本原属于帕拉蒂纳图书馆。经过 16 世纪的大规模收购，帕拉蒂纳图书馆因其丰富的馆藏而闻名，其中就有珍贵的福音书、《马内塞诗歌手抄本》和萨克森法典（Sachsenspiegel）的一部插图手抄本。这些重要的手抄本使帕拉蒂纳图书馆获得了"帝国图书馆"的声誉。1622 年夏末，由蒂利（Tilly）将军率领的天主教联盟军占领了普法尔茨选侯国（Kurpfalz）和海德堡，于是巴伐利亚公爵马克西米利安一世（1597—1651 年在位）打算将这座著名的图书馆迁到慕尼黑。但是教宗格里高利十五世（1621—1623 年在位）也垂涎这座图书馆，于是这位战胜的公爵将这批战利品图书献给了教宗，向其献媚。这一"赠礼"并非完全不为私利，它的确换来了教宗支持巴伐利亚的维特尔斯巴赫家族获得普法尔茨选帝侯之位。1622 年 12 月，在教宗使节、未来的梵蒂冈图书馆馆长莱昂内·阿拉奇（Leone Allacci）的组织下，藏书开始运往罗马。200 头骡子驮着这些珍宝以及从海德堡其他图书馆中遴选出的另一些书籍，穿过阿尔卑斯山口，前往意大利。1623 年 8 月，梵蒂冈图书馆接收了 184 个箱子，共计 3500 份手抄本和 1.2 万部印刷出版物。阿拉奇是个地地道道的书迷，他自己单独留下了 12 箱书。这批书中有许多在 17 世纪被重新装订成册，其中可能就有《论用鸟行猎的艺术》。就这样，仿佛是命运的嘲讽，腓特烈的隼类知识著作走进了基督代理人的图书馆，而这群代理人多次将这部书的作者斥为敌基督，施以绝罚，最终将其废黜。

腓特烈论用隼狩猎的著作代表了经验科学的理解方法。虽然他尚未从经验中总结出法则，但他作为将世界看作一台"自然运行的大戏"（theatrum orbis naturae）的"自然研究家"（scutator naturae），将自身从单纯的书本知识中解放出来。腓特烈借助一种摆脱理论束缚的数据分析方法来观察自然，与弗朗西斯·培根（1561—1626）时代之前的推断式科学形成对抗。因此，这位皇帝的贡献在于他赋予了他所搜集的知识一个体系，只有在这一体系中，单独的细节才拥有自身的位置。但这并不是全部，这部著作还在哲学意义上产生了影响，它也是一部超越所有鸟类相关范畴的价值指南。用隼行猎之人会变得高贵，因为用隼行猎是最高贵的狩猎方式，是为承担国家责任的最优秀之人准备的智力和道德训练。它同时是一个教育阶段和成长过程，因为它让驯隼人参与上帝对自然的完美创造活动。但是，腓特烈的隼类知识手册也是一部论述统治和上帝既定等级的书。对统治者而言，最伟大的时刻莫过于臣仆不再能感觉到自己身上的枷锁，因为他已学会热爱这一束缚。早已习惯于枷锁的臣仆，无论是隼，还是农民，抑或是贵族，他们最需要的那只牵引的大手就是皇帝的手。

　　一则虚构的故事形象地说明了人们如何看待皇帝腓特烈的统治观，在这则故事中，皇帝心怀一种动物等级思想。尽管这不是真事，但也算是有意思：皇帝有一只猎隼，在皇帝心目中它比一座城池还要宝贵，有一次，皇帝将它放出来捕猎鹭鸟。在飞行过程中，猎隼发现了一只幼鹰，于是它放走了鹭，转而扑向这只幼鹰，将尖爪刺入鹰的身体。目瞪口呆的腓特烈命人从隼的爪下取走猎物，随后命令刽子手当场将这只隼的头砍下。面对身边一张张惊讶而疑惑的脸，皇帝解释道："因为他杀害了自己的主人！"这则故事出自意大利最古老的传说总集《古代故事百篇》(*Le ciento novelle antiche*)，该书又名《新故事集》(*Il Novellino*)。[15]

　　这个被处决的隼的故事是常用的叙事主题，这个故事之所以令人信服是因为猎隼的确能够杀死尚未成年的鹰。而在《尼伯龙根之歌》里，克里姆希尔德梦境中被鹰撕碎的隼则反映了自然界中真实的权力关系。《新故事集》中这则被杀的隼的故事清楚地表明：万事万物都要臣服于统治等级关系，即使是自然法则也要匍匐在帝王权力的脚下。在腓特烈时代，鹰作为象征物与施陶芬王朝密不可分，这一点在钱币、印玺、浮雕宝石、建筑和手稿插图中能反复看到。鹰还是施陶芬家族的纹章，它代表了罗马的帝王传统：鹰是施陶芬王朝帝国理念的象征。谁若在皇袍上穿戴作为帝王权力及罗马帝国统治世界象征的神圣的鹰，谁若是鹰的传人（genus Aquilae），他便不会允许任何人，哪怕是自己最心爱的隼，损害天空的统治者鹰的威名。这就是该故事想要传达的信息，在皇帝去世后的数十年时间里，人们想必还在私下讲述这一道理。谁若是攻击了皇帝或是皇帝的象征，谁就要被刀剑处以极刑。这一点绝非虚构，而是真正的事实。

第三部

敵　意

第 10 章

军事统帅

武士僧侣：条顿骑士团

"尊敬的陛下？""何事？""最虔诚、最光荣的陛下，我还有一事想要禀报，同可敬的大团长赫尔曼教友的特权有关！""怎么说？""战无不胜的您还应命人附上最仁慈的陛下的金印！""好，不过您干吗这么夸张，我亲爱的彼得罗，还是省省您那些拗口的奉承，把它们都放到羊皮纸上吧！""我这么说是觉得崇高的陛下可能会很惊讶，因为文书上写的年份与蒙受上帝恩典的我们所计算出的年份不一样！"

这一小段对话是虚构的，但用来形容统治者的修饰语并非虚构，这些词在皇帝腓特烈的诏书中反复出现。根据人们的设想，彼得罗这位才华横溢的帝王立言者与皇帝之间类似的对话可能发生在 1235 年那次重要的美因茨宫廷会议期间——所用的语言当然是西西里土语或古法语。这场对话涉及颁发给条顿骑士团大团长萨尔察的赫尔曼（约 1162—1239）的一份诏书。皇帝腓特烈也许并不会对诏书上所写年份与实际年份有出入感到奇怪，因为他与赫尔曼和彼得罗串通好了。

感到奇怪的应当是近一百年的诏书研究者。这份《里米尼金玺诏书》（Goldene Bulle von Rimini）文件中包含了非比寻常的情况，虽然类似的情况在中世纪偶尔有之，但在腓特烈的诏书中，除了此处，只在涉及另一项特权的一份诏书中出现过。这份诏书上写着的所谓签发时间，即 1226

年，与诏书的实际签发时间并不一致，甚至隔了整整十年。这难道是粗心大意犯下的错？又或者是故意伪造？此事较为复杂，这份诏书可不是宣布将某片草场封赐给某人，它是证明一个骑士团体合法性的核心基础文件，这个骑士团体后来缔造了一个存在了数百年的独立国家，它就是条顿骑士团。该骑士团的迅速崛起有赖于皇帝腓特烈二世与骑士团大团长萨尔察的赫尔曼之间特殊的亲密关系。由于皇帝与大团长联系极为紧密，人们甚至可以将当时的条顿骑士团视为施陶芬家族的骑士团。

　　骑士团这一组织产生于十字军东征、西班牙收复失地运动和东欧基督教化的进程中，武士与僧侣群体在骑士团中合为一体。圣殿骑士团、圣约翰骑士团、条顿骑士团的建立开启了骑士团的繁荣时期。施陶芬王朝的两位腓特烈所统治的一百年影响了欧洲骑士文化的发展。在腓特烈二世治下，条顿骑士团不断扩张领地与势力，终于与更古老的圣殿骑士团和圣约翰骑士团比肩。萨尔察的赫尔曼担任大团长期间，腓特烈给予了条顿骑士团大量特权与财物。顺便说明一下，1216 年以后，条顿骑士团大团长就与一名随从住在宫中，二人及他们的六匹马可以免费食宿。腓特烈与大团长的密切关系不仅为腓特烈赢得了一名可靠的亲信，还极大地扩充了腓特烈的军事力量，这一重要意义体现在腓特烈十字军东征的过程中。条顿骑士弟兄身着白色长袍，上面装饰有黑色十字章，但这一服饰在腓特烈的影响下才真正得到认可。条顿骑士团的特权达到顶峰的标志是《里米尼金玺诏书》。和三份《西西里金玺诏书》一样，这份诏书在 19 世纪也演变成有强烈民族主义色彩的文献。[1]

　　条顿骑士团的开端要追溯到圣地的伤病医院。1187 年埃及和叙利亚苏丹萨拉丁·优素福·本·阿尤布（Salah ad-Din Yusuf bin Ayyub，卒于1193 年）占领耶路撒冷时，圣城中已有一座存在了半个多世纪的圣母马利亚医院，专门照顾身份显赫的德意志朝圣者。无论在哪个时代，身在异乡的朝圣者都需要得到食宿、宗教慰藉和保护。于是在1189年或1190年，一群德意志商人秉承耶路撒冷圣母马利亚医院的传统，在阿卡城外建立了名为"耶路撒冷的德意志人圣母马利亚医院兄弟会"的组织。数百年来，它都是这支白袍骑士团体的官方名称。与人们想象的不同，医院兄弟会并非在鼓号喧天的仪式中建立，最初不过是一些商人出于实际需要捐赠了一块船帆，将其改造成战地医院帐篷，为病人和伤者遮挡东方的烈日。到了 13 世纪，来自耶路撒冷的早期起源与后来被理解为"重建"的阿卡城外的组建，发展为两股彼此对立的传统，它们代表了骑士团的不同来源，从而导致 20 世纪学者间的争论。纯粹从法律意义上看，耶路撒冷的圣母马利亚医院在阿卡得以延续，阿卡城外的德意志护理人员所做的是同样的事情。正如人们时常在一些小册子中读到的那样，为了突出来自不来梅和吕贝克的十字军战士的参与作用，帝国北部的一些条顿骑士团事迹被附会到这个在阿卡另起炉灶的兄弟会的历史中。对骑士们而言，团体发源于耶路撒冷十分重要，因为圣城为骑士团获得合法地位提供了巨大的可能性。

1191 年 7 月，基督徒夺回了阿卡，医院兄弟会再也不需要帆布帐篷了，因为早在阿卡被占领前，耶路撒冷名义上的国王吕西尼昂的居伊（Guy de Lusignan）就已将城中的一座建筑许给他们做医院。到了 1198 年，这个护理兄弟会以更古老的法国圣殿骑士团和圣约翰骑士团为榜样，开始转变为承担军事任务的骑士团，即条顿骑士团。这座医院隶属于这个如今积极参与战争的德意志人骑士团。一年后，即 1199 年，教宗委托骑士团前去攻打异教徒。条顿骑士团在施陶芬王朝的政策中占据了突出地位，借此迅速崛起。在这一过程中更为重要的是，萨尔察的赫尔曼赢得了腓特烈二世的好感与信任。若非如此，失去了东方领地的骑士团便会早早没落，或是被并入另一个更强大的骑士团。萨尔察的赫尔曼出身于侍臣家族，该家族得名于图林根的一地，今天名为巴特朗根萨尔察（Bad Langensalza）。最初的侍臣是没有人身自由的侍从，12 世纪以后，许多侍臣晋升为较低等的骑士贵族等级。1209 年或 1210 年，赫尔曼开始担任当时尚无足轻重的条顿骑士团的大团长。1216 年 12 月，赫尔曼在纽伦堡第一次见到年轻的腓特烈，很快成为他手下的重要谋士。赫尔曼有出色的外交才干，一方面能够坚定地服务于皇帝，另一方面又能与罗马教廷保持联系，从而保证未来能与教廷斡旋。1239 年 3 月 20 日，赫尔曼逝世于萨勒诺，被安葬在位于巴列塔的骑士团之家。

腓特烈为赫尔曼及其骑士团颁发了《里米尼金玺诏书》，诏书上所写明的签发日期为 1226 年 3 月，但种种迹象表明这份诏书其实是 13 世纪 30 年代的产物。皇帝在复杂的背景下赐予了骑士团一系列特权。在萨尔察的赫尔曼担任大团长期间，骑士团试图在多个地区建立自己的统治区域：圣地、匈牙利、塞浦路斯、普鲁士。1219 年前后，赫尔曼与当时的耶路撒冷国王达成一致，将购买乔斯林领地（Seigneurie de Joscelin），这样一来，骑士团便可渗入阿卡东北部地区。骑士团在此地建造了坚固的蒙特福特城堡（Burg Montfort）作为主要据点。骑士团在圣地取得了较大的成功，直至 1291 年阿卡陷落，骑士团才丧失在黎凡特最后的据点。而骑士团在匈牙利的活动早在 1225 年就已告终。从 1211 年起，条顿骑士团就试图以锡本布尔根（Siebenbürgen）和布尔岑兰（Burzenland）为据点，在欧洲建立国家统治，但这一尝试导致了无法调和的冲突。匈牙利国王安德烈二世（1205—1235 年在位）不能容忍条顿骑士团将受封的土地从匈牙利分裂出去的企图，于是断然将他们驱逐出境。这正是未来《里米尼金玺诏书》所意图防范的情况。

　　现在让我们看一下这份诏书庄严的开头：“以神圣不可分割的三位一体之名，阿门。领受神恩的罗马人的皇帝、永远的崇高者、耶路撒冷及西西里国王腓特烈二世。神令朕之皇权超然于万国君王之上，令朕之疆域远至世界各地，降大任于朕，以令世人称颂神的名，在异教徒中传播神的信仰（正如神为宣扬福音而准备了罗马帝国），因而朕将依意笃行，战胜异教徒，使其皈依，同时朕欲广施恩惠，以勉励正信之人不辞辛劳，前赴后继将生命投入征服野蛮民族、引导诸族敬拜上帝的事业中。为此，朕意欲借此诏令，向帝国当下及未来之子民宣告：耶路撒冷的德意志人圣母马利亚医院神圣骑士团之可敬的大团长赫尔曼教友，朕忠实的臣子，已通过谨慎的言行证明内心的虔敬专注，他告知朕，朕忠实的马佐维亚（Masowien）及库亚维（Kujawien）公爵康拉德已允诺赠他及诸弟兄名为库尔默（Kulmer）的土地和位于公国边境与普鲁士地区之间的土地，其代价是骑士团应不遗余力打入并占领普鲁士地区，以维护真神之荣光。”[2]

　　罗马皇帝腓特烈二世在这份文件中认可了条顿骑士团对维斯瓦河下游以东库尔默兰及周边地区的统治权，还谈到了委托骑士团攻打普鲁士的事情。对骑士团尤为重要的一点是，腓特烈赋予它同其他帝国诸侯类似的领地主权及司法权。他赐予骑士团征税权和开市权，最重要的是造币和开矿权。赫尔曼和条顿骑士想必是心满意足了。但是从有利于条顿骑士团的立场解读《里米尼金玺诏书》的做法在史学界引发了旷日持久的争端。引起争议的首先是文件颁布时间，一些文献专家提出了有力证据，认为颁布时间是 1235 年，但诏书上注明的时间有所提前。文件的字迹、风格和用语支持这一观点：用重叠字母拼写皇帝名字的方法和文本中其他装饰性字母的写法直到 13 世纪 30 年代才产生。金玺诏书的两份抄本中的文字写法与 1235 年颁布的多份诏书类似，如一份宣布晋升不伦瑞克公爵的诏书就是如此。此外，该诏书的遣词造句类似维尼亚的彼得罗所写的书信，可想而知，他就是诏书的撰写人。

　　另一个理由是当时的政治状况。波兰的马佐维亚公爵康拉德（1199—1247 年在位）面对信仰异教的普鲁士人对其领土的巨大威胁，于 1230 年与条顿骑士团签订《克鲁什维察条约》（Vertrag von Kruschwitz），同意将库尔默兰转让给骑士团。教宗格里高利九世又于 1234 年颁布《列蒂金玺诏书》（Goldene Bulle von Rieti），即《虔敬之邻教谕》（Pietati proximum），承认骑士团所获得的权利。然而到了 1235 年，马佐维亚公爵康拉德又意图夺回骑士团要求的多布任（Dobriner）地区，他甚至想干脆摆脱这个白衣骑士团。这一切令骑士团回想起十年前的 1225 年被赶出匈牙利的经历。于是，这次在东北欧履行的土地转让行为的合法性问题，又要移交至教宗的仲裁法庭裁决。若要使教宗使节在这一问题上的判决有利于骑士团，最好的做法莫过于出示一份文件，假称这片土地早已被正式转让给条顿骑士团。这一状况正是令诏书落款时间提前十年的关键动机。这样一来，帝国势力也参与了博弈，将转让给骑士团的土地索回意味着与皇帝本人这样非同小可的人物爆发冲突。

　　两份《里米尼金玺诏书》抄本极有可能是在 1235 年 5 月至 8 月间写成，或许是在皇帝腓特烈于沃尔姆斯与英格兰的伊莎贝拉举行婚礼的间隙，又或许是婚礼结束后在阿格诺行宫逗留期间，此时皇帝时常与赫尔曼及彼得罗一起行动。这份诏书最有可能签署于 1235 年 8 月的美因茨宫廷会议，在此次会议上众文书长正忙于制定国土和平法令，起草将韦尔夫家族升格为公爵的诏书。这三人难道导演了一出造假的勾当？这份诏书是否最好更名为《美因茨金玺诏书》？它看似一件精巧的赝品，但与其他中世纪诏书颁布的做法相比，又缺少爆炸性。一方面，本次土地转让的法律行为的确很可能在 1226 年有过协商，甚至得到了公证。或许原始文献已经遗失。另一方面，后来可能补充了一些新的权利，人们也想将这些内容写入诏书，同时保留之前的文件签发时间。这种情况在中世纪实际的诏书制定过程中并不鲜见，人们称其为"法律行为"（actum）和"文件颁布行为"（datum）的分离。

这份诏书之所以成为争端之源，还有另一个重要的原因。在 19 世纪和 20 世纪，波兰和德国的历史学家争论的内容是，从国家法的视角来看，一位德意志-罗马皇帝是否有权将不直属于自己统治范围的领土作为封地赐予条顿骑士团。既然皇帝委托骑士团管辖这片土地，那么骑士团的领地是否属于帝国疆域？如果真是这样的话，那么骑士团团长是不是帝国王侯？帝国的所作所为是否会让人嗅出狂妄自大的气息，而给日后德意志人与波兰人的关系造成许多麻烦？另外，这个问题还与君主国（monarchia）一词有关，这是腓特烈二世的国家理念的一个核心概念。他在诏书中确定了他对这一概念的理解："……且因该片土地已被纳入帝王君主国（monarchia imperii）的范围。"参与草拟诏书的维尼亚的彼得罗喜欢在以皇帝的名义发布的正式信函中玩弄"帝王君主国"的概念。但丁也有意识地将其撰写的一部国家理论著作命名为《君主国论》，而非《帝国论》（Imperium）。"世俗君主国"（Weltmonarchie）被认为是基督教救赎史中必不可少的部分，因此这一概念一再出现在帝王的诏书中，例如后来的皇帝查理四世，在诏书中将自己看作"尘世的君主"（Monarcha mundi）。但这一切无论在过去还是现在都是无谓之争，因为骑士团会向腓特烈求取诏书，并非由于他有封建权利将某块土地分封出去，而是因为他的身份是基督教世界的最高世俗力量。对腓特烈而言，自己作为尘世的最高权威——显然他有意与教宗竞争——受到臣民求助是很正常的事。反正只有 19 世纪和 20 世纪的民族主义煽动分子会将"帝王君主国"与威廉帝国甚至第三帝国混为一谈。这份颁发给赫尔曼及众骑士的诏书有帝王上谕的荣耀，有更高的合法性，特别是金色印玺的光芒，为它带来了特殊的分量。

皇帝的军队

腓特烈在位时期正是骑士制度的鼎盛期，在这一时期，骑士或是作为宫廷诗人，或是作为战士，登上历史舞台。因此，时人心目中的腓特烈皇帝（至少在他青年时代）是出类拔萃的剑客以及差强人意的弓箭手也就不足为奇了。我们在前文已经提到腓特烈最擅长使剑，并且他一直勤奋练习拉弓射箭，夜以继日地学习兵法及兵器知识。通常情况下，中世纪的统治者本人在战争中要领兵作战，率军围城，还要照拂三军。腓特烈二世也不例外。统领军队作战的机会数不胜数。从 1236 年起至 1250 年腓特烈去世在伦巴第打的长达 15 年的持久战（这占据了腓特烈称帝后一半的统治岁月）、统治初期在德意志地区的征战、在南意大利对顽抗的男爵城堡的围困、在西西里岛讨伐穆斯林的战役、争夺塞浦路斯的战役：帝王的宝剑几乎从未入鞘。战争是常态，和平则罕有。国家、行政、经济结构最终是由战争所决定的。军费支出由皇室负担，帝王府库首先应提供战事资金。由于腓特烈在神圣罗马帝国境内要实现自己的目的，还受到教宗和意大利北部各城邦的威胁，还要在海外上演一幕幕战争大戏，因此腓特烈的统治疆域就如同机动的军队一般变化不定。[3]

腓特烈的军事力量由三大支柱组成：军队、城堡和舰队。对当时的统治者而言，舰队并不多见，即使是那些掌管着漫长海岸线的国度的君主也是如此。中世纪陆军尚未形成近代早期出现的常备军形式。与欧洲其他统治者一样，腓特烈的军队也是在必要时召集的。驻扎在城堡中的侍从则有所不同，他们一直服务于帝王。腓特烈的军队由承担不同法律责任及义务而为帝王作战的武装力量组成。西西里王国军队的核心力量是受召的骑士，被称为"军役兵"（milites），这些骑士可能是因为封建义务而履行军役，也可能是为了得到金钱而参军。根据古诺曼人的观念，王国中受封采邑者一年应服 40 天兵役。采邑的经济效益决定了所应提供的士兵人数，每 20 盎司黄金的年收益要对应选派一名骑士外加两名卫兵（garziones）。

若需服兵役者尚未成年或是有疾病，则可支付一定数额的金钱，即被称为 adohamentum 的免役金来抵偿。免役金的数额为该采邑全年收益的一半。不履行军役义务者可能会被剥夺采邑。但对于征战时间极长的十字军则需要另一种解决方案。为了远征东方，腓特烈对所有封臣提出的要求是，每十块骑士采邑应提供一名全副武装的骑士参战一整年。[4] 那么腓特烈能够从西西里王国招募到怎样的武装力量呢？可惜我们无法在全国范围内确定这一点。一份针对阿普利亚公爵领和卡普亚侯爵领的《男爵名录》（Catalogus baronum）列出了受召骑士及随骑士征召的从兵，包括仆役（servientes）和步兵（pedites），这份名单使人们产生了错误的印象。根据该文件的计算，上述地区有 1400 名封臣，但这只是理论上的数据。若是所有的采邑持有者都根据这份清单去服兵役，那么就会集合起一支有8000 名骑士和 1.1 万名雇佣兵的军队——这支队伍的人数比 1214 年参与布汶战役的两方军队相加还要庞大，这还没有算上这份名单所没有提到的其他地区如西西里岛地区的封臣。而事实上，可供皇帝驱使的军人要少得多。

由服役的封臣所组成的封建军队里，有越来越多为金钱而参军的士兵加入。起初这两类军人之间的界线较为模糊，同一名骑士可能最初是以封臣的身份履行军役义务，随着时间的推移，后来又以雇佣兵的身份服务于皇帝。在西西里王国，军人拿起刀剑走向战场的原因一般是履行封臣的义务，但在意大利北部，即无须承担军役义务的地区，人们参军是为了获得报酬。德意志骑士的情况也是如此，只不过地域上相互交换：北部的骑士是为了履行封臣义务，南部的骑士则是为了金钱而战。许多骑士虽然从阶层上看属于军役兵，但从收入上看并不能算是采邑持有者，他们很穷，只有用刀剑赢得战利品才能勉强维生。

除受雇的骑士，还存在另一类军人，他们服役领酬，但并非出身于骑士阶层，而是来自市民和农民群体。这类军人大多充当步兵，持长矛作战。这些人中也有懂得使用特殊武器的专家，例如善使长弓者被称为 sagittarii，字面意思应为"箭手"而非"弓手"；使用弩的被称为balistarii；还有战士善使一种大型投射器，操作这种装置需要接受特殊的训练。除上述军人，腓特烈的军中还有一支在欧洲极为罕见的部队：穆斯林部队。这批战士招募于卢切拉周边地区，主要充当弓箭手，腓特烈也需要支付给他们报酬。到了腓特烈统治末期，一部分军人不再单独接受招募，而是由专人征召，这类人担任指挥官，为腓特烈统领战士，这便是自主负责的军队统帅的雏形。这种服军役并领取报酬的现象带来了几个问题：腓特烈的军队中是否已有正规的雇佣兵？领军饷的军人是否是腓特烈的军事组织的固定组成部分？腓特烈二世是不是头戴皇冠的雇佣兵统帅？在恩斯特·康特洛维茨看来，这一切再明显不过。他提出了"皇帝招募的雇佣兵"这一说法，认为腓特烈"本人拥有一切大人物所具有的灵巧的应变能力，从而化身为雇佣兵统领"。与此相对，彼得·托劳（Peter Thorau）在关于战争与金钱的研究中注意到了一个重要的细节：一名真正的雇佣兵是军事专业人员，他可以听命于任意一位军事统帅而免受各种约束，并根据自己的喜好随处卖命。腓特烈手下的骑士可没有这般无拘无束，他们一直是腓特烈的臣属，受制于西西里法律，哪怕英国国王开价更高，他们也绝不能转而为英国效力。这些战士获得的金钱是一种维持生计所需的资助，军饷的名称"发给朕的骑士的资助"（stipendia pro militibus nostris）说明了这一点。[5]

然而资助有时十分有限，这使骑士们不大愿意为之卖命，只有帝王的命令才能驱使他们冲上战场。腓特烈手下领取薪饷的受召骑士与雇佣兵在制度上区别还是很大的，雇佣兵制度在后来的数个世纪中炮制出了若干令人闻风丧胆的雇佣兵团，他们的无拘无束甚至令自己的雇主都畏惧三分。但是这样的差异并不排除个别"战争受助人"（Kriegsstipendiaten）变成真正意义的雇佣兵（mercenarii）。[6]

和当代一样，中世纪的武器装备也要耗费巨资。在没有发达的货币商品关系的加洛林时代，一套完整的重装骑士装备的价值相当于45头牛。到了腓特烈二世统治时期，人们不再用牛来支付，而是改为使用货币。在13世纪上半叶，热那亚的武器商为一个头盔开价16—32索尔多（Soldo），索尔多是一种在意大利北部广泛流通的银币。一套简单的锁子甲则需要120—150索尔多才能买到，而一套能够盖住腿部的锁子甲甚至要花费

200 索尔多。一种名为"德克斯特拉琉马"（dextrarius）的上好战马最为昂贵，价值约 900 索尔多。1241 年前后，50 索尔多相当于 1 西西里金盎司。金盎司是当时采邑经济收益的计算单位，1 金盎司约等于 4 个奥古斯塔金币，一块中等大小的采邑年收益为 20 金盎司。单是战马和甲胄——剑、矛、匕首等利器还未算在内——就要耗资近 23 金盎司，超出了一整块骑士采邑的年收入。一名采邑主若想置办一整套装备，则需要悉心经营两年。服军役所需的高昂花费可能会彻底摧毁封臣的生存根基，封臣为皇帝长久作战的热情因此十分有限。意大利北部城邦孕育了皇帝最强大的敌人，该地区的经济实力使其有能力挑战皇帝的骑士。不过皇帝的重装骑士要面对的可不是古代城市同盟的那种市民步兵；意大利北部城邦采用贵族的战斗方式，也会雇骑士和雇佣兵为它们作战。古代城邦的城乡政治一体化是市民军队的基本前提，而意大利北部城邦并不具备这样的条件。居住在城墙外周边地区的居民饱受压迫，他们的财物常常被劫掠一空，这些遭受奴役的居民既不愿意也不被允许参与战争。因此，具备共和国性质的意大利北部各城邦仍然要采用发源于封建制度的骑士作战方式，它们实际上对这种方式比较陌生。除了召集一部分市民，他们还要雇一批骑士和雇佣兵来对抗皇帝腓特烈。

"用铁刃切开伤口"：1237 年科尔特诺瓦战役

"帝国的意大利"广义上而言可以视为伦巴第地区，在 11—13 世纪，境内各城市在政治上日趋独立，与之相伴，也经历了明显的经济繁荣。在漫长的脱离帝国的进程中，意大利北部许多城邦成功摆脱了对主教的附庸，摆脱了主教的统治。这些城邦开始建立不同形式的城邦自治制度，并逐渐将周边地区纳入本城的统治范围。虽说这片区域依然是神圣罗马帝国的一部分，但诸城邦在皇帝腓特烈一世和亨利六世统治时期便渐渐独立出去。然而各城邦之间也免不了心怀芥蒂，时常为了周边地区的经济和政治霸权而相互争斗。在这一过程中，一些城邦会与教宗结盟对抗皇帝，它们知道其他一些城市和它们是一个阵营；而另一些城市则与皇帝一道对抗教宗。各方之间的敌对关系并不像书籍或电影所刻画的那样非黑即白，皇帝绝非以一人之力对抗那些为了争取自由而结成统一战线的城邦。每当缔结和约时，皇帝总要考虑到城市盟友的利益。各城邦往往会出于自身要求而向统治者施压，从而使调解难以进行，阻碍和平进程。

随着城邦愈加独立，它们开始要求获得昔日的君主权。这必然会造成 12 世纪的冲突局面：如果皇帝要坚持甚至强化传统的帝国统治权力，就不可避免会与意大利北部各城邦尤其是米兰发生冲突。即使是如克雷莫纳那般素来有"忠君"名号的城市也只是为了谋求更大利益才会站在皇帝的阵营。在 13 世纪头 30 年，为谋求城邦中的权力地位而争得不可开交的寡头政治家族中产生了数个政党。不过这些政党的名称并没有体现出今天意义上的党派所秉承的政治纲领，更多是指代各城邦特性的含义模糊的标签。1216 年在佛罗伦萨老桥（Ponte Vecchio）上发生了一起谋杀案之后，"吉伯林党"（Ghibellinen）和"归尔甫党"（Guelfen）的名字首次登上历史舞台。两党名称出自在帝国北部争夺王位的施陶芬和韦尔夫两大家族，不过两党与阿尔卑斯山以北地区的争夺战没有什么关系。吉伯林党的意思是"魏布林根家族的人"，因为身为施陶芬家族后人的腓特烈二世被时人看作魏布林根家族之人。反过来，人们借用施陶芬家族的对手韦尔夫的名字称吉伯林党的敌人为归尔甫党。不过乔万尼·维拉尼等编年史家想入非非，认为两党名称事实上源于德意志地区一对兄弟阋墙的故事，他们一个叫居尔夫（Guelph），一个叫吉贝尔（Gibel），其意大利语形式即 Guelfo 和 Ghibellino；这说明一百年后人们已无法追溯两党之争与皇帝腓特烈二世之间的联系了。吉伯林党为推行自己的政策而尽力亲近皇帝一派，或者他们只是被旁人视为保皇派；归尔甫党则支持皇帝的对头，即教宗一派。然而各城邦中现实的政治状况要复杂得多。同时，归尔甫党将自己塑造成为城邦独立势力的特殊代言人，直到 19 世纪意大利复兴运动时期，这份历史遗产还为新归尔甫党的政治主张涂上浓墨重彩的一笔。到了 13 世纪，这些政党势力从佛罗伦萨逐渐扩张到整个托斯卡纳和意大利北部。但在意大利南部地区，他们没有什么影响。[7]

吉伯林党和归尔甫党致力将对方势力排挤出城邦，通过阴谋、投毒、暗杀等手段巩固本派别的势力。当施陶芬王朝早已衰亡、韦尔夫家族业已销声匿迹之后，吉伯林和归尔甫这两个名称依然受到青睐，由此人们可以清楚地看到，这两党事实上并不关心韦尔夫和施陶芬家族的利益。但尼科洛·马基雅维利（1469—1527）依然在其所作的佛罗伦萨史中写道："腓特烈……播撒了……大量不和的种子，为整个意大利的陨落奠定了基础。因为归尔甫和吉伯林的党派日益增殖：前者指教会的拥趸，后者则为皇帝的追随者。"[8]

意大利北部各城邦经济实力之强，大概超出了阿尔卑斯山以北地区任何一个统治者的想象。在中世纪盛期和晚期的数个世纪里，城邦经济实力还在不断增强。中世纪盛期和晚期的帝王若想在意大利北部强行实施帝国统治，着实是在打一场无望之战。有赖于强大的物质条件，城邦不仅能够持续招募新兵，还能不费力地承受持久战。皇帝腓特烈与城邦之间爆发的两次军事冲突清楚地证明了这一点。即使皇帝 1237 年在贝加莫附近的科尔特诺瓦取得了重大胜利，但随后他无论摆出怎样的帝王姿态，都没有能力围困原本已经战败的米兰。此外，他的行为极大暴露了他的帝王观念和统治设想，最终表明他没有能力在中长期内理性判断现实的力量对比情况。11 年后皇帝在帕尔马附近遭遇的那次毁灭性的也最为沉重的失败，更为清楚地展示了单独的城邦能够发展出多么强大的军事实力。

在 1237 年 11 月 27—28 日的科尔特诺瓦战役中，皇帝腓特烈二世的军队出其不意地战胜了伦巴第各城邦的联盟军。这次冲突的导火索是 1226 年该联盟中反对皇帝的北意大利城邦切断了皇帝率十字军远征所必经的数条关隘和道路，触怒了皇帝，由此出现了旷日持久的紧张局势。腓特烈要求伦巴第联盟解散，并承认皇帝的权力，还要为圣地提供军队。伦巴第人拒绝了这一要求，于是皇帝在 1236 年向伦巴第宣战。除了米兰，被卷入战争的伦巴第城市还有皮亚琴察、维切利（Vercelli）、科莫、诺瓦拉（Novara）、洛迪、亚历山德里亚和克雷马，它们组织了一支军队，在战争之初发起抵御行动。伦巴第人在河网密布的北意大利土地上神出鬼没，期望借此阻止皇帝的军队包围和占领城市，但他们绝不会让自己陷入遭遇战。这一策略在 1236 年战争初期大获成功。然而到了第二年的 10 月 1 日，由圣博尼法乔的里卡多（Richard von San Bonifacio）伯爵统治的强大城邦曼托瓦内部的政治风向出现转变，曼托瓦人与皇帝签订了和约，甚至派出了一队骑士和步兵加入皇帝的军队。早在 1237 年春季和夏季，皇帝就在德意志招募了新兵，彼时由皇帝的女婿罗马诺的埃泽利诺来统领皇帝的军队。从奥格斯堡出发，经布伦纳山口，皇帝于 1237 年 9 月初再次出现在意大利北部。皇帝的军队在离维罗纳不远的地方集结，军中有皇帝亲自从阿尔卑斯山以北带来的骑士，还有忠于皇帝的意大利北部城邦如克雷莫纳、雷焦（Reggio）、帕尔马、托斯卡纳组织的兵力，还有一些是由阿恩施泰因的格布哈德（Gebhard von Arnstein）伯爵率领的西西里王国的兵力，其中有数千名穆斯林弓箭手。[9]

　　皇帝腓特烈从曼托瓦向西北方进军以占领布雷西亚。为了挫败腓特烈的计划，伦巴第联盟军驻扎在位于布雷西亚和克雷莫纳之间的马内尔比奥（Manerbio）附近的一处营地，数条河掩护着这片营地。腓特烈别无选择，只得转而向南，将军队安置在伦巴第人驻地对面的蓬泰维科（Pontevico）附近，在那里一直待到年底。然而腓特烈按兵不动的做法动摇了军心，军中弥漫着厌倦情绪。现在必须决一死战了。两军之间只隔十千米，但有一条河岸覆盖着沼泽的名叫卢西尼奥罗（Lusignolo）的多泥小河横亘在中间，这对重装骑兵而言是不容小觑的障碍。后来据皇帝称，为了能够开战，他甚至主动向对手提议，让他们选择哪一方应该不受干扰地渡河到另一边。然而伦巴第人拒绝了这一要求。由于谈判无果，到了 11 月份，1237 年的军事行动看似就要不战而退，皇帝突然解散了自己一方的城邦联盟军，随后率领余部向南进发，渡过了奥利奥河。在伦巴第人看来，皇帝正在去往克雷莫纳附近的冬季营地，这一年的征战就这样结束了。于是他们放弃了设防的营地，朝着西面的故乡而去。然而事实并非如此，正当伦巴第人横渡奥利奥河时，皇帝突然从河对岸向北杀了个回马枪，截击伦巴第联盟军。经过了 50 千米的急行军，皇帝的军队终于将伦巴第联盟军困在了一处很小的地方：科尔特诺瓦。

　　让我们来听几段战争报道。英国编年史家巴黎的马修笔下的腓特烈在此次战役中以施加惩戒的法官形象出现。马修对这次战事的描述表明他所掌握的信息并不完整，许多细节张冠李戴，例如事情发生的时间顺序，特别是地理位置和军力对比都有问题。不过这位编年史家的目的是要将此次战役作为范例来描述，故而皇帝应当为此做一番演说（当然这演说是虚构的）。在马修看来，皇帝没有在营地等候数周之久。城邦市民出城激怒了君主，接着就爆发了战争。马修写道："米兰人听闻被自己激怒的皇帝来到，便尽可能地武装自己，他们在城楼上安装了枪炮，箭袋里备好了利箭，连手无寸铁之人也配备了武器，准备迎战皇帝的军队。皇帝率大军压境，军队人数不算上穆斯林雇佣兵也超出了 10 万，他们只经过一天的行军就已逼近城外，于是市民们率领劲兵，携全体盟友，军容整肃，果决无惧地迎战皇帝。他们支起军帐，兵力估计有 6 万，又在战车上竖起了军旗，标识出军队的中心，直至确定了开战的日期。皇帝发现后便召集了谋士，用激昂的话语鼓舞大家的士气。'看看我们顽固的敌人，这群米兰人啊，竟敢在远处现身！这帮真理和神圣教会之敌不知死活，胆敢前来迎战我，他们的主人，圣教会将消灭这帮罪孽深重之徒。渡河！'——因为横亘在两军之间的是一条名叫奥利奥的河流——'起身吧，我勇敢的旗手们，快快展开胜利的雄鹰！我的骑士们，拔出你们那令人生畏的宝剑，很快它们就要畅饮敌人的鲜血，猛烈地冲向那群胆敢从地洞中探出头来的鼠辈吧，今天就让他们见识见识罗马帝王闪电般的长矛！'"[10]

　　11 月 27 日，皇帝的军队追上了向西前进的联盟军，开始进攻贝加莫东南方向的科尔特诺瓦附近的伦巴第人营地。"罗马之师，帝王之师！"皇帝一方的战斗口号想必是如此。皇帝联军的先头部队杀得伦巴第人措手不及，他们牵制住联盟军，直至皇帝率领的主力到达。战斗起初是纯粹的骑兵交战，皇帝一方的骑士很快便占了上风。伦巴第军队遭受了更严重的损失，有几支部队开始溃不成军，仓皇逃窜。剩余的伦巴第战士在军旗战车周围集结，还有一部分到科尔特诺瓦的村庄寻求掩护，他们在那里成功抵御了皇帝军队的进攻。通常在开阔地带，皇帝手下装备精良的骑士的进攻是很难阻挡的，可此时这些骑士却无法攻破米兰军旗战车周围坚固的阵地。在这种情况下，皇帝军中数千名穆斯林弓箭手本可以了结战事。根据部分史料记载，皇帝的确起用了穆斯林弓箭手，但他们没能战胜伦巴第人。也许参战的穆斯林弓箭手并不多，又或许他们到达战场后为时已晚，总之在后来的文献记录中皇帝没有提到他们。战斗一直持续到傍晚。夜幕随即降临，战事不得不中断。皇帝命令士兵们，可以卸下佩剑，但仍须披甲休息，一待日出便即刻投入战斗。而伦巴第人则连夜撤退，他们的军队开始溃散。皇帝的骑兵继续追赶撤退的敌人，抓获了大批俘虏。天亮以后，皇帝的军队占领了敌方营地和科尔特诺瓦城堡。

我们只能大概估计两军的兵力，因为中世纪的编年史作家往往不提具体数字，或者过度夸大。根据皇帝的亲信维尼亚的彼得罗的记载，开战时皇帝一方军队的人数约为 1 万人，这个数字可能包括了所有参战人员，这就意味着在战争初期，如果算上亲皇帝的城邦军队，皇帝的军队人数还要多一些。而穆斯林弓箭手的人数很多，甚至还有记载称共有 7000 名弓箭手参战，同时射出的利箭像乌云一般遮蔽了太阳的光芒，则纯属夸大。伦巴第城邦联盟则在 1231 年的一份和约中确定成立一支由 1 万名步兵、3000 名骑士和 1500 名弓箭手组成的联军。不过实际人数不太可能达到这个数字。在中世纪若想建立一支大军，最大的问题不在于如何组建，而在于如果数周甚至数月都按兵不动时，该如何保证给养。

一待战争结束，皇帝腓特烈的文书部立刻草拟了一系列文书，向世界宣告帝国的胜利。这批文书的接收人包括教宗、腓特烈的内兄康沃尔的理查、洛林公爵、约克大主教。送给教宗的报告尤为详尽，里面写道："历史经验向周围毗邻的地区证明，谋逆朕的利古里亚（Ligurer）朋党是何等胆大包天……为了使朕之忍耐不负其真正的宽容之名，不至于抛却美德的装点而遭受他人指责朕怯懦犯错，而朕随后也意识到，无法感受到药膏疗效的伤口，应坚决用铁刃切开，只因我们不愿等到原本会结痂的伤口转化为脓疮，因此，朕被迫拿起武器，诉诸武力，挥起刀剑，将沉睡的帝国从酣眠中惊醒。"在说完一系列情绪高昂的话语后，腓特烈还亲自汇报了战斗的详细情况："当朕的军队出现时，他们陷入恐惧和骚乱中，仿佛被从天而降的惊雷劈中，还未看到胜利的标志，旌旗上的雄鹰，他们就突然从朕的先遣部队面前仓皇逃窜，径直逃至军旗战车前，这战车已用战马拉着先行一步到达科尔特诺瓦，而这群流窜之徒中竟没有一人胆敢望一望紧追其后的朕的面容。"[11]

美丽诗句奉承罗马

　　米兰人仓皇逃命时不仅丢下了许多作战物资，还扔下了传说中的军旗战车：卡洛奇奥车（Carroccio）。这种战车巨大而坚固，上面绘有鲜艳的图案，由八头公牛拉上战场，它是军队的集结地，由一支专门部队保护。在一根或多根长杆上，有时是在组成十字形的杆上，悬挂着城邦的旗帜，旗帜在战士的头顶随风飘扬。车上常常携带圣人遗骨、装在圣体匣中受过祝福的圣体、绘有救世主画像的牌匾、城市主保圣人的画像或是木质神龛。卡洛奇奥车就像是一座移动的祭坛，人们开战前在车上举行弥撒，或是战后为战死者行赦罪礼。11 世纪时人们开始使用卡洛奇奥车，直到中世纪末期还有许多意大利北部城邦使用这种战车。在一些城邦中，这种车还有自己的名字，例如加亚尔杜斯（Gajardus）、布兰卡杜斯（Blancardus）、贝尔塔（Berta）、贝尔塔佐拉（Bertazzola）。在和平年代，城邦会将战车存放在最重要的教堂内。帕尔马的萨林贝内记载，在他的家乡，卡洛奇奥车位于大教堂的一处侧廊内。他曾向法国人解释这辆战车对于城邦的重要意义，并表示，"如果城市的卡洛奇奥车在战争中被抢走，那么这座城邦会觉得这是奇耻大辱，正如法国人和法国国王在战争中失去红王旗，就要蒙受沉重的耻辱"[12]。

　　作为宗教力量的载体、城邦自由和必胜信念的象征，卡洛奇奥车是战场上的城邦符号。它与城邦的荣誉紧密相连。它就是轮上的基地。夺下城邦的卡洛奇奥车就如同真的攻占了城邦。落在腓特烈二世手中的恰好是米兰的卡洛奇奥车，这有特殊的意义。在 1176 年的莱尼亚诺（Legnano）战役中，胜利从腓特烈二世的祖父"红胡子"腓特烈一世身边溜走，因为米兰人坚定不移地聚集在他们称为"卡洛佐鲁姆"（Carozolum）的军旗战车周围，抵御了对方骑士的冲锋。因此当腓特烈二世夺得了米兰人的卡洛奇奥车后，军营中爆发出巨大的欢呼声也就不足为奇了，或许这辆战车还能追溯到"红胡子"时代。腓特烈用一头大象将战车拉到克雷莫纳，立在战车上的再也不是米兰的主保圣人圣安布罗斯之像，而是腓特烈最高贵的俘虏，联盟军的军事统帅，即威尼斯总督雅科波·提埃坡罗（Jacopo Tiepolo）之子米兰长官彼得罗·提埃坡罗（Pietro Tiepolo）。三年后，腓特烈在这位长官身上向威尼斯人复仇，可以说因为他与威尼斯城邦有亲缘关系，腓特烈下令把他吊死在特拉尼塔上。在前往科尔特诺瓦的凯旋游行中，腓特烈导演了一出古代大获全胜的场面：昔日罗马帝国皇帝正是这样进入被征服的城市，而亚历山大大帝也是如此进入巴比伦城。

不过这还不够：皇帝腓特烈又用骡子将米兰人的军旗战车运到了罗马。期盼这辆有象征意味的战车的罗马人收到了皇帝的一封书信。这份文书长篇大论地谈到皇帝对罗马的看法，也是一手巧妙的宣传伎俩。文书中称，战胜米兰不光是皇帝一人的胜利，罗马人也应当分享胜利的喜悦，因为腓特烈认为有必要将自己的成功追溯到其天然的发源地，也就是罗马。以罗马之名争取胜利，并将胜利的果实返还罗马，这个说法很有道理。"古代的帝王在胜利的预兆下取得了非凡的功业，因而他们将胜利的桂冠赐予罗马元老院及人民，而朕愿作当代之典范，为尔等古已有之的愿望铺平道路，以此来纪念那些帝王……人民，请满怀感激地接受帝王的战利品吧！最美好的希冀将从中绽放。朕愿遵循古老的仪式，更愿寻求城中古老贵族的革新。"这些顺口诌的关于罗马昔日之伟大的恭维之词，台伯河畔的人听着自然十分高兴，至少那些对皇帝有好感的人是如此。伴随这封书信而来的还有几句利奥体（Leonischer）六音步诗行，为了歌颂帝王的胜利，诗

皇帝的猛兽：1227 年，有人赠给腓特烈一头大象，数年后他在科尔特诺瓦战役中取得重大胜利，这头大象成为克雷莫纳胜利游行队伍中的一大胜景。在这幅图中，前部端坐着大象的驭手，即"驯兽大师"。巴黎的马修在其编年史附录中描述了此事

句借用了军旗战车的口吻："万岁，世界之光！从腓特烈，这崇高而公正的 /
帝王处，被打败的我来到你的面前。/ 悲惨的米兰，如今意识到，贬损帝国
之势，/ 夸耀自身之力，徒劳无果，大错特错！/ 而你，罗马城，或许能回
想起昔日的成就，/ 这是君王，战场上的领袖，注定给你的胜利。"[13]

1238 年 4 月，米兰的卡洛奇奥车作为祭品，在一场盛大的游行结束
后被安放在罗马的卡皮托利山（Kapitol）上，这一做法古已有之。皇帝
的追随者显然在这一时期有足够的能力举办这样一场展示实力的游行。不
过人们并没有简单地将战车安放在山丘上，而是为它立了一座纪念碑，在
五根逾 2 米高的立柱上放置了一块约 6 米长、0.3 米厚的大理石额枋。其
中两根立柱是由一种微泛绿色的昂贵石材制成，这种石材被称为"古绿
石"（Verde Antico），亦称塞萨利大理石；另外三根则是由花岗岩制成。
由"塞萨利宝石"打造而成的立柱呈现的绿色对于后来的施陶芬家族而言
意义非比寻常，在都城福贾的住所，也有用这种珍贵材料制成的立柱。显
然，卡洛奇奥车纪念碑的立柱和额枋的石料都是古代开采的，且在罗马曾
作他用。保存下来的大理石立柱额枋上刻有三组对句，援引了腓特烈致罗
马人的捷报所用措辞，并且诗句的头尾都被极富象征意味的双十字即"光
芒十字"（croce radiata）所框。铭文的原文内容如下：

> 罗马啊，请光荣地保留这辆战车吧，
> 崇高的帝王腓特烈二世之赠礼！
> 为了宣告赢取此车的帝王的胜利，
> 它作为战利品来到这里，令米兰永远蒙羞。
> 帝王出于对罗马的爱，下令将它运至本城。
> 它屹立在此，羞辱仇敌，荣耀首都。[14]

这辆木制的战车如今早已无迹可寻。在将战车运往罗马时，腓特烈
就已表达自己的担忧，生怕有嫉妒和不怀好意之人偷偷将其烧毁，因此他
敦促罗马人通过法令，如有人破坏这件献祭品，将被依法判处死刑。镌刻
在石制额枋上的铭文在卡皮托利文书部（Cancellaria Capitolina）保存了

两个世纪后，于 15 世纪从人们的视线中消失，然而到了 1727 年，人们在拆除卡皮托利地牢时又发现了这些铭文。18 世纪意大利重要学者卢多维科·安东尼奥·穆拉托里（Ludovico Antonio Muratori，1672—1750）在 1739 年的著作《中世纪意大利古事记》（Antiquitates Italicae Medii Aevi）中提到城邦军旗战车的使用情况时，首次发布了这些铭文。百年以后，到了 19 世纪中叶，格雷戈罗维乌斯记载称这些铭文石刻被嵌入卡皮托利山上的保守宫（Konservatorenpalast）台阶内。铭文如今仍存。由于铭文现在所在的位置属于元老宫（Palazzo Senatorio）也就是罗马市政厅的一处未开放的地带，因此人们需要在卡皮托利博物馆（Kapitolinisches Museum）管理处预约后前去观看。在一间名为"卡洛奇奥车大厅"的特殊房间里，这些铭文至今还在讲述久远的当年皇帝将祭礼赠送给罗马人民的故事。而在数年前，人们又确定了三根腓特烈卡洛奇奥车纪念碑立柱的下落：两根绿色大理石制立柱现位于保守宫的卡皮塔尼大厅（Sala dei Capitani）内，另一根花岗岩立柱甚至获得了新的荣耀，支撑着元老宫旁那尊著名的罗马城母狼雕像的复制品。石制额枋和立柱不仅是罗马这座永恒之城、敌对的教宗权力中心的围墙内为数不多的皇帝腓特烈二世的遗物，还见证了人类一再赋予珍贵的古老石材以全新职能这一不间断的过程。[15]

通过在卡皮托利山上竖立卡洛奇奥车纪念碑充当胜利符号这一做法，皇帝企图在罗马人之中制造舆论。甚至枢机主教也不顾教宗的不满参与了这次盛会，皇帝腓特烈二世自以为达到了权力的顶峰。不久，伦巴第城邦

美妙的诗句：18 世纪人们在罗马的卡皮托利山上再次发现了卡洛奇奥车纪念碑上那根 6 米长的大理石额枋。上面镌刻的诗句至今还在讲述皇帝赠送给罗马人这件祭品的故事

联盟前来同皇帝谈判。然而皇帝高估了自己的胜利。卡洛奇奥车纪念碑和他的诗句使他丧失了对现实情况的感知力和判断力，他没有意识到此刻正是和谈的时机。米兰人提出要在一定的条件下臣服于帝国，并准备向皇帝派出人质，以表明今后会永远忠君，甚至还愿意接受皇帝任命的法官。然而皇帝想要羞辱米兰人，他们应当去啃食粪土。统治者遭受的所有耻辱，从他 16 岁时不得不穿着"湿淋淋的裤子"从米兰人面前逃走，再到参加宫廷议会的人员从北方穿越阿尔卑斯山的关隘被阻断，"帝国的尊严"受到的严重损害，这一切都要看到米兰人屈服的姿态才能一笔勾销。但这正是骄傲的米兰人绝对不愿意接受的。沉浸在胜利的喧嚣中无法自拔的腓特烈将谈判条件抬得极高，于是谈判破裂，米兰人决定继续与帝国对抗。素来善于谈判的腓特烈此次竟没能下定决心通过试探态度和扶植以米兰为首的部分城邦来分裂伦巴第联盟。胜利游行队伍中帝王的大象拉着军旗战车，旗杆上缚着米兰长官以及那胜利的标志，还有激情澎湃的诗句取悦了沉湎于

昔日荣光的罗马城，这些令米兰人永远蒙羞：在一个如此重视象征性交流的社会里，这一切都不可避免地构成了妥协的障碍。如今米兰人只得继续战斗。但腓特烈一直都没能赢得这场战斗。

巴黎的马修在编年史中谈到腓特烈对米兰的不妥协政策时写道："然而这一切都被皇帝固执地驳回，他无情地要求市民、城邦及其一切领地都无条件地臣服于自己的意志。面对这样专横的要求，市民一致决定拒绝接受，并回答说：'已受到教训的我们畏惧您的残忍。比起死在绞刑架上，

新任务：皇帝腓特烈二世建造的卡洛奇奥车纪念碑曾有五根逾两米高的立柱，其中一根如今支撑着青铜母狼塑像的复制品。自古典时代起，母狼就是罗马城的象征

或是遭受饥馑和烈火而丧命，我们更愿意拿起盾牌，被刀剑、长矛或利箭所杀。'从此，皇帝开始失去人心，因为他变成了顽固的暴君，而米兰人因为他们的谦恭理应得到赞颂和鼓舞，常言道：'神阻挡骄傲的人，但赐恩给谦卑的人。'（《雅各书》4：6）市民清楚这事关自身性命，因此比以往更为用心地制备武器，挖掘战壕，与其他城市结盟，以保卫自己和城邦。"[16]

　　皇帝对热那亚的态度也同样不够审慎。热那亚这支强大的海上力量起初努力维持与皇帝的良好关系，甚至还于 1238 年夏季宣誓效忠，然而不久后皇帝却彻底激怒了热那亚。腓特烈从心底里认为皇帝应当实行事实上的最高统治权，于是要求热那亚行"效忠礼"（hominium）。在行礼时，宣誓人要将双手放在誓言接受人的双手中，这种礼仪的外在形式表明了封臣对领主的附庸关系，热那亚人无法接受。腓特烈粗暴地回应了热那亚人的拒绝，他宣布热那亚人为破坏誓约者和叛逆者。这一做法以及腓特烈的撒丁政策促使热那亚与罗马谈判，促成了 1238 年的保护条约。1239 年，热那亚甚至扭转局面，与威尼斯和教宗签订协议，准备攻占西西里。局势日渐艰难。腓特烈于 1238 年春季发起的布雷西亚围困行动失败，他只得在秋季中断徒劳无果的战事。同年 10 月，经历了颠覆活动的教宗格里高利返回罗马。局势日益尖锐，最终促使格里高利九世在 1239 年 3 月 20 日颁布绝罚令，将腓特烈开除教籍。

　　腓特烈对待北意大利城邦的行为，充满挑衅意味的卡洛奇奥车纪念碑，还有献给罗马人的奉承的诗句，这些也深深地激怒了教宗格里高利九世，因为腓特烈的做法威胁到了教宗对罗马的最高统治权。长久以来，腓特烈都在谋划使罗马城与帝国关系更为紧密，以使自己能够继承古罗马帝国的传统——或者他至少是在摆出这样的姿态。罗马是罗马帝国的发源地，此举意味着昔日辉煌的失而复得。腓特烈一再强调帝国的国号源于罗马城这一事实，并通过对历史的激情召唤来奉承罗马贵族和人民，他的这些做法巧妙地结合在一起，暂时为自己营造出一种高调却脱离现实的幻象。实践很快证明，胜利和喜悦只是过眼烟云，是的，错过与米兰和解的机会就像是政治发展过程中的一个转折点。也许，认为只能用"铁刃而非药膏"（如腓特烈战胜后在致教宗的书信中所言）来对付谋逆的脓疮，这种想法原本就是个错误。

1248 年兵败帕尔马

科尔特诺瓦大捷暂时表明皇帝能够短时间内在意大利调动较多兵力。然而经过细致研究，人们能够清楚地看到，皇帝的军事实力事实上有多薄弱。科尔特诺瓦一战后，皇帝既不能围困米兰，也不能攻占布雷西亚。他的兵力原本就不足以支撑长期有效的作战。从根本上看，这一系列战争结果并非能够改变政治局势的重大胜利或失败，而只是城邦或强势诸侯在联盟中位置的变化。曼托瓦立场的改变使米兰遭遇失败，而在科尔特诺瓦战役中还身处皇帝阵营的帕尔马却突然倒向了皇帝的敌人一边。

1247 年夏天发生了一件奇怪的事情。皇帝率领一支军队朝着北方的里昂而去，要与教宗和解。带着这么多武装力量前去和谈是否合适，我们暂且不谈。当皇帝接到帕尔马叛变的消息时，他正翻越皮埃蒙特境内的阿尔卑斯山前往法国。他从其子恩齐奥那里得知，帕尔马的政权落入了敌人之手，皇帝在城内的驻军遭到屠杀。一定要为此复仇。皇帝掉转马头前去围攻帕尔马。这次行动也同样显示出皇帝的军事力量有限。区区一座北意大利城市——而且并非最大的城市——就让这位统治多个大王国的君主头疼不已。帕尔马人自己就有庞大的武装力量，还受到再次与皇帝为敌的曼托瓦的支持，后者的船只正在流经帕尔马北部的波河上徘徊。皇帝原本就没有希望占领帕尔马城，并且因为城市面积太大，完全包围帕尔马也绝无可能，因此皇帝只得暂时封锁城市外围的四分之一，并试图破坏周边地区，阻止援军支援，从而拖垮城中居民，最终迫使他们与自己谈判。就这样，皇帝集中兵力包围了穿城而过的帕尔马河左岸上一小块城区。为了更好地防止守城士兵突围，到了秋季，皇帝下令用木头在帕尔马城墙外修建了一片城镇规模的营地，营地内甚至建有一座供奉圣维克多（Heiliger Viktor）的教堂、一片市集、一座供皇帝的文书部使用的建筑。抱着必胜决心的皇帝给这片营地取名为"维托利亚"（Vittoria，意为胜利），拉丁语为 Victoria。然而这最后被证实是不祥之兆，因为"维托利亚"没有成为胜利的象征，而是很快变成皇帝最为惨痛之失败的缩影。

1247 年冬季至 1248 年年初，皇帝遣散了一部分军队，主要是贝加莫、帕维亚、托尔托纳（Tortona）的部队。军营中只剩下 1000 名骑士和 2000 名步兵，他们主要来自克雷莫纳。此外还有腓特烈自己的部队，其中有穆斯林，这样算下来大约有 5000 人。如此一来，要想围困一座像帕尔马这样的城市未免有些可笑了。1248 年 2 月 18 日早晨，决定命运的时刻到来了。皇帝命人套好了马，皇帝 16 岁的儿子曼弗雷德及所有随行人员、包括负责照顾隼的年轻贵族和廷臣、仆人、赶马人都准备出猎。皇帝为了取乐，让隼在塔罗河（Taro）谷地追捕水禽。在用隼行猎的过程中，人们可以忘却政治上的烦恼、教宗的不满、围攻意大利城邦的紧张疲惫以及来自北方的坏消息，这就是此行的计划。然而事情却向着相反的方向发展，一切都发生得太快了：尚在狩猎地的皇帝得到消息，帕尔马人突围而出，袭击了维托利亚，甚至将要夺取这座木头城。此次突围的目标最初并非这座木头城，出现这一情况纯属偶然。帕尔马人原计划派出一支军队袭击恩齐奥国王，而一部分士兵的突围行动原本只是做掩护。然而与皇帝军队的战斗规模不断扩大，皇帝一方既没有全副武装，也没有做好战斗部署，就贸然开战。帕尔马人节节取胜，皇帝的一部分联军败逃进木头城。可紧追其后的帕尔马士兵跟随最后一批逃兵进了军营，将木头城占领。对兵力是帕尔马人两到三倍的皇帝军队而言，如此大胆的进攻完全无法想象。根据帕尔马人的记载，在此次攻打维托利亚的战斗中，他们共杀死了 1500 名皇帝的战士，俘虏了 3000 人。这或许有些夸张，但这次失败对皇帝而言是毁灭性的。阵亡者中有他最为得力的助手宫廷大法官苏埃萨的塔德乌斯，更糟的是，这次失败导致整个国家的宝藏失落：宝座、印玺、一顶珍贵的冠冕、所有物资储备和武器、所有藏书。皇帝本人也是好不容易才逃到克雷莫纳。

在有关这次失败的记忆中，最重要的舆论炮制人就是我们熟悉的帕尔马的萨林贝内。围城初期正好在家乡的他详细介绍了帕尔马进攻腓特烈的情形："我居于克雷莫纳修道院时，恰逢已令帝国陷入恐慌的皇帝腓特烈在图里（Turi）逗留，有传言称他预备从该地前往里昂捉拿教宗及诸位枢机主教，正待其子恩齐奥率克雷莫纳人围困布雷西亚人的堡垒昆扎诺

（Quinzano）时，我的城邦，即我出生之地帕尔马起身反抗帝国，全心全意倒向教会一方。蒙泰隆戈的格里高利（Gregor von Montelongo）担任教宗使节来到帕尔马时，我恰好已回到帕尔马居住……"萨林贝内在编年史的其他地方又重拾围困帕尔马的内容："不过让我们再回到腓特烈这里，腓特烈将熊熊的怒火和疯狂的诅咒施加到帕尔马头上，时间从 1247 年 6 月底一直持续到 1248 年 2 月 18 日，在这个周二，维托利亚城被攻陷。……他们解救了被腓特烈关在维托利亚城的被俘乡亲。"[17]

　　在论及帕尔马人从皇帝腓特烈的营地中获取的丰富战利品时，萨林贝内谈到了几个有趣的细节："接着帕尔马人将腓特烈的所有珍宝悉数带回，其中有大量金银珠宝、衣物、器皿；他们还得到了腓特烈所有的饰物、日用品及一顶皇冠，这顶冠冕重量可观，价值不菲，全冠以黄金制成并镶有宝石，上面装饰有大量庄严而生动的图案，人们甚至可以将这顶冠冕视为雕塑作品。冠冕头围大小如炖锅，这是因为其功能不单是装饰头部，而更多的是做摆件和用来观赏。佩戴冠冕时如若不在头上固定一块隔垫，头部和面部就会被冠冕遮盖。我曾亲手拿起这顶皇冠，因为它就存放在帕尔马圣母大教堂法器室内。皇冠由一名矮小的男子发现，他因为身材的缘故被戏称为'短腿'，他先于其他所有人一步将皇冠拿在手中，就像是扛着一只雀鹰一般，为了夸耀帕尔马取得的胜利，令腓特烈永远蒙羞，他拿着皇冠让所有有兴趣的人都看了一遍。"萨林贝内甚至谈到了这些珍宝的下落，还提到一些贪婪的商贩将战利品换了叮当作响的钱币。

　　"不过帕尔马人从这位老乡手中买下了冠冕，为此付给了他 200 磅帝国金币和一幢位于圣克里斯蒂娜教堂旁的房子，那里曾是洗马场。他们还规定，手头拥有维托利亚城中财宝者允许保留一半，另一半则应上交城邦。……教宗使节蒙泰隆戈的格里高利得到了腓特烈的战争装备，如帐篷等物；腓特烈拥有的圣徒画像和圣徒遗物则交由圣母大教堂法器室收藏。……需要注意的是，从维托利亚城中截获的财宝只有极少数留在了帕尔马，因为从四面八方涌来了商贾，他们以低廉的价格收购了珍宝，将其带离了城市，这些珍宝都是一些人惯于拿来做装饰或有实用功能的金银器皿、雕花宝石、单粒宝石、珍珠玛瑙、紫衣和丝绸长袍等。还要注意一点，许多用金银和宝石制成的珍宝还藏在维托利亚城旁的水井、洞穴和墓穴中，直到今天它们依然在原处；然而没有人知道具体的藏匿地点。"[18] 正如皇帝腓特烈在科尔特诺瓦得胜的情形一样，此次也有一辆卡洛奇奥车在帕尔马惨败中占有一席之地。只不过这次是一辆克雷莫纳的战车，被帕尔马人掠入了城市。接下来我们再来听听萨林贝内的说法："他们将原本存放在维托利亚的克雷莫纳人的卡洛奇奥车拉到帕尔马，将其作为荣誉的象征摆放在洗礼堂内。可是憎恨克雷莫纳之人，例如曾被克雷莫纳人所伤的米兰人、曼托瓦人及其他许多地方的市民，当他们前来参观洗礼堂，看到敌人的卡洛奇奥车时，他们就取下'贝尔塔'（Berta）上的装饰当作纪念品带走。这辆卡洛奇奥车叫作'贝尔塔'。这样一来，如今只剩下战车的轮子和框架还留在洗礼堂的地上，而旗杆则被搁在墙边。"[19]

纵观皇帝腓特烈在位期间在战争舞台上的表现，我们很快就能发现，他多年来的身份首先是一名军事统帅。腓特烈所参与的战争再次清楚地表明，他的政策很大程度上着眼于地中海地区，他的固有利益所在地是南部。腓特烈是西西里人，他以军事统帅的形象在意大利登场。这里曾有长达 15 年的持久战争，他曾在这里攻陷了敌人的堡垒，而他自己的城堡组成了一张密密麻麻的网，覆盖整片土地。叛乱的城市在这里化为灰烬，一场场战役在这里打响。也正是在这里，腓特烈为了赢得无价的象征，动用了自己细腻的感官，辅以掠夺而来的战利品，吹捧了永恒之城罗马。反之，阿尔卑斯山以北的帝国除了在腓特烈统治初期曾发生过少数战争，后来就只沦为腓特烈的资源供应地。似乎在北方，谁在何时拿起武器谋反，腓特烈都毫不关心。不过我们的耳畔似乎仍回响着 1231 年腓特烈为西西里王国颁布的《梅尔菲宪章》的禁止条例："任何人不得肆意携带尖锐的非法武器，即锋利的匕首、刀剑、长枪，或甲胄、盾牌、锁子甲、铁棒及其他一切武器……"[20] 而面对自己的侍从，他在携带武器方面的态度又完全不同，不管怎样，对自己的军队也是如此。将无法用药膏治愈的伤口用铁刃切开，这一做法并不局限于陆地。正如我们看到皇帝如将领一般引领骑士步兵冲锋陷阵那样，海上的他也是一位军事领袖，他曾多次率领一支规模可观的舰队，推行自己的海上霸权。

第 11 章

航海家

航海家腓特烈

1228 年圣母诞辰节庆前夕，也就是 9 月 7 日，从圣地遥望阿卡海堤的人想必会注意到停靠在锚地的 40 余艘（实际数量也许更多）桨帆船，它们随着地中海的波浪上下起伏。停靠在这些战船旁的还有数不胜数的运马船、货船及其他船只，看上去像是要发动一场大规模的陆上袭击。当时可能共有 60—100 艘海船，准确的数字已不为我们所知，因为文献记载了桨帆船数目，由 20 艘至 60 艘不等，却没有专门指出必要的运输船数量。我们只知道：船非常多。皇帝腓特烈二世作为十字军的首领，此刻正站在其中一艘入侵舰船的船尾甲板上。罗马人的皇帝已在海上航行了许许多多个日夜。旅途开始于 1228 年 6 月 28 日，军队从布林迪西出发，9 月 7 日在阿卡登陆。腓特烈麾下战舰的船长们选取的航线是经科孚岛、凯法利尼亚岛、克里特岛、罗得岛前往塞浦路斯，并在那里停留了许久。出于航海技术的原因，大部分时间人们都沿着海岸线航行，这样便可以避免长时间在远洋航行。航行速度不一样的船只必须时不时在固定的地点集合。所以舰队前进缓慢，航行速度很少能达到 4 节，仅相当于每小时 7 千米多的速度。[1]

到达阿卡的五天前，这些船只离开门塞浦路斯的法马古斯塔，皇帝此前曾打算在那里宣告帝国的最高统治权。到达黎凡特海岸附近后，舰队又向南边继续航行，沿途并未过多停留，经过了海边城市贝鲁特、西顿、推罗，又很快将它们甩在船后，再也看不见。最终舰队到达此次航行的目的地阿卡。在波涛汹涌的海堤前，舰队再次集结。紧接着，皇帝令船只经过防波堤尽头的瞭望塔进入港口。正是在这里，在阿卡的港口，十字军发起了行动，其总指挥并非等闲之辈，正是皇帝腓特烈二世本人。

西西里王国由一座大岛屿和一片同样被海洋基本包围的大陆区域组成，要想统治这样的国家，就需要一支舰队。西西里王国漫长的海岸线以及王国与南地中海经济区的联系都要求一定的航海设施。地中海在古代和中世纪欧洲是活力的中心——至少到近代早期欧洲朝海洋扩展边界之前都是如此。沿岸地区将地中海看作能够提供诸多交流机会的内海。苏格拉底曾挖苦称，地中海有时就像一方池塘，希腊人则像青蛙一般坐在塘边。持续了数百年的贸易往来和巨大的经济利益催生了强大的城邦，它们有长期而稳定的影响力。在这片水域早已有诸多势力拥有规模极庞大、战斗力极强的舰队，例如拜占庭和沿海城市热那亚、比萨、威尼斯，而腓特烈的诺曼先祖在与这些势力竞争的过程中投入了大量资源建设和维护一支西西里自己的舰队。然而这支舰队在腓特烈童年的混乱时期遭到严重削弱，腓特烈重返西西里后需要投入很多努力，使舰队重拾诺曼国王时代赋予它的荣耀。[2]

在腓特烈二世的领导下，西西里海军再次崛起。腓特烈指挥西西里海军发动了规模宏大的海战，还亲自出海多次，历史记载他曾随舰队出航逾 20 次。多数时候他都是沿着意大利海岸线短途航行。远距离航行则有 1212 年从巴勒莫到罗马，以及 1228 年从布林迪西到圣地。1235 年 5 月，腓特烈乘船从里米尼出发前往阿奎莱亚，接着从这里经陆路前往北方。通常在大规模海上远征行动中，腓特烈都是远程指挥，例如 1221 年远征埃及，当时是由帝国海军人元帅、马耳他伯爵亨利·皮斯卡托尔（Heinrich Piscator，卒于 1239 年）率领舰队沿尼罗河前往杜姆亚特。两年后，舰队又朝着突尼斯附近加贝斯湾西部的杰尔巴岛驶去，在那里宣扬了自己的海上实力，顺便掳走了一些居民充当工匠。腓特烈二世之前的所有神圣罗马帝国皇帝若想在海上有所作为，都必须租赁船只，而西西里人自己就有船。一个重要的事实若是能够被人们清楚地认识，就会给统治者所有与十字军有关的行动，如军事行动、后勤运输或威慑行动的畅通增添新的砝码，这个事实就是：腓特烈统治的南部地区是海上强国！若是将腓特烈本人的航海经验与他称帝后为建设本国海军力量所做的努力相结合，并把所有这类趋向和活动与他可以称得上是"恐水"的施陶芬祖先做比较，人们便可以仿照一位葡萄牙王子的名号，称他为"航海家腓特烈"（Federico il Navigatore）。巴黎的马修所记载的腓特烈新婚妻子伊莎贝拉 1235 年到达科隆的一些细节，似乎是在暗示这支海上力量："迎面而来的是一些外形奇特、仿佛只存在于想象中的船只，它们就像在陆地上航行，然而实际上是由遮盖着丝绸的马匹拉着。从船上飘扬出教士演奏管风琴的乐声，曲调闻所未闻，这一切都令观者惊叹。"³

　　西西里海军并不由皇帝本人统率，而是由一名海军大元帅（amiratus）全权指挥。皇帝授权他负责舰队的所有行动，也承担司法职责。"amiratus"这一术语源于阿拉伯语和西西里方言，原本意为"埃米尔"（Emir），即某种军事指挥官或政治领袖。只是后来，"amīr al-bahr"（海上埃米尔）一词缩简为 amiratus，意指"海军最高指挥官"。安条克的乔治斯（Georg von Antiochia）是为诺曼王朝效力的第一位重要的也是最著名的海军大元帅。他曾在非洲的黎波里海岸和希腊海域作战并大获全胜，而如今他之所以会为世人所铭记，不光因为他的海上胜利，更多地要感谢 1143 年建于巴勒莫的海军元帅圣母教堂（又名马尔托拉纳教堂）内华丽的马赛克镶嵌画。腓特烈二世统治时期有多名海军大元帅统领西西里海军，最著名的三位分别是前文已提及的马耳他伯爵亨利·皮斯卡托尔，任职时间为 1221—1239 年；尼科利诺·斯皮诺拉（Nicolinus Spinola），任职时间为 1239—1241 年；马里的安萨尔多（Ansald von Mari），任职时间为 1241—1250 年。这些舰队指挥官无一例外都来自利古里亚地区的强大海上共和国热那亚，亨利甚至是被招安的海盗。不过安萨尔多从一开始就得到自己的儿子安德烈奥鲁斯（Andreolus）的辅佐，没有证据明确表明他做过海军指挥官。我们从安萨尔多的记载中得知，他曾于 1243 年从皇帝手中接过了罗马帝国旗帜，被任命为"神圣帝国及西西里王国海军大元帅"，可以说这就是"帝国海军大元帅"一职。腓特烈时代的海军舰队被称为 stolium。该词来源于古老的词 stolus，指执行特殊行动的武装船队，其中隐含了希腊语词根"stolos"（舰队）。我们需要注意这个名称，因为最终将陆上战术运用到海战中的罗马人把作战舰队称为 classis，而诺曼人却遵循了东方传统，用拜占庭–希腊词根来称呼舰队。在 1241 年 5 月 18 日致英国国王的一封书信中，腓特烈骄傲地谈到了他那支"战无不胜的桨帆船舰队"伟大的功绩。除了指称整个舰队的 stolium，还有一个概念 armata，指专门被派遣到海上执行特别远征行动的海军中队。[4]

腓特烈不仅重视西西里海军，也很关心海防安全。如果海盗的劫掠不符合他的利益，他就会派人打击。对行船者而言，所谓的"触地权"（Grundruhr）会令他们陷入极端不利的境地。"触地权"指的是一种惯例：若是船只沿着海岸线航行时不小心触到土地，即意外搁浅，这艘船就被视为无主之物。这样闻讯赶来的人就可以幸灾乐祸地靠船上的财富发一笔横财，而失事船只的船员甚至可以被强制为奴。正因如此，沿海地区的居民认为触地权有利可图。如果一艘船不管怎样都不会单独搁浅，人们也会助它"一臂之力"，方法就是在海滩上发出误导的灯光信号。这些做法对有序的航行十分不利，于是到了中世纪盛期，人们便开始颁布成文法推翻这条习惯法。新加冕的皇帝腓特烈二世也于 1220 年在罗马颁布了十部新法，其中就有一条针对触地权的条款规定，搁浅船只及船员的财产再不得被没收，即便该条款有悖于当地习俗，只有海盗的船只以及皇帝和基督之敌的船才不受该条款保护。这些法律如今还能在圣彼得大教堂内得到证实。[5]

桨帆船、"箭矢"与拉丁式帆具

皇帝腓特烈的舰队由不同功能的多种船型组成，这些船有的借助风力航行，有的需要人力驱动，还有些则将两种动力结合。当时的战舰原则上分为长船和圆形船两种船型，前者因航速快而主要用于战争，后者则一般用于货物运输。地中海地区最广为人知的船型是桨帆船（Galeere），乃 12 世纪末出现的新型战船，在当时的战场上脱颖而出，是皇帝腓特烈舰队的核心军事力量。桨帆船机动灵活，能快速行驶，船上配有一组船桨和一条外倾的艏柱（Vorsteven），艏柱一直延伸至水面上方的撞角

（Rammsporn）。该船一般有一根桅杆和一块船帆，但该船真正的驱动力来自 50 根船桨，有 100 名桨手两个一组坐在长凳上，每组操控一根桨；此外需配备一批船员掌舵、扬帆、牵拉帆脚索和锚索。中世纪桨帆船与古希腊罗马时期桨帆船的主要区别在于前者的撞角位于水面上方，桨手的数量更少，还从阿拉伯人那里引进了三角形拉丁帆。

不过桨帆船掌舵的方式仍然保持不变，中世纪桨帆船一直都由边舵（Seitenruder）操控。这种舵形似船桨，今天还在划艇上运用。边舵位于船尾侧面，可借助缆绳拉高或放低。北方地区的船只仅在右舷有一个舵，而在地中海地区，人们使用的是能将左舷和右舷相连的双重结构边舵。然而这两种边舵的结构都不利于船只行驶，因为一旦刮起侧风，船就不可避免会倾侧，桨叶也会随之从水中翘起。边舵还有一个问题就是，当海上天气恶劣时会产生侧力，舵很容易因此断裂。船在风暴中丧失机动能力则极易沉没，只有极少的船只能够幸免于难。有一种带青铜或铁制铰链的尾舵（Heckruder）可以安在船尾正中间，更适合帆船使用，据考证，这种舵早在 13 世纪初就已经出现在斯堪的纳维亚地区，但还需等两百年，地中海地区才广泛使用这种舵。

腓特烈舰队中的桨帆船的航行速度有多快？这不仅仅由桨手人数或划桨频率决定。一般来说船速不仅与投入的驱动力大小有关，还取决于船体本身的速度。船体速度指的是船只在正常行驶的过程中自身产生的、由船首波和船尾波构成的波浪系统的传递速度，而船会真正“陷入”这个波浪系统中。一艘船在排水航行（Verdrängerfahrt）过程中所能达到的最高速度的理论值可以根据一个特殊公式算出，该公式中最重要的数值是吃水深度。这也就解释了在风力相等或桨手数量相同产生同等大小驱动力的条件下，更长的船为什么会达到比更短小的船只更快的航速。腓特烈二世的西西里舰队在与热那亚的战斗中能够一再脱逃，其中原因并不在于西西里船员划桨的力量更大，而是因为桨帆船的船体更长。有一种轻型桨帆船（galea sottil），船体标准长度可达 40 米，吃水深度仅为 1.5 米，狭长船体的排水量仅为 200 吨，这种船型的排水量远小于船体长度为它一半的帆船。一批训练有素的桨手可以在短时间内使这种船提速到 12 节，这个速度差不多是只用船帆驱动的商船行驶速度的三倍。

地中海桨帆船继承了古希腊桨船制造工艺，由船桨驱动，它有许多近亲，这些船型只在船体大小和桨手数量上有所不同。一种体形更大、更坚固、更笨重的桨帆船称为"塔里达"（Tariden）。这种船的速度无法与普通桨帆船相提并论，装备这种船的热那亚海军因此在与腓特烈舰队的较量中多次陷于不利的境地。腓特烈时代一种由 60—80 名桨手操控的小型桨帆船叫作"加利翁"（Galion）。海盗热衷于使用这种船型，而在热那亚这种船则多作为护卫船使用。比加利翁更小巧狭长、吃水更浅的船叫"萨吉塔"（Sagitta），字面意思是"箭矢"，这种船每边只需 12 名桨手便可在海面飞驰，因航速快而常用于报信和侦察。在危急情况下，萨吉塔也能充当逃生船。腓特烈可能正是乘坐这种船才迅速从十字军东征的战场上返回意大利南部。"瓦切塔"（Vacetta）则更像一种小舟而非大舰船，它没有固定的外形，既可以划桨又可使用风帆来驾驶。我们甚至能够获知腓特烈的舰队中一艘"有顶盖的小船"的名称，因为在 1239 年 12 月，这艘"伊斯基亚"号（Ischia）被指派运送宫廷哲学家安条克的特奥多尔返回西西里王国。[6]

桨帆船是专门用于对付海盗并可以发动毁灭性撞击的真正的战船。由于桨手要占据一定的船上空间，因此桨帆船在运输大宗货物、人员或马匹时运量有限。虽说体形较大的塔里达船和商用桨帆船可以当作可靠的运输工具来快速运载一定量的人员和物资，但它们没有足够的空间来大批量运输。因此在普通商贸往来时人们一般会使用一种船腹较大的圆形船只，配用拉丁式帆具以及特有的三角帆。这种无需桨手的船从 11 世纪至中世纪末期在欧洲十分流行，人们称其为"内夫"（Nef），此名源于拉丁词navis（船）。内夫船在外形上类似柯克船（Kogge），十字军东征时期一直用于运送十字军战士。我们同样知道腓特烈舰队中部分内夫船的名称：一艘名为"天鹰座"号的货船曾在 1239 年将葡萄酒和食品运往皇帝的军中；在这段时间里，"马约拉纳"号（Maiorana）因桅杆断裂、横杆无法使用而无法服役；而"梅佐·蒙多"号（Mezzo Mondo）——字面意为"半个世界"——因船体庞大而在亚历山大港引发了轰动。西西里海军的船只来自不同的造船厂，最重要的船厂位于墨西拿、布林迪西、阿马尔菲、萨勒诺、那不勒斯。腓特烈在西西里王国全境征收一种特别税来募集造船所需的资金，即所谓的"海军税"（Marinaria）。皇帝同样还细致规定了获取舰队必需的木材的方式。当时造船所需的柏油和铁由国家垄断，民间不得自由买卖柏油和铁。当时所有船只都开始使用指南针导航，而欧洲人可能是从阿拉伯人那里学来的，至少在13世纪的阿拉伯文献中已经出现了关于指南针的记载。由于海滨城市阿马尔菲的船员与叙利亚和埃及的关系密切，因此以阿马尔菲为起点，指南针这种意大利语名为bussola的工具向周边传播，在12世纪就已经传遍了地中海。就这样，指南针开始成为从中世纪早期就已使用的星盘的辅助工具，星盘是一种多功能工具，同样在伊斯兰文化圈广泛使用，也是从那边传到欧洲的。除了用来导航，星盘还用于确定天体方位，测量时间，确定纬度位置。[7]

比起四角横帆（Rahensegel），拉丁三角帆使船只更易迎风航行，在顶风前进时也可以不需要船桨：这对远距离航行极为重要。无船桨驱动的运输船航速为3—4节，有时可以达到5节，这个速度仅为桨帆船正常行驶速度的一半。一艘装有三角帆的内夫船一个白天能够行驶50—60海里，若是夜晚继续航行还能多行驶一倍的路程，这种航速相当于24小时能行驶约200千米。这种船型的问题在于装卸大宗物品，货物要借助固定在桅杆上的滑轮贴着船舷吊起，或是通过吊桥吊入舱壁内。当没有港口设施时，人们偶尔也会使用小型货运驳船在近海装载货物。在地中海东部地区，拥有码头设施的重要港口已经存在了好几个世纪，在那里可以装载货物。但如今我们只能在插图手稿或镶嵌画中看到装载货物的操作方法，因为长期以来一直缺乏这类船只的考古证据。

要想运送骑士，即携带一匹或数匹马的身披铠甲的战士，船体狭长而扁平的普通桨帆船就无法提供充足的空间了。于是早在腓特烈二世即位前，又特别是他在位期间，人们建造了一种特殊的船专门用于运输战士。与该船所受到的造型传统的影响一样，这种船的名称五花八门，文献中出现过的名称有usseria、navis uselleria、ippegi、hippagmi、ippagoghi、chelandia、chelandre、calandria、salandria。造船领域的阿拉伯语、拜占庭语、意大利语、法语的名称来源在地中海地区如同航线一般相互交织，导致舰船术语混乱不堪，而若是记载船只名称的编年史作家对航海知之甚少，只能通过道听途说来了解情况，那么这种混乱现象还会加剧。不过即使名称如此不一致，我们依然能够确定这种船身长约 30 米，船身比桨帆船要宽大，还有一块装载活板。根据编年史记载，曾有骑士全副武装从这种船上直接骑马登陆。登陆要借助船尾部或船两侧的出口，出口处安有斜道，可充当登陆支架。船只的构造会根据目的港口设施的情况而有所不同。在类似阿卡的配备有码头设备的港口，人们打开舷壁便可轻松登陆和卸载货物，吃水更深的船只也可驶入这样的港口。若是没有专业的港口，最通常的做法是在靠岸时将船尾朝着陆地方向掉转，再靠岸，接着骑士们便可通过活板门骑马走下船。在这种情况下，船只的吃水不能过深。另一个问题在于，如果舱口没有密封钉好，活板门容易渗漏，水会渗入船舱。[8]

不仅是人，对马而言，航海的滋味也不好受。人们将马匹用束腹带捆起，使它们悬着挤在一起，这样马就不会因船只在风暴中颠簸而跌倒。到达东方后，有些马又得重新训练。大型的乌塞利亚船（naves usserie）大约能运输 40 名骑士外加他们的战马和全套装备。另一种更为古老也更为小巧的运马船（chelandia、chelandre、calandria、salandria 等名称可能指的就是这种船）只能容纳 12 匹马。如果要同时运送 2000 名骑马的战士，就需要 50 艘乌塞利亚船或者超过 160 艘运马船，这个数字相当惊人。关于西西里舰队规模的各种记载彼此相去甚远。1221 年有 40 艘桨帆船组成多支中队出发前往杜姆亚特；此外，1228—1229 年的十字军东征据说也有 40 艘桨帆船参与，但

全副武装登上岸：专门用来将骑士运往东方的运输船有一块后活板门。此处绘制的是船员将船尾转向陆地再让船靠岸，这样骑士便能通过船尾附近的活板门骑马下船

这些记载中都没有具体指出每次随同出海的运输船的数目。有时西西里海军的远征舰队由 60 艘桨帆船组成，1242 年马里的安萨尔多率领的前往比萨的舰队就是这样的规模。在腓特烈的继任者统治时期，西西里舰队也曾达到这样可观的规模。关于西西里海军的船只数目以及所运送的战士人数，1225 年皇帝腓特烈与教宗签订的《圣日耳曼诺条约》(Vertrag von San Germano) 提供了一条相当有趣的线索。根据条约内容，腓特烈应派出装备精良的 50 艘桨帆船和 100 艘运马船参加十字军，服役两年。2000 名骑士将要乘着这些船到达东方，并且每人还可能会携带三匹马，这样一来就需要船只多次往返。[9]

海军大元帅亨利行船于尼罗河上

腓特烈舰队的第一次大规模运用与十字军东征计划密切相关，最初东征计划的目标并非直指巴勒斯坦，而是阿尤布王朝统治的埃及。由于远征圣地行动无果，1218 年 4 月以后，十字军在布列讷的约翰的领导下试图攻占位于尼罗河东部三角洲的埃及港口城市杜姆亚特，以此为据点进攻开罗。人们需要这座城市，因为此地有一座小岛，岛上有一座固防的塔楼，只需从这座塔楼牵出一条粗壮的铁链就能将唯一可以通行的尼罗河支流封锁住。经过苦战，十字军于 8 月攻下了这座堡垒。随后枢机主教阿尔巴诺的佩拉吉奥带着一帮来自意大利的战士来到十字军的营地，要求接管十字军。十字军将领们全然不顾苏丹卡米勒 (Al-Kamil, 1218—1238 年在位) 愈加强烈的和谈愿望，反而沉浸在无谓的争吵中，争论的焦点是教宗和耶路撒冷国王这两方应该谁来领导十字军，杜姆亚特应归谁所有。1219 年 11 月，杜姆亚特事实上已落入教会之手。1220 年，布列讷的约翰因为与枢机主教阿尔巴诺的佩拉吉奥间的争执，率领自己的军队返回了阿卡。在接下来的一年里，留在杜姆亚特的十字军战士在枢机主教的领导下原地等候新近加冕的皇帝腓特烈二世前来增援。

1221 年 4 月，皇帝腓特烈从塔兰托派出第一支舰队，给远在杜姆亚特的十字军带去期盼已久的增援，第二支舰队随后于 7 月从墨西拿出发。随同 40 艘桨帆船一同出海的除了西西里海军大元帅、马耳他伯爵亨利·皮斯卡托尔，还有帝国元帅尤斯廷根的安塞尔姆（卒于 1249 年）、帕利亚拉的瓦尔特、巴伐利亚公爵及莱茵普法尔茨伯爵路德维希一世（卒于 1231 年）和帕绍主教乌尔里希二世（1216—1221 年在位）。出征的船型经过精心挑选。比起普通帆船，用船桨驱动的桨帆船能够更好地逆尼罗河水流航行。腓特烈的眼前或许浮现出水陆协同作战的情景。然而还未等到第二批舰队到来，杜姆亚特的十字军就陷入了不利的境地。枢机主教佩拉吉奥和路德维希公爵违抗皇帝命令，率众向曼苏拉（Al-Mansurah）挺进，结果被困在泥泞的沼泽中，因而陷入了与士气高昂的穆斯林军队的战斗。穆斯林还引来人造洪水淹十字军。此时，海军大元帅亨利已率桨帆船舰队迎尼罗河而上，离杜姆亚特不远，但未及援军赶到，十字军就已被迫投降。十字军不得不交出杜姆亚特，这才赢得自由撤离的机会。

令人震惊的是，十字军战士极为欠缺水文知识，显然军队中没有任何人知道尼罗河水究竟在何时会漫过河岸。苏丹只需轻轻发力便可让十字军陷在泥沼中。皇帝腓特烈得知失败的消息后大发雷霆，原本就对此无能为力的海军大元帅亨利失去了在马耳他的采邑，还被囚禁了一段时间。总之责任并不在于腓特烈所派出船只的装备条件。法国国王路易九世（1226—1270 年在位）的第一次十字军东征表明战争中的技术细节是何等重要。对穆斯林而言，在 1249 年抵御十字军对杜姆亚特的再次进攻，比之前要简单得多。这不仅是因为路易的军队再次犯下 1221 年的错误，还因为他的船只过大，装备条件极其不利于河上作战。[10]

1241 年基督山岛海战

1239 年夏，地中海上空酝酿着一场剧烈的风暴。教宗格里高利九世为了征服西西里王国，同时与利古里亚地区的海上强国热那亚和亚得里亚的海上霸主威尼斯结盟。同盟军预备武装 50 艘桨帆船，并打算纠集大批军队。同盟的任何一方不得单独与他人缔结和约，同盟军的船只在战争中应在船尾悬挂热那亚和威尼斯两城的旗帜。据热那亚城文书巴托洛缪（Bartholomeus）记载，同盟军的确在桨帆船上做到了这一点：右舷飘扬着热那亚的圣乔治旗，左舷悬挂着威尼斯的圣马可旗。事还未成，众人就想瓜分战利品。威尼斯想得到位于阿普利亚沿海地区的巴列塔和萨尔皮（Salpi），热那亚则梦想拥有西西里岛上的叙拉古，各方打算根据各自的投入成本来分割战利品。这个同盟对腓特烈是巨大的威胁，因为过去彼此缠斗的三股势力现在打算联合起来对付他，这事关他的国家的生死存亡。这可不是闹着玩的。再者，腓特烈与这些海上强国间的关系已是今非昔比。1232 年 3 月，腓特烈二世曾出访威尼斯，受到了隆重接待，甚至还被安置在威尼斯总督府，在这种情况下，腓特烈承认了威尼斯的所有特权。热那亚也曾与腓特烈交好，1212 年腓特烈曾从热那亚出发前往动荡的北方。而如今这两个海上强国都变成了腓特烈的敌人。[11]

腓特烈冥思苦想，如何成功抵御这两支当时最重要的海上力量同时进攻。其中一个棘手的问题是，腓特烈的舰队必须在两处相隔甚远的海域，即意大利本土东面和西面的亚得里亚海和第勒尼安海同时作战。另一个问题是，单是威尼斯的海军力量就已足够强大，35 年前，威尼斯舰队曾在十字军的协助下占领了当时一直有不可攻克之美誉的拜占庭帝国首都君士坦丁堡。现在该怎么办？难道他要让西西里舰队兵分两路，以更加薄弱之势前往这两个海上强国的海域和领地去挑战？还是他应当让盟友比萨去与热那亚作战，而让自己的舰队专注于威尼斯海域的战斗？又或者他最好让西西里舰队与比萨海军一同对抗其中一个海上强国的力量？

最初的战场是亚得里亚海。战争初期，腓特烈命海军大元帅尼科利诺·斯皮诺拉率数艘桨帆船先打掠夺战。到了 1239 年，腓特烈已成功截获 18 艘威尼斯船只。而在第二年的战斗中，4 艘西西里桨帆船埋伏于亚得里亚海域，洗劫了 3 艘大型威尼斯商船，这些船只载有价值 7 万银马克的货物。威尼斯人设法复仇。1240 年 9 月，一支由桨帆船组成的威尼斯舰队在绰号"岩石"（Scopulo）的总督雅科波·提埃坡罗亲自率领下，出现在阿普利亚海岸，开始劫掠腓特烈的商船。威尼斯人夺占了两艘载有大量人员和财宝的船，甚至还在距离布林迪西不远处放火焚烧了一艘从耶路撒冷返航的船。整个亚得里亚海沿岸处于危难之中。部分港口，例如位于靴形意大利半岛马刺部位北部的泰尔莫利（Termoli）和马刺部位的维耶斯泰（Vieste），被威尼斯人暂时占领，遭到洗劫和破坏。西西里王国损失十分惨重。幸运的是，对腓特烈和阿普利亚沿海地区的居民而言，多风暴的秋季很快来临。到了 10 月，威尼斯舰队满载而归。现在轮到腓特烈复仇了，至少 200 年后的潘多尔福·科莱努乔在那不勒斯王国史中所塑造的记忆给了后人这样的印象。据潘多尔福记载，腓特烈将三年前落入自己手里的威尼斯总督之子彼得罗·提埃坡罗绞死在特拉尼海边的一座塔楼上，途经的威尼斯人都能从船上看到他的尸首。无论真假，这类故事都丰富了关于腓特烈这位典型暴君的历史记忆。[12]

1241 年，随着马里的安萨尔多取代尼科利诺·斯皮诺拉接任海军大元帅一职，西西里做出了战略性决定。第勒尼安海战的序幕就此拉开。腓特烈命令西西里舰队与比萨海军一同出征，凭借西西里与比萨在利古里亚海域的据点进攻热那亚。1241 年初，西西里开始准备船只，随后共有 27 艘桨帆船前往比萨。《热那亚年鉴》(Annales Ianuenses) 记载了利古里亚海域的所有海上事件以及其他一系列有趣的细节。这部文献根据城邦正式任命的文书年复一年的记录而编纂成书，在公开的宣读中，作者们各自的看法得到了共同体的确认。因此这部年鉴反映的是热那亚市民的官方记忆；对热那亚人乐于怀念之事，年鉴会加以修饰，而对人们更愿意掩盖的事实则会略过不提。1240—1248 年这一历史时期，年鉴中体现出的好恶之情可谓再清楚不过：皇帝腓特烈二世的形象是热那亚及教会的奸诈仇敌，他从本国招募了专门人才，任命他们为海军元帅。[13]

1241 年 5 月 3 日这天，教会纪念圣海伦寻获真十字架，而就在这个周六，在这群海军将领的辅佐下，腓特烈取得了在位期间最重大的海上胜利。这是第勒尼安海发生过的最大规模的海战，或许还是热那亚在公海上遭遇的最为惨重的失败。皇帝腓特烈认为自己的胜利是神的旨意。但这次胜利腓特烈付出了很大代价，因为从长远看，他给教宗落下了口实，让教宗有理由继续对他口诛笔伐。1240 年 8 月 9 日，教宗格里高利九世邀请教会诸侯在下一个复活节，即 1241 年 3 月 31 日，到罗马召开大公会议。在这次会议上，教会诸侯还应就废黜皇帝的事宜做出决议。腓特烈也得知了此事，或许在他看来，要想逃离被废黜的命运，最好的方法就是阻止整个大公会议召开。如果可以恐吓与会者，令他们不敢出席大公会议，问题自然迎刃而解。于是皇帝决定封锁海面，使从法国南部或意大利北部至罗马的航道无法通行。这样一来，舰队就面临一个棘手的任务，对任何一支海军而言，这个任务都称得上是前无古人后无来者：阻挠大公会议召开。为了达到目的，皇帝下令，舰队要摆出有威慑力的姿态；如果这没有效果，那舰队就要沿途抓捕前往罗马的参会人。一场战争的战利品是满载神职人员的船——这实在是少见。

1241年春，由皇帝和比萨的桨帆船以及数艘来自萨沃纳的萨吉塔船组成的联合舰队开始在厄尔巴岛南部活动，他们封锁了基督山岛（Montecristo）与大陆间的航道；这座岛因大仲马笔下著名的小说主人公而得名，因文学而为世人所知。4月25日，即圣马可节那天，将近30艘全副武装的桨帆船从热那亚港出发，船上有100多名神职人员，他们主要是来自法国、西班牙、意大利北部的大主教、主教、修道院长，其中就有克吕尼修道院（Cluny）和克莱尔沃修道院（Clairvaux）院长，还有3名担任教宗使节的枢机主教。热那亚人早在几周前就将这些教士从尼斯接来，将他们安顿在热那亚城内待一段时间。现在他们就要出发去罗马了。热那亚舰队沿着海岸线一直航行到港口韦内雷（Venere）。到达韦内雷港后，热那亚舰队总指挥官雅科波·马洛切洛（Jacopo Malocello）得知皇帝与比萨海军联合的消息，随后他不顾其他战船指挥官的警告，犯下了两个严重的错误：第一，他没有等候预先安排好的热那亚的增援；第二，他没有选择一条绕开皇帝舰队埋伏地点的航线，而是下令沿最短的航线朝着最近的更安全的港口奇维塔韦基亚（Civitavecchia）方向继续前进——事实证明这个决定更加致命。

在海上航行了八天之后，1241年5月3日清晨，他们距离避难的港口只有百余千米。傍晚他们就会脱离危险。然而在晨雾中，热那亚舰队遭遇了皇帝一方；9点，在基督山岛与吉廖岛（Giglio）之间的海域，战斗开始了。起初的局势不利于皇帝一方的舰队，三艘显然充当前锋的桨帆船被热那亚人攻陷或击沉。但随后的局势发生了逆转，比萨-西西里联军接二连三地占领了热那亚的船只，总计22艘。三艘热那亚桨帆船被凿沉，大批船员和乘客溺水身亡，其中就有贝桑松大主教。最终只有五艘桨帆船

基督山海战：一艘比萨桨帆船（左）准备撞击一艘满载神职人员热那亚桨帆船，船上的教士正惊恐地看着对方的船只。根据巴黎的马修记载，是比萨桨帆船攻击了这些教士；而根据一百年后维拉尼的描述，是皇帝之子恩齐奥乘坐一艘悬挂鹰旗的帆船率众出海，将这些惊慌失措的教士所乘船只击沉

和数艘其他船只成功逃回了热那亚。海军大获全胜的消息传到了身在伊莫拉的皇帝耳中。他兴奋地给英国国王发捷报，信中称，不仅他的攻城器成功击垮了叛变的法恩扎的城墙，上帝在另一场战争中也与他同在。"如朕所料，那长久以来对朕恨之入骨的帕莱斯特里纳人（Palestriner，即教宗格里高利九世）逃脱不了上帝的审判，经此一战，这头披着羊皮的恶狼再也无法以上帝的羔羊自居，他将会知道，上帝事实上是与我，端坐于王座之上行正义之事者同在，上帝注定不是仅通过教士，而是要通过彼此结合的帝王与教士来指引世界。"一名兴奋不已的不知名吉伯林党人甚至用六音步诗体写下了一首激情澎湃的胜利之歌来歌颂这次海上大捷："欢呼吧，帝国，尽情欢呼吧……海洋与陆上的溃败教训了教宗一番，战争的结束会带来怎样的安宁；大公会议聒噪的长舌在命运之轮面前哑口无言，阿普利亚的男孩将缔造世界和平。"[14]

在这首诗中被称为"世界奇迹"（这个双关语也用来指代腓特烈）和"买卖圣职的钱袋"（bursa Simonie）的教宗格里高利九世处境变得十分艰难。现在没有教士来参加大公会议了。皇帝将被俘的教士先运往比萨，随后又送到圣米尼亚托城堡（若干年后，维尼亚的彼得罗将在这座城堡中悲惨地死去），最后又经海路运往那不勒斯，从这里将他们分散到西西里王国境内的各个城堡。巴黎的马修在编年史中谈到了被俘教士所遭受的苦难：

"他们染上了疾病，变得浑身无力，极有可能死去。由于经历了漫长的航行，并且途中又被牢牢地捆绑在一起，不得起身，所有人都高烧不止，肌肉酸痛，仿佛被蝎子的毒刺蜇了一般。饥渴交加的他们只得任凭卑鄙无耻的船员欺辱，这帮人更应当被称为邪恶的海盗。就这样，教士们遭受了长时间的折磨，但他们如同殉道者一般谦卑地忍受着。"在中世纪编年史作者看来，皇帝取得的这次海上胜利却强化了他的恶人形象。在记叙海上事件时素来滔滔不绝、消息灵通的《热那亚年鉴》作者，在描写这次战役时转而变得寡言少语。这次事件对一支常胜舰队来说实在是不怎么光彩，所以作者就一笔带过，转而去叙述热那亚与城中的皇帝追随者之间的斗争。[15]

　　基督山一战后，海上战争还在继续，只不过变成了猫鼠游戏。皇帝的舰队后来没有再发动大规模作战，也就是说，两军没有最后的决战，这是因为热那亚迅速弥补了船只损失。到了1242年，热那亚又拥有了83艘桨帆船，其中40艘是新造的，13艘是塔里达船。这支全新的舰队颇为引人注目：船身没有采用常见的海洋色，即蓝绿色，而是全涂上了白漆，并加上了热那亚的徽章：猩红色圣乔治十字。奇怪的是，平日里都按腓特烈的指令行事的西西里海军既没有试着劫掠由黎凡特船员驾驶的热那亚船队，抢夺贵重货物，也没有打算彻底封锁利古里亚地区的这个海洋共和国。也许凭借皇帝的海军力量做不到这一点。他们仅夺占了几艘热那亚船只，如"弗罗里纳"号（Florina）和"保努斯号"（Paonus）。几次大胆的军事行动向热那亚人展示了皇帝的西西里舰队是一支海上劲敌。马里的安萨尔多及其子安德烈奥鲁斯在1241年、1243年、1247年多次成功引诱热那亚舰队远离本土，而能率领皇帝的桨帆船顺利潜入热那亚主要港口——不过潜入的时间不长，但这想必给热那亚人造成了极大的心理压力。西西里人甚至曾两次投石击中了热那亚城中的房屋，这对一个海上强国而言是何等耻辱！

　　可是，每当热那亚人迅速驾驶桨帆船返回，西西里海军指挥官就已随着皇帝的船只不见踪影。会出现这种情况只有一种原因，那就是西西里桨帆船的航行速度更快；并且本就是热那亚人的安萨尔多在城中有可靠的眼线，西西里人与这些热那亚内应暗中联系。大约在1241年，有一封给皇帝追随者的信被藏在一块面包蜡模中准备偷运入城，然而这封信却被发现了。皇帝遵循的海上策略是通过持续骚扰使热那亚人不得安宁。让整支海军长期整装待发，会使热那亚人在经济上受到重创，因为热那亚市民必须为船只配备人员，除此之外，热那亚还丧失了"引以为豪的主动权"。从另一方面看，这一系列军事行动的开销要由皇帝自己来承担，而这掏空了他的财富：经过 1241 年一战后，皇帝写信给国库管理者称，自己"为了武装这支出色的海军"耗尽了国库。不过他的策略奏效了。热那亚再没有能力将西西里海军从自己的家门口赶走，从而无法到意大利南部沿海活动。而原本打算联合攻打西西里王国的热那亚和威尼斯最终没能实现它们的计划。[16]

第 12 章

十字架朝圣者

永远的耶路撒冷之梦

它只不过被使用了三天，却是世界历史上最重要的坟茔：它就是救世主基督的坟墓、耶路撒冷圣墓、世界之脐。在中世纪神学著作中，特别是在布道词和《诗篇》注释中，这处坟墓被赋予了诸多隐喻：伦巴第人彼得（Petrus Lombardus，约 1095—1160）在《〈诗篇〉注疏集》（*Glossa in Psalmis*）中评论称，正如同大卫应与基督比肩，大卫的王宫也应与耶稣之墓等同。赖歇尔斯贝格的格尔霍赫（Gerhoch von Reichersberg，约 1093—1169）把耶稣之墓视为所罗门的寝床。有一篇布道词被中世纪抄写员认定是奥古斯丁（354—430）所作，但经现代考证其实是出自古代晚期都灵主教马克西姆（Maximus，生活在 400 年前后）之手，从中我们可以读到，因主诞生于母亲的子宫，又从坟墓中复活，由此只能得出一个结论："女阴也可称作坟墓。"不过坟墓要更加伟大，因为阴户只能产下终将一死的肉身，而圣墓却能产生不死之躯。因此，后来建于基督坟茔之上的教堂在西方传统中称为圣墓教堂，而在东正教中称为复活教堂。克吕尼修道院院长可敬的彼得（Petrus Venerabilis，约 1093—1156）曾在一篇布道词中赞美了主的坟墓，称它就像"地球的心脏"。拜访圣墓将得到来自天国的奖赏：一切罪孽都将被宽恕。[1] 同样，当诗人和歌手想到基督之墓时，他们会陷入诗意的迷狂中。由此甚至产生了一种与宫廷恋歌有一定联系的文学体裁，类似普罗旺斯和中古高地德语的宫廷诗，它号召人们参加十字军，这就是十字军歌（Kreuzlied）。最为流行的十字军歌出自豪森的弗里德里希（Friedrich von Hausen）、奥埃的哈特曼、福格威德的瓦尔特之手。曾在圣地有地产的抒情诗人伯滕劳本的奥托（Otto von Botenlauben）有诗曰：

> 倘若基督的奖赏并非如此甜美，
> 我也不会离开亲爱的夫人，
> 我时时在心中向她问候，
> 哪怕这好人儿住在莱茵河畔，
> 她于我也永远是天国的所在。

与奥托略显粗糙的韵脚不同，福格威德的瓦尔特的笔触体现出更为高雅娴熟的技巧，在《巴勒斯坦之歌》（Palästinalied）中，诗人借"我"之口表达了喜悦之感和高昂的战斗情绪：

> 我的生命从此有了意义，
> 只因我罪孽的双眼终于看到
> 饱受世人赞誉的
> 神圣的国土、圣洁的土地。
> 我祈求良久，愿望终得实现：
> 我得以来到
> 主道成肉身之地。
> ……………
> 基督徒、犹太人并穆斯林
> 皆以此地为己产。
> 请主以三位一体之名
> 依律法来决断。
> 世人为它争斗不休，

　　　　但我等的请求最为公义，

　　　　正义之请，主终将恩允。[2]

　　围绕基督的墓地，几个世纪以来爆发了无数次艰苦而血腥的战争。战争的高潮是一个极为奇特的历史文化现象，它给中世纪欧洲社会造成了深远的影响，占据了数代人的心神：它就是奔赴耶路撒冷的武装朝圣，简而言之，就是十字军东征。人们不断大费周章，就是为了夺得位于耶路撒冷的神子之墓。布道词和征召令中反复宣传的十字军东征是赎罪和战争的特殊结合，如果人们不能平安到达这处朝圣地，那么就要付诸武力来扫清朝圣之路。这种不同寻常的结合主要以希波的奥古斯丁关于正义之战的思想为基础。人们需要区分狭义和广义上的十字军，区分的依据是看朝圣之旅或征战的目的是前往位于圣地的基督之墓，还是征服异教徒。后一种十字军的变体为世界历史贡献了中东欧的文德十字军运动（Wendenkreuzzug）、西班牙收复失地运动、法国南部的阿尔比十字军战争、波希米亚的胡斯战争，此外令人惊讶的是，教会还曾鼓动讨伐皇帝腓特烈本人的十字军战争。[3]

　　发生于1096—1099年的战争是最重大的一场前往圣地的十字军东征，经过这次战争，欧洲基督徒首次占领耶路撒冷。1147—1149年由国王康拉德三世领导的第二次十字军东征以及1189—1192年第三次十字军东征（"红胡子"腓特烈一世在此次东征中死去）的目标也是圣地。1202—1204年间的第四次十字军东征歪曲了理念，十字军击败了拥有基督教信仰的拜占庭帝国，占领了君士坦丁堡。面对1217—1221年的远征杜姆亚特行动，计数出现了混乱，这次战役有时单独，有时与腓特烈东征行动共同被计为第五次十字军东征。如果1228—1229年腓特烈的东征行动被算作第六次十字军东征，那么由法国国王圣路易分别于1248—1254年和1270年领导的两次战争应为第七次和第八次十字军东征，不然则是第六次和第七次十字军东征。在1270年这场战争中，由于十字军误判了地理位置，不能确定自己距离埃及和圣地有多远，因此转而进攻突尼斯，可惜未能取得胜利。在这之后，虽说西欧君主们有雄心勃勃的计划，但仍然没能对圣地发动有效的军事进攻。1291年底，随着阿卡城被攻占，十字军战士的最后一处大陆据点落入了穆斯林之手。

位于圣地的一座城堡： 阿卡老城西北部有一座城堡，它保留了奥斯曼帝国和英国统治时期的原貌。城堡的中心位置依然保留了中世纪堡垒的建筑部分，那里曾是圣约翰骑士团的主要驻地。近十年发掘出了一批后来增建的房间，其中就有一间大厅，其粗大的圆形立柱支撑着哥特式尖顶。1148 年，法国国王路易七世曾居住于此。1228 年 9 月，腓特烈也曾与骑士团成员在此用餐，那时众人还愿意在东方和睦相处

无论身属农民等级还是更高等级，要想成为一名十字军战士，就要发下十字军誓约。人们既可以在布道过程当中当众大规模宣誓，也可在小圈子里单独宣誓。经过宣誓的十字军战士的可见标志是一个缝在肩部的十字架，这样他们就"被标以十字"。通过发十字军誓约，未来的朝圣者就立下了具有法律效力的许诺，此许诺不能随意收回。如果某人不能兑现诺言，那他的誓约就会传给儿子。只有教宗或者其全权代理人才可以解除十字军誓约。赴耶路撒冷的朝圣之路要消耗金钱，甚至是大量的财富，许多十字军战士乃至高等贵族，都要为此变卖或典当家乡的财产，另一些人则要为此付出巨大的代价。十字军东征成功的问题首先并不在于战场上的军事行动，而在于如何成功到达圣地。

在雷德利·斯科特（Ridley Scott）导演的极富画面感的十字军大戏《天国王朝》（*Kingdom of Heaven*）中，前往耶路撒冷的路途听上去相当简单："朝着说意大利语的国度前进，接着继续向前，直到听到另一种语言。"然而事实可并非这么简单。通常从中西欧出发，有两条路可以前往东方。一条是陆路，沿着多瑙河往下游走，穿过保加利亚，一直到位于欧洲和亚洲交界处的君士坦丁堡。从这里开始，路途渐渐变得艰险，因为气候炎热的小亚细亚早已是敌境。1189—1190 年"红胡子"腓特烈的第三次十字军东征选取了这条路，最终他在小亚细亚送了命。另一条线路则要

漂洋过海，最终目的地耶路撒冷也因此被称作"海外"（Outremer）。选取海路的十字军可以在威尼斯登船，这样就要横渡整片亚得里亚海，或者他们也可选择意大利南部的一处海港，例如西西里岛上的墨西拿或阿庇亚大道的终点、阿普利亚地区的布林迪西。从中欧出发的陆路全程3000千米。若选择走陆路，朝圣者步行一天能走25—40千米，骑马能走30千米，快马加鞭则一天最多能走60千米。皇帝腓特烈二世选取的海路理论上更快，因为桨帆船和运输帆船24小时大约能走200千米。

随着十字军东征的推进，近东地区逐渐建立一系列统治据点。其中最重要的是耶路撒冷王国，耶路撒冷王国北部还有安条克公国、埃德萨伯国、的黎波里伯国。虽然来到近东的基督徒来自欧洲的不同地区，主要是法国、意大利、英国、德意志地区，但穆斯林将他们统称为"法兰克人"（Franken）。留在黎凡特十字军国家内的"法兰克人"人数与当地居民人数相比实在有限，由1000余名低等贵族和骑士组成的"法兰克人"上层要想统治这片民族成分和宗教问题都十分复杂的土地，未免显得有些势单力薄。该地区不仅居住着犹太人，还有多处有势力的希腊正教社群，并且

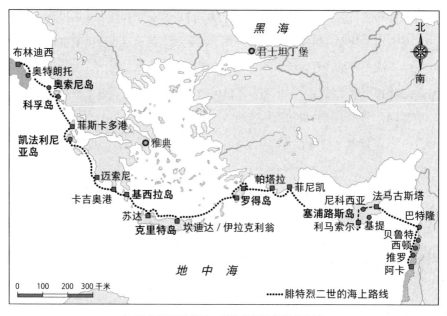

1228年夏季腓特烈二世前往圣地的海上路线

安条克公国
（1098—1268）

劳迪西亚

塞浦路斯王国
（1192—1489）

阿萨辛派

奥龙特斯河

法马古斯塔

托尔托萨

骑士堡　　　　霍姆斯

的黎波里伯国

的黎波里

地 中 海

贝鲁特

西顿

大马士革

推罗

蒙特福特

国王堡
阿卡　　哈丁
海法　　　太巴列

耶尔穆克河

阿特利特
（朝圣者城堡）

凯撒利亚

拿撒勒

耶 路 撒 冷 王 国

纳布卢斯／示剑

约旦河

约佩／雅法

亚实基伦

耶路撒冷
伯利恒
希伯伦

加沙

死海

外约旦统治区域

1229 年签订《雅法条约》
后的耶路撒冷王国疆域

1099—1187 年耶路撒冷
王国全盛时期疆域

0　　　50　　　100　　150 千米

1228—1229 年腓特烈十字军东征后的耶路撒冷王国形势图

还有其他各种在罗马教廷眼中是怀有异端信仰的基督教派，如亚美尼亚教会（Armenier）、马龙尼礼教会（Maroniten）、雅各教会（Jakobiten）、聂思托利安教会（Nestorianer）。数个世纪以来，此地自然也有大批穆斯林定居，包括逊尼派和什叶派。虽然"法兰克人"上层很快接受了东方的生活方式，但他们没能与当地民族融合。出生在圣地的"法兰克人"后裔，包括法兰克男子与当地基督徒女子的后代，被称作"普兰人"（Poulains / Pullanen，意为"马驹"）。普兰人是西欧贵族手下的骑士以外另一必不可少的重要兵力来源，因为穆斯林和犹太人并不服兵役。与来自热那亚、威尼斯或比萨的意大利人（他们在东方的港口城市甚至有自己的势力范围）一样，普兰人也逐渐发展出重要的经济实力。他们构成了耶路撒冷王国真正的支柱。当地的通用语除了法语，还有一种叫"法兰克语"（lingua franca）的语言。法兰克语可以视为以罗曼语为基础的一种混合语，主要产生于地中海东南沿岸罗曼人和非罗曼语民族（主要为阿拉伯语民族）之间的语言交流。这种语言流行于地中海东岸，掺杂了阿拉伯语词汇，并未因十字军国家的灭亡而衰落，直到 19 世纪，它一直都是重要的商务语言和日常交流用语。[4]

　　1187 年 7 月哈丁角（Hörner von Hattin）惨败后，耶路撒冷王国便不再是领土国家。从加利利海可以望见哈丁角坐落于一处火山锥形成的高地上，据说这里曾是基督宣讲山上宝训的布道坛，而就在这里，曾发生一场大规模屠杀，耶路撒冷王国的军事力量由此遭到重创。此次战斗中穆斯林军队的统帅是埃及和叙利亚苏丹萨拉丁·优素福·本·阿尤布，他后来在欧洲成为传奇。在随后的几个月里，除了推罗，王国境内几乎所有的城堡和城镇都落入穆斯林之手，其中不乏人们耳熟能详的太巴列、阿卡、雅法、凯撒利亚港、亚实基伦、塔博尔山（Berg Tabor）、伯利恒、拿撒勒，耶路撒冷城本身也陷落了。耶路撒冷是东西方宗教的交汇点，世界上再没有第二处地方能有如它这般丰富的象征意义，而拉丁基督徒就这样失去了它。虽说大败于哈丁之后的数十年内，基督徒奋力战斗，尤其在英国国王"狮心王"理查一世领导下的第三次十字军东征过程中又收复了几座海滨城市，其中就有阿卡，但是所有朝圣之旅的终极目标、每一位朝圣者渴求又为之奋斗之地、拥有基督圣墓的耶路撒冷，就这样留在了穆斯林手中。[5]

1215 年腓特烈在亚琛领受十字架

　　皇帝腓特烈二世领导的赴耶路撒冷的十字军东征可谓非比寻常的行动，这不仅是因为他摒弃了常见的作战方法，还因为他的行动附带其他政治意图。在 1215 年 7 月 25 日圣雅各节当天，首先由美因茨大主教埃普施泰因的西格弗里德二世在亚琛圣母马利亚教堂为腓特烈加冕，随着王冠一同落在腓特烈二世头上的还有身为罗马人国王的一切职责。接着，国王立刻将一枚十字贴在了自己的肩上。乍一看腓特烈仿佛是一时冲动，但其实这并非意料之外的行为。可以看出，在 1215 年亚琛加冕的背景下，腓特烈领受十字架并进一步允诺参加十字军东征的行为实则是他的政治策略。这样，领受十字架就成了这位在亚琛加冕的国王的第一次政治行动，他看似偶然的做法其实是一种维护统治的姿态。在亚琛这处查理大帝的安息之所，腓特烈再次被加冕为罗马-德意志国王，宣誓前往圣地，解放基督的圣墓，这其实是演一出帝王戏。[6]

　　那么究竟要由谁来领导此次十字军东征行动？教宗与皇权之间就这个问题反复较量。弄清这个问题意义重大，因为当时关于皇帝职责的观点认为，帝王就是十字军东征的永久领导者。将圣墓的事看作自己的事，这逐渐成为一种统治者的美德，符合人们对理想君王的设想。腓特烈的施陶芬先祖在任期间要么做过十字军战士，要么至少发下过十字军誓约。这位年轻的西西里人只是有所耳闻而未见过的祖父"红胡子"腓特烈一世和另一位叔父腓特烈（六世）甚至都因为参战而丢掉了性命，而皇帝奥托四世还在临死前承认自己曾"为了符合帝王应有的声誉"而发愿参加十字军东征。腓特烈二世已是第五位发愿参加十字军东征的施陶芬君主。作为罗马教廷的庇护人、反异教徒的斗士，皇帝的最高义务便是领导十字军。在圣地作战强化了腓特烈二世关于终末皇权以及自己与大卫家族一脉相承的观念。自"红胡子"腓特烈一世始，帝王理念便和十字军东征的思想共同编织出了一件理想统治者的外衣。在这件外衣上熠熠生辉的还有查理大帝的形象，这位中世纪理想中的基督教君主和基督教统治的象征人物常以第一位十字军骑士的身份出现在神话中。腓特烈在亚琛领受十字架也可以理解为是在神恩面前显示自己恭顺的态度，正是神的恩典剥夺了奥托的统治者之位，将其交给了腓特烈。这种对上帝的深切感激不应被误解为精心算计的意图影响主流看法的行为。在人们看来，腓特烈的崛起显得那么难以理解。1219 年他曾在一封信中透露，自己能够得到祖父传下来的王位和帝国，并非因为自身的努力，而只能感谢上帝的慈悲。在腓特烈的一生中，他一直怀有上帝直接操控的信仰，这成为他的统治观念的一部分。[7]

腓特烈有诸多理由去热心参与圣地事务。首先他有意识地以帝王的身份领导整个基督教世界。其次教宗撮合腓特烈与耶路撒冷的伊莎贝拉的婚事是为了诱使腓特烈立即开始十字军东征，因为这样一来腓特烈本人就变成了耶路撒冷王国的一位领主，因此十字军东征可以理解为前往自己的王国，使"耶路撒冷国王"的名义成为现实。并且西西里国王也想在地中海东岸寻求自己的利益。最后也是最重要的是，还有一个理由驱使所有朝圣者前往圣地：朝圣能使一切罪孽得到宽恕，能给人以巩固精神的力量。腓特烈是第一位集十字军战士、耶路撒冷国王、引领朝圣者的帝王这三种身份于一体的统治者。

后来，阿尔卑斯山以北地区政局不稳，腓特烈急需采取一系列措施以巩固自己的统治，无法立刻出发前往东方。1219 年大斋期中期主日，即大斋期第四个星期日，腓特烈召集众人到马格德堡召开一次十字军东征宫廷会议，这个日子是当时的政治理念有关的重大日子，故而是有意挑选的。1188 年由腓特烈一世召开的著名的十字军东征大会"耶稣基督"会和 1196 年亨利六世在维尔茨堡召开的宫廷会议也选在大斋期中期主日举行。可是腓特烈二世计划的马格德堡宫廷会议没能成功召开，这不禁让人觉得腓特烈在宣誓参战之后就开始不顾过去所有远大志向，转而为了谋取当下的政治利益而反复打出这副宣誓牌；在与教宗政治博弈时，这种行为就像是一张常出常新的梅花 A。整整五年，腓特烈都在玩这样一局牌，还获得了不小的成功，其高潮就是近乎逼迫诸侯选举亨利七世继任德意志国王，同时将自己升格为皇帝。同样，腓特烈在罗马的加冕也伴随着重新宣誓参加十字军东征，这对教宗洪诺留三世而言极为重要。1220 年加冕称帝后，腓特烈又遭遇了长达五年的困境。这样一来，出征时间反复推迟，有时理由还明显很充足。[8]

在罗马行加冕礼的光辉中，出征的时间定在 1221 年 8 月，但重新确立西西里王国的秩序耗费了腓特烈一些时间。1221 年夏末，一支十字军在杜姆亚特附近遭到了毁灭性打击；幸运的是，皇帝未在军中，否则他自己也会被俘。在接下来的数年里，皇帝反复许下诺言，却没有真正出发东进，他不断被预定好的出征日期缠身，却又一再推迟时间，可宽限的期限又短得不切实际，使他完全不可能遵守约定。1225 年 7 月，皇帝终于在《圣日耳曼诺条约》中发誓准备动身，最后期限是 1227 年 8 月。如果他再敢推辞，就要被革除教籍。这次妥协完全是个错误，因为事到如今，十字军东征这张牌已不再是王牌。

1227 年夏，确实有一支庞大的十字军聚集在布林迪西，但瘟疫很快席卷了他们的军营。这场瘟疫很可能是危险的热带疟疾，这种疾病已将很多身披铁甲的北方武士推向了墓穴，此外还有肠伤寒，可能是因饮用水不洁引起，同样令人闻风丧胆。腓特烈本人也染了病，但他依然和当时还活着的图林根的路德维希四世一同登上一艘桨帆船出了海。只需要想象一下伴随着高烧和寒战的微微海风，就能感觉到这简直是一场噩梦。就这样在海上漂上几个星期？腓特烈掉转头去，两天后，他到达奥特朗托，重新回到岸上。第二天，路德维希死去了，因为发烧仍在打着寒战的腓特烈只得再次推迟出发的时间。他与萨尔察的赫尔曼及其他一些大人物商讨了一番。众人决定由海军大元帅马耳他的亨利率部分海军先行一步，两名廷臣则前去向春季就任的教宗格里高利九世汇报此次未能预料的不幸。可是新上任的教宗根本不认可这个正当理由，也不接受宽免。早在他担任奥斯提亚枢机主教的时候，他就以极不信任的眼光审视皇帝的拖延策略。这一次，腓特烈被革除了教籍。

皇帝在圣地

1228 年 6 月 28 日，终于到了出发时间，皇帝下令解开停在布林迪西港内准备东征的船只的缆绳，亲自登上了一艘桨帆船，出发前往东方。差不多一整年他都在路上。前往圣地的旅途分为两个阶段，首先需要途经科孚岛、凯法利尼亚岛、克里特岛、罗得岛前往塞浦路斯。7月20日，人们已经可以在远处看到塞浦路斯岛，于是舰队就朝着位于岛屿西南部的帕福斯驶去。可是，由于六年前发生大地震，这座昔日重要的古老港口城市与城中那座"人称巴夫斯的城堡"一同变为废墟，舰队没有办法在海港或锚地停泊。人们只得继续沿着南部海岸前往位于阿克罗蒂里半岛（Akrotiri）另一面的利马索尔（Limassol）。7月21日，舰队靠岸停泊，皇帝登上了陆地，人们在这座地中海岛屿上停留了将近六周。在塞浦路斯登陆不仅仅是为了中途补给，缓解皇帝晕船的症状，此举也是皇帝的东方地中海政策的重要组成部分。这座巨大的岛屿曾属于拜占庭帝国，因此皇帝腓特烈也将其看作自己帝国的一部分。腓特烈的父亲皇帝亨利六世统治时期，时任岛主的吕西尼昂的阿马尔里克（Amalrich von Lusignan，卒于1205年）臣服于亨利六世，塞浦路斯被升格为王国。腓特烈期望现任国王以及其他封建领主向自己宣誓效忠。一些分封在此地的男爵在圣地也拥有权利和土地，在这个意义上，腓特烈作为耶路撒冷国王也在他们面前享有君主的地位。

当地最强大的男爵是伊贝林的约翰（Johann von Ibelin，1177—1236），他不仅是年仅11岁的塞浦路斯国王亨利一世（1217—1253）的监护人，也是贝鲁特领主，还暂任耶路撒冷王国摄政。他的权力并非源于对傀儡国王的控制，而是主要依靠经济中心贝鲁特带来的丰厚的贸易关税收入。长期以来，在黎凡特做贸易都能获得丰厚的利润。据巴黎的马修记载，13世纪初开始经济繁荣的商业城市阿卡一年就能为王室提供5万磅白银的收入，这比当时的英国国王一整年的全部收入还要多。这样看来，让桀骜不驯的执行长官（baili）伊贝林的约翰了解到，腓特烈作为耶路撒冷新国王意图塑造新的权力关系，这是继续前往圣地的前提条件。从现实层面上看，皇帝身边有一支军队可以为他的想法提供后盾。他们也用上了旧招，邀请客人赴宴，在宴饮正酣的时候以武力威胁。经过几次你来我往的较量，人们最终在尼科西亚达成一致。可是和平只维持了一段时间，几年后，皇帝追随者与伊贝林追随者间的冲突演化为彻底的内战。[9]

皇帝在岛上谈判期间，他手下的舰队从利马索尔继续前往法马古斯塔，到达后便在该城东北部等待他。9 月 3 日，皇帝命令船只起锚，在塞浦路斯国王亨利一世和塞萨洛尼卡（Thessalonike）的傀儡国王蒙特费拉的德米特里乌斯（Demetrius von Montferrat，1207—1224 年在位，卒于 1230 年）以及几位男爵的陪同下渡海前往黎凡特海岸，两天后到达目的地。又过了两天，9 月 7 日，他们在阿卡登陆。距离皇帝腓特烈二世发愿十字军东征已过去 14 年，现在他终于踏上了东方的土地，履行了他的誓言。

然而没有人为皇帝腓特烈的到来欢呼雀跃。腓特烈与教宗之间的冲突也造成了圣地各派系的纷争。登陆后，腓特烈命人在阿卡南部搭建军营。他准备在这里与萨拉丁的侄子、埃及统治者马利克·卡米勒苏丹谈判。多年以来，卡米勒一直在同亲属争夺伯父遗留在近东地区的权力和土地，各方在巴勒斯坦产生了利益冲突。腓特烈向苏丹位于纳布卢斯（Nablus）的军营派遣了两名有影响力的信使，由此拉开了谈判的序幕。他们是耶路撒冷执行长官兼阿切拉伯爵阿奎诺的托马斯和西顿领主、腓特烈在当地贵族中最重要的盟友巴里安·加尼耶，二人带着腓特烈的命令和丰厚礼物前去面见卡米勒苏丹。苏丹回赠以来自印度、波斯、也门的珍宝，或许腓特烈就是从中得到那头在克雷莫纳胜利游行中令众人啧啧惊叹的大象。代表苏丹谈判的是埃米尔法赫鲁丁（Fahr ad-Din，卒于 1250 年），早在 1227 年腓特烈就已认识这位苏丹使节，后来一直很敬重他。虽然彼此交换了那么多贵重的礼物，但腓特烈与苏丹的谈判仍僵持不下，这主要是因为部分谈判条件出现了重大变化。直到 1228 年 11 月，腓特烈的军队依然待在阿卡，随后腓特烈沿地中海海岸经陆路向南来到雅法过冬。

除了与苏丹的谈判暂时陷入僵局外，腓特烈还面临别的难处。圣殿骑士团和圣约翰骑士团这两支熟悉东方且战斗力强的军队不愿意听命于这名遭绝罚的统治者，服从于教宗的耶路撒冷宗主教洛桑的热罗尔（Gerold von Lausanne，1225—1239 年在位）也反对腓特烈。还有越来越多人认为腓特烈的军队规模太小，根本无法武力朝圣。一名帕多瓦的编年史家嘲讽道，腓特烈到来的样子活像一个海盗而不像一位皇帝，因为他在蛮族面前损害了罗马帝国的威望，格里高利才将绝罚的锁链加在他身上；这就是在某些圈子里私下流传的小道消息。[10]

不过这些都是恶毒的诽谤。今天我们已然知道，腓特烈的军队规模足以开展军事行动，至少其对手穆斯林认为腓特烈的兵力是极为重要的优势。《雷根斯堡帝王编年史》续篇和慕尼黑的亨利记载道："他凭借一支大军／夺回了圣墓。"皇帝腓特烈到达圣地时，他的军队早已在此等候多时。虽然皇帝本人没能在 1227 年及时出发，但同年已有多批船队在阿切拉的托马斯和林堡公爵亨利四世的领导下将大批战士运到巴勒斯坦。条顿骑士团大团长萨尔察的赫尔曼也带着自己的人马随同前往。1228 年 4 月，西西里的元帅里卡多·菲兰杰里（Riccardo Filangieri，卒于 1263 年）又将500 名骑士运到了东方。我们不清楚当腓特烈最终到达圣地时有多少兵力可调用，不管怎样，他还亲自带来了一些战士。

目前腓特烈军中最大的十字军部队的兵员来自德意志地区，这一地区的兵力远超其他地区，主要来自黑森、图林根、迈森以及施陶芬家族的传统势力范围阿尔萨斯、施瓦本、勃艮第。随同出征的大领主有奥格斯堡、瑙姆堡、梅泽堡的主教，洛伊希滕贝格（Leuchtenberg）封邦伯爵，克伊堡和蒙特福特伯爵以及伦克尔（Runkel）男爵。甚至连弗里斯兰人也加入了他们。与腓特烈一起前往东方的还有来自英国、法国、意大利的十字军战士，其中有巴勒莫、卡普亚、雷焦卡拉布里亚、纳博讷（Narbonne）的大主教及其随从，埃克塞特和温切斯特主教，还有腓特烈的爱人比安卡的伯父、兰恰伯爵曼弗雷德。另外还有两位勇敢的诗人带着竖琴和刀剑一同出海：他们是弗赖丹克（Freidank）和唐豪瑟（Tannhäuser，1200—1266）。有可能迈克尔·司各脱也亲眼看到了东方的土地。在发愿参加十字军东征的战士中，除了要直接踏上战场的武士，桨手和船员自然也算是战士，这在当时的海军中十分常见。在这 40 艘桨帆船上，除了部分舵手因为要看护船只而留在甲板上，剩下的仅桨手就可以组成一支 4000 人的军队。根据最新考证，腓特烈的可用兵力约为 1 万至 1.2 万人，其中有很多是骑士。回想一下，一百年前，大约 1000 名骑士和 2000 名步兵在阿扎兹（Azaz）战役大获全胜，耶路撒冷国王鲍德温一世仰仗的是一支不足4000 人的军队，伟大的耶路撒冷在第一次十字军东征期间被仅 1.2 万名士兵攻克，这样看来，腓特烈的军队的确称得上是一支威武之师。[11]

十字军东征时期航海问题的顶级专家约翰·H. 普赖尔（John H. Pryor）提出了另一个迄今鲜有人关注的领域，引发了我们的思考：十字军最初可能还计划了另外一次远征，其目标是尼罗河。总体上看，此次远征是要通过再次进攻埃及苏丹的权力中心，来弥补之前在杜姆亚特的失利。执行这一计划需要大批合适的船只，例如主要通过桨来操控的桨帆船和龙骨弧度较缓的运输船，因为在必要的时候军队必须能在大河沿岸登陆。1225 年《圣日耳曼诺条约》中记录的造船计划支持了这一论点。腓特烈要建造的不是多层大型运输帆船，而是 100 艘运马船和 50 艘桨帆船。这些小型船可以无碍地逆尼罗河而上，海军大元帅亨利·皮斯卡托尔就曾做了示范。很可能直到 1225 年底腓特烈与布列讷的伊莎贝拉成婚时，他才开始仔细思考这一策略。到了 1227 年，腓特烈就已一心想要径直前往属于自己的耶路撒冷王国，在圣地与卡米勒一决高下。然而他的舰队召集形式仍然未变，仿佛他依然准备前往尼罗河一样。这样做的原因是腓特烈预备与卡米勒谈判，而如果能够继续经尼罗河威胁埃及，则会迫使苏丹让步。[12]

此时的地域状况在腓特烈看来正适合东征。1227 年，即腓特烈到达东方的前一年，十字军占领了凯撒利亚和雅法，开始重建防御工事。这实际上打破了《杜姆亚特协议》签订以来基督徒和穆斯林之间维持的停战状态。此外，一部分主要是德意志十字军战士的部队开始用巨大的方石修筑城墙，继续加固位于阿卡东北部大约 30 千米一处深山内的蒙特福特城堡。几年前，皇帝坚定的支持者萨尔察的赫尔曼为条顿骑士团买下了蒙特福特城堡周围的土地，在原址重建了或扩建了城堡。"蒙特福特"意为"强大的山"，它保护圣地的条顿骑士团的宝藏和档案长达 40 多年，是条顿骑士团领地真正的中心，直到 1271 年 6 月，骑士团才撤出城堡。同样在基督徒和穆斯林曾呈对立之势的西顿，基督徒再次拥有绝对支配权。随着十字军占领海法和位于海法南部海岸的朝圣者城堡（Castrum Peregrinorum）——耶路撒冷所罗门圣殿陷落后圣殿骑士团的总部——重要的沿海城市和进入内陆前往耶路撒冷所必经的沿海通道都为基督徒所控制。

腓特烈与苏丹双方多次交换使节，做了漫长多变的谈判，彼此都在考验对方的耐力和神经，1229 年 2 月 11 日，已先行前往雅法的腓特烈与苏丹签订了一份特殊的停战协议。腓特烈和苏丹持有的协议都没能保存下来，因此我们只能通过教士的书信获知协议的一部分内容。大部分细节源于耶路撒冷宗主教的一封书信，这封书信因为被收录在教宗格里高利九世所收书信之辑录中才得以保存，目前藏于梵蒂冈。停战协议可能是用古法语写成，这封信谈到了其中几条古法语写的规定，并用拉丁语解释了每段话的意思。根据协议内容，马利克·卡米勒苏丹应将耶路撒冷、拿撒勒、伯利恒和平转让给腓特烈，此外还应转让从雅法至圣城一直到伯利恒的道路、从阿卡至拿撒勒的道路以及沿途村庄，托隆（Toron）男爵领也将易主。除此之外，协议承认了一些早已被基督徒攻占和扩建的城镇、城堡归腓特烈所有，如西顿、凯撒利亚港、蒙特福特。他们还打算交换所有俘虏，并决定停战十年。不过协议中还是有部分条款让某些十字军战士如鲠在喉，例如耶路撒冷王国再也无法回到领土国家的状态，距离较远的一些肥沃地区的出产只得拱手让人。腓特烈赢得的是响亮的名号，永恒的耶路撒冷的象征，而并非王国的土地、哈丁惨败之前众男爵和骑士团的领地。这份协议最大的耻辱在于，即使是对"圣城耶路撒冷"的统治权也是受限的，这指的是，"不包括被称为神之圣殿的修道之所"，圣殿骑士团的诞生地阿克萨清真寺依然归阿拉伯人所有。[13]

　　战争结束了，再也不能让异教徒流血了，一部分好战的十字军战士感到极为失望。但腓特烈对此并不理会。有传闻称，教宗的武装力量"钥匙军"（clave signati）——得名于军队旗帜上的圣彼得的钥匙——将进攻西西里王国，后来谣言愈演愈烈，似乎已成事实。从 1 月中旬起，教宗的一支军队开始逼近南部。腓特烈必须在圣地速战速决，3 月初，他便出发前往自己王国的首都耶路撒冷。军队从雅法出发，沿着海岸线向东行进，进入犹地亚（Judäa）山区。身处山中，有时可览幽深腹地的景色，可见灰白的石灰岩，而世界的中心，此次艰险行军的最终目的——耶路撒冷，便是用这种岩石建成的。

　　1229 年 3 月 18 日，这是大斋期的第三个星期日，圣墓教堂因头戴冠冕的腓特烈而发出夺目的光芒，这一场景已被不同人多次描绘和解读。一天前，纳布卢斯法官、埃及苏丹卡米勒的特派代表沙姆斯丁（Shams ad-Din）才根据《雅法条约》的规定将圣城的控制权移交给腓特烈。十字军占领了圣城，第二天，腓特烈率一队人马前往所有朝圣者都梦寐以求的目的地。腓特烈率众经过教堂南边的广场，从圣墓教堂两扇大门中仍存的左大门（右大门在 40 年前萨拉丁占领耶路撒冷后不久就被封闭至今）进入教堂。接着，队伍经过了位于右手边叠建在一起的亚当堂（Adamskapelle）和各各他堂（Golgathakapelle），经过了耶路撒冷国王布永的戈弗鲁瓦（Godefroy de Bouillon，1099—1100 年在位）和鲍德温一世（1100—1118 年在位）之墓（白色的大理石棺椁在穆斯林重新占领耶路撒冷后被清空，在 1808 年被砸碎，今天在阿克萨清真寺和圆顶清真寺中只剩下各各他堂前的两座粗大的石制棺架和一些残迹还能告诉人们，这里曾有君王的陵墓）。随后，队伍又来到"世界之脐"所在的主教堂，接着向左拐，前往基督之墓。在这里，在救世主之墓旁，面朝着耶路撒冷国王之墓，头戴王冠、身着君主盛装的腓特烈享受着自己精心导演的胜利。基督教帝王、罗马皇帝的继任者、世界之主和诸国之王，现在终于站在了救世主的墓旁。

这场华丽的表演不仅仅意味着收复曾经失落的王国都城。因为谁若占领了救世主之墓，谁就拥有特殊的合法权利来争取以神圣的耶路撒冷为目标的教会，是的，他还将掌握新世界的蓝图。和往常一样，耶路撒冷变成了一件重要的合法性武器。[14]

1228 年 6 月，当皇帝从布林迪西出发，踏上已多次推迟的征程时，他就要承受极大的风险。他清楚自己作为被教宗革除教籍之人已被隔绝在基督徒共同体之外，他甚至没有任何资格踏上圣地的土地，也不允许成为远征的领袖。他还清楚，如果教宗解除了臣属向皇帝发下的忠诚誓言，并开始着手废黜自己，自己就很可能会失去所有的统治权。格里高利九世甚至计划对他采取武力，威胁要进攻他的西西里王国。而腓特烈出发前往圣地后，这样的事确实发生了，同时意大利北部也已开始反抗他的统治。13 世纪初曾有预言称，基督统治秩序会通过救世主之墓而重建。1215 年前后产生了一部用中古高地德语韵文写成的宫廷行为规范手册《罗曼客人》（Der wälsche Gast），该书的作者齐尔克拉里亚的托马辛（Thomasin von

通往救世主之墓的大门：1229 年 3 月 18 日，身着节日盛装的皇帝腓特烈经
最初两扇大门中仍存的左大门进入圣墓教堂，他在这座教堂里举行了加冕仪
式（人们时常误认为是腓特烈自己为自己加冕）。这个仪式令圣墓教堂在加冕
的皇帝的辉煌中闪耀

Zerklaere，卒于 1238 年）曾预言，有一位腓特烈将会从不信神之人那里
夺回圣地。据说 1219 年十字军甚至在杜姆亚特听到了一则阿拉伯人的预
言，称会有一位来自西方的国王占领耶路撒冷。如果事情顺利的话，他甚

至会遇见"祭司王约翰"（Priesterkönig Johannes），二人见面之时，悬挂末世帝王盾牌的干枯树木会再次发芽。因此，腓特烈在远征东方时承受着必须获胜的巨大压力。在一封致苏丹的信中，腓特烈显示出少有的坦率："众君主和教宗知道我已出发。若我就此折返而没有任何作为，我将会在他们面前丧失一切威望。"随着腓特烈履行了十字军东征誓约，他已经证明自己是教会的最高保护人。在这种情况下，摆出帝王的排场，以尊贵的姿态公开赞颂西方帝王对救世主之墓的统治权力，就显得格外重要。参与了腓特烈领导的十字军东征的宫廷抒情诗人弗赖丹克还向世界宣告："神与帝王解救了 / 圣墓，令众基督徒得到慰藉。"[15]

见证了耶路撒冷加冕这一幕的萨尔察的赫尔曼在致罗马教廷中友人的书信中描绘了全过程。赫尔曼问候了他并描述道："智慧的您也许知道，皇帝陛下于 3 月 17 日，即周六，同整支基督徒大军来到耶路撒冷，并于第二天的主日在耶路撒冷戴上了王冠，以荣耀那永恒的君王。"接着他又谈到了一个难题。有人建议皇帝举行一场大型弥撒，以纪念从穆斯林手中解放圣地。但由于皇帝依然受绝罚令所制，所以赫尔曼出于对教会荣誉和帝国荣誉的双重考虑，劝皇帝放弃了这一想法。"于是他听从了我等的建议，没有举行圣事（弥撒），但仍然在没有得到祝圣的情况下从祭坛领受了王冠，并依着惯例，戴着它坐上了王座。"腓特烈坐上高位展示帝王的威严，大团长萨尔察的赫尔曼在王国显贵及众人面前用拉丁语宣读了一份回忆录，该回忆录从皇帝的视角叙述了迄今十字军东征的风云变幻，随后赫尔曼又用德语和法语做了解释。这份回忆录即著名的《心正之人，你们应在主之中欢欣喜乐》（Letentur in domino et exultent omnes recti corde）帝王公告起草于加冕当天，落款中有喜气洋洋的字样："于圣城耶路撒冷。"不久后，人们将这份文本复制多份，从阿卡寄往欧洲各地。这种以帝王自述的口吻发布的官方公告显示出在这种场合下腓特烈期待他人对自己有怎样的看法。此外，这份文件有一定的公共特性，这是仪式生效的基本条件。赫尔曼的书信和这份公告只作为复件保存在教宗格里高利九世的书信辑录中。[16]

赫尔曼宣读道："心正之人，你们应在主之中欢欣喜乐……要如何赞美造物主之恩典，如何长久地敬畏他的大能……可是，看啊，拯救之日现已到来，世间万民皆已认出并了然，他便是那人，而并非他人，无论何时，无论如何，只要他乐意，便可为自己的仆人带来解脱。"接下来的文字再次提到类似的理念，并辅以腓特烈在圣墓旁展示帝王之威的描写："朕踏上圣城耶路撒冷之沃土，在向主之墓祈祷后，朕宛若正统之帝王（rechtgläubiger Kaiser），第二天便毫不犹豫地戴上王冠，此冠为端坐于王座之上的全能的主预定给朕的，因而主以极大的慈悲和恩典，将朕从万王之中遴选而出，以使……民众渐渐看清，是神之手做了这一切。"送给教宗和英国国王的公告内容并不一致，但相同之处在于腓特烈进入耶路撒冷后都是以"正统之帝王"的名义探访基督之墓并向其祈祷，第二天也以同样的身份在那里加冕。然而腓特烈在写给教宗的信中称，他在圣墓旁加冕是"为了荣耀至高的君王"；萨尔察的赫尔曼也在信里用了这个说法。

腓特烈在东方尤其需要赫尔曼，因为这位图林根人对圣地的很多问题都极有见识，他曾游历四方，还见证过远征杜姆亚特的败绩。对赫尔曼及骑士团成员的忠实效力，腓特烈在巴勒斯坦也慷慨赏赐。和所有的骑士团一样，条顿骑士团也在尽力夺回自己在圣城的旧领地——至少从表面上看是这样。1229 年 4 月，腓特烈手下的骑士团成员正式获得他们自认为在穆斯林攻陷耶路撒冷之前就已经占有的那座建筑；以及位于亚美尼亚教会大街、坐落于托马斯教堂附近的另一座宫殿般的建筑，这里曾是耶路撒冷国王鲍德温二世（1118—1131 年在位）的议政大厅。不过这些并非随便几座建筑或任意几片地产。骑士团得到耶路撒冷的产业后，就能将自己的历史传统提前至哈丁战役之前，这对骑士团的合法性而言有不可估量的价值。

此外骑士团还在圣地获得了阿卡的港口关税以及城中地产的收益。早在 1220 年，骑士团就得到了曾属于埃德萨傀儡伯爵库尔特奈的乔斯林三世（Joscelin III von Courtenay，1159—1200 年在位）的封建领地即乔斯林领地。这位伯爵在父亲去世后得到了阿卡周边的一片土地，其面积足以使他建立自己的统治。1200 年乔斯林死后，其女比阿特丽克丝于 1206

年嫁给骑士兼宫廷抒情诗人伯滕劳本的奥托，于是领地便转移到这位游吟诗人手中。1220 年，奥托将领地卖给条顿骑士团大团长，皇帝和耶路撒冷女王布列讷的伊莎贝拉分别颁布诏书确认了此次交易。骑士团在该地的第一块地产是"国王堡"（Castellum Regis），这就是前文提到的后来重建的蒙特福特城堡前身。这时的骑士团还为自己的地产取得了特殊的采邑豁免权，骑士团及其统治区域虽然原则上不能摆脱对耶路撒冷王国的封建附庸关系，但可以免除一部分义务。这批地产变成了一个个完全独立的统治区域，它们本可以组成类似于后来波罗的海地区的那种统一的东方骑士团国家。1229 年 4 月，在阿卡的宫中，在一批重要人物，即耶路撒冷执行长官阿奎诺的托马斯、耶路撒冷治安官蒙贝利亚尔的奥多（Odo von Montbéliard，1218—1244 年在任）、西顿的巴里安和伊贝林的约翰的见证下，皇帝颁布了多份诏书确认了这些极为宝贵的权利。为了支持条顿骑士团，赋予骑士团以特权，并放弃耶路撒冷国王的王权核心权利，这表明，一方面皇帝腓特烈尤为宠信大团长赫尔曼和他的骑士团，并给了他们特殊的赏赐；另一方面，腓特烈意图将条顿骑士团纳入其帝国统治结构，将骑士团置于一个突出位置。对条顿骑士团而言最为重要的是，现在他们在圣地的地位已经坚不可摧，毫无疑问，他们终于可以与圣殿骑士团和圣约翰骑士团平起平坐。这一切都要归功于皇帝腓特烈。[17]

耶路撒冷的王冠

恩斯特·康特洛维茨将此次仪式解读为"在拿破仑加冕之前最有纪念意义的帝王的自我加冕；……如今在这里，没有教会作为中介，没有主教，也没有加冕弥撒，腓特烈二世就这样自豪地、无所畏惧地拿起了圣城耶路撒冷的王冠"[18]。不管人们愿意怎样解读腓特烈的帝王理念，自我加冕终归不符合中世纪的习惯。只有普鲁士第一任国王腓特烈一世（1701—1713 年在位）和皇帝拿破仑一世（1804—1815 年在位）这样身处王权去神圣化时代的统治者才敢自己为自己加冕，而这在 13 世纪绝不是合适的做法。大量教会法和宪法方面的论据使人们逐渐开始怀疑腓特烈二世是否为自己加过冕。这很可能不是自我加冕，而是一次重新加冕（Befestigungskrönung）、节庆加冕（Festkrönung）或是无仪式加冕（Unter-der-Krone-gehen）。历史学家用以上这些概念来解释统治者身着盛装、头戴冠冕现身于公众面前的情况。这些行为主要是为了巩固君主在长期未能亲自前往之地区的统治，其常见的形式是重要的宗教节日庆典和君主的游行活动。

有种种迹象可以证实这一解读。1225 年 12 月至腓特烈去世的 1250 年，根据这段时间颁布的诏书和上面的印玺，腓特烈的头衔中一直包含"耶路撒冷国王"。早在进入圣城之前许久，腓特烈就已自称"耶路撒冷国王"。腓特烈之所以会使用这一头衔是因为他 1225 年 11 月 9 日迎娶了业已加冕的耶路撒冷女王布列讷的伊莎贝拉。大约在这个时候，腓特烈自然已经可以被加冕为耶路撒冷的合法国王，甚至可以接受涂油礼。"在主道成肉身后的第 13 个小纪纪年，腓特烈被加冕为耶路撒冷国王。"《西西里大事简编年史》在后来补充记载。1225 年初秋，腓特烈委托一名威尼斯金匠马里努斯·纳塔利斯（Marinus Natalis）制作了一项王冠，不久后，这位匠人亲自将王冠送到腓特烈在阿普利亚的宫中，腓特烈为此赏赐了师傅大量财物。人们可以认为腓特烈是在为自己的长子亨利七世订购王冠，但也可以将这顶王冠理解为要用于腓特烈加冕为耶路撒冷国王的仪式。腓特烈根本不需要漂洋过海去即位，因为耶路撒冷王国的加冕人和将要出席加冕仪式的重要人物都已随同新娘从东方来到了意大利。即使 1225 年的这次加冕在错误的地方举行，王国真正的诸男爵也都在现场。[19]

1225 年，叙利亚诸男爵就已毫无异议地将腓特烈尊为新任统治者。对那些因没有出席加冕仪式而无法向国王宣誓效忠的贵族，腓特烈派梅尔菲主教里歇尔（Richer，1218—1232 年在位）作为他的代表，率 300 名骑士前往圣地，接受效忠。这样，没能陪同新娘前往意大利的那些耶路撒冷贵族也可以向新国王宣誓效忠。此外，腓特烈还下诏任命推罗大主教莫加斯特尔的西蒙（Simon von Maugastel，卒于 1233 年）为耶路撒冷文书长，这也是他即位后颁布的第一批诏令之一。同时，在 1225 年，新娘的父亲布列讷的约翰要求腓特烈即刻永久放弃耶路撒冷国王的一切统治权。这说明 1225 年以后的腓特烈已经完成了成为耶路撒冷国王所必需的所有仪式。

还需要清楚一件事：皇帝腓特烈领导的此次十字军东征是其从高加索到开罗再从摩苏尔至爱琴海这张密集的外交网络的一部分。经过几代人的努力，施陶芬王朝统治的罗马帝国在与拜占庭的竞争过程中，已经在一定程度上或短时间内将数个王国和统治区与帝国相连接。这些王国有丹麦、波兰、波希米亚、匈牙利、加利西亚、塞浦路斯、亚美尼亚、塞萨洛尼卡，它们就像皇冠上的一颗颗宝石，而皇冠正戴在一位世界统治者的头上。将小国会聚于帝国之下的做法源于古罗马帝国时期的一种思想，即古罗马皇帝掌管着帝国外围的数个王国，就像众多国王组成的家族的首领一样。皇冠上最为耀眼的珍宝无疑是耶路撒冷王国。无论是拜占庭帝国的卡美拉琼帽，还是教宗的三重冠，都没能得到这枚光艳夺目的宝石作为装饰。自 1229 年大斋期第三主日起，皇帝腓特烈二世的皇冠就被这枚华丽的宝石所装点。从法国学者皮埃尔·布迪厄（Pierre Bourdieu）的理论角度看，腓特烈身着帝王盛装出现在救世主之墓前的行为不仅仅表明他将耶路撒冷纳入自己的势力范围，还说明他试图将象征性资本转变回真正的权力。腓特烈利用了"十字军东征—末世帝王—耶路撒冷—救世主之墓"这一象征系统，以在与教宗斗争的过程中巩固自身的地位。

腓特烈二世的十字军东征引发了各界全然不同的反应，这是此次东征的直接政治影响。皇帝的宣言传到欧洲北部，远至雷瓦尔（Reval，今塔林）。荷尔施泰因伯爵阿道夫颁发的文书落款日期甚至都从腓特烈夺回圣地之后算起。腓特烈的敌人对腓特烈获得基督之墓的成就大为光火。虽然腓特烈履行了诺言，但教宗施加的绝罚令并未取消，而雪上加霜的是：站在教宗阵营且极为固执的耶路撒冷宗主教热罗尔命凯撒利亚大主教在被夺回的耶路撒冷全境颁布禁令，这样一来，在耶路撒冷的朝圣者便被剥夺了在基督之墓旁参加礼拜仪式的权利，而这本应是朝圣者历经千辛万苦获得的回报。由此可见，腓特烈迟迟未动身参与十字军东征并非被革除教籍的理由，教会不过是在借机动摇腓特烈的统治。不过新的大卫王已在大斋期第三主日实现了自己的目标，他让世人看到，谁是受到上帝遴选而统治世界之人。他让圣地回归了基督教信仰，"在那里，主使我们得救"。正因为如此，上帝在其恩典中，令他从万王之中脱颖而出。在神子的墓旁，腓特烈确立了直接的继承关系，以上帝真正的代表身份出现在众人面前，因此这位站在救世主之墓旁的帝王绝不可能是教宗的代理人。在世界的中心圣墓教堂内加冕的场景是腓特烈对罗马教廷的言论——"教宗即真正的帝王！"——的回应。这个回应就是："看啊，腓特烈才是真正的帝王！"

　　然而胜利没能持续多久。阿卡给腓特烈出了越来越多难题。圣殿骑士团和耶路撒冷宗主教反对腓特烈的王权要求。局部地区甚至出现了战争。在后来的历史记载中流行的说法是，圣殿骑士团意图在苏丹的帮助下伏击腓特烈。4月末海军大元帅亨利·皮斯卡托尔从家乡带来的消息更加令人不安：教宗的军队正在向西西里王国进发。钥匙军的将领之一正是腓特烈的岳父布列讷的约翰。而在德意志地区，腓特烈之子亨利七世的监护人巴伐利亚的路德维希一世则倒向了教宗阵营。一名教宗使节正在寻觅对立国王的人选。1229年5月1日，腓特烈再次登船出海。首先他要前往塞浦路斯的利马索尔，他在那里出席了国王的婚礼，并委任五名男爵担任国王的监护人。接着他又急忙赶往意大利，乘坐的很可能是一艘萨吉塔船。腓特烈6月10日便到达了布林迪西。没过多久腓特烈就将入侵的军队赶出了西西里王国。1230年夏，双方在切普拉诺（Ceprano）和圣日耳曼诺达成协议，协议中也包含了腓特烈所遭受的绝罚令的最终解决方案。

　　在这之后，海外的耶路撒冷在腓特烈的政策中一直扮演着重要的角色，当腓特烈第二次被革除教籍时，耶路撒冷又一次被当作腓特烈与教宗斗争的工具。教宗和腓特烈相互指责对方损害了圣地的利益。1244年，耶路撒冷再次陷落，这一次，基督徒永远失去了它。腓特烈提出要让位于其子康拉德，自己则前往圣地为夺回耶路撒冷而战，从此永不归来，而唯一的条件就是教宗能收回施加在他身上的绝罚令，但这一提议并没有什么用。腓特烈去世前不久曾在遗嘱中宣布，他预备投入10万盎司黄金用来夺回圣地。

穆斯林之友？

　　在皇帝腓特烈东征的背景下，同时代以及后世有许多声音称，这位统治者是穆斯林之友，他自己的行为方式基本上印证了这一点。兵不血刃就能拿下耶路撒冷，这难道合理？皇帝莫不是同穆斯林一伙的？要想判断这一点，首先必须考察腓特烈还在西西里生活时对穆斯林的行为。腓特烈曾在多场血腥战役中与穆斯林作战，并将幸存者流放到卢切拉周边地区，那里曾是拜占庭帝国在意大利的驻防地，在腓特烈时代已经废弃。这些幸存者后来会成为腓特烈忠实的战士其实并不奇怪，毕竟腓特烈保全了他们的性命。战争和流放结束了穆斯林文化和基督教文化在西西里岛对立的局面。

其次，腓特烈与阿拉伯科学的关系表明他对异文化的知识有着浓厚的兴趣。这突出了腓特烈的求知欲，同时也可能说明了他清楚其他文化也能带来巨大成果。没有足够的证据能证明腓特烈与穆斯林之间存在友谊，或者他对穆斯林怀有好感，因为腓特烈之所以终生对阿拉伯书籍有兴趣，也只是希望能够利用书中的知识，而并非真的仰慕阿拉伯文化。最后人们可以考量腓特烈在圣地实行的政策，这些政策主要是维护他自己的利益。在与卡米勒苏丹长久的谈判期间，腓特烈还同他热烈讨论数学及其他科学问题，这也是谈判的一部分。每个曾在东方做过谈判的人都清楚，只要不中断谈话，原本在第一眼看来完全无法妥协的两种相去甚远的观念很快就会达成一致。腓特烈和卡米勒在谈判过程中的做法正是如此：他们向对方互派高级使臣并互送礼物，以表达对谈判的重视和对对方的敬意。后来他们没有就城市问题继续讨价还价，而是将谈话引向了不同领域，突然在某一个时刻，时机成熟了，他们就圣城的问题达成了统一意见。这就是东方的谈判方式，腓特烈深知这一点，并成功运用，而像热罗尔这样初来乍到的人根本不可能明白。

只有极少数阿拉伯历史学家在自己的记载中谈到皇帝腓特烈与穆斯林之间存在特殊的友谊。若是细致考察当时整个地区的阿拉伯语文献就会发现，腓特烈在阿拉伯世界不过是一个边缘人物。只有当他在阿拉伯世界的内部斗争中占据了一定位置，阿拉伯编年史作者们才会注意到他。重要的中世纪历史学家西卜特·伊本·贾沃齐曾提到腓特烈，他认为腓特烈在奴隶市场上的估价为不到十迪拉姆。贾沃齐本人曾在大马士革公开布道，反对将耶路撒冷交还给基督徒，并猜测腓特烈的基督教信仰只是一种伪装："人们声称从他的言论中可以看出他的基督信仰只不过是个幌子。"另一位编年史作家伊本·瓦西尔·贾迈勒丁（Ibn Wasil Gamal ad-Din，1207—1298）童年时曾在大马士革听过贾沃齐的布道，后来他在曼弗雷德国王的宫廷担任大使，编纂了一部史料详尽的阿尤布王朝史。据他记载，皇帝请求苏丹允许自己造访耶路撒冷，苏丹应允了他。广为流传的宣礼故事也出自贾迈勒丁之手：纳布卢斯法官沙姆斯丁说："我已吩咐穆安津（Muezzin，宣礼员），让他在那晚不必宣礼，以表示对皇帝的敬意。待第二天醒后，我前去面见皇帝，他对我说：'法官啊，为何穆安津未像往常那样宣礼？'我对他说：'微臣考虑到国王陛下的缘故，并为了表达对陛下的尊敬，所以禁止他们这样做。''你这样做可就错了。朕对神起誓，此次朕在耶路撒冷过夜，最大的愿望就是希望能在深夜里听一听穆安津的宣礼和他们对神的赞颂。'随后他就动身前往阿卡。"[20]

在腓特烈之后一个半世纪，有一位编年史作家在构建这个传奇上发挥了最大的作用。这位来自开罗的伊本·富拉特（Ibn al-Furat，1334—1405）认为，腓特烈私底下其实是个穆斯林；不仅如此，腓特烈还与苏丹有血缘关系，他是苏丹的舅舅。这充分表明阿拉伯人未将腓特烈视为异敌，而是试图从宗教和血缘上将他纳入一个伊斯兰联合世界。腓特烈是穆斯林之友，这个设想本身就是个神话。人们之所以会创造出这个神话，不过是为了让阿拉伯世界更好地理解并接受耶路撒冷的失落。这样一来，关于耶路撒冷的协议只是确认家族内部的产权变更，实际上人们根本没有失去圣城。

此外还有一点疑问：当时的腓特烈是否计划好要通过谈判手段来获得耶路撒冷？在这之前他曾有两次谈判机会。1221年，卡米勒苏丹曾在最困苦的关头提出愿意交还萨拉丁几乎所有的占领地，只求十字军放弃杜姆亚特。圣殿骑士团和圣约翰骑士团打算接受苏丹的请求，但腓特烈的代理人、路德维希公爵、萨尔察的赫尔曼均一口回绝，只期盼腓特烈到来。他们以腓特烈的名义下了赌注。此外在1228年和1229年，腓特烈的最初计划也是军事战斗。1229年能与苏丹成功签订协议也是因为腓特烈得知教宗正在攻打西西里，所以他要尽快赶回意大利。直到这时腓特烈才停止狮子大开口，不再要求苏丹将萨拉丁之前占领的土地悉数还回。若是没有军事力量作为后盾，腓特烈很可能赢不了这场外交牌局。双方签订协议时，埃及的内政局势不容乐观，卡米勒苏丹不得不采取行动。与十字军对战时只要打一场败仗，无论是在尼罗河三角洲还是在巴勒斯坦，就算不会葬送卡米勒，也会深刻动摇他在阿尤布王朝的统治地位，因此他同意做出让步。双方出于政治上的实用主义签订了《雅法条约》，该协议体现了两位统治者所能够达成的最低限度的共识。双方都希望能在未来力量发生变化的情况下改变这一局面。长期以来，那些称腓特烈只带了一支羸弱的军队就来到东方的历史文献将腓特烈塑造成出色的外交家，但它们掩盖了他的真正形象：他实际上是一位深知自己实力并量力而行的统治者。

因此，腓特烈那被错认的和平意图只不过是实用主义手段。不过腓特烈的行为依然令人讶异，因为根据政治现实而理性地维护均势状态，这种做法在荣誉观所主导的中世纪并不常见。只需将腓特烈与其他著名的十字军东征代表人物，譬如英国国王"狮心王"理查一世或最终死于第二次十字军东征的法国国王圣路易相比，腓特烈的特点就会愈加明显。他并不仅仅是以嗜血之徒的身份踏上东征的旅途，他也不愿意以殉道者的身份牺牲在基督的祭坛上，在必要的时候，他会谈判，至少在东方是如此。倘若当时的局势有利于腓特烈，他很可能会拿起武器战斗。但是作为一位受过良好教育且才华横溢的统治者和诗人，腓特烈深知，耶路撒冷和圣墓会在人们的内心深处唤起怎样的情感。福格威德的瓦尔特为皇帝腓特烈的十字军东征所作的十字军歌或许也同样打动了这位宫廷抒情诗人费德里科的心。

> 无比甜蜜、真切之爱，
> 伴着羸弱的感官；
> 自道成肉身之时，
> 神即辅佐基督信众。
> 为庇佑世人，神降临于世，
> 消除众人苦难，
> 荫庇鳏寡，抚慰孤独，

望主助我，报此苦仇！
罪孽之救主，
助我建起你的国，
若有人心生懊悔，
你的精神便将我点燃。
你抛洒热血，
向我吐露天上的奥秘，
恳请神不遗余力，
解放至圣之地！
献出尔等所有之物，
神必挺身相助，
而那怯弱之徒
必将被打入地狱。[21]

第 13 章

暴　君

父子相争

那位国王匍匐在那儿，剥去了君王华服，就这样匍匐在沃尔姆斯主教座堂冰冷的石头地面上。他在父亲脚边五体投地，请求父亲的宽恕。可父亲却端坐在宝座上，不为所动，身边环绕着众多侯爵、伯爵、领主，还有从四面八方涌来的百姓，他们挤来挤去，呆呆望着。跪倒在父亲面前的他表露出的谦卑姿态并不起作用，因为他俯身下拜的不仅是他的父亲，还是他的皇帝，这位皇帝的内心不再有父亲的慈爱。正相反，皇帝神情冷漠，不可接近，摆出一副冰冷的威严姿态。国王久久地跪在皇帝面前，渐渐地，一些贵族开始劝说皇帝适可而止。忏悔之人终于被允许起身，没有一个人上前搀扶他，他看上去"充满畏惧和疑惑"，还混杂着"羞耻"，因为他事先所预料的情况并没有发生。他要将所有的权力象征都交到皇帝手中，继续接受监视。不久后他又被投入监牢。这一去便是永远。一位姓名不详的埃伯巴赫（Eberbach）人曾续写维泰博的戈特弗里德（Gottfried von Viterbo）所作的历史记载，当他描述 1235 年 7 月 4 日皇帝制服亨利七世这位亲生长子、合法选举并被加冕的德意志国王的场景时，他的言辞变得有些激烈。这个儿子没能得到恩典和宽恕，他失去了自己的王位，还有荣誉和自由。[1] 据说发生在沃尔姆斯的这一幕被历史学家称为"请降"（deditio）。请降是一种表示臣服的姿态，一方要在另一方面前按照规定顺序公开做出一系列行为，向对方服罪。通常违法犯罪之人会通过这种方式迫使对方接受自己的忏悔并原谅自己。请降的做法有着悠久的历史，人们甚至可以事先约定好一些细节上的问题。在重视象征性的世界，这种方式可以充当有效化解冲突的策略。曾有一位被革除教籍的国王甚至以这种方式在卡诺莎城堡前迫使教宗解除绝罚令；至少在人们的记忆中是如此。可是亨利七世谦卑的"五体投地"（prostratio）没有起到任何作用。是父亲不理解这个姿势的意思，还是他根本就不想理解？此次事件再次凸显了皇帝腓特烈的南方做派。只有当对手承认符号和规则时，政治仪式方能实现功能。可是在北方被视作传统投降仪式的行为，到了意大利南部却早已无法充当政治工具了。在 12 世纪的意大利南部，诺曼人发展出了自己的一套仪式传统，其最高表现形式就是所谓严格法律意义上的"铁面无私"（rigor iustitiae）。[2]

"铁面无私"是一种故意安排的强硬规程，曾被腓特烈二世的先人罗杰一世伯爵当作统治工具，用于驯服过去那些在攻占西西里时与自己地位相当的战友。其表现方式是国王极为罕见的毫不留情的严酷态度，有时甚至是国王的恐怖统治，以及相伴的血腥镇压。继承西西里诸王传统的腓特烈二世也常常使用这种严酷的手段：据圣日耳曼诺的理查记载，为了对抗教宗的钥匙军，守卫自己的王国，1229 年腓特烈从十字军东征战场返回意大利，在叛变的边境城市索拉（Sora）杀鸡儆猴，整座城市被焚毁，部分居民被绞死。就像昔日的迦太基，这座城市再也没能重建。这是一次无情的惩罚，目的是向众臣仆宣示国王的权力。[3]

实践证明，意大利南部关于统治及惩戒的符号体系与北方全然不同，它无法与阿尔卑斯山以北的德意志式化解冲突的调节机制相一致。如果荣誉受到损害，那么冲突便无法解决。因此，腓特烈和亨利的政治表演根本就是各行其是。亨利希望，或者坚信自己会被原谅，而反之腓特烈认为自己绝不能赦免对方。此刻，对政治定俗的误解变成了死结，处于劣势的国王只得束手就擒。现在应当回顾一下国王生命中的几个重要阶段，这样才能了解他究竟是为何落到了这般田地。

1212 年，年仅一岁的婴孩亨利，腓特烈二世与阿拉贡的康斯坦丝的头生子，在父亲出发前往北方之前就被加冕为西西里国王。1216 年，腓特烈让亨利继承了自己在阿尔卑斯山以北的领地，最初他将施瓦本公爵领转交给儿子，后来还有勃艮第的统治权。

1220 年 4 月，九岁的亨利在美因河畔的法兰克福被选举为国王。由于亨利尚未成年，腓特烈便将政权暂时移交给由诸侯组成的摄政团，摄政团的领导最初是科隆大主教恩格尔贝特一世及梅斯和施派尔主教康拉德，后来又加上巴伐利亚公爵路德维希一世。13 世纪 20 年代初的重大政治决策都由大主教恩格尔贝特定夺，例如 1222 年 5 月 8 日，恩格尔贝特在亚琛将亨利加冕为德意志国王，此外他还安排亨利与英格兰的伊莎贝拉订婚，只不过后来腓特烈二世取代了自己的儿子与伊莎贝拉缔结了这桩婚姻。1225 年恩格尔贝特暴毙，一年后，巴伐利亚公爵路德维希一世成功晋级为代理人，将权力的缰绳掌握在自己手中，而未成年的国王大多数时候都受到帝国侍臣的监护。1225 年 11 月 29 日，亨利按照父亲的愿望在纽伦堡迎娶了年长自己七岁的玛格丽特，她是奥地利公爵利奥波德六世之女，1227 年 3 月，玛格丽特在亚琛加冕为德意志王后。[4]

1228 年秋末，亨利摄政团的领导巴伐利亚的路德维希一世背叛了皇帝腓特烈，转而投靠教宗阵营。因此，年已 17 岁的国王亨利七世在当年的圣诞节亲政。此时情况危急，因为皇帝当时还远在圣地，他不顾教宗的绝罚令准备从雅法出发前往耶路撒冷。教宗军队正陈兵意大利，准备进攻西西里王国，而在德意志，一位名叫奥托·坎迪杜斯（Otto Candidus）的枢机主教作为教宗使节正在培植一批诸侯反对皇帝及其子。按照计划，他们要把腓特烈和亨利都赶下王位，巴伐利亚公爵路德维希一世很可能是新国王的人选之一。但是年轻的亨利国王有力地回击。1229 年夏季，亨利前去攻打路德维希，洗劫他的领地，迫使他投降。接着，亨利又去进攻收留了教宗使节的斯特拉斯堡主教。由于斯特拉斯堡被包围，枢机主教无法执行任务，于是教宗的计划只能随着战火灰飞烟灭。当腓特烈从东方返回的消息传来时，危险已经过去。年轻的国王亨利七世充分证明自己是皇权在德意志地区有力的守护者，而在后来的岁月里亨利的父亲似乎很快忘记了这一切。

后来，父子之间慢慢开始产生嫌隙。1230 年以后，亨利国王逐渐开始在下层贵族、帝国侍臣和城邦中寻求支持。有时亨利会推行对城邦大为有利的政策，而诸侯认为这些政策损害了自己的权利。诸侯对国王亨利的政策愈加不满，最终纷纷到皇帝腓特烈那里抱怨，而皇帝听信了诸侯，却没有站在自己的儿子一边。亨利与父亲的帝王执政理念渐渐发生冲突，因为腓特烈想要维护自己与帝国诸侯之间灵活友好的关系。然而冲突并不局限于这两位主角，这实际上是两股贵族势力之间的矛盾，双方斗争的动机或背景往往难以辨明，而导致这种局面的正是两位君主以及两个宫廷各自的支持者之间巨大的竞争压力。

1231 年底，皇帝腓特烈邀请儿子前往拉韦纳参加宫廷会议。亨利一直试图避免与父亲见面，从而为自己争取时间。1232 年 2 月底，一名使节造访了亨利，就像对待一名臣仆那样传唤他前去觐见皇帝。1232 年 4 月，两人在阿奎莱亚见面。自从腓特烈 1220 年前往罗马，接着又去了南方，父子二人差不多有 12 年未曾相见。亨利已经成长为一个男人，他不再是孩子了，现在他已经是国王了！但是在 1232 年 5 月，在位于阿尔卑斯山脚下的弗留利的奇维达莱召开的一次宫廷会议上，年已 21 岁的亨利还是要在屈辱的条件下当着诸侯的面向自己的父亲宣誓服从。亨利发誓绝不做令父亲不悦之事，并有义务在诸侯面前行为得当。誓言甚至被记录下来得到公证。除此之外，皇帝还批准了一年前已受到亨利认可的《诸侯优待法规》，该法规在前文已经提到。尤为屈辱的是，如果皇帝之子未遵守该法规，那么数年前曾将皇帝革除教籍的教宗格里高利九世现在又可以革除皇帝之子的教籍。纷争的命运之轮一旦开始旋转，就永远不会停息。国王亨利七世起初任命了皇帝的一名公开的敌人为最重要的顾问，他就是乌拉赫-弗莱堡伯爵埃吉诺五世（Egino V von Urach-Freiburg，卒于 1235 或 1236 年）。1232 年，亨利又重申了施陶芬家族与法国王室卡佩家族之间的同盟关系。在接下来的一年里，他与维特尔斯巴赫家族又打了一次仗，打败了巴伐利亚公爵路德维希之子奥托二世（1231—1253 年在位）。皇帝腓特烈认为自己与诸侯的关系受到了威胁，因此再次插手，要求亨利释放奥托交给亨利的人质。按照约定，教宗威胁要革除亨利的教籍。

另一处冲突之源形成于 13 世纪 30 年代上半叶的迫害异端运动，该运动导致一种狂热的情绪在德意志地区蔓延。1232 年，皇帝腓特烈收紧了异端法案的实施。冷酷得近乎病态的异端猎人马尔堡的康拉德（Konrad von Marburg）在帝国境内游荡。另一些狂热的信徒宁愿亲眼看到成百上千的无辜者被烧死，也绝不愿放过一个异端分子。亨利试图控制这不断扩大的动荡局面，便于 1234 年在法兰克福宫廷会议上下令禁止无正当理由的异端迫害行为，而早在 1232 年，不来梅大主教就曾私下不公地对待施特丁根（Stedingen）的农民。但亨利的所作所为在皇帝看来并不合适。在接下来的几年里，皇帝废除了亨利颁布的众多条例，甚至还收回了亨利的一些采邑，这就动摇了亨利作为国王的地位。除此之外，皇帝一些书信中的措辞也极大损害了这位年轻君主的荣誉。这一切造成了父子之间越来越深的隔阂。1235 年，在离开北方 15 年后，皇帝宣布将再次翻越阿尔卑斯山来到德意志，解决与亨利之间的问题。[5]

这一次，亨利犯下一个灾难性的错误。为了能在强大的皇帝面前理直气壮地提出自己的要求，亨利四处寻找同盟。1234 年 9 月，亨利在博帕德（Boppard）与反对皇帝的诸侯结盟，并于 11 月派出优秀的外交官尤斯廷根的安塞尔姆前去试探伦巴第联盟的态度。双方约定，以米兰为首的伦巴第联盟将支持亨利，亨利则保证会支持联盟对抗克雷莫纳。皇帝震怒了。亨利为何偏偏要与曾在兰布罗河畔侮辱少年腓特烈的米兰人结为盟友？而且他还想对付忠诚的克雷莫纳人？这简直是不忠，是叛逆，是公开谋反！此刻正与皇帝一同商讨结盟对抗伦巴第城邦事宜的教宗革除了亨利国王的教籍。

1235 年初，皇帝致信诸侯，那些"帝国中的英杰与领导者"及"朕所珍视之人"，称自己再也无法忍受"犬子对朕及众位诸侯如此幼稚的不忠顺行径"。4 月中旬，腓特烈第二次前往德意志。他并未携带重兵，而是寄希望于帝王宫廷的雍容气派和自己的个人威慑力。腓特烈"一行人骑马走来，整支队伍雍容华贵，光辉壮观，显示出帝王应有的威严；有许许多多马车，满载金银、细布、紫裳、宝石、珍器，还有很多骆驼。一群群熟知各种把戏的阿拉伯人和埃塞俄比亚人牵着猿猴和豹子，守护着帝王的金银财宝。"在维泰博的戈特弗里德所作编年史的续写人看来，腓特烈仿佛童话中的人物。我们并不清楚腓特烈是否真的将他的半个动物园都带了过来，但可以肯定，这支翻过阿尔卑斯山的队伍充满了异国情调。腓特烈才到南德地区就已展示出自己的影响力。出发时他的陪同人员还比较有限，但到了南德之后，队伍立刻壮大。1235 年 7 月初，腓特烈在温普芬（Wimpfen）行宫稍作停留。亨利国王本打算在这里向腓特烈投降并请求宽恕。然而腓特烈再一次侮辱了自己的儿子，根本就没允许他来见自己。亨利被迫同行，直到腓特烈最终愿意停歇下来接待他。腓特烈一行人的下一站就是沃尔姆斯，我们现在已经知道在那里发生了什么事。[6]

可是对儿子的羞辱仍未停止，亨利七世的结局就像一出莎士比亚戏剧，充满了恐怖的谣言。腓特烈下令将被废黜的国王囚禁在海德堡，而那里偏偏是巴伐利亚公爵奥托的地盘。1236 年初，腓特烈又下令用两艘桨帆船将受到严密监视的亨利从阿奎莱亚送到西旁托（Siponto）。之后亨利被安置在巴西利卡塔的梅尔菲附近的圣费莱（San Fele）城堡，在人们的视野中消失了很久。1240 年，亨利又被送往科森扎附近的尼卡斯特罗（Nicastro）。我们对狱中的情形所知甚少，但至少可以确定，亨利有时连一件像样的衣服都没有。被囚禁七年后，在 1242 年 2 月的马尔蒂拉诺（Martirano），死亡终于让亨利得到了解脱。当这位 32 岁的前国王从马尔蒂拉诺城堡被转移到附近的圣马可城堡时，他突然从马上摔下，最终死去。人们纷纷传言他是自杀，他很可能是故意从马背上跌入山谷。自认为了解内情的萨林贝内称亨利是出于"消沉绝望"而自己跳入深渊。这样写的话这对父子间的戏码似乎还不够精彩，不足以激发情感起伏，于是一些历史记载还声称皇帝原想与儿子和解，派出使者将儿子从牢狱中接回。而不知情的亨利害怕会遭到更残酷的对待，于是在预期去见父亲的路上结束了自己的生命。但事实上亨利也有可能是因为牢狱生活的折磨而体力不支，所以摔下马背。[7]

出人意料的是，腓特烈按照国王的规格安葬了这个被视为叛徒的儿子。亨利被葬在科森扎大教堂内一座华丽的坟墓里。然而该墓并不像往常那样在离祭坛不远的地方，而是靠近通往圣菲利普及圣雅各礼拜堂的大门，穿过这扇门可以到达相邻的墓地。1574 年大主教阿夸维瓦的安德烈亚（Andrea d'Acquaviva）曾下令砸开坟墓，因此人们得以证实，亨利的遗体由金银丝线绣成的昂贵丝袍所包裹，位于肩部位置的雄鹰符号表明他是施陶芬王朝的国王。直到儿子去世后，腓特烈才将他生前未能得到的"王权尊严"交给了他。可是父亲为亨利的遗骨准备的华丽棺椁如今已不复存在。16 世纪中叶，在特伦托大公会议精神的指导下，为了能更好地敬拜上帝，教会开始清理教堂里泛滥成灾的坟墓，于是亨利国王之墓成了这场"清洁运动"的牺牲品。一直到 18 世纪末，亨利的残骸都存放在法器室的一个铁匣内，毫无君王尊严可言。这些遗骨后来的结局就不太清楚了。大约在 1900 年，人们就已不知道遗骨的去向。在 1934 年的一系列考古发掘过程中，工人们在科森扎大教堂的中殿内发现了一尊古代晚期的棺椁。如今人们认为里面存放的尸骨属于国王亨利七世，所有的导游都是这样讲解的。在中世纪，重复使用古代棺椁的做法并不罕见，但这究竟是不是亨利的遗骨还有待商榷。20 世纪末，研究者给棺椁中的尸骨做了人类学检测，结果证实，死者生前只有 1.66 米，并患有麻风病。麻风病在中世纪被视为上帝的惩罚，然而没有任何一位编年史作家曾透露一丁点儿亨利曾患有该疾病的信息。难道萨林贝内、卡尔维的尼古拉斯（Nicolaus von Calvi）或维拉尼会放过这个可以贬损这个受诅咒的家族的细节吗？肯定不会。现代学界对"狮子"亨利和弗里德里希·席勒骸骨的争论表明，遗骨的实际所属和理论所属不一致的情况并非第一次出现，人们只想看到自己所希望看到的。[8]

这桩父子之间不可思议的人间惨剧的头绪仍有待厘清。在这个事例中，人们难得可以清楚地看到国家和个人间关系的瓦解。如果为了国家理性，就必须铲除叛逆的国王，那么腓特烈作为父亲难道就没有受到一点儿伤害吗？对此人们只能猜测。不过有文献证实，得知儿子悲惨结局的腓特烈深受打击。至少腓特烈让维尼亚的彼得罗将自己内心的沉痛依程式写下来，润色了一番。一封致西西里神职人员的文书中这样写道："慈父之痛令审判者的严厉声音默然。朕只得沉痛哀悼长子亨利之命运，天性令朕内心深处泪如泉涌，然而耻辱的伤痛与正义的刚硬阻止了泪水夺眶而出。或许坚强的父辈会惊诧于一位外敌不可战胜的帝王竟会为小家之痛所击垮。"另一封下发给臣僚的文书则写道:"我等哀悼,朕蒙受丧失长子之痛,请众臣与朕同悲戚,让泪水流淌,凭尔等悲伤程度,可表明各人爱戴朕之深浅。"[9]

难道在亨利生前腓特烈就不能大发慈悲了吗?在此次事件中与"铁面无私"一同发生作用的因素可以被称为萌芽中的民族刻板印象。在1363年弗朗切斯科·彼特拉克写给乔万尼·薄伽丘的一封论艺术问题的书信中,彼特拉克曾谈到当时对意大利人和德意志人民族性的普遍看法。在中世纪与文艺复兴之交的时代,伴随着彼特拉克所代表的人文主义思想和生活态度,还产生了现代人的观念。彼特拉克评论的有趣之处在于,他恰好借皇帝腓特烈二世之口阐释了民族性。彼特拉克这样做的原因我们已经知晓:从血统出身看,腓特烈来自野蛮的北方,是德意志人;而从社会关系上看,他又是意大利人。作为施陶芬家族统治过罗马帝国的最后一员,他是一位充满智慧的君主,集两个民族的惯俗与个性于一身,其中一部分来源于本性,一部分来源于习惯。需要注意的是,彼特拉克对亨利跌落马背的悲惨命运也有自己的看法。"地球上两个最为出类拔萃民族"若是建功立业,都渴望得到奖赏。两个民族的根本区别在于,意大利人看重体面尊严之行为胜于一切,而德意志人可以通过友谊和亲密被培养为忠诚者。在面对错误时,两个民族的态度全然不同,意大利人以宽大处理为贵,而德意志人会认为慈悲意味着软弱;这就十分危险了。这就是彼特拉克的看法,也许他也注意到了腓特烈长子的问题。[10]

长期以来,有关国王亨利七世的历史评价极差,因为价值评判时常以同时代人的看法为基础,而绝大多数同时代人的看法又有赖于当时的胜利者和历史记忆主宰者的观点。一直以来,人们都寻求把冲突之罪责"归咎"于亨利,不断强调他的以下犯上和反复无常。为了解释腓特烈对亲生儿子的冷酷态度,编年史作者们编出了五花八门的理由。巴黎的马修谎称亨利曾试图暗杀原本宅心仁厚的腓特烈:"出于对他君主身份的尊重,缚在他身上的绳链松了绑,然而儿子却为父亲调配好了毒药。"这类故事影响到了后世的历史学家。对亨利最为不齿的莫过于19世纪末的爱德华·温克尔曼(Eduard Winkelmann)。在他看来,皇帝腓特烈二世的长子亨利七世"如同罪犯一般苟活于世并走向灭亡",他那可怖的结局可以说是"罪有应得"。[11]

直到最近几十年,世人对亨利七世的评价才有所变化。如今人们可以清楚地看到,亨利在位期间绝非人们之前所想的那样不幸。亨利拓展了领土,巩固了家族权力,得到了城邦的有力支持,这表明他在有意识地巩固自己的王权。此外亨利似乎也是热爱艺术的统治者,他的宫廷吸引了大批抒情诗人。亨利七世在德意志地区的表现就如一位坚决维护自身王权的德意志君主,不过皇帝腓特烈认为亨利的行为已不妥当。由于腓特烈需要夺取意大利,因此他需要同德意志诸侯和睦相处,这就必然会导致父子间的冲突。

不管怎样,腓特烈不仅伤害了自己的长子,还破坏了王权制度。于诸侯面前在侮辱性的状况下废黜一位合法的国王,意味着破坏未来国王的权威,或者如约翰内斯·弗里德所言:"玩弄国王者必将被剥夺王权。"亨利作为国王的名誉现在依然未得恢复。从 19 世纪开始,亨利称号中的序数"七世"在行文中会被放入括号中,因为 80 年后恰好有一位出身于另一家族的统治者也号称亨利七世,他就是皇帝亨利七世(约 1275—1313)。因此皇帝腓特烈之子被一些历史学家戏称为"亨利括号七世"。但是这种轻视非常不公,因为他并不是更低等级的"括号国王",而是经过选举和加冕的正式的"罗马人的国王"。只要人们提到这两位亨利七世时能细心地加上"国王"或"皇帝"来区分,可怜的亨利就可以摆脱丢人的括号了。[12]

腓特烈出发前往德意志地区时由自己的第二个婚生子康拉德陪同。这位康拉德是亨利同父异母的弟弟,原本要代替亨利成为"罗马人的国王"。但是诸侯再三推脱,不愿意在废黜亨利后立刻在 1235 年的美因茨宫廷会议上选举这个孩子为国王。直到 1237 年 2 月,腓特烈才在维也纳成功让康拉德被选为罗马-德意志国王。不过康拉德从未加冕,因此他的头衔是"被选中的罗马人的国王"(in romanorum regem electus)。这一次是腓特烈第三次在德意志地区停留,也是人们最后一次在帝国北方看到他。1237 年夏末,整治了德国的事务后,腓特烈召集了一支军队,继续与教宗及意大利城邦斗争。1237 年秋,腓特烈前往意大利,这一走就是永远离开。如同 1220 年前往南方时一样，这次他又留下了一个九岁的儿子担任国王，让儿子在形式上代表自己。由于这个儿子康拉德尚未成年，首先由美因茨大主教西格弗里德三世（1230—1249 年在位）担任帝国代理人来辅佐他，后来换成图林根封邦伯爵亨利·拉斯佩和波希米亚国王瓦茨拉夫一世来辅佐。直到 1240 年以后，康拉德才开始积极参与帝国政治事务。

若是细致探究皇帝腓特烈二世的行事风格，人们脑海中很容易浮现出"暴君"一词，而他对待儿子的态度只是佐证这一看法的众多事例之一。腓特烈的统治是否有残暴的特征？他是不是一名暴君？恩斯特·康特洛维茨在其腓特烈传记中就有一章题名为"西西里的暴君"。不过腓特烈生前早就被贴上了这样的标签。当腓特烈 1238 年拒绝米兰投降时，在编年史作家巴黎的马修看来，他就变成了"冷酷无情的暴君"。此外，腓特烈 1247 年占领帕尔马时，他处置当地俘虏的做法（据说为了让围观的居民感受到痛苦，他每天清晨要砍掉三到四个人的头）也令马修称之为"暴君般残忍"。这只是其中两件能证明他暴君属性的事例。但是在中世纪暴君究竟意味着什么？我们不能用古希腊指称好与恶的统治的概念来理解中世纪的暴君，而是应当根据《圣经》或教会史上的范例来阐释"暴君"概念。萨林贝内记载了腓特烈的女婿罗马诺的埃泽利诺三世在担任北意大利总代政时与乌贝托·帕拉维奇尼（Uberto Pallavicini）一同犯下的骇人听闻的暴行："人们对他的恐惧胜于魔鬼。无论是尼禄，还是图密善，抑或是德西乌斯和戴克里先，这些暴君中的暴君的残暴都不能与之相比。"在谈到好与坏的统治概念时，人们时常会引用塞维利亚的伊西多尔的《词源》，伊西多尔用"国王"（König）来称呼正义的统治者，而用"暴君"（Tyrann）来指称最恶毒的统治者，因此在中世纪背景下，意思就很明显了：暴君是国王的反面。一位统治者是追求公共利益，还是只考虑私人利益，这两者有决定性的差别。[13]

然而公共利益和私人利益之间的对立掩盖了皇帝腓特烈统治的一个结构性问题。这位统治者在南部地区推行严格的等级制度，但在阿尔卑斯山以北采用的是与其他实权者共同决策的政治统治体系，两种治国手段自始至终都相互排斥。除此之外还有腓特烈那令人发指的残暴行径，而其中多例暴行的根源都在于"铁面无私"的传统。剜眼、断肢、溺水、火焚、身首异处——这就是众多反抗腓特烈统治的谋反者的最终下场。受到腓特烈惩罚之人的悲叹久久回荡在随后数个世纪的记忆中。但丁与维吉尔穿过地狱时曾遇见穿着铅衣的罪人,他们"身着笨重之服, / 仿佛腓特烈二世的刑衣"。诗人在这里化用了当时广为流传的说法,即皇帝腓特烈二世令谋逆叛国之人身着铅衣,再将其烧死。[14]

如果历史学家不确定应当如何归类一份文献,就会将它定性为"习作"。所谓"习作"常指这样一类书信,它们表面上是由某人所写,或者其中会宣称收信人是谁。有一封时间标为 1230 年 9 月的书信,据说是皇帝腓特烈二世致穆斯林军队的,信中包含的命令十分残酷。这封信或许是真实的,又或许只是为了能在教宗面前告发皇帝而捏造出来的,总之这封信添油加醋地描绘了皇帝对叛乱的加埃塔残暴复仇的画面:"占领此城后,尔等应将捉拿的本城上层及地方贵族的双目挖出、鼻子割去,并剥光衣服拖至城外。妇女同样要割去鼻子以示羞辱,之后允许她们逃离。男童则要割去睾丸,留在城内。"直到现代,人们依然在谈论腓特烈的残暴统治。借皇帝腓特烈来关注自己所处时代的恩斯特·康特洛维茨也断言:"暴政之所以会存在,并且人们之所以会需要暴政,其前提是整个民族的堕落与放纵。"[15]

驱逐穆斯林

腓特烈的一些政治行动最终导致西西里政局紧张,例如始于 13 世纪20 年代并一直持续到其统治生涯结束的一项惊人举措,该举措在其统治末期愈演愈烈:在西西里王国境内打击穆斯林。从这里同样可以看到腓特烈如何运用"铁面无私"政策,并体现出"暴君般的残忍"。自 9 世纪占领西西里以来,穆斯林就一直生活在那里。西西里岛数个世纪以来是兵家必争之地,因此它被打上了不同文化的烙印,无论是从政治、宗教还是经济上看都是如此。希腊人、罗马人、拜占庭人、穆斯林先后登场,二百年后又轮到诺曼人,而诺曼人深知如何利用阿拉伯各埃米尔之间的矛盾。诺曼人占领西西里后,罗马天主教的影响不断扩大,渐渐排挤伊斯兰文化和穆斯林。这一趋势呈阶段式发展，时快时慢。一部分上层穆斯林改信罗马天主教，他们试图通过采用诺曼名字来适应新的统治者，如取名罗杰·艾赫迈德（Roger Achmet）或罗杰·沙穆特［Roger Chamut，曾名为哈穆德（Hammud）］。的确有部分上层穆斯林靠这种方式保住了自己社会地位。一部分下层穆斯林则改信希腊正教。但大部分穆斯林还是保持了传统的生活方式。[16]

1189 年，诺曼人的"善王"威廉二世去世后，穆斯林头上的压力再次加重。他们成群结队地离开首都巴勒莫，迁入位于首都西部的马扎拉谷山区，那里的人口主体是穆斯林。他们的另一处逃亡地是位于阿格里真托（Agrigent）和叙拉古之间的诺托山谷地区（Val di Noto），那里的主要居民也是穆斯林，这些人现在则主要聚居于西西里岛西部和南部。然而很大一部分穆斯林还是永远离开了西西里，朝着西班牙南部、北非和中东地区迁徙。这些世代居住在西西里的城市居民变成了半游牧民族，他们身背行囊，在头人的带领下生活在偏远山区或难以到达的堡垒中。其中一座堡垒是位于圣朱塞佩亚托（San Giuseppe Jato）附近的要塞，在巴勒莫西南方约 30 千米。这一动荡局面一直持续到皇帝亨利六世执掌西西里后才得以改变，然而亨利六世的早逝令混乱又卷土重来，使一批反抗的穆斯林更坚定地驻守深山。这些穆斯林在周边地区骚扰劫掠，当新近加冕的皇帝返回西西里，打开全新的政治局面时，他们却错过了再次融入既定秩序的时机。受到穆斯林劫掠的民众多有怨言，西西里王室得不到穆斯林占领地区的收入，并且穆斯林的行径与腓特烈有序统治的理念相冲突，这一切都迫使腓特烈采取措施。1221 年 5 月至 12 月，即腓特烈逗留于西西里期间，他开始筹备针对反抗者的军事行动，1222 年，战争开始。

就像真正暴君的行事方式那样，腓特烈极为巧妙地在打击穆斯林时趁机解决了另一个难题——铲除有不忠嫌疑的大贵族。他命令丰迪（Fondi）伯爵阿奎拉的罗杰（Roger von Aquila）、卡塞塔伯爵托马斯以及其他伯爵履行军役义务，参与打击西西里穆斯林。如若这些人草草对待此事，腓特烈就下令将他们抓起来并剥夺他们的地产。为了能让那些藏身于山区的穆斯林再次臣服于自己的统治，腓特烈就必须采用游击战的作战方式。马耳他伯爵、海军大元帅亨利·皮斯卡托尔刚从埃及归来，此次行动由他领导，作为假释考察任务，然而这次行动持续的时间比预计要长。1223 年 5 月底，腓特烈亲自来到西西里岛，准备在夏季指挥包围战。腓特烈远征突尼斯海岸附近的杰尔巴岛，让穆斯林无法将这座小岛作为补给站。1225 年春季，双方在穆斯林的高地堡垒附近展开恶战，随后战争便告一段落。此次战争的大部分开销由腓特烈的臣属承担，他多次向贵族们征收"穆斯林税"。

被征服的反抗者听凭胜利者摆布，失败的穆斯林也不例外。所有穆斯林必须离开山区。部分幸存的穆斯林暂时退回到西西里岛低洼处，恢复旧日的组织形式，另一些人则获准逃往西班牙或北非的穆斯林统治区。相当一部分被征服者只得遵照腓特烈之命迁徙，人们可以将其理解为一种宗教意义上的"清洗"式驱逐，因为这就是将他们从旧聚居区赶出，并在意大利本土的阿普利亚为他们指定新的居住地。据估计，到 13 世纪 40 年代为止，被驱逐的人数为 1.5 万—6 万人之间。我们无法确定准确数字，因为中世纪的历史文献常常过分夸大实际情况。此外我们也不清楚这些数据究竟指的是军人数量还是包括军人所有的家人，又或者是否所有人员都被算在内。但不管怎样，将整个族群整体迁移是一个巨大的运输难题。

被选中的新聚居地是卡皮塔纳塔一处极偏远的地方，古罗马、拜占庭和诺曼人统治时期，这里被反复建设，这就是卢切拉。长久以来历史学家都确信此地的旧地基上曾建有大型堡垒群，充当后备军的穆斯林就住在这些堡垒中。在卢切拉，坚固的围墙守护着单一的穆斯林聚居地，也防止围墙内的居民外迁。雄辩的费迪南德·格雷戈罗维乌斯在漫游的日子里曾想象一座"穆斯林城堡"："身处堡垒中，人们不由得想起穆斯林战士的练兵场和兵营，还有各种军械库、兵工厂，以及一座座清真寺。"穆斯林"从此在卢切拉安顿下来，起初很不情愿，满怀对皇帝的仇恨，他们视其为夺走美丽西西里的暴君，那里原本是穆斯林祖先的正当产业，后来东方人易于妥协的天性使他们开始接受命运，最终他们对自己的苏丹，那位伟大的皇帝、教宗的死敌、有教养的东方君主的自由开明之友产生了爱与忠诚之感"。越来越多的文学作品开始将腓特烈的形象刻画为"卢切拉的苏丹"，曾有一部书就以此为题，描绘了多种文化共生的美好景象。[17]

　　然而有人提出了疑问：目前为止在卢切拉只发现了零星几处罗马遗迹、一座高大的城堡状塔楼、一段今天看来的确颇为壮观的城墙，但这段城墙实际上是施陶芬王朝的继任者安茹王朝统治时期的建筑，同时在这块地方还发掘出了同一时期的住宅地基。这片被围墙环绕的土地还有一大片区域长期未得到研究。近些年来，人们借助地质雷达在卢切拉堡垒内部发现了与之前发掘出的遗迹同类型的房屋地基。这些地基也属于安茹时期。这样，到目前为止这里只发现了普罗旺斯农民和手工业者的房屋地基，这些人大约在 13 世纪下半叶，即施陶芬王朝之后，被召集而来定居于此。发掘结果显示，这里一幢幢排列紧密的建筑是普罗旺斯随军农民的轻型结构住宅。而这片考古区域中的伊斯兰遗迹十分贫乏，这或许是因为后来覆盖的建筑破坏了原有遗迹，还可能是因为这样的遗迹从未存在。若是如同人们一直以来所猜想的那样，卢切拉堡垒的内部区域曾有大批穆斯林居住，那么当 13 世纪 60—70 年代安茹君主将来自法国南部的专业人员安置于此地时，这些穆斯林又消失去了哪里？或许他们从未在这段堡垒围墙内居住过，而是聚居在其他地方？不管从卢切拉发掘出了怎样的地基和陶器，有一件事现在已经再清楚不过：目前关于卢切拉的穆斯林聚居中心的想象站不住脚。[18]

　　根据目前的考古发现，人们更有理由相信曾存在数个多族群杂居的穆斯林聚居区。现在已识别出了几处这样的地点，例如吉里法尔科（Girifalco）和斯托尔纳拉（Stornara），还有位于卢切拉西南方 15 千米处的废弃主教区首府特尔提维利（Tertiveri），在中世纪被称为"托尔提波利"（Tortiboli），那里有望产生新的重大考古发现。除了卢切拉境内，周边地区显然也曾有穆斯林居住，他们在那里经营农业和畜牧业，但主要还是以高度发达的手工业为生。特尔提维利有骑士阿卜杜勒·阿齐兹（'Abd al-'Azīz）的一块采邑，这是 1296 年他向那不勒斯国王查理二世献媚并宣誓效忠而获得的。这位骑士是那些身居高位的穆斯林的代表之一，他们历经数代人还能够维系各自的亲族纽带。这些穆斯林充当战士，也是大农场主。人们在卢切拉大规模出售农产品，从 1234 年起，卢切拉甚至出现了王国境内最重要的区域性市场。诏书总目残篇中保存的部分腓特烈诏令也明确针对居住在卢切拉的穆斯林，其内容是关于赋税及预备转让给穆斯林的牛群。

如果腓特烈与阿普利亚穆斯林的关系不能被称作苏丹与追随者的关系，那么腓特烈的行为在当时的基督教统治者之中就非常罕见了。腓特烈赋予了穆斯林居民自主权，包括宗教活动、自治、司法的权利，并且他放穆斯林一条生路本身就被视为仁慈之举，这样，穆斯林曾经的敌意就变为服从和忠诚。腓特烈希望从穆斯林百姓中招募一支不会被教宗策反且对教会绝罚令完全免疫的军队。腓特烈的穆斯林弓箭手很有名。而腓特烈所享有的声望甚至在他死后还可以造福其子曼弗雷德和其孙康拉丁。被驱逐者与皇帝之间的关系已完全改变，至少在穆斯林的新居住地是如此。

教宗自然对穆斯林迁居至阿普利亚一事大为不满。家门口的一大片土地被一帮异教徒所占据——教宗一想到此事就不寒而栗。后来传来消息，称穆斯林将一座古老的教堂变成了采石场，用来修建房屋，这样一来教宗就有充分的理由去警告皇帝。毕竟，卢切拉周边地区还留有部分基督徒，甚至还有一名主教。教宗 1232 年 12 月 3 日写信给皇帝："我们大为震惊地得知，被你迁至阿普利亚的萨拉森人竟不可思议地得到了你的恩允，将位于福耶塔诺浴场（Bagno Fojetano）、由阿韦尔萨（Aversa）圣老楞佐（heiligen Laurentius）修道院管辖的圣彼得教堂变成了采石之地，在此之前，此处是天使的居所。这群人将石料和木材运至卢切拉以营造房屋，彻底破坏了教堂……为了向上帝表示敬畏，也为了增进你的威望，我们请求你重建上述教堂，令人归还被夺走的、为维护教堂完整而必不可少的物品。除此之外，据传言，你赋予萨拉森人过分的自由，这将会使毗邻而居的基督徒处于危险境地，许多听闻此事之人皆陷入恐慌，因此，为了维护你的权威，请遏止萨拉森人的狂妄，使其短期内不敢扰乱你治下臣属之心。因为在救世主看来，本应被奴役的铁链锁住之人竟在压迫我们土地上的光明之子，罪恶之人竟与光明之子享有同样的自由，此事实属不公。"[19]

教宗在信中假定的腓特烈所谓对穆斯林的怀柔或者优待政策，实际上并不存在。腓特烈对待穆斯林与其他臣属一样，同样要求他们无条件服从。他对待任何形式的叛徒的手段都极为严苛，甚至在我们看来过于残忍，对西西里的穆斯林也不例外。根据苏丹马利克·哈菲兹（Malik Hafiz）宫廷中一名诗人秘书阿布·法代尔的文字，长年征讨叛军的腓特烈时常会被怒火冲昏头脑。法代尔提到了一段插曲，称西西里埃米尔伊本·阿巴德携众子前去面见腓特烈，以求得他的原谅。这位埃米尔曾出现在圣日耳曼诺的理查的记载中，其中他的名字是米拉贝克图斯或密拉贝图斯（Mirabectus / Myrabettus），其身份还可能是亚托堡垒的守卫。恩斯特·康特洛维茨曾讲述这则故事："或许是因为伊本·阿巴德殴打了腓特烈的信使，腓特烈对这名反叛的埃米尔大为光火，于是双方见面时发生了这样的一幕，使我们能够想起年仅七岁的腓特烈那次激烈的狂怒。伊本·阿巴德踏入腓特烈的军帐，在腓特烈面前俯身下拜，而腓特烈二世一看到他，就立刻一脚踢了上去，脚上锋利的马刺将埃米尔一边身体撕开了一条大口子。腓特烈命人将伊本·阿巴德从帐内拖出，一周后将他与其子统统作为叛徒囚禁起来。两名来自马赛的商人碰巧一同被抓，与埃米尔共同承受了这一命运；十年前，他们将参与儿童十字军的童男童女卖到了突尼斯和开罗的奴隶市场，此次则打算将腓特烈出卖给埃米尔。"这则记录的补充内容透露，腓特烈将埃米尔及其子视作犯下最严重罪行的叛徒。腓特烈是否真的用装有马刺的靴子踢伤了埃米尔还有待确定。圣日耳曼诺的理查并不了解踢人的事，但他也同样提到埃米尔和儿子及两名商人一同被送上了绞刑架。[20]

阿普利亚的穆斯林投靠腓特烈及其继任者的历史在安茹王朝得以终结。起初他们得到容忍，然而后来公众越发抵触他们。1300 年，安茹的查理二世摧毁了卢切拉的穆斯林聚居区，并将幸存的穆斯林贩卖为奴。一部分人改信基督教，因此得以留在当地。从特尔提维利的骑士阿卜杜勒·阿齐兹那里我们得知，他改名为尼古拉斯，成为基督徒。他通过这种方式不仅挽救了一部分财产，还拯救了百余名族人的性命，这些人终于可以在国王的庇护下定居在福贾。人们有意识地消除有关卢切拉以及曾经居住在那里的穆斯林的记忆。原本名叫"萨拉森人的卢切里亚"（Luceria Saracenorum）的城镇更名为"圣母马利亚城"（Civitas Sanctae Mariae）。

如教宗所愿，"采石之地"再次变回了"天使的居所"，因为后来很长时间都没有人再在那里居住。此处可以用费迪南德·格雷戈罗维乌斯的话加以补充："卢切拉是西西里穆斯林的坟墓，他们的历史在这里终结。"[21]

后来，围绕着卢切拉出现了种种传说。施陶芬家族坚定的支持者科森扎的戈特弗里德（Gottfried von Cosenza）将迁居穆斯林之举描述为腓特烈一生中的伟大功绩之一，他将这一段事迹置于关于腓特烈童年与十字军东征的叙述之间，他的记录篇幅短小，只有几页。戈特弗里德的著作以《亚姆西拉的尼古拉斯》（Nicolaus de Jamsilla）为名流传开来，而他本人则与另外 12 名施陶芬家族的追随者于 1269 年被安茹的查理一世下令绞死。戈特弗里德记载道："教宗洪诺留三世身居使徒之位时，（腓特烈）将德意志放心地交由自己与西班牙妻子、皇后康斯坦丝所生长子亨利管辖，自己返回了西西里。在西西里，他以权力及智慧为武器，将趁自己尚未成年时发起叛乱并藏匿于群山之中的萨拉森人从山区赶向平原，进而将其中大部，最终将全部萨拉森人赶往阿普利亚，使他们居住在名为卢切拉的地方，形成恰如其分的附庸关系。而在萨拉森人被赶出山区、在王国内平静地安顿下来后，皇帝又前往自己的耶路撒冷王国，在那里，异国的萨拉森人令他的盛名蒙羞，因为他们正行迷信之事，侮辱了救世主之墓和基督信仰。"[22]

若无帝王令，无人敢妄动？

最晚自恩斯特·康特洛维茨始，学界便流传着一种观点，认为西西里王国是"腓特烈二世建立的西方第一个专制君主国"，因为这位施陶芬君主治下的"如钢铁般坚硬的西西里"据说是一个"特硬的国家"；在另一些研究观点（其中一些是早年的观点）看来，西西里王国并非那样坚固和专制。当然长期以来人们的确将腓特烈看作现代国家的缔造者。有德意志民族主义倾向的历史学家海因里希·冯·特赖奇克（1834—1896）确信能从西西里王国中看到"近似现代专制主义的基本原则"。雅各布·布克哈特则采用了"技术作品"（Kunstwerk）这一概念来看待国家，但"皇帝腓特烈二世的南意大利专制国家（Zwangsstaat）……在权力集中的基础上组织而成，目的是为自身的存亡而斗争"。在另一些学者看来，腓特烈的南部统治区是现代官僚制国家（Beamtenstaat）的"雏形"，甚至是乔治·奥威尔笔下"监控国家"（Überwachungsstaat）的预现。教宗格里高利九世早已多次向世人宣传，在腓特烈的国度，没有统治者的明令，任何人不得轻举妄动。[23]

可是，当历史学家们解读腓特烈的西西里王国时，他们个人对"如钢铁般坚硬的"国家或理想中的共同宪法模式的渴慕也融于其中。事实究竟是怎样？"西方第一个专制君主国"中有多少"国家"（Staat）的成分？现代的"国家"概念源于拉丁语的 status，该词意为"状态""形态""形势"；自 13 世纪 status 被借用来指称欧洲各共同体全然不同的发展现象起，该词的意义长期便是如此。经过若干重要的理论及历史阶段，如尼科洛·马基雅维利和法国大革命，国家这一概念的内涵极大扩展，涵盖了具有专属管理机制的现代权力国家（Machtstaat）、文化国家（Kulturstaat）、等级制国家（Ständestaat）、社会福利国家（Sozialstaat），乃至"元首制国家"（Führerstaat）和"极权国家"（totaler Staat）。这一概念的政治内涵极为丰富，导致人们在评价国王腓特烈二世领导的统治及管理体系时会出现理解上的困难。中世纪盛期的政体主要是人的集合体，这些人会受到领袖人物的影响。不同于现代，中世纪的所谓"国家"并非可以受到控告的独立法律主体。即便可以将"国家"概念运用于中世纪政体，人们也应当指出这类"国家"全然不同的性质。[24]

腓特烈在南部继承的统治及管理结构完全不同于北部。诺曼西西里王国有着拜占庭和阿拉伯统治的根基，因此其国家体制也是对二者的模仿，在腓特烈即位前，西西里就已经是完全以国王为导向的社会，在这个社会中，封建权力或城市权力往往居于从属地位，而在拥有市民团体的意大利北部或拥有强大诸侯的阿尔卑斯山以北地区，情况则完全相反。在北方的"德意志王国"，贵族参与国王统治是决策的基础，但这种形式并不适用于南方，或至少是处于完全次要的地位。在南方起到重要作用的只有行政机关。北方的宫廷会议代表了帝国，是头与四肢也就是统治者与诸侯的统一体；而到了南方，宫廷会议则变成了接受命令的臣仆组成的集会。

腓特烈统治下的西西里由三支专业团队执行日常管理，他们分别负责在文书部制定诏书、在国库管理财政收入、在宫廷法院司法。不过这三种职能之间并不存在明显的界限，因此部分人员会承担多种职责。关于文书部及其工作成果，我们已略知一二。不过我们会发现，部分被证实在文书部服务的人员也会出现于其他负责财政收入或法律事务的团队。西西里王国管理机构中最有影响力的成员会组成所谓的"皇家大库里亚"（magna imperialis curia）。1159 年，"大库里亚"（magna curia，意为"大宫廷"）这一组合词首次出现，该机构在如今通常被理解为西西里王国行政管理与司法领域的首要团体。自 14 世纪起，从原始的国家整体职能中产生了"王权"（corona）这一概念，它较"库里亚"而言意义更为重大。

大库里亚的法庭有着严格的等级划分：居于最高地位的是皇家大库里亚法律顾问（magne imperialis curie magister iusticiarius），出人意料的是他们并非受过训练的法律专家。莫拉的亨利就是曾居此高位的重要人物之一，从 1222 年至 1242 年去世，他担任大库里亚法律顾问长达 20 年。亨利出身男爵阶层，他深受腓特烈信任，甚至曾一度担任腓特烈在西西里王国的代理人。亨利死后，法律顾问职位曾空缺过一段时间，直至 1246 年黑山的理查升任该职。理查在康拉德国王统治时期还在担任该职，然而他后来叛变，1256 年被杀。在大库里亚法律顾问之下还有多名大库里亚法官（iudices magne curie），与法律顾问不同，这些人都是训练有素的法律专家。后来，宫廷法官与大库里亚法律顾问一同组成了正规的政府组织。最著名的大库里亚法官有贝内文托的罗弗雷德、利奥·曼奇努斯（Leo Mancinus）、托科的威廉（Wilhelm von Tocco）、苏埃萨的塔德乌斯、维尼亚的彼得罗。

历史学家克里斯蒂安·弗里德尔（Christian Friedl）借助一份记录了 1220—1250 年行政人员情况的统计资料，试图验证一种设想，即在西西里王国存在由忠诚官僚维持的标准化行政管理。为此他简述了各个职务及其管理职能，例如法律顾问、司库、小省总督（Prokurator）、城守（provisor castrorum，即城堡官员）或负责各管区的管区长官（Baiuli）。研究表明，各省区的职责范围和职务名称不尽相同，这取决于各省区权力的集中程度，具体而言，在其中起决定作用的并非官职，而是各职能。即便是身居高位者有时也需要负责管理皇帝宫中的乐师和各都城中偷懒的女仆。《梅尔菲宪章》或其他法律条文规定的各任职者应当承担的责任及享有的权利，与他们的实际工作基本不符。前者是法律准则的美好理论，后者是灰暗的日常生活。正如特奥·克尔策（Theo Kölzer）所言，在腓特烈二世统治下的西西里王国内，"权责模糊是常态，也是不言而喻的事"。而现代官僚制国家的运转方式全然不同，现代有精确的权责分配，不以承担各职能的人员情况而转移。在笔者看来，将腓特烈二世统治下的西西里王国官员继续看作"官僚"（Beamtenschaft）的做法还有待商榷，而"官僚"这一概念听上去像是不会被辞退，并且应享有养老金的人员。

可是，腓特烈二世只能在有限的条件下采用诺曼先辈构建的管理结构，因为其父亨利六世对西西里的统治乃临时凑成，而康斯坦丝去世后又出现了十年的衰败和无政府状态。从 1189 年国王威廉二世去世后到 1220 年腓特烈结束在北方的生活，在较长一段时间内，权力重心向王国内的男爵一边倾斜。因此腓特烈一开始就试图拉紧缰绳，以令国家的统治结构适应现状。到了 13 世纪 20 年代和 30 年代，他实现了目标，《卡普亚法令》和《墨西拿法令》都说明了这一点。然而当腓特烈与教宗和北意大利城邦之间爆发冲突后，长期计划就绝无可能了。后来的局势不断要求统治者采取新的应对措施，这些措施的实质就是应付过关。要想接近统治者，关键因素并非头衔或官职，而是忠诚、信任、可靠和处理特定事务的禀赋，苏埃萨的塔德乌斯和维尼亚的彼得罗就清楚地证明了这一点。在腓特烈二世统治时期的宫廷中，高等贵族必须让位于有能力的专业人士。

腓特烈在最后 15 年的统治岁月里将总代政（Generalvikar）提升为意大利中部和北部的帝国组织机构的基本职位。为此，他将大片土地交由所谓"帝国总代政"管辖，借此他替换掉了过去设立的意大利全境总代表（Generallegate），如马格德堡大主教阿尔布莱希特。总代政一职受皇帝正式委托，全权代理皇帝在地方施行统治，被选中者因为出身于特定家族，或与皇帝沾亲带故，被皇帝认为非常适合担任此职。我们在前文已经听说了托斯卡纳总督法萨内拉的潘杜尔夫以及腓特烈的女婿罗马诺的埃泽利诺这两个代理者，其他以皇帝之名行使帝国权力的重要代理者还有腓特烈的私生子，譬如恩齐奥、安条克的腓特烈、基耶蒂伯爵理查。身为国王和皇帝的腓特烈不仅委托代理者在帝国的意大利境内行使全权，还在勃艮第任命代理总督（Statthalter），为此他会移交所谓的"纯粹治权和混合治权"（merum et mixtum imperium）。起初这种管理形式仅限于一般司法领域，后来便扩展至所有与帝国事务相关的高级治权乃至"生杀大权"（potestas gladii，剑权），也就是死刑裁判权。"纯粹治权"作为统治权被授予他人，其接受者不仅有代政，还有公爵、伯爵、城市，这向时人表明，除了皇帝，这些代理人不受其他任何人管辖；这也从另一方面说明被授权者行使的并非只是自己的权力，事实上是来自帝国的权力。数百年来，关于统治合法性的论争一直影响着帝国。13 世纪 30—40 年代，腓特烈二世颁布了一系列诏书，宣布国王的代理人可代国王行使治权，因此他们也可通过这种形式获得帝国的治权。[25]

不过，虽然整个国家覆盖着一张密集的官僚网络，有很多地方看上去也像在现代国家，但西西里王国的统治结构依然是中世纪的体系。皇帝腓特烈的治国风格是暴君式的。不管专家委员会的形式看上去多么先进，我们依然很难感受到西西里存在真正意义上的大贵族或其他实权者的协作。这种做法最终会自食其果，因为完全排除其他势力的影响势必会造成他们日益强烈的反抗。此外人们还应思考的是，腓特烈表现出的暴戾专制的形象（这是后人不断抹黑他的重要原因）是否很大程度上藏匿在作为媒介的法律与正义背后，类似的做法曾发生在拜占庭。口谈正义，实则任意使用暴力：这就是暴君的行径。

维尼亚的彼得罗的悲惨结局

如同长子亨利一样，最受腓特烈信赖的维尼亚的彼得罗后来同样倒台，1249 年 4 月，彼得罗惨死在托斯卡纳的德意志圣米尼亚托城堡，这说明腓特烈二世性格十分顽固，一旦尊严受损，什么事都做得出来。在最后的统治岁月里，腓特烈似乎逐渐丧失了推行现实政策或判断现实局势的能力。这样一来，他逐渐陷入孤立的境地。许多忠臣开始背弃他，其中一个变节者就是著名哲学家托马斯·阿奎那的兄弟阿奎诺的赖纳德。赖纳德最初担任骑士侍从和贵族侍从，由此发迹，后来成为腓特烈身边诗人圈子中最受宠的诗人之一，施陶芬王朝在南意大利的统治末期，他成为安茹的查理的追随者。还有两位西西里诗人背弃了腓特烈，他们是笔名为"阿普利亚人贾科米诺"的莫拉的雅各布以及亚米契斯的罗杰（Roger de Amicis）。教会召开废黜腓特烈的大公会议后，许多北意大利代理者的立场开始动摇。1246 年甚至有人计划暗杀腓特烈，进而推翻腓特烈的统治，部分身居高位的廷臣也卷入其中。此次谋反的头领名叫泰巴尔多·弗兰奇斯库斯（Tebaldus Franciscus），他是腓特烈委任的帕尔马城长官，其幕后主使是出身菲耶斯奇家族（Fieschi）的教宗英诺森四世。然而计划败露，参与者被残忍处决。维尼亚的彼得罗的倒台也与愈见腐败的政治脱不了干系。

维尼亚的彼得罗的别名"维尼亚"（Vinea）意为"葡萄园"，他 1200 年前生于卡普亚。他出身寒微，地位低下。其父安杰洛（Angelo）可能担任过城市执法官一职。凭借有限的财力，彼得罗在誉满天下的博洛尼亚大学完成一系列专业学习，主攻法学。在大学里，他学会了草拟书信和诏书，能够巧妙地遣词造句。13 世纪 20 年代初，彼得罗因为试作了一封措辞精妙的书信，而被巴勒莫大主教贝拉尔德推荐到皇帝腓特烈二世宫中，担任皇帝的文书。然而他并没有誊写诏书，而是作为"口授人"负责拟定诏书的文本。他以仆从的身份进入皇帝的管理机构，却在宫廷中以不可思议的速度飞黄腾达。从 1224 年起，他开始担任大库里亚法官。1230 年和 1231 年，他开始领导负责编纂和起草《梅尔菲宪章》的皇家委员会。从 1243 年开始，彼得罗开始担任"帝国法庭高级文书兼西西里王国高级长官"（imperialis aule protonotarius et regne Sicilie logotheta），该职务类似于文书部领导，因为大文书长一职已常年空缺。这一头衔表明，彼得罗作为"高级长官"（Logothet，为希腊语宫廷官职名称，字面意思为"立言者"）承担着类似"政府发言人"的职能，代替皇帝用拉丁语口传公告及法令。而作为"高级文书"（Protonotar），他又为皇帝执笔撰写拉丁文，为文书选用合适的措辞。他用高超的拉丁语技巧写出了甜美的文字，巧妙地掩盖了皇帝攻击敌人特别是教宗的文字中的火药味。他文风稳健，大大提升了帝王书信及布告的文学价值，使这些文书成为令人惊叹的艺术作品。1270 年才整理好的彼得罗拉丁文书信集可以作为学习的范本，因而被制成多部抄本流传下来。此外，彼得罗还是腓特烈的西西里诗人圈子中的一员，这一点我们在前文已经提到。[26]

在 13 世纪 40 年代，彼得罗最受恩宠。他是事实上的首席大臣，皇帝还会将棘手的外交任务交由他负责。他在英国成功谈妥了皇帝与伊莎贝拉的婚事。彼得罗就像一位首相，其身份类似于近代早期常常出现的"灰衣主教"（graue Eminenz，幕后的大人物）、私人秘书或宠臣。一时间，彼得罗权倾朝野，居一人之下万人之上。近水楼台先得月：随着政治影响力扩大，彼得罗的财富也在不断增长，他富裕起来，甚至有些富得流油。人们私底下传言，彼得罗在发迹过程中用自己的一部分权力换来了闪闪发光的金子，而部分财富是通过营私舞弊的方式获得的。此外，他还将自己的亲族安排进了文书部。我们已知他有三名侄甥在文书部任职。这使人们更加怀疑，彼得罗为了一己私利，侵吞国库，滥用职权。于是，对彼得罗愈加猜忌的皇帝在自己去世前一年将这位头号亲信打入了万劫不复的深渊。1249 年 2 月，皇帝下令将身在克雷莫纳的彼得罗当作叛徒逮捕。彼得罗被囚禁于托斯卡纳的德意志圣米尼亚托城堡，3 月或 4 月，他被剜去了双眼。不久后，他死去了，也许他是死于剜眼的酷刑，又或许是自杀身死。可究竟是什么令彼得罗倒台？

维尼亚的彼得罗倒台的内幕不甚明朗。很可能彼得罗实际上与皇帝的敌人例如教宗有联系，但是他会这样做是因为他担任了外交官一职。这在皇帝看来绝对是叛国罪。那么他是否与教宗暗中勾结？但也有可能他只是宫廷阴谋的牺牲品，或者皇帝自己想要摆脱这样一位权倾朝野的谋士。也许皇帝相信，这位"立言者"与 1249 年在宫中再次现身的那群阴谋家有关联；这些人中就有皇帝的御医，他们打算给皇帝下毒，皇帝就将他们残忍处决。一则关于行刺计划的谣言传到了身在英国的巴黎的马修耳中："皇帝坚信有反贼密谋行刺他，于是下令将御医吊死，又下令夺去罪有应得的彼得罗的双眼，将其带往意大利及阿普利亚多处城市示众，命他在公众面前坦白自己的罪恶计划。最后皇帝下令将彼得罗交给极度仇恨他的比萨人处决。得知此事的彼得罗不愿让敌人决定他的生死，正如塞内卡所言，'由敌人恣意决定的死亡好比死去两次'。于是，他用尽全身力气将头撞向捆绑自己的柱子，结束了自己的生命。"[27]

在方济各会修士中则流传着一则关于彼得罗谋反的故事。萨林贝内谈到维尼亚的彼得罗时秉持的就是这种看法："皇帝对维尼亚的彼得罗的指责如下：他派遣塔德乌斯法官和彼得罗（皇帝十分喜爱和尊重彼得罗，宫中无人能比）前去里昂面见教宗英诺森四世，请教宗放弃废黜自己的想法，只因他听闻教宗准备召开大公会议；他命令，此二人中的任何一位不得在另一人不在场的情况下与教宗单独会谈。

纪念的塔楼：1944 年 7 月，这座被称为腓特烈堡垒（Rocca Federiciana）的塔楼被准备撤退的德军炸毁，因为他们不愿意让施陶芬王朝的统治象征落入敌手。1958 年重建的塔楼是圣米尼亚托城堡的一部分，该堡曾是托斯卡纳帝国总代政的驻地，后来又变成了行宫。此地有两条交通要道交会：一条是从北方通向罗马的弗兰西大道，另一条是连接比萨和佛罗伦萨的干道。施陶芬王朝统治时期，人们大规模扩建了这座原本就十分高大的建筑。堡垒的地牢中曾短暂关押后来被囚禁于基督山岛的高级教士。1249 年，皇帝腓特烈最重要的亲信、"立言者"维尼亚的彼得罗在这里死去

然而二人返回后，随行人员控告维尼亚的彼得罗多次在他们不在场的情况下与教宗单独密谈。于是皇帝派人前去捉拿彼得罗，彼得罗也因此惨死。在这之后，皇帝常引用《约伯记》第 19 章第 19 节的话：'我的知交密友都憎恶我，我所爱的人也对我变了脸！'"[28]

后来，彼得罗的一生被高度美化，上文中提到的编年史作者对此做出了不小的贡献。不过最重要美化者是但丁·阿利吉耶里，他在《神曲·地狱篇》第 13 篇中述说了这位昔日"立言者"的命运。但丁首次在作品中断言，彼得罗的悲剧命运源于宫中佞臣的阴谋。但丁笔下的彼得罗失去了曾拥有的肉体，在地狱中忍受煎熬，因为在当时自杀被视为重罪。

> 我是这样一个人，
> 握着腓特烈之心的两把钥匙，
> 或开或关我都并不颤抖，
> 因此别人都得不着他的秘密。
> 我非常忠实于我光荣的职守，
> 因此我失掉我的安眠和健康。
> 但是那娼妓淫荡的眼睛
> 从未离开过恺撒的宫殿，
> 散播死亡，毒害朝廷。
> 她煽动了嫉妒之火来反对我，
> 这些火又煽动了皇帝，
> 于是我愉快的荣光，成为哀伤。
> 我已毁灭，灵魂苦痛，
> 想着只有一死可以洗雪，
> 所以正直的我，不公正地
> 撕裂了自己的身体。
> 我可以对你们发誓，
> 我从未对我值得敬重的主人
> 失掉过一次忠心。

假使你们之中有一个回到世上，

请为我治愈受伤的声誉，

因为我还在忍受妒忌和恶毒的打击。[29]

谋杀疑案与阿萨辛派

　　1231 年初秋，在阿尔特米尔河（Altmühl）与多瑙河在克尔海姆附近的交汇处，57 岁的巴伐利亚公爵路德维希一世在 9 月 15 日这个决定他命运的日子里，在众随从的簇拥下，从自己的城堡出发赶往克尔海姆城（多瑙河的一条支流在那里穿城而过）。突然，公爵遭遇一名外貌奇特的男子袭击。该男子用一把尖端极锋利的刀刺穿了公爵的身体，公爵当场死去。混乱中，凶手没能逃脱，众人将他抓住。这名刺死路德维希公爵的古怪刺客究竟是何人？他是怀有私人目的，还是受人指使？根据《马尔巴赫编年史》（Marbacher Annalen）记载，人们对这名陌生人严刑逼供，试图从他口中套出内幕，可是他不为所动，拒不开口。直至此人死去，他们都没能从他口中获取一丝一毫的信息。编年史继续记载称，这名刺客将秘密带进了坟墓，"身体被剁碎"。[30]

　　这次发生在克尔海姆附近的奇特谋杀案一直没能真相大白。事情发生后不久，流言传开，称身在远方的皇帝是此次谋杀的主使。这则流言出现在多部编年史中。续写《科隆国王编年史》的作者在记录 1231 年时写道："在这一年，皇帝头戴皇冠，在主诞辰之日于拉韦纳召开宫廷会议。会议开幕前三个月，被随从前后护卫的巴伐利亚公爵路德维希遭山中长老（Alter vom Berge）手下的一名萨拉森人谋杀身亡。"任何犯罪都需要动机，这次犯罪的动机紧随其后："这名山中长者与皇帝结盟，想要为公爵对皇帝施加的诸般侮辱而报复公爵。然而众人坚信皇帝对此事知情，因为皇帝不久前刚剥夺了公爵的部分地产，并将他赶出宫廷，还派遣一位特使处理此事。"[31]

　　就算有人对此案还有其他看法，面对同时代人指责的压力，他们也无法坚持自己的意见。编年史作家普费弗斯的康拉德（Konrad von Pfäffers）甚至更为明显地将此次暗杀行动与皇帝的指使联系在一起，这或许是因为他从熟悉宫廷情况的圣加仑修道院的康拉德那里听来了消息。
同样，遇难者之子奥托二世公爵（他后来在谋杀发生的地点修建了一座纪
念礼拜堂）也曾一度怀疑皇帝雇了杀手谋杀自己的父亲。不到 15 年后，
教宗英诺森四世在 1245 年里昂大公会议上颁布的废黜皇帝的文件中添加
了以下内容："可以肯定，蔑视基督教的阿萨辛派（Assassinen）信徒将曾
经虔心侍奉罗马教会的已故巴伐利亚公爵暗杀。"[32] "山中长老"和阿萨辛
派：神秘的东方与神秘的皇帝在此又一次紧紧地联系在一起。13 世纪末
由维也纳市民孙子扬斯所作的世界编年史中包含了与刺客有关的更为特别
的信息，据说这些刺客是皇帝腓特烈二世为了谋杀诸侯而招募的一批模仿
阿萨辛派的杀手："他若要报复谁 / 便令刺客前往 / 将其刺死。"[33]

皇帝腓特烈的叔叔施瓦本的菲利普于 1208 年遭到暗杀，因为他损害
了一位王侯的名誉。科隆大主教恩格尔贝特一世则于 1225 年死于自己家
族中人之手。宗教狂热分子、异端猎人马尔堡的康拉德试图将高等贵族也
拉入剿灭异端的浪潮，因此于 1236 年被谋杀。为铲除异己而实施谋杀在
当时并不鲜见。但如果背后隐藏着所谓阿萨辛派和山中长老，那事情就变
得有些不一样了，至少此次克尔海姆事件就是如此。阿萨辛派是伊斯玛仪
派的秘密组织，在东方因狡诈的暗杀行动而令人胆寒。他们居于波斯及叙
利亚山区的城堡中，以此为据点统治整片地区。阿萨辛派最著名的领袖是
拉希德丁·锡南（Raschid ad-Din Sinan，卒于约 1193 年），他是迈斯亚夫
（Masyaf）的统治者，所谓"山中长老"就是指他。拉希德丁在阿尤布王朝
与十字军国家的夹缝中见风使舵，成功壮大了阿萨辛派在叙利亚的势力。
1230 年前后，世人已普遍承认阿萨辛派为一方统治者，乃重要势力。[34]

阿萨辛派怀着对直接神圣权威的信仰，他们将有组织的谋杀作为重
要的政治工具，例如 1129 年刺死刚被选为耶路撒冷国王的蒙特费拉的康
拉德，此次事件轰动一时。暗杀行动由狂热的精英战士实施，在行动之
前，刺客被允许吸食大量的印度大麻，这是中世纪欧洲人对阿萨辛派充满
传奇色彩的幻想。阿萨辛派的名称来源于阿拉伯语中"Haschischraucher"
（印度大麻吸食者）一词，这个词还演变为多门欧洲语言中表示暗杀的词
汇。阿萨辛派教徒被认为会无条件献身，与今天的自杀式袭击者或许有相

似之处。他们甚至连当时最有权势的苏丹萨拉丁也不放在眼里，还曾两次试图暗杀萨拉丁。不过他们的好景不长，13世纪下半叶，蒙古大军和马穆鲁克王朝军队将他们赶出了山中堡垒。虽然到了腓特烈统治时期，山中长老已去世多时，但很长一段时间他依然出没在人们讲述的故事中。也难怪《古代故事百篇》（我们已通过皇帝养隼之事了解了此书）中会出现一篇腓特烈拜访山中长老的故事。这则故事已经成为13世纪末意大利最古老的传说总集的一部分："有一次，皇帝前去拜访山中长老，受到了隆重的接待。长老为了向皇帝证明他人有多么畏惧自己，于是抬头看向塔楼上的两名阿萨辛派教徒。他捋着自己的大胡子；很快，两名阿萨辛派教徒就从塔上跌落，当场死亡。"在关于强大统治者的故事中，这类表现臣下献身服从的表述已经成为固定的情节。[35]

这些传奇故事清楚地显示了皇帝腓特烈的名声如何。若真的有人在基督教统治的欧洲能有这样远及海外的关系，那就只有腓特烈了。人们不可能控告哈布斯堡的鲁道夫这样的统治者曾指使阿萨辛派暗杀，因为他与东方没有任何联系。所以腓特烈也不是完全没有嫌疑，或许他在东方之行中的确认识了那些"吸食大麻的人"。腓特烈之子曼弗雷德应该也与这群刺客保持着联系。曾有一封书信的内容流传下来，称阿萨辛派愿意为曼弗雷德提供帮助，这些内容很可能是真实的。此外，人们可以证明腓特烈有强烈的谋杀动机，因为他要报复巴伐利亚的路德维希。[36]

路德维希一世（1173—1231）是莱茵普法尔茨伯爵和巴伐利亚公爵，因其遇难地而得名"克尔海姆人"，此人算是一位极有天赋、政治上善于投机的王侯。由于支持国王和皇帝，他时常得到大量赏赐，不仅有土地，还有权利，例如他曾得到谋杀菲利普国王之人的采邑、莱茵普法尔茨伯国以及巴伐利亚公国的世袭权。1221年他曾参与远征杜姆亚特，并让皇帝腓特烈一次性支付了5000银马克给自己，此外教宗又额外支付给他2000银马克。拿到了这样一大笔钱的路德维希违抗皇帝的命令擅自出兵，与教宗使节佩拉吉奥一同将十字军引向了失败。皇帝没能迁怒于路德维希可能只是因为他被埃及人释放后立刻回到德意志，远离了皇帝的怒火。

与腓特烈和解后，1226年，路德维希又作为代理人跻身最有权势的诸侯之列，这批人组成了拥有监护权的顾问团，负责为国王亨利七世制定帝国的大政方针。但是到了 1228 年底，他就转而与国王为敌。前文我们已经谈到，腓特烈身在东方时，路德维希与教宗使节奥托·坎迪杜斯合谋在德意志地区寻找新王的候选人。路德维希公爵的确与罗马教廷勾结，意图谋反，甚至加入了教宗与伦巴第人的联盟，成为皇帝最危险的敌人之一。如果皇帝真的实施了谋杀，那也是一次政治谋杀，目的是要铲除一个捉摸不透的危险敌人，而这可以理解为一次迟到的复仇。

第 14 章

恶 龙

笔墨之战

"从海里上来一只兽，满是亵圣的名号，其爪像熊爪，口像狮子口，其他部位似豹子，张开大口恣意怒号，亵渎着上帝的名，并将一簇簇齐整的长矛不断投向上帝的帐幕和那些居住在天上的圣人。此兽欲以铁爪钢牙捣毁万物，以足践踏尘世。为摧毁正信之城墙，它早已暗地准备好攻城槌，而此刻它竟公然立起作战器械，搭建以实玛利人摧毁灵魂的斗争工具。正如传闻所证实，它反对人类的救世主基督，妄图以冥顽不灵的异端分子的刮刀抹去石板上神与人所立之契约。"[1]

此处谈到的从海中窜上来毁灭一切神性及人性的兽并非什么嗜血的怪物，也并非魔鬼，而是皇帝腓特烈。这位统治者显然是令某些人难以想象的永恒恐惧，因为类似的描写还有好几页。上文中将腓特烈与约翰《启示录》中的末日怪兽作比的并非某位糊涂的空想家，而是教宗格里高利九世本人。最后，教宗辨明了良好秩序的真正敌人、反对基督的魔鬼般的敌对势力：它就是腓特烈！"被那兽的亵渎之语所伤的众人啊，尔等不必为亵渎的箭镞会射向谦卑服从于上帝的我们而感到惊奇，因为就算是主也不可能幸免于此等侮辱！尔等也不必讶异，竟有人为了在尘世抹除上帝的名，而向我们举起了不公的刀剑！……仔细看看那兽的头、身及尾吧：它就是所谓的皇帝腓特烈！"

这篇充斥着晦暗的末世基调的文书于 1239 年夏季颁布给基督教世界所有的君主、诸侯、主教。这是精心计划的宣传战的一部分，也是皇帝与教宗激烈角逐的另一处侧面战场。腓特烈与同时代众位教宗之间的斗争是两支庞大势力最后的大规模对抗，但斗争的结果是两败俱伤。到了 13 世纪末人们便能清楚地看到，任何一方都没能取得胜利。腓特烈去世后，施陶芬帝国明显生变，帝国秩序观念开始崩溃，随之而来的是教宗权力的瓦解，只不过时间晚了半个世纪。但从短期看来得胜的是教宗一派。

1250 年腓特烈去世后，教宗开始更加疯狂地谋求普世权力主张的表达。卜尼法斯八世（1294—1303 年在位）达到了教宗的权力巅峰，但他后来碰上了更具民族意识的全新世俗君主角色，这就是法王"美男子"腓力四世（1285—1314 年在位）。此外，教会还颁布了《一圣教谕》，主张自己拥有完整的世俗统治权。随后 1303 年 9 月 7 日在阿纳尼（Anagni），法王让教宗知道了野蛮的暴力能够带来何种后果。《一圣教谕》意图向世人宣告，"为了每一个人的得救，绝对有必要臣服于罗马教宗"，然而斯恰拉·科隆纳（Sciarra Colonna）根本没将这一要求放在心上，他与法王的顾问诺加雷的纪尧姆（Guillaume de Nogaret）联合攻破了教宗的宫殿，还满腔怒火地打了教宗的脸。在腓特烈统治时期，对教宗使用暴力还无法想象，腓特烈甚至从未尝试过插手教宗选举，或像祖父"红胡子"腓特烈一世那样扶植对立教宗。

教宗挨了一记耳光，这就是"阿纳尼事件"，是教宗史上的一次重大转折，在此之后较长一段时间里，教权降格成法国政策的倡导者。到了 15 世纪初，教宗终于摆脱了"阿维尼翁之囚"的身份，重归罗马，但教权因失势已久，无法再崛起，只能在意大利继续充当一支不大不小的势力。虽说在文艺复兴及巴洛克时期，罗马得到重建，全新的教堂外立面和华丽的坟墓暗示着政治权力的分量，但在欧洲权力的交响音乐会上，施陶芬王朝时代第一小提琴的乐音已在 1648 年《威斯特伐利亚和约》（Westfälischer Friede）签订后衰落为单调的鼓棒声，绝无挽回的可能了。不过，这场大规模斗争的高潮却出现在皇帝腓特烈二世统治时期。

在此次冲突过程中，引人注目的是，相关人物如若成为皇帝或教宗，他们往往会改变自己的想法，有时原有的看法也会激化。总体而言，没有戴上皇冠的奥托四世和腓特烈二世基本上都与教宗相处融洽。同样，尚未被选举为教宗的枢机主教，如乌戈利诺即后来的格里高利九世，或是西尼巴尔多·菲耶斯奇（Sinibaldo Fieschi）即后来的英诺森四世，他们都与阿尔卑斯山以北地区的统治者保持着相对较好的关系。乌戈利诺甚至一度称腓特烈为"朋友"。腓特烈二世则在致法国国王的信中抱怨，称自己最好的朋友格里高利（当时他的级别还比较低）因地位变化而性情改变。也就是说，导致二人之间嫌隙的并非私人恩怨，而是肩上的职责。

多年来，皇帝腓特烈都是一位遭受绝罚、被排除在基督教共同体之外的统治者。教宗格里高利九世两次对皇帝投掷绝罚令的闪电，如同宙斯的雷霆。第一次是在 1227 年 9 月 29 日，原因是皇帝反复推迟十字军的出发时间；或者这至少是一个借口。第二次绝罚是在 1239 年 3 月 20 日，原因是皇帝对撒丁提出了统治要求，结果表明，此次绝罚产生了深远影响。长期以来，撒丁这座庞大而富庶的地中海岛屿被划分为四个"法官区"（Judikat），这四处行政区之所以如此得名，是因为各区由一名法官（iudex）所统治。公元 9 世纪时在撒丁就已形成一些独立地区，当时该岛尚处于拜占庭统治之下。11 世纪以后正式确定存在的法官区有卡利亚里（Cagliari）、阿波利亚（Arborea）、托雷斯（Torres）、加卢拉（Gallura）。腓特烈与乌尔斯林根的阿德尔海德所生之子恩齐奥于 1238 年迎娶了乌巴尔多·维斯孔蒂（Ubaldo Visconti）的遗孀阿德拉西娅（Adelasia），而乌巴尔多是其中两个法官区托雷斯和加卢拉的"法官"，阿德拉西娅作为继承人将这两个区的统治权带入与恩齐奥的婚姻。恩齐奥以受封采邑的名义从父亲手中获得了这两个法官区，从此便自称撒丁国王。教宗格里高利对此完全无法容忍，因为他认为此次分封是在侵犯自己对撒丁岛的统治权，而他坚信自己对撒丁岛的权利源于君士坦丁大帝的馈赠。

巴黎的马修曾清楚地记载称，撒丁法官区的问题原本是次要之事，后来却演变成了争端的根源，因为它触及皇帝和教宗在意大利统治权的原则性问题。马修记载道："皇帝在意大利越冬期间，位于比萨附近的地中海海域最大岛屿、富庶的撒丁落入他手，而正如众人所言，圣彼得继任者也对这座岛屿拥有特殊权利。然而皇帝声称，该岛自古以来便归属帝国，不过是因为他人的非法占领以及其他紧迫的帝国事务，才使皇帝失落了这片领土；正因为如此，皇帝现将撒丁重新统一至帝国。……教宗对此大为光火，意欲报复，因其认定此事明确重创了自身利益。……皇帝与教宗之间的仇恨仿佛一处被忽视的伤口，渐生剧毒的脓疮。……教宗仿照名医之法，时而药敷，时而手术，时而烧灼，在威慑中掺以奉承，在友善中杂以恫吓。怎奈何皇帝蛮横拒斥，仅以种种看似冠冕堂皇之理由为其所作所为聊表歉意，使得教宗盛怒之下，择棕枝主日（Palmsonntag，1239 年 3 月 20 日），当众多在场枢机主教之面，正式革除皇帝腓特烈之教籍，将皇帝送交给撒旦那可怖的双手，仿佛其早已从帝王之高位跌落尘埃。"[2]

随着皇帝与教宗间的矛盾在 1239 年初的两个月内迅速激化，双方的文书部及修辞学家之间的战争也开始打响，可谓前无古人。在一次次交锋中，檄文及通函——类似某种"公开信"——作为宣传手段扮演了核心角色。传世的大量文献充分说明了双方的论战技巧，也展示了帝王宫廷及教会的观念世界。人们或许可以说，这批文献保留了与皇权相关的官方理念。

在中世纪辞令方面训练有素的文书部之间的论战最终演化为笔墨之战。写作技艺作为学者的训练科目早在 1100 年前后便在意大利出现，随后又传播至法国、英国、德意志。意大利的博洛尼亚和卡普亚、法国的沙特尔和奥尔良是训练写作技艺的重镇。无论是教宗宫廷最有影响力的修辞学家托马斯，还是皇帝宫中的维尼亚的彼得罗，都来自卡普亚。修辞艺术具有多个风格层次，其中的"顶尖文体"（stilus supremus）被用于通函写作。写作时，人们运用了复杂的句法、矫饰的语法结构、各种修辞风格。由于大量使用形容词，经常引用拉丁文通俗本《圣经》典故，夸张玩弄文字游戏，因此这些书信呈现出诡谲的面貌。而这正是人们想要达到的目的。

基督教世界争夺话语权的战斗始于腓特烈 1239 年 3 月 10 日致众枢机主教的书信《因基督即教会之首》（Cum sit Christus caput ecclesie）。此刻，这位君主心知肚明，皇权与教权间将爆发一场大规模冲突。在这封从帕多瓦发给众枢机主教的书信中，皇帝阐明，若无枢机主教在决策过程中施加影响，教宗的权能则应大受质疑。承继十二使徒的枢机主教团并非教宗的附庸，而应参与决策职能，因为教宗作为使徒彼得的继任者本身就是枢机主教的教友："因基督即教会之首，他的教会随彼得的号召而建于磐石之上，他任命尔等为使徒之继任者，由此当彼得代众人服侍主时，尔等这些山上教会的烛火便无须崭露锋芒，而是借善功之效能，真正照亮与主同在的众人，且并不寻求脱离公众之声，也不远离共有的良知。若非鉴于教会当下形势，以及为了积极规避众怒，迫使尔等谨言慎行，则那身居彼得之位者意图决议之事，或是早已决定宣告之事，尔等必同样有资格参与其中。"[3]

此番言论必定冒犯了教宗，因为在做权力政治的决策时，教宗只愿单独而非集体决策。面对教会施加的压力，腓特烈采取的论战策略是，"就算一切指责属实，也只有一半糟糕"。对这份腓特烈的书信，格里高利九世立刻回以绝罚令，即教谕《开除教籍，革出教门》（Excommunicamus et anathematizamus），于 1239 年 3 月 20 日昭告天下。对腓特烈而言，这是黑暗的一天，此时的他还在帕多瓦，身着节日盛装，头戴冠冕，让民众瞻仰。雪上加霜的是，腓特烈忠实的顾问、条顿骑士团大团长萨尔察的赫尔曼，这位多次在腓特烈与教宗之间斡旋调停的亲信，身患重疾，连萨勒诺的名医都无法妙手回春，最终被上帝召唤而去。这是何等惨重的损失！选择棕枝主日来施行绝罚令，这本身就很不寻常，因为人们通常在濯足节（Gründonnerstag）宣读被教宗革除教籍者的名字。或许教宗意图在众枢机主教插手此事（正如腓特烈在信中所言）之前抢先一步。这份绝罚令列举了将腓特烈排除到基督徒共同体之外的众多理由。现在我们来看一看其中部分说法：

"出于圣父、圣子、圣灵的至高权能，出于使徒彼得及保罗之权能，并出于吾等权威，在此开除腓特烈，众人口中皇帝之教籍，将其革出教门，因其在罗马城中煽动众人反对罗马教会，意图借此驱逐罗马司祭及教友，还阴谋反对权贵，损害圣座之荣誉，侵犯教会之自由，违背许下之盟誓，悍然与教会为敌。……吾等开除腓特烈之教籍，将其革出教门，因其在国中囚禁、劫掠甚至残杀教士。……吾等开除腓特烈之教籍，将其革出教门，因其王国中奉献给主的教堂损毁荒废了。……吾等开除腓特烈之教籍，将其革出教门，因其违背向教会许下之誓言，掠夺教会之产业，强占撒丁岛，斩断了自己与本教会之联系。吾等开除腓特烈之教籍，将其革出教门，因其为了谋求个人利益，夺取国中部分贵族隶属于教会之土地，将其毁坏荒废……吾等开除腓特烈之教籍，将其革出教门，同样因其夺去了王国境内圣殿骑士团及医院骑士团动产及不动产，且未依照和解协议予以补偿。……吾等开除腓特烈之教籍，将其革出教门，同样因其拖延了收复圣地、重建罗马帝国之进程。"列举完实施绝罚的理由之后，教谕还提出了这样的要求，使这位被开除教籍的统治者处境变得极为危险："而对于所有曾向其宣誓效忠、对其负有义务者，我们宣布解除其盟誓，只要腓特烈依然身受绝罚之令，任何人坚决不得向其效忠。……此外，四海之众皆高声疾呼，称腓特烈有违正信，可见腓特烈因其言行早已声名狼藉，由此吾等如上帝所愿，在这一问题上未严格遵循教法所既定地点及时间，抢先一步采取行动。"最后一句话不仅超出了一般绝罚令的语言范畴，还含糊地威胁道，教宗已经考虑了下一步行动。由于皇帝的信仰遭到了公开质疑，因此他可能或者必然会因为异端问题遭到宗教法庭审查，随之而来的后果便是遭到废黜，而这只是时间问题。[4]

皇帝与教宗变成妖魔

　　随着绝罚令颁布，以及教宗随后发布致基督教世界众君主及主教的辩护书《使徒宝座》（Sedes apostolica），双方论战的口气变得更为尖锐。在接下来的论战过程中，双方相互讥讽，不放过任何可以指责对方的机会。可这样一来，指责范围就变得越来越广，彼此再无可能妥协。论战中，教宗与皇帝都被比作兽类，论战文字充斥着利齿、嗜血、猎食行为的描述，譬如恶狼的贪婪，还有蝎子的阴险狠毒。一旦用尽了《旧约》中的比喻，人们便转向神话中的怪兽，例如巨龙，或取材于地狱传说的蛇怪。诅咒从某一时刻起升级，他们污蔑对方是敌基督的急先锋，甚至是敌基督本人。

为了回应教宗的绝罚令以及辩护书，皇帝腓特烈命人向全世界君主发布了一份字斟句酌且论证充分的宣言。文件写于 1239 年 4 月 20 日，开篇文字为"请尔等举目四望"。这份宣言中《圣经》引文比比皆是，皇帝在其中认为绝罚不公而予以驳斥，并对教宗严加指责。同时他呼吁基督教世界的同僚、欧洲的诸位统治者团结一致。皇帝对教宗的指责包括异端邪说、买卖圣职、挑起争端——依照教会法规定，这些行为可能令教宗被大公会议废黜。在这篇宣言中，维尼亚的彼得罗的"顶尖文体"第一次达到顶峰："请尔等举目四望吧！人子们啊，请竖起耳朵倾听！看看这世间普遍烦恼，为万民的不和、公义的放逐而悲恸吧！源于古老巴比伦的恶行至今仍在左右民众，变正义之裁决为苦痛，化公正之甘果为苦艾！君主们，请出谋献策，万民们，请倾耳细听！受主之勉励，行审判之事，尔等将目睹正义之施行！只因朕深知并坚信最高判官之权能。……朕最后请求尔等，世间君主及各位领主，与朕并肩作战，其缘由并非朕兵力不足，无法抵御此等不公，而是为了让世人知晓，世俗君主同盟中若有一人遭受侮辱，所有人的荣誉便因此受到冒犯。"在上述宣言颁布的同一天，皇帝还发布了另一封辩护书，这一次是致罗马元老及公民，其开篇文字可谓恭维："因罗马为吾等之首。"[5]

听闻皇帝向诸侯发布宣言的消息，教宗格里高利九世勃然大怒。于是，枢机主教维泰博的赖纳（Rainer von Viterbo）不得不夜以继日地苦思冥想，以将教宗的回应落实到纸面，其行文的比喻力度和技巧应当压倒腓特烈的文字。最后他完成的便是本章开篇引用的、颁布于 1239 年初夏的通谕《从海里上来一只兽》（Ascendit de mari bestia）。在这篇通谕中，格里高利通过维泰博的赖纳的笔杆子，汇聚了对腓特烈洋洋洒洒的谴责，其规模令人惊叹。皇帝这条"恶龙"毁灭了十字军，毒杀了图林根封邦伯爵，与苏丹签订了可耻的条约，对抗教宗，葬送了自己的西西里王国，甚至将国家碾为废墟，还妄图将基督的教会从尘世抹除。[6]

为了证明腓特烈特别的罪恶及少有的异端行径，通谕讲述了一则故事，它早在 1200 年就已流传于巴黎大学，直到 17 世纪，还在用于诋毁那些被怀疑有无神论或泛神论倾向的思想家："瘟疫之王曾公开宣告（用他自己的话来说）世人已被三个骗子所蒙蔽，他们是基督、摩西、穆罕默德；其中两个充满荣光，而耶稣本人却死于木架。此外他还扬言，并胆敢多次扯谎，声称相信创造自然万物之神是由一名童贞女所生之人皆为愚蠢。他还继续以谬误之论确证异端之行，称不可能有人能以这一方式降生，除非此人的孕育先于男女之合，否则人决不可相信无法通过自然之力及理性验证之事。"人们读完这些谴责后明显能看出，腓特烈正是但以理异象和约翰《启示录》中提到的那只"从海里上来的兽"。这可谓致命一击，其效果显而易见，从这时起，关于三个骗子的说法就成了腓特烈的创造。[7]

　　现在就需要"立言者"维尼亚的彼得罗来回应教宗的这枚舆论炸弹。问题的关键在于，必须抢在教会对腓特烈实施异端审讯前，在众枢机主教

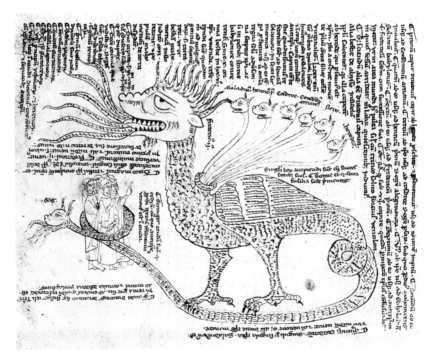

烈火焚烧的混乱：在伪菲奥雷的约阿希姆手稿《先知的职责之书》（*Liber de oneribus prophetarum*）中，皇帝腓特烈被描绘成《启示录》中那只口喷火焰的巨龙的第七颗也是最大的一颗头颅，同样被描绘为龙头的其他统治者则伴其左右，例如萨拉丁、希律王、尼禄。这部手稿写于 13 世纪末。一篇附言咄咄道："腓特烈二世来临，他即将毁灭，另一人尚未降临，他就是腓特烈最后的继任者，诞于第三个巢穴。"手稿作者意指另一个未来的敌基督，他或许是腓特烈与英格兰的伊莎贝拉的第三段婚姻所生之子。巨龙尾部生出的末日龙头歌革（Gog）缠住了几名方济各会修士

面前提出有力的论证。为此，彼得罗可以说是费尽了心思，最后写出一封通函。这封致枢机主教团的通函开头为"创世之初"，信中再次以日月比喻对世界的统治："创世之初，唯有神在，神有先见之明，其关怀不可言喻，并无他者意想，神便置两枚光源于穹窿之上，一为大，一为小：大者统昼，小者统夜。两光源位于黄道，各司其职，彼此时常侧身相望，却又互不干扰，若一光居于天际，则使另一光与己同辉。同理，永恒之神意欲于地上建立二元治权：此乃教权与皇权，前者庇护，后者防御，恒久处于二元分裂状态之世人便可为双辔所控，放浪之行可受限，地上和平亦得确立。"[8] 该文献有一份简版和一份详版。

喷火巨龙

文书部之间的战争短时间告一段落。1240 年夏，皇帝的文书部又重新开战。此次的通函依然出自帝国"立言者"维尼亚的彼得罗之手，开篇文字为"祭司长与法利赛人聚集公会"（《约翰福音》11：47），其语言技巧高超，是此次笔墨之战中最重要的一篇文献。此函利用上帝之言来论辩，引用和暗指《圣经》逾 40 次，其中最重要的来源是《诗篇》和《使徒行传》。除此之外，该篇文献还借用了中世纪学者经常引证的奥维德的文字、已颁布的教宗通谕以及皇帝自己发布过的通告表述。由于被引证的文献具有无可辩驳的权威，因而皇帝所持的真理也不容置疑。此外，"立言者"的拉丁语风格甜美，掩盖了其论战的实质，让皇帝的追随者如口含甘饴，十分受用，却令皇帝的敌人如鲠在喉。

维尼亚的彼得罗所作文字在后世的流传情况以及后人对他的赞誉可以证实，他的语言技巧给时人及后世留下了何等深刻的印象。这位"立言者"为皇帝起草的（或归在皇帝名下的）约 550 封书信，保存在 250 份抄本中流传下来。这些抄本如今存放在欧洲各地及美国的图书馆中，仅在梵蒂冈就有 23 份，而在巴黎的法国国家图书馆甚至有 28 份，其中包括彼得罗的书信集。[9]

1317 年，巴登的赫尔曼（Hermann von Baden）用华丽的哥特手体书写制作了一份彼得罗书信集，成书地可能是哈布斯堡家族国王"美男子"

（der Schöne）腓特烈三世（1314—1330 年在位）的文书部。该书信集后来流入雷根斯堡的圣埃默拉姆（Sankt Emmeram）本笃会修道院图书馆，现存于慕尼黑的巴伐利亚州立图书馆，其开头有如下字样："以下是最杰出的作者、维尼亚的彼得罗硕士的书信汇编。"一行后来添上去的笨拙字迹警告称："这是一部禁书。"归根结底，这份手抄本中收录的是有关一名异端皇帝的书信，一座本笃会修道院显然不会把它推荐给所有人阅读。另一份抄本制作于 14 世纪，后加上的封皮表明其出自一家罗马作坊，它很有可能是从出身基亚拉蒙蒂家族（Chiaramonti）的教宗庇护七世（1800—1823 年在位）的私人图书馆流出的。后来该抄本归英国著名藏书家托马斯·菲利普斯爵士（1792—1872）所有，他是当时拥有最多手抄本的私人收藏家。[10]

奇怪的是，维尼亚的彼得罗的第一批书信集并非成于帝王宫廷，而是直到腓特烈去世数十年后编于教宗的宫中。彼得罗没有亲自将这些信件原件整理到一起，而其他人将信件副本抄录在一处，因为他们认定这些书信是彼得罗所撰。许多修辞学家，如罗卡的尼古拉（Nicola da Rocca）、马里努斯·菲洛马里努斯（Marinus Filomarinus）、伊塞尔尼亚的亨利（Heinrich von Isernia）、卡普亚的托马斯（Thomas von Capua）、波菲的理查（Richard von Pofi），都以彼得罗为学习的榜样。这些书信集应当被看作实用型文本。之所以会出现这些书信集，是因为文书长们需要一批储备范文来学习论证方法和精美的修辞。后来这些书信集又被反复整理，以多种版本流传了下来。

由于皇帝腓特烈去世后的数个世纪里，世俗统治与教会权力之间的关系依然构成基本冲突之一，因此后人依然对以腓特烈的名义流传于世的书信充满兴趣。宗教改革时期，民众普遍关注反教宗论据，于是就诞生了维尼亚的彼得罗书信集的第一批印刷版。其开端是 1529 年由约翰·泽策（Johann Setzer）在阿格诺制作的一部印刷本。16—17 世纪的其他后续版本，如 1566 年西蒙·沙尔德（Simon Schard）以及 1609 年以假名菲拉雷特斯（Philalethes）出版的版本表明，人们还是对基于《圣经》论据的论辩宣传手段有更为浓厚的兴趣。

彼得罗书信集大多数手抄本和所有近代早期出版的印刷本都以《祭司长与法利赛人聚集公会》一文作为开篇，该文被视为展示维尼亚的彼得罗写作技巧的样板。直到今天，人们引用这篇文献时都以"彼得罗第一篇，其一"为题。现在让我们来感受一下这世间罕见的语言风格："祭司长与法利赛人聚集公会，商议要迫害罗马人之君王。他们说：'这人战胜了这样多的敌人，我们怎么办呢？若这样由着他，那他定会奴役光荣的伦巴第人，依帝王的作风，毫不犹豫地尽其所能，将我们从位置上驱逐，将我们的民族除掉。他会将万军之主的葡萄园让给他人，不经审判便将我们处刑和毁灭。未及星星之火成燎原之势，以防小恙病入膏肓，我们便要将其扼杀于萌芽之态。扑灭熊熊烈火艰难不已，灵丹妙药也奈何不得沉疴宿疾。我们将以伶牙俐齿攻讦皇帝，射出利箭，绝不隐藏，无须顾及君主会有何回应。对皇帝放箭，定要一举命中，伤其要害，令其倒地，再无起身可能，最终使其狂妄的迷梦化为乌有。'于是在这数天里，法利赛人端坐于摩西之位，以其愚行阴谋反对罗马帝王，控诉人偕同法官捏造罪行，颠倒是非黑白。最终，他们的心为内外的邪恶所蒙蔽，为了迫害一位无辜正义的君主，滥用了圣彼得之钥的权能。现在来听一听施加给这位显赫君主的那奇怪的绝罚令吧。那位众父之父，人称上帝仆人的仆人，置一切公义于不顾，成了聋耳的毒蛇，听不进皇帝的理由，突然投出一记飞石，向世人宣布对皇帝的诅咒。他蔑弃一切忠言，偏离和平的道路，叫嚣道：'我所写的必当算数！'……因此请好心接纳这回归教会母亲怀抱的独生子吧，尤其是他虽清白无辜，却能够请求宽恕。否则这头装睡的最强大的雄狮定会发出可怕的怒吼，从世界每一个角落唤来肥壮的公牛，拔掉放纵者的头角，并将其踏得粉碎，从而播撒正义，将教会引向正途。"[11] 结尾提到的"最强大的雄狮"（leo fortissimus）是一个在古代末世论中就已十分重要的主题，从《启示录》文本一直到菲奥雷的约阿希姆和埃律特莱的西比尔的预言，都曾使用该主题。

为了回应这篇慷慨陈词的激烈檄文，教宗格里高利九世发布通谕《诸侯与暴君联合与主之受膏者为敌》（Convenerunt in unum adversus Christum Domini principes et tyranni）。教宗借此再一次探讨了异端的罪行及一切恶行的始作俑者。这是他最后一次在一封通函中公开谴责皇帝。这份通谕于 1241 年 8 月问世，直接借鉴了之前皇帝发布的通函的行文结构，其开篇文字颇具象征意味："在拉玛听见有声音。"这是一个圣经母题，早在 1233 年就已被格里高利用于一篇针对诸异端的控诉书。现在教宗的通谕针对的是一个新异端，即皇帝，称皇帝为"远古巨龙的代理总督"，号召上帝的子民起身反抗他。[12]

那么这些文字究竟传达给谁？谁能理解这些信息中晦涩的弦外之音？这些文字是否造成了影响？不管怎么说，编年史作家们已经清楚感受到了这场笔墨之战，文献中出现的谣言已经写入了编年史。巴黎的马修记载道："皇帝腓特烈的名声在当时遭到了极大抹黑。人们指控他的公教信仰摇摆不定，他发表的言论表明其不仅信仰不坚，还是彻头彻尾的异端，并犯下了可耻的渎神之罪。据传，他曾说了任何人都绝不能再重复一遍的话：三个骗子为了统治世界，用阴谋诡计欺骗了时人，诱导了民众，这三个骗子就是摩西、耶稣、穆罕默德。此外他还针对圣餐说了一些罪大恶极的话。任何一个头脑清楚的人都不可能张口说下这等渎神的胡言乱语！腓特烈的敌人还声称，比起耶稣基督，腓特烈更偏向穆罕默德的教理，并在宫中豢养了数名娼妓充当情妇。民众中间也是谣言顿起，称他早已与萨拉森人结盟，不再是基督徒之友——愿神保佑这位位高权重的君主不会做下这样的事吧！皇帝的敌人试图用此番种种言论抹黑他的名声，还寻求证据支持。他们这样做是否犯下罪过，神心知肚明，因为任何事都瞒不过神。"[13]

质疑圣餐的指控非常严重，在 13 世纪，圣体是否会变为真正的基督的肉，这一问题逐渐成为检验正信的试金石。特鲁瓦方丹的阿尔贝里克（Alberich von Troisfontaines）曾记载了针对腓特烈的指控，指控称腓特烈否认圣餐和变体说。持此观点之人原本应受火刑。阿西西主教、方济各会修士卡尔维的尼古拉斯曾是教宗英诺森四世的专职礼拜神父，他撰写的《英诺森生平》（Vita Innocentii）也谈到了一些关于腓特烈的事。尼古拉斯在《英诺森生平》中论证并剖析了 1245 年的里昂废黜令，根据他在书中的说法，腓特烈最终蜕变成了一名暴君。多种异端行径、在教堂中行淫、同性媾和，腓特烈一样都没落下："这暴君多次侵扰修道院和医院骑士团、圣殿骑士团及其他教团的居所。他不守公教信仰，公开纵容异端邪说，卑鄙无耻地杀害主教、方济各会修士及在俗教士，从而羞辱耶稣基督和教会。他还命令其他神职人员向自己宣誓效忠，在被革出教门、被剥夺教权之人在场的情况下，令神职人员主持弥撒。他还将贝内文托及其他教会所属区域和城堡夷为平地。他令人拆除了艾米利亚地区（Emilia）一座城中的主教堂，在原址建起自己的城堡。在阿普利亚，……他又拆毁了一座献给上帝的祭坛，建造了几间厕所。在阿普利亚王国的其他不同地方，他在原本矗立着献给上帝的教堂的地点建造房屋，供自己的娼妓使用。少妇和少女仍不能令他满足，于是这卑鄙之人便染上了那可耻的恶行，这恶行就算想想也令人颜面无存，更让人难以启齿，而实施这等行径绝对是耻辱至极。因他公开犯下索多玛的罪行，毫不掩饰。我何必再一条条列举他无耻的勾当？"[14]

1240 年彼得与保罗庇佑教宗

经过数轮舌战，哪怕笔端之锐甚于刀刃，最终还是要靠刀剑定论。1240 年 2 月 16 日，此时《祭司长与法利赛人聚集公会》一文尚未发布，皇帝腓特烈率军进攻托斯卡纳地区，一些城市相继投降，例如托斯卡内拉（Toscanella）、蒙特菲亚斯科内（Montefiascone）、苏特里（Sutri）、维泰博。他在维泰博向世人发布了一封公开信，信中得意扬扬地宣称自己手头都没有足够的使者可以去接受各城市及城堡突如其来的请降。阿夸维瓦的赖纳德（Rainald von Aquaviva）被任命为该地区的帝国将官。教宗似乎要输了，因为罗马就像一颗熟透的果子，可能不久就要落入皇帝的囊中，因为皇帝在罗马有一批势力不容小觑的追随者。《皮亚琴察吉伯林党编年史》（Annales Placentini Gibellini）让皇帝的追随者发出这样戏剧般的呼号："愿皇帝来临吧，愿他前来占领此城！"在这种情形下，教宗格里高利九世采取了极不寻常的措施，导演了一出好戏，从而抓住了在场人群的心，最终导致罗马的公共舆论出现大逆转。1240 年 2 月 22 日，即圣彼得宗座庆典日，教宗召集了枢机主教及罗马城内全体教士。他在城中举行了一场盛大的游行，并将使徒彼得和保罗的头骨圣物及真十字架上的木头运往圣彼得大教堂。大批民众也参加了游行。在游行过程中，教宗向罗马民众提出了要求，一部英国教会编年史《邓斯特布尔编年史》（*Annales de Dunstaplia*）记载了教宗要求的内容："教会在此，圣骨在此，尔等应至死捍卫，我们将其托付于上帝及尔等的庇护。我绝不逃离，将在此恭候上帝慈悲的降临。"根据《皮亚琴察吉伯林党编年史》的记载，整个过程还要更加激动人心。教宗呼号："这就是圣骨，你们的城市因它们而荣耀。我所能做的就只有这些了！"随后他取下了冠冕，将冠冕戴在圣骨之上，并说道："若罗马人不愿意，圣人会庇佑罗马！"这一做法奏效了，舆论转而支持教宗。一大批罗马人佩戴十字架，这是教会守护者的象征。皇帝再也无法占领罗马，只得退回到南部。[15]

1241 年 8 月 22 日，事情似乎从另一方面得到解决。在这一天，年事已高的教宗格里高利九世去世。长期的紧张局势，1241 年夏季城中的酷暑，这一切消耗了这位高龄教会君主的体力。教宗死后，留在罗马城内的枢机主教立刻举行会议，商讨继承人事宜。为了让事情进展得更快，统治罗马的元老马特奥·罗索·奥尔西尼（Matthaeo Rosso Orsini）把八位枢机主教安顿在七星神庙（Septizonium）内；人们甚至可以说这是"囚禁"。这些枢机主教聚集在帕拉丁山上这座古代遗迹内，组成了教宗史上第一次教宗选举秘密会议。但即使条件严苛，要做出决议也需要一些时间。由于酷暑难耐，且卫生条件恶劣，甚至有一位枢机主教死去。经过多次会议，流了不少汗水，枢机主教终于在 1241 年 10 月 25 日一致同意选举教宗乌尔班三世（1185—1187 年在位）的亲戚、年老的戈弗雷多·卡斯蒂格里奥尼（Goffredo Castiglione）为继承人。卡斯蒂格里奥尼当选为教宗，乃是那些促进教会与皇帝腓特烈二世和解的枢机主教所推动的。新教宗原本想定名号为塞莱斯廷（Coelestin），意为"天国"。然而就在十天之后的 1241 年 11 月 10 日，新教宗还未及祝圣，就因秘密选举会议操劳过多而去世。这是教宗史上第二短暂的任期，皇帝与基督代理人之间的和解希望再次变得十分渺茫。接下来，使徒彼得之位整整空缺了两年。后来随着出身于热那亚第一望族拉瓦尼亚的孔蒂家族（Conti di Lavagna）的西尼巴尔多·菲耶斯奇被选举为教宗，定名号为英诺森四世（1243—

1254 年在位），帝国与教会间的和解政策算是真正宣告终结。皇帝又一次与一名昔日交好的枢机主教翻脸。起初在一封致教会的书信中，皇帝充满敬意地表达了自己期待帝国与圣座间的矛盾能够和平化解。然而不久后开始的谈判却表明皇帝根本不愿服从教宗的要求，教宗面对皇帝的愿望也不愿做一丁点儿让步。舆论战也继续如火如荼。

两件事例可以表明流言蜚语究竟对时人及后世的想法产生了怎样的影响。17 世纪波兰多明我会修士亚伯拉罕·布佐夫斯基（Abraham Bzowski，1567—1637）在其教会史中将腓特烈反复描绘为耽于享乐、恶习累累的皇帝，其中一些笔法，我们之前已有一定的了解："一旦他喝够了美酒，内心燃起欲火，或者当屠宰仍未使他平静下来时，他便来到花园和葡萄园中，在一群群妖娆的少女和娈童的簇拥下，享受着荒淫放纵带来的快感。"此外，人们对萨林贝内详细描绘的那些可耻行径百听不厌，其中腓特烈对在隔离环境中成长的儿童做语言实验一事，就曾被多次引用："第二个疯狂的想法就是，他打算做一次实验，研究当儿童从未与任何人说过话的情况下，长大后会有怎样的语言和说话方式。为此他对奶妈和保姆下令，称她们可以为孩子哺乳、沐浴和洗漱，但绝不能与孩子玩耍或说话。他想弄清这些孩子究竟是会说最古老的希伯来语，还是希腊语、拉丁语或阿拉伯语，抑或是他们的生父母的语言。但是这一切都是白费力气，这些孩子全部都死去了。因为没有奶妈和保姆同他们拍手嬉戏，没有人对他们开心地做鬼脸，也没有那些亲昵的话语，他们就无法活下去。"[16]

这则故事证明了污蔑者具有非凡的想象力，他们将各种事迹都安在了这位伊壁鸠鲁主义者的头上，然而其中有些情节，历史学之父哈利卡纳索斯的希罗多德（卒于约前 424 年）早已讲述过，因此这些事迹不过是某种漫游故事。这则实验故事源于一个至今人们依然怀有的愿望，即找到原初的语言。使婴儿在隔绝所有形式的社会交往的环境下成长，观察他们的语言发展，这在今天已经被列为"被禁止的实验"。人们之所以相信腓特烈会做这样的实验，是因为他的求知欲世人皆知。就算今天的人们是在电视纪录片中看到关于这则实验的故事，教宗的宣传也是功不可没。

第 15 章

敌基督

蒙古风暴席卷欧洲

一个被烤得发脆的孩子，被一个蹲着的恐怖身影置于火焰上翻动；身影的脚边散落着人头和手臂，他准备拿来继续烹煮。火堆的另一头是烤肉者那大口吞吃的同伴，他手中拿着人腿，正用口从上面撕扯肉块，还有一人正在用斧头分割一块烤肉。巴黎的马修编年史中这段生动的描写简直令人毛骨悚然。一段附文解释了这一切："邪恶的鞑靼人以人肉为食。"是什么促使这位英国的本笃会修士在自己的历史手稿中写下这些吃人者？这位编年史作家的双耳听到了怎样的故事？

1241 年 4 月，一群未知的骑手沉重打击了两支基督徒骑士军队，引发了恐慌。在西里西亚的莱格尼察（Liegnitz）和位于匈牙利平原的穆希（Muhi）附近，奇袭的骑兵队搭上弓弦，射出数千支破空的利箭，夺去了欧洲骑士们鲜活的生命。这些世界上最优秀的战士倒在了血泊之中。消息很快传开，没过多久，基督教世界的人们就开始谈论这些似乎不可阻挡的侵略者，当时他们称这些人为鞑靼人。"鞑靼人"（Tartaren）这一名称源于"塔尔塔罗斯"（Tartaros）一词，使人联想到地狱。对这来自地狱的民族的恐惧散布开来。世界末日似乎来临，上帝对人类罪行的惩罚看似就要降临人间。在欧洲，人们对这群人的来历十分费解。难道他们是《圣经》中臭名昭著的歌革人和玛各人？人们想到了约翰《启示录》中的话语：

"那一千年满了，撒旦会从监牢里被释放，出来便要迷惑地上四方的列国，就是歌革和玛各，使他们聚集争战，他们的人数多如海沙。他们上来布满了全地，围住圣徒的营与蒙爱的城。就有火从天上，从天主那里降下，烧灭了他们。"[1]

《圣经》中令人恐惧的歌革和玛各族被监禁和释放的传说对中世纪的人们具有别样的吸引力。关于这两个民族的故事来源于东方，在西欧流传了数百年。希波的奥古斯丁就曾将这两支末日民族与撒旦的力量联系在一起，他认为他们的再次出现是末世的大事。关于这些引发恐慌的民族更详细的信息出自彼得·考麦司脱（Petrus Comestor，卒于1178年）之手，此人自1160年起任巴黎圣母院的座堂教士会教士，由于他永不知足地渴求书本知识，但也许是由于贪于饮食，他又被称为"贪食者"。考麦司脱所著的《经院哲学史》（Historia Scholastica）是一部关于世界历史的圣经式教科书，该书被广泛传阅，并被多次翻译，书中写到亚历山大大帝在里海附近的山中遇见了遭遇围困的十支犹太人部落派出的使者，他们前来祈求亚历山大解放自己。这位马其顿君主询问犹太人遭受如此惩罚的缘由，得知他们曾远离上帝，供奉了金牛犊。故事发生的背景令人联想到《旧约》中所罗门王国分裂为犹大和以色列，以及亚述国王萨尔玛那萨尔五世（前727—前722年在位）掳走北方十支派的记载。所幸亚历山大未放走食人族歌革和玛各，而是凭借以色列上帝的帮助，用柏油在两座紧邻的山峰（此处被称为"里海之门"）之间建起了屏障，加强了围困。歌革和玛各族束手就擒，就这样，亚历山大这位世界征服者将对文明世界的威胁阻隔在高加索的群山之中。然而彼得·考麦司脱继续指出，到了末世，这些人将会冒出，制造大屠杀。这样看来，1241年大肆蹂躏东欧的蒙古风暴会激起强烈的末世预期情绪也就不足为奇了。[2]

皇帝腓特烈二世统治末期，末世预期的情绪达到了惊人的高潮。蒙古人的进攻来得正是时候，因为整个欧洲都充斥着末世的低语。方济各会僧侣四散到城市和乡村中传播来自卡拉布里亚的菲奥雷的约阿希姆院长（卒于1202年）的学说。根据约阿希姆的理论，世界历史被划分为三个时代、三种状态（status），与三位一体相联系。第一个时代对应旧约时代，由圣父统治，其特征为奴隶般的屈从及"前律法"状态。第二个时代由圣子统治。圣子时代始于新约，已处于"律法"状态。虽然人类已分享到恩典，但这种恩典依然具有子女般的服从特征。第二个时代会在两代人之后结束，时间在 1200 年之后，而约阿希姆未具体说明每代延续的时间。后来有人修正了这一预言，将第二个时代的终结定为 1260 年。随后便是第三个时代，这是一个有福的时代，由圣灵照耀，会带来天上的耶路撒冷的一切喜乐。这最后的时代又被称为第三帝国时代，它拥有更多的恩典，并在约阿希姆史观中达到光辉的顶点，因为这个时代会在由圣者组成的修道式共同体中给人类带来自由。只可惜，敌基督抢在第三个时代之前到来，但敌基督终将被战胜。在方济各会修士看来，迫近的剧变的前驱者是谁，这点毫无疑问：他就是皇帝腓特烈二世。[3]

可是这还不够：基督教纪年法中的 1240 年恰好与犹太历法中的 5000 年重合。在创世后的第五个千禧年结束之际，众多犹太移民社群都把对弥赛亚的期待同救赎的期盼联系在一起。因为人们认为歌革和玛各是消失的以色列十支派的后裔，故而人们的某种怀疑也就挥之不去：现在，这群蛮族，他们真的来了，他们要将自己的同胞从基督徒的奴役中解放出来，建立一个犹太世俗王国。基于这一联想，原本潜在的反犹仇恨情绪便获得了继续滋长的养料，人们私下里传言，犹太人正在为这些蛮族提供武器和给养。对蒙古人和犹太人相勾结的想象不断深化，《马尔巴赫编年史》中记载称，1222 年，当成吉思汗仍在中亚活动时，犹太人就已在期盼即将来临的拯救，并将成吉思汗看作大卫的后裔。巴黎的马修也相信这些事。弥赛亚的背景与蒙古人的入侵，将反犹主义与末世论进一步联系在一起。[4]

不过并不仅仅是犹太人被怀疑与蒙古人沆瀣一气。难道在这一切背后没有隐藏着敌基督？维克特林的约翰（Johann von Viktring）就向前走了这样的一小步，他自 1312 年一直到 14 世纪中叶去世前担任位于克恩滕的维克特林西多会修道院院长。在《历史真相之书》（*Buch der geschichtlichen Gewissheiten*）中，约翰认定，只有皇帝腓特烈才能唆使蒙古人前往匈牙利："1239 年，鞑靼人劫掠匈牙利和波兰，他们在波兰杀害了圣海德薇（Heilige Hedwig）之夫西里西亚公爵亨利和时任匈牙利国王贝拉四世之弟科洛曼（Cholomann），并蹂躏了匈牙利的土地，直到今天我们还能看到这一后果；母亲吞噬亲生孩子的血肉，城中居民从山中取沙来替代面粉，如今在多瑙河畔的一座山上，人们依然能看到一处处孔洞状的裂口。据说鞑靼人带来的这一切不幸是由皇帝挑起的，他要向匈牙利国王复仇，因为贝拉曾与他为敌，并拒绝向其称臣。"[5] 现在腓特烈还把鞑靼人带到了欧洲。人们甚至私下传言，在鞑靼人的宫中还看到了腓特烈的使臣。

1241 年夏季，腓特烈向匈牙利国王、法国国王、英国国王、罗马人和施瓦本贵族等人发布了一封通函，他在通函中为自己辩护，称作为皇帝有责任对抗这群破坏一切的乌合之众。但腓特烈此举没什么用。面对当前的威胁，抵御鞑靼人的问题成了腓特烈与教宗角逐过程中的一个论战依据。因为教宗英诺森四世也发布了一封通函讨论关于蒙古人的问题。信中称，只要腓特烈一方做出一点点让步，西方世界便能联合起来，同仇敌忾，战胜蒙古人。[6]

腓特烈的鞑靼人宣言语气十分平静，其中反映出时人对蒙古人的认知，这在当时可谓惊人。特别是腓特烈写给内兄英国国王亨利三世的书信中给出了关于蒙古人的生活方式、外貌、武器装备方面的细节，这与时人心目中那群于末世挣脱镣铐而出的民族的刻板印象相抵牾。多一些观察，少一些幻想——这再一次从另一个角度说明了腓特烈对科学的理解："这些人身体矮短粗壮，却是宽肩膀，孔武有力，耐力持久，吃苦耐劳；只需首领的一个示意，他们便会冲向任何艰难险阻，无惧无畏。他们面庞宽大，目光阴沉，吼声及灵魂都同样令人胆寒。……这群鞑靼人是无与伦比的弓箭手，他们拥有人造的软管，借助这些软管，他们能够游过江河湖海；当粮草不足时，他们的马匹只需食用树皮、树叶和树根，并且这些马匹行动敏捷，在恶劣环境下非常坚韧。"[7]

腓特烈及欧洲其他君主无法知道的是，东欧特别是匈牙利遭遇的只不过是一支庞大的西征部队的先遣部队，而这支西征部队是 1235 年的一次蒙古部落大会上由大汗窝阔台（卒于 1241 年）召集的。西方世界几乎没有意识到，12 世纪，在遥远的东亚形成了一支对外扩张的力量，这支力量始发源于今天蒙古地区的一支非常小的部落。在成吉思汗（卒于1227年）的率领下，第一波扩张冲击了位于中国、哈萨克斯坦、乌兹别克斯坦的各帝国和统治区域。十字军在杜姆亚特附近听到了相关传闻，因贸易往来而消息更为灵通的犹太人也在私底下谈论此事。后来蒙古人继续进犯中亚、格鲁吉亚、亚美尼亚甚至罗斯。这群侵略者施行了骇人的大屠杀，这显然是一种威慑策略。1240年基辅陷落（腓特烈也在致亨利国王的一封信中提到此事）后，蒙古骑兵继续向西扩张。西方世界似乎就要灭亡了。但出人意料的是，到了1242年，欧洲却听到了蒙古人撤退的消息，这和蒙古人现身的消息一样意外。除了数不清的牺牲者和大片荒芜的土地，这群骑兵还留下了一大堆问题悬而未决。这些残忍的战士究竟是谁？他们从何处来？他们真的是被某人召唤而来的吗？他们现在又消失在何处？并且最重要的是：他们还会回来吗？

教宗英诺森四世不清楚这些蒙古人是不是还会再次入侵西方，于是他在1245年派遣方济各会修士柏朗嘉宾（约1185—1252）率领一支使团前去面见蒙古大汗。他们想要阻止蒙古人再次出征欧洲，并为了剩余十字军国家的安全而试图与蒙古人结盟。据说柏朗嘉宾给新任大汗贵由（1246—1248年在位）带去了一封教宗的书信。1247年6月，使团带着大汗写给教宗的书信返回。五年后，又有一位方济各会修士带着官方任务前去面见大汗，因为此时的教宗甚至幻想要令蒙古人皈依基督教，并希望借此与他们联合对抗伊斯兰世界。不过此次使团无功而返，而英诺森四世没能等到他们归来就去世了。

关于鞑靼人，还继续流传着彼此矛盾的解释。他们时而被看作神话中基督教祭司王约翰的随从，时而又被看作来自地狱的撒旦的先行者。传说中的祭司王约翰是位于东亚的一个强大的基督教王国的统治者，人们相信他会帮助基督徒对抗穆斯林。若要见到祭司王，人们沿途除了会见到许多怪兽，还会碰到犬头怪物、食人怪物和独脚人（Sciopode），独脚人的脚大到躺在地上时可以为自己遮阴。所有这些传说后来均逐渐让位于对现实情况的思考。到了13世纪，腓特烈的情报人员、教宗的使团、传教士和远游的商人开始搜集关于蒙古人及其强大帝国的第一手资料，剥去了这个令人恐惧的游牧民族的传奇面纱。前往蒙古的使臣的主要任务便是搜集与蒙古人有关的资料，这一行为被约翰内斯·弗里德称为"西方对蒙古人的首次田野调查"，最终使"欧洲开启全球化的进程"。[8]

1245 年腓特烈被废于里昂

在很多人看来，皇帝腓特烈是敌基督的先行者，甚至是敌基督本人，这一点不言而喻。接下来一定会发生什么事，皇帝应当退位。1245 年，教宗在里昂召集大公会议，大会于 6 月 28 日开幕。根据教宗以往的经验，在永恒之城罗马召开这样的会议过于危险，于是他提前一年从罗马潜逃到里昂。从法律角度上看，里昂这座城市依然位于罗马帝国的土地上，但事实上是法国国王的势力范围。路易九世本人虽然没有出席会议，但他让最小的弟弟查理代表自己，这位查理就是时年 19 岁的安茹伯爵，20 年后他将会夺走腓特烈之子曼弗雷德的西西里王国。此次会议的与会者约为 150人，与往常相比更少，例如 1215 年第四次拉特兰大公会议有逾千名神职人员参加，其中就有 400 多名主教。参加里昂会议的主要是来自西班牙、法国、英国的教会代表，而来自德意志和意大利的代表人数相对较少，这一点出人意料，很可能腓特烈出手干预了此事。腓特烈本想回避此次大公会议的决议，但现在看来已是不可能的了，他再也没有可能通过抓走与会者来阻止会议召开。但不管怎样，此次里昂召开的宗教会议并没能代表整个西方世界。

早在与会者聚集到里昂之前，皇帝腓特烈二世就曾建议教宗让法王路易九世担任双方争议的仲裁人。这位国王以审慎、智慧和中庸著称，因此也被称为"敬畏上帝者"："他（指腓特烈）愿意听从人称'敬畏上帝者'的法王的判决。"然而就像腓特烈最后试图通过求和以避免被废黜的威胁而未果，这一建议也最终流产。巴黎的马修在评价 1239 年的绝罚令时对教宗格里高利九世做了如下说明："仇恨仿佛一处被忽视的伤口，渐生剧毒的脓疮"，而教宗"仿照名医之法，时而药敷，时而手术，时而烧灼"，对其治疗。但教宗英诺森四世在里昂大公会议上只信任烧灼的疗法。[9]虽说会议也需要讨论教会改革、圣地的局势、鞑靼人危机等议题，但废黜腓特烈所有统治者头衔的问题很快成为大公会议的焦点。这是腓特烈与教宗斗争过程中极富戏剧性的高潮，而此次斗争最终以腓特烈的全面失败而告终。

腓特烈多年的亲信苏埃萨的塔德乌斯代表腓特烈参加了会议。据巴黎的马修记载，塔德乌斯提交的和谈条件被英诺森四世拒绝了，因为腓特烈早已做过太多允诺，但都没有兑现。此外英诺森还提出论点，称腓特烈并非是针对某几位教宗，而是在与整个圣教会为敌。教宗没有正面给出拒绝和谈的理由的做法可谓狡猾，因为这场持久战之所以会持续数十年，其原因正是两支庞大的势力关于帝国的理念相互抵牾。为了证明腓特烈确实破坏了盟誓，教宗令人宣读了部分文献，回顾了这样的事实，即腓特烈因统治西西里王国而具有罗马教会封臣的身份，并且腓特烈曾因"彼得的遗产"（Patrimonium Petri，即教会产业）而向教会做出赠予和担保的声明。这些内容不久后便作为证据而成为里昂转抄文书的一部分。塔德乌斯提出了另一些文献，证明教会也有未兑现的诺言，借此驳斥教宗的攻击。

在接下来的一次会上，针对腓特烈的其他指控又被摆到了台面上：迫害西西里教会、持异端信仰倾向及犯下异端行径、与东方君主勾结、建立后宫（生活作风不正）、监禁前去参加格里高利九世召集的罗马大公会议的僧侣（马里的安萨尔多悍然发动海上袭击将他们俘虏）、破坏帝国与教会间的和约，以及发生在克尔海姆的神秘的阿萨辛派暗杀事件，凡此种种，还有更多。塔德乌斯尽心尽力地为腓特烈辩护。然而就像一场判决结果早已确定的公开审判，腓特烈的使臣仍在途中，尚未到来，而出席大公会议的人员就已于 7 月 17 日召开了最后一次会议。英诺森在会议上宣布废黜腓特烈，并宣读废诏，再次列举对腓特烈的所有指控，随后便宣布会议结束。教宗禁止所有臣民继续承认腓特烈为国王和皇帝，并召集有选举资格者在帝国内选举出一名继任者。针对西西里，教宗打算自己裁定。英诺森之所以会采取这样前所未有的行动，是因为他手上有一张王牌可以保证他这么做具有合法性，那就是身为基督代理人的教宗是基督的后继者。只要基督还在这个世界停留，并且如果基督本人能够以自然法为依据，针

愤怒之日：巴黎的马修所作《大编年史》中的这幅图展示了腓特烈在 1245 年里昂大公会议上被教皇英诺森四世废黜的场景。教皇正在宣布废黜令，六名头戴主教冠冕的主教象征了宗教会议，腓特烈的代表失望地转身。附文解释道："腓特烈的代表苏埃萨的塔德乌斯不知所措地离开。"一条横幅给出了塔德乌斯无可奈何的话语："这一天是愤怒之日！"

对皇帝及任何他人做出废黜判决并谴责他们，或者对他们做任何其他审判，那么基督的代理人自然也可以这么做。[10]

从法律上看这纯属一场闹剧。正如塔德乌斯在大会上所指责的那样，英诺森既是原告，又是法官，而对教宗早已做出的决议，大公会议也只有同意的份儿。英诺森在整个程序中或在草拟废诏时不容许任何人置喙，凭借他的使徒权威，他相信自己可以单独决策。就算腓特烈按照教宗一直以来的要求亲自出席会议，这一结果也不可能改变。除了废黜这个敌基督，这场戏还产生了其他影响，那就是为欧洲的其他统治者提了一个醒。巴黎的马修记载时已经意识到了这一点："这些话……如一声惊雷，造成了极度恐慌。"曾像一头雄狮那样为自己的主人而战的塔德乌斯也无可奈何地叹息道："确实，这一天是愤怒之日！"[11]

乌云压来，北立新王

以大公会议为幌子的里昂公审结束后数月，双方派出大批使者前往欧洲各地，通过书信传告会议决议，或者进行抗议。托钵修士倾巢出动，以布道的形式做宣传。双方文人又开始使尽浑身解数，用精巧文字来为自己赢得公众舆论。教会一方以维泰博的赖纳为首发布了一本臭名昭著的册子，开篇文字为"温和的药物无法治疗的病患"。这本册子赞颂了教宗的精神和世俗统治的双重地位，赞颂了教宗的力量和高贵。由于君士坦丁大帝被圣彼得及其继任者夺取了暴君般的权力，他也放弃了这些权力，因此教宗既有教权，又有皇权。教会之外的统治绝无可能存在，因为上帝并没有设立世俗权力，因此不在教会统治下的一切都要被打入地狱。这是对腓特烈支持者所秉持的双重权力观的再一次打击，从长远看，教宗离自己对绝对权力的幻想又近了一步。[12]

在争夺支持者的过程中，有一人再次参与角逐，此人可以被看作皇帝腓特烈二世最偏执的敌人之一，他就是阿尔伯特·贝海姆（Albert Behaim，约 1190—1260）。除了这位后来的帕绍教士会成员兼座堂教士长（Domdekan），很难再有其他教宗党羽在这么短时间里施加这么多次绝罚令。早在 13 世纪 30 年代末，教宗格里高利九世就曾派他前往巴伐利亚鼓动民众反对腓特烈。"他是暴虐的君主、破坏教义者、腐蚀教士者、信仰颠覆者、残暴之导师、改换时代者、地球之粉碎者和世界之锤"，这位教宗代理人曾在 1242 年 6 月这样称呼腓特烈。告诫函和命令如冰雹般砸向支持腓特烈的人，若是他们不愿立刻屈服，随之而来的便是革除教籍。即使是大主教和主教也被施以绝罚，到最后几乎所有巴伐利亚主教都被革除了教籍。"此刻的阿尔伯特·贝海姆如宙斯一般端坐于特劳斯尼茨（Trausnitz），手中握着的绝罚令仿佛一道道闪电。很快，他使用这一权力的方式变得有些可笑。"——本笃会修士罗穆阿尔德·鲍尔赖斯（Romuald Bauerreiss）在其所作的巴伐利亚教会史中如此评价阿尔伯特的做法。[13]

阿尔伯特因冷酷无情而被多次驱逐出巴伐利亚，于是他逃往里昂，来到保护人英诺森四世身边，在那里见证了皇帝被废黜的过程。在接下来的数个月里，阿尔伯特与巴伐利亚教会诸侯保持密切联系，以期将他们争取到教宗阵营。1247 年初，他再次回到德意志为教宗搜集重要情报。他提交了一份清单，详细列举了施瓦本各侍臣家族生活习惯和家族作风。这一切只用于一个目的：削弱腓特烈和康拉德的地位。不久后阿尔伯特被迫再次逃亡，1250 年才被一位忠于教宗的帕绍主教所任命。但不管怎样，阿尔伯特在巴伐利亚已是人人喊打，因此关于他被谋杀的各种传说也流传开来。

阿尔伯特对后世的影响与一部书有关，他在这部书中记录了自己的活动。这部书收录的主要是阿尔伯特在 1246—1256 年间的私人记录，重点包含了拉丁语和部分捷克语的政治公文，其中就有《温和的药物无法治疗的病患》，还有彼得·考麦司脱历史著作的选段、一些诗歌、关于炼金术的思考、地理学笔记、收入记录，甚至还有制作香料酒和春药的配方。阿尔伯特小心地记录了自己获得的赎罪券数量，等阿尔伯特来到里昂时，这些赎罪券已能赦免他 1130 年。顺便提一下，这部保留下来的文集原件是阿尔卑斯山以北地区图书馆中现存最古老的纸质手抄本。抄本所使用的书写材料可能产自西班牙甚至是阿拉伯地区，因为当时在德意志地区还没有出现造纸坊。[14]

腓特烈被废后，教宗的一个核心计划便是为罗马帝国寻找一名新的统治者。于是英诺森试图说服法国宫廷，将国王路易九世最喜爱的弟弟阿图瓦伯爵罗贝尔（Robert von Artois）定为罗马帝国或至少是西西里王国的新任统治者。然而法王长期以来都坚持与皇帝腓特烈保持友好关系，并且此时他正专心准备十字军东征，因此他不愿意与皇帝发生不快。已故教宗格里高利九世也曾意图另立新王，但在 1229 年夏季，他的计划被年轻的亨利七世国王勇猛的军事行动所阻止；而这一次，亨利七世曾阻止的事情终于发生了。在一位教宗使节的支持下，德意志突然出现了一位与国王腓特烈二世及其子康拉德四世争夺王位的人选，他就是 42 岁的亨利·拉斯佩，此人从 1227 年起任图林根封邦伯爵，1246 年 3 月，他表示同意竞争王位。"拉斯佩"这一名字多次出现在图林根王侯家族卢多温家族（Ludowinger）中，一般用于伯爵的第二或第三个没有什么重要地位的弟弟。此时进入众人眼帘的对立国王亨利起初是腓特烈的支持者，1235—1237 年间，他是腓特烈的固定随行人员；1242 年，他甚至同波希米亚国王瓦茨拉夫一世一同被皇帝腓特烈任命为幼子康拉德四世的帝国代理人。作为图林根封邦伯爵、萨克森普法尔茨伯爵、黑森领主，他通过继承和成功推行的领土政策，在德意志中部掌握了深厚的政治基础。[15]

早在 1245 年腓特烈被废之前，亨利就转变了阵营。在教宗的逼迫下，在美因茨大主教埃普施泰因的西格弗里德三世和科隆大主教霍赫施塔登的康拉德一世（Konrad I von Hochstaden）支持下，1246 年 5 月 22 日，一小部分德意志诸侯将亨利选为德意志国王。多亏教会在选举方面的支持，并且还有罗马的贡献，亨利很快获得了"教士国王"这一别称，而他的选举没有任何一位世俗王侯参与，因而此事也以"教士选举"之名载入史册。亨利对教宗的依附关系在其金玺图案上就已有所体现，金玺上绘有罗马城的象征图案，并附有彼得和保罗这两位使徒的头像，这表明罗马归属于教宗。[16]

亨利的称王之路并不顺利。康拉德四世拒绝放弃国王头衔。新国王亨利·拉斯佩虽然在 1246 年 8 月打败了这位自己曾监护的国王，但反对他即位的声音并未从这个世界上消失。事情往相反方向发展。1247 年冬，亨利国王不得不包围乌尔姆和罗伊特林根（Reutlingen）。后来他在罗伊特林根城外的一次小型战斗中受伤，于是他只得放弃作战计划，退回到瓦尔特堡（Wartburg），不久便于 1247 年 2 月 16 日去世。亨利称王还不满 9 个月，根据目前我们所掌握的情况，他只以国王的身份颁布了 16 份诏书。由于亨利去世后没有留下子嗣，强盛一时的卢多温家族最终不复存在，因此当时有人认为这是上帝做出的有利于康拉德四世的判决。后世对亨利·拉斯佩的记忆多半都是歪曲的。有兄长路德维希四世（1227 年出发前往圣地之前他便在布林迪西死于瘟疫）在先，亨利很难以优秀王侯的身份立足于世。而随着圣伊丽莎白的事迹迅速传播（皇帝腓特烈还曾亲自为圣伊丽莎白的头颅加冕），亨利的风头逐渐为这位圣女的光辉形象盖过，因此他仅存的形象便是一个不光彩的小叔和失败的反王。

这名图林根人的王位争夺历险没有给皇帝腓特烈造成真正的威胁。真正带来威胁的是其他新情况：教宗英诺森开始号召众人向被废黜的皇帝发动十字军战争。任何参加对腓特烈作战或以财产支持战争之人都可获得与前往圣地的十字军战士一样的赦免和特权。反叛皇帝之人摇身一变，由此成了上帝的斗士。此时的腓特烈如同攻打耶路撒冷或阿卡城的穆斯林君主，成了教会的头号敌人。此次号召十字军攻打腓特烈的计划之所以如此值得我们注意，是因为 1244 年穆斯林攻占了耶路撒冷，而路易九世正在准备东征，十字军原本不应当分裂出一部分兵力去满足教宗的利益。

倒皇阵营并未因亨利·拉斯佩的死而放弃，他们继续选举新王。这一次，他们选中了 19 岁的荷兰伯爵威廉二世（1228—1256），1247 年 10 月 3 日将他选举为罗马-德意志国王。这位新统治者再一次由一小撮诸侯选举产生。一年后，到了 1248 年 11 月 1 日，他被科隆大主教加冕。原本将陪同法王路易九世前往圣地的一支弗里斯兰十字军队伍被教宗调走，以协助这位国王人选。这支十字军实施了长期包围行动，凭借他们的帮助加冕之城亚琛终于落入威廉之手。但由于大部分诸侯依然追随皇帝腓特烈二世，新国王威廉什么都做不了，只得回到荷兰。直到 1250 年腓特烈二世去世，其子康拉德为了挽救自己的遗产回到意大利，威廉才通过恩赐和分封采邑在德意志赢得了一些追随者。1254 年康拉德国王去世后，威廉甚至一度被普遍承认为统治者。1256 年，威廉出发前去征讨一些多次暴动的弗里斯兰人，却在 1 月 28 日这天在霍赫沃德（Hoogwoud）附近，因冰块碎裂而连同马匹一起摔了下去。弗里斯兰人抓住了他，将他杀死，胡乱掩埋了他的尸首。直到 1282 年，威廉的遗体才被其子弗洛里斯五世（Floris V）找到，并安葬于米德尔堡（Middelburg）。随着威廉去世，我们进入了另一个历史阶段，从弗里德里希·席勒开始，这一时期在旧史学传统中被命名为"空位时期"（Interregnum）。1803 年，席勒在一首叙事诗中称皇帝腓特烈去世后的这段时期为"没有皇帝的恐怖时期"。然而"空位时期"这一概念却掩盖了这样一个事实：此时人们还在继续拥立国王，只是这些国王无法作为事实上的统治者来稳固政局。[17]

　　1256 年威廉去世后出现了一个极为特殊的现象：两位与施陶芬家族有亲戚关系却极不适合担任德意志国王的候选人被拥立为王，而这两人几乎是同时即位。继普瓦图的奥托和西西里的腓特烈同时被立为国王后，此次双重选举使德意志王位问题再一次成为整个欧洲的问题。一位候选人是腓特烈的内兄，也就是腓特烈的英国妻子伊莎贝拉的哥哥、英国国王亨利三世的弟弟、第一代康沃尔伯爵及普瓦图伯爵理查。早在参与征伐加斯科涅及 1240 年前往圣地的十字军东征中，理查就积累了战斗经验。起初他试图让被革除教籍的腓特烈二世与教宗和解。为了驱逐施陶芬家族，教宗英诺森四世准备将西西里王国出让给一些诸侯，理查也是其中之一。另一位候选人是擅长艺术的卡斯蒂利亚国王"智者"阿方索十世，他是"圣者"费尔南多和施瓦本的菲利普之女比阿特丽克丝的儿子,因此他是菲利普的外孙。由于母系的亲属关系,阿方索自认为是施陶芬家族的继承人,因此也自然是施陶芬家族在意大利及罗马帝国统治的继承人。在前文我们已经谈到阿方索与皇帝腓特烈一样会作诗。但在从事艺术之余,阿方索也在"缔造帝国"(fecho del Imperio)这一口号的指导下寻求在欧洲的权力和影响力。

1256 年双重选举时,由德意志选帝侯组成的下莱茵-英格兰派选举理查为罗马-德意志国王,科隆和美因茨大主教及莱茵普法尔茨伯爵就属于这一阵营。理查在亚琛加冕。他只来过德意志四次,每次停留时间都很短,最后一次是 1269 年。反之,收取了法国好处的特里尔大主教阿诺尔德(Arnold von Trier),以及被阿方索所利用的有权势的萨克森公爵和勃兰登堡边区伯爵将"智者"阿方索推举为王。起初两位候选人在选举中各得三票。后来波希米亚国王奥托卡二世将选票同时投给这两人,因为他从两方那里都获得了报酬。这样一来,他用两份酬金装满了自己的腰包,同时两边都不得罪。与理查国王不同的是,阿方索国王从未来过德意志。在与阿拉贡的竞争过程中,阿方索更看重的是意大利。1273 年,即理查去世一年后,哈布斯堡的鲁道夫(皇帝腓特烈与他本人见过多次)被推选为继任者。由于阿方索本国境内的贵族叛乱和王位争夺战争永无休止,阿方索"缔造帝国"的兴趣丧失殆尽,于是 1275 年,阿方索也退出了争夺王位的冒险活动。1273 年哈布斯堡的鲁道夫伯爵被推选为王,虽然结束了所谓"空位时期"(空位时期事实上的统治者是七个选帝侯,他们作为国王选举团体稳固了这一时期的局面),但也正式开启了"小国王"的时代,在随后的很长一段时间里,德意志国王追寻帝国理念的过程都时运不济,皇帝腓特烈的帝国普遍主义理念最终只能是一个迷梦。

第 16 章

亡　者

皇帝的多种死法

任何人都没能预料到，1250 年 12 月 13 日，即圣露西亚节（Lucientag）这一天，在如今已不复存在的菲奥伦蒂诺（Fiorentino）城内，还差几天就要满 56 岁的皇帝腓特烈二世的生命之火熄灭了。如今只剩下少量遗迹还能证明在距卢切拉约 20 千米处曾存在这样一座小城。这里曾矗立皇帝的“家”，那是一座小城堡，准确说来更像是一座二层楼高的坚固住房。在一次游猎活动过后，腓特烈的内心或许突然充满了死亡的预感，于是他造访了这座房屋。他就这样走到上帝的面前，身边只有少数几名亲近之人陪伴，其中有儿子曼弗雷德、御医普罗奇达的约翰（Johann von Procida）、大库里亚法官黑山的理查以及德意志军队首领霍亨堡的贝托尔德（Berthold von Hohenburg）。腓特烈的死亡原因不明，其突然离世可能是因为感染了伤寒、痢疾、疟疾或败血症等疾病。但这一切都只是猜测。关于腓特烈一生的记载五花八门，论及他的去世也是众说纷纭。出现这一情况的原因并非人们真的知道了这么多不同的事情，而是他们试图从一个人离世的方式中辨明此人生前的品格。坏人不得好死，好人得以善终。中世纪的人最惧惮的莫过于“罪人的惨死”（mors peccatorum pessima），以这种方式死去的人在离世之际没有接受终傅，没有得到祝福，其罪孽也没有得到宽恕，这样他便注定永远要在地狱里饱受煎熬。腓特烈生前就被同时代人视为镜鉴，因此他的死亡作为上帝的惩罚在人们看来也有重要的意义。

多明我会修士、热那亚大主教瓦拉金的雅各布（Jacobus de Voragine，1230—1298）在 1263—1273 年撰写了一部圣徒故事集《金色传奇》（Legenda aurea），书中这样写道："当皇帝腓特烈摧毁贝内文托城时，还下令就地拆毁所有教堂，因为他打算整体搬迁这座城市。有一天，一个人看到了多名身穿耀眼白衣的男子……他大为惊讶，便走到他们面前，询问他们是何人。其中一人回答道：'我们是使徒圣巴罗多买以及其他在本城拥有教堂的圣徒；我们一同来此是为了商讨该如何惩罚那将我们赶出住所的人。我们已做出无法收回的判决，此人将立刻被带到上帝的宝座跟前，在那里接受审判。'不久后，皇帝悲惨地失去了性命。"这个故事想要传达的信息是：谁若想迁移教堂，便要面对教堂的守护圣徒，即使是皇帝也不例外。

那么关于这位统治者去世又有怎样的记载呢？可惜我们无法从地方文书理查（此时人们十分希望通过他客观公允的记载掌握一些线索）那里得到任何关于皇帝去世的信息，因为理查本人六年前就已先于腓特烈去世。亚当的萨林贝内浓墨重彩地描写了皇帝驾崩时的场景，他在此处模仿了《论迫害者之死》（De mortibus persecutorum），早期基督教的积极捍卫者拉克坦提乌斯（Laktanz，卒于约 325 年）撰写的一部书籍。将腓特烈看作"一切教会迫害者中最恶劣之人"的萨林贝内写道："先皇腓特烈于 1250 年死于阿普利亚的一座名为菲奥伦蒂诺的小城中，此地距萨拉森人之城卢切拉 10 英里。由于他的尸首散发出恶臭，因而无法被运入巴勒莫城，而西西里国王的陵墓都在此城，这些国王被安葬于此是定俗。"尸体会散发出臭气，这对萨林贝内的同时代人而言很有象征意味，因为中世纪时的人们清楚，死去的圣徒会散发出十分怡人的香气，香味可能会持续数月甚至数年，有时人们只需跟随自己的鼻子就可找到圣徒的墓地。与此相反，遭到弃绝的罪人身上会散发出恶心的臭味。萨林贝内从《圣经》中为自己的观察找到了支撑："他失去与西西里先王安息于同一陵寝的权利，原因有很多。其一便是为了践行《圣经》中所言：'像被践踏的尸首，你不得与君王同葬。'这君王便是安息于巴勒莫的西西里众王。其二是由于他的尸体散发出令人难以忍受的臭气，并且'蛆虫从他那受诅咒的躯体中爬出，身上的肉在生前也因病痛已经一块块掉落，尸体腐烂产生的气味使整支军队苦不堪言'。这本是在说安条克（Antiochus），却一字一句地在腓特烈身上应验了。"[1]

萨林贝内还加上了关于腓特烈之死的另一个细节，其来源于埃律特莱的西比尔，后来深刻影响了腓特烈"死而复生"的传说："其三，腓特烈之子、人称亲王的曼弗雷德为了占领西西里王国和阿普利亚，未待兄长康拉德从德意志与腓特烈取得联系，便隐瞒了父亲的死讯。因此即便腓特烈事实上已死，众人也相信他还未死去；这样，西比尔的预言便得应验，她曾说：'百姓将说法不一，有的称，他还活着！有的则说，他已死去！'她已预言，他的死将被隐瞒。"此处所说的埃律特莱的西比尔预言是一篇假称源于特洛伊战争时期，实则作于13世纪的神秘文字。这位不知名的作者利用古代女预言家西比尔的权威，如克里斯蒂安·约斯特曼（Christian Jostmann）所言，描写了类似"世界政治局势"的内容。这位作者也预言了一些事实上在其落笔成书之前就已经发生的事件。方济各会修士传播了很多这类"事后预言"。[2]

在卡尔维的尼古拉斯（卒于1273年）所作的歌颂教宗英诺森四世的《英诺森生平》中，腓特烈之死不单是教会迫害者象征性的毙命，还遵循了既有的话题惯例。上帝目睹了彼得的小舟为巨浪所倾覆后，便令"堕落之子、暴君腓特烈……身亡。在阿普利亚的菲奥伦蒂诺城堡中，他严重腹泻，牙齿咬得咯咯作响，口吐白沫，撕扯着自己的胸口，发出刺耳的吼声，最后以被革出教门者及废帝的身份咽下了最后一口气，如此屈辱、艰难和残酷的死法见证了他受诅咒的一生应有的结局：罪人不得好死，其下场只有毁灭"。毫无疑问，这是一个不敬上帝之人最可怕的下场。在后来众多的编年史中，腓特烈做出了一系列示范，让人们看到了一个恐怖的暴君是怎样不得好死。我们在前文已经谈到乔万尼·维拉尼让皇帝腓特烈在床上死去。腓特烈的"野种"曼弗雷德觊觎父亲的财产和统治地位，害怕腓特烈在弥留之际会订立一份不利于自己的遗嘱，便用枕头将他闷死。正如维拉尼所记载，堕落的皇帝腓特烈就这样没有接受圣教会的圣礼便撒手人寰。[3]

我们也知道巴黎的马修评价腓特烈二世为"世界奇迹和改变世界的神奇之人",并且是"地上最伟大的君主"。关于腓特烈的死,他自认为掌握了显然被前述编年史所回避的细节。腓特烈是这样死去的:"束缚着他的判决(这指的是绝罚令)被解除了,据人们所言,他穿上了西多会僧袍后,以不可思议的方式充满谦逊地死去了。"除此之外马修还知道:"他的死讯被隐瞒了数天,这样他的敌人就不会立刻欢呼雀跃,但在圣斯德望日这天,死讯公开,昭告天下百姓。"圣斯德望日(圣斯蒂芬节)是 12 月26 日,正是腓特烈的生日,在这一天,世界也得知了他的死讯。在这位英国本笃会修士看来,世界充满预兆,当一位皇帝驾崩之时,大地自然也会震动,他在编年史中也指出了这一点。[4]

温特图尔的约翰内斯(Johannes von Winterthur,卒于 1349 年)则听说了另一个版本:"腓特烈曾为皇帝,后被革除教籍,被剥夺皇位之尊。在围攻帕尔马之战中遭遇失败后,他返回了阿普利亚,1252 年,他被人下毒,在圣处女及殉道者露西亚之节庆那天,他在福贾被秘密埋葬。四十

枕头带来的死亡:根据中世纪的观念,恶的统治者会不得好死,因此乔万尼·维拉尼采纳了谣言,称皇帝腓特烈是被自己的儿子曼弗雷德用枕头闷死的。他很有可能当场死亡,以致无法忏悔自己的罪行:这是他堕落的又一表现

年来，很多人断言，腓特烈依然活着，很快便会强势归来。另一些人则传言，腓特烈在去世前很久就已应占星家的要求带着自己信任的仆从离开了欧洲，漂洋过海，长途跋涉，最终来到了地球最遥远的另一端，以躲避占星家预言其留在欧洲将遭遇的厄运。"各个时期的编年史作家都愿意相信，只有毒药才会造成出人意料的死亡。人们之所以会认为中毒是可能的死因，是因为腓特烈之前曾遭遇过数次投毒暗杀，只不过这些行动都失败了。[5]

潘多尔福·科莱努乔在其《那不勒斯王国史纲》中引用了部分如今已失传的史料，他在记录皇帝之死时较为小心谨慎："一些消息人士记载称，皇帝之子曼弗雷德为了加速皇帝的死亡而将枕头盖在他的口鼻部，这其实是谣言，因为这样的事根本不可能发生，因此我们将忽略这些错误的观点。而人们可以从当时的教会作家笔下找到完全相反的记载。"但就算是潘多尔福也免不了会相信更高层次的预兆："腓特烈死于圣露西亚节那天，即 1250 年 12 月 13 日，地点并非位于罗马平原（Campagna von Rom）的菲奥伦蒂诺，也不是佛罗伦萨地区，而是阿普利亚地区一座名叫菲奥伦蒂诺的城堡内，他的死亡是恶灵那欺骗性本质的一次普通示范，这是命运的必然，因为就算腓特烈避开了佛罗伦萨，预言的精灵还是将那地方与佛罗伦萨的名字相混淆，充分迎合了他的探求欲，使他最终没能逃过死亡。"绝妙的是，有人曾向皇帝预言，称他会在"佛罗伦萨地区"走向终结。为了防止预言应验，腓特烈终其一生都在躲避佛罗伦萨。然而"菲奥伦蒂诺"（Fiorentino）这个地名也有"佛罗伦萨的"含义，而正如潘多尔福所言，腓特烈敏锐地觉察到自己的末日到了。这位编年史家继续写道："曼弗雷德以最高规格将腓特烈的遗体装饰得极为华丽，接着运往地势高于巴勒莫的蒙雷阿莱，在那里恭恭敬敬地将他埋葬。腓特烈的墓碑上刻了三句诗，以证明他的权力和伟大，这些诗句由阿雷佐（Arezzo）的一位神父所作，也被当时的学者刻在其他许多纪念碑上，诗句内容如下：

> 若正直之思想，若智慧、理性与收获，
> 若高贵的存在能抵御死亡，
> 那么安息于此的腓特烈，便从未逝去。[6]

这段如今已不复存在的墓碑铭文曾广为人知，为众多编年史作家所引用。

在所有的记载中有一点十分清楚：无论是中毒还是窒息，是死于痢疾或伤寒引发的高烧，是口吐白沫而毙命，还是洗清了所有罪孽，身着僧袍充满谦逊地死去——对腓特烈之死的描述都带有普遍的目的。那么腓特烈宫中的人怎么看？普雷奇的彼得和巴里的尼古拉斯（Nikolaus von Bari）在文风考究的书信中将已故的腓特烈抬高到亚历山大、恺撒和大卫家族君王的层次。"雄鹰"腓特烈继续活在他的孩子们中间。曼弗雷德致信身在德意志的同父异母兄弟康拉德说："万民的太阳、正义之光已陨落，和平的避难所毁灭了！但我们仍可感到欣慰：直到生命的最后一刻，我们的父亲大人都满怀喜悦，斗志昂扬。"[7]

统治者的遗嘱

人在弥留之际会立下遗嘱。根据文献记载，皇帝腓特烈二世曾多次将不同时期的遗愿记入遗嘱。1228 年腓特烈终于打算出发参加十字军东征时，他第一次试图处理自己的身后事。无论是与穆斯林之间可能爆发的战争，还是长期航海带来的危险，都使他有必要料理好一切事务。可惜我们不清楚 1228 年 5 月腓特烈在巴列塔宫廷会议写下的遗嘱的具体内容，唯有在圣日耳曼诺的理查所著编年史中有一篇总结性文字。而腓特烈去世前不久又再次立下遗嘱，可能连续修改了两次，也可能只有一次。由于这份遗嘱是他去世前不久才在证人的面前口头立下的，并被记录下来，因此最后的遗嘱原文才得以保存。[8]

这些遗嘱主要用来规定权力继承的顺序。根据巴列塔遗嘱，皇帝的长子亨利七世应当继承罗马帝国皇位和西西里王国王位。而根据腓特烈去世前的遗嘱，由于当时亨利已不在人世，次子康拉德应当继承一切权力。有趣的是，腓特烈对待罗马帝国就像对待私人遗产一般，仿佛根本不存在诸侯选举权这回事，或至少他根本就不在乎此事。由一人继承所有遗产可以防止多个儿子瓜分领土，帝国和西西里应当在一起。不过事情并不一定如此，我们已通过一系列案例了解到，在不同继承法传统并存的地方，领土会被传给不同的后代。规定康拉德将接手帝国和西西里王国的最后一份遗嘱中还包含了一条补充内容：若康拉德去世时没有留下子嗣，将轮到腓特烈与英格兰的伊莎贝拉所生之子亨利（原名卡洛托）继承大统；若亨利也没留下子嗣便去世，那么将由曼弗雷德继承一切。这样的安排再次表明腓特烈与比安卡所生的曼弗雷德已经得到承认，成为与婚生子等同且拥有继承权的合法子嗣。对自己长子所生的儿子，即自己的孙子腓特烈，皇帝准备将奥地利和施泰尔马克两个公国留给他。遗嘱的其他内容则有关其他子嗣经济上的保障、大赦叛徒以外的囚犯、清偿债务、支援圣地以及收回存有异心的圣殿骑士和教会的财产。很显然，腓特烈希望在他死前能料理好后事，且直到最后一刻都能依法行事。腓特烈还在遗嘱中指示了自己的葬礼布置："此外朕决定，若朕死于现在的疾病，朕的尸骨将安葬于巴勒莫大教堂，朕的双亲，已故皇帝亨利及皇后康斯坦丝，亦被安葬于此。为了使朕的双亲以及朕的灵魂能够安息，朕将经朕之亲信及忠臣、巴勒莫高贵的大主教贝拉尔德之手捐赠给大教堂五百盎司黄金，用于大教堂重建。"这笔捐赠款可以看作腓特烈回报贝拉尔德给他帮的一个大忙（这可能是贝拉尔德对他最大限度的付出）的谢礼，因为这位教士赦免了这位被革出教门的皇帝的罪行。贝拉尔德原本不应当这么做，尤其是他本人因坚定不移地忠于皇帝也被施加了绝罚。[9]

来自苏黎世的作家康拉德·费迪南德·迈耶尔（Conrad Ferdinand Meyer，1825—1898）在题为《皇帝腓特烈二世》的诗中借用不同历史文献的马赛克碎片拼凑出了自己心目中皇帝之死的画面：[10]

在幼子的臂弯中，
羸弱的老皇帝正胡言乱语，
紧贴着曼弗雷德忠实的心，
他正垂死挣扎。

他幽灵似的蓝眼睛
怔怔地盯着远方，

滚烫的右手
紧紧地与儿子相握：

"曼弗雷德，你听我说！
在那边的大理石桌上
与狮鹫像一起
躺着我签好的遗嘱。

这件僧袍，是那些友好的僧侣
赠予我穿着离世的，
就算我遭圣座绝罚，
我的灵魂也可得救。

曼弗雷德，我最心爱的儿，
让传令官走上露台
向世界宣告，
霍亨施陶芬已逝。

金色卷发的曼弗雷德，
为我换上那件僧袍，
以无尽奢华
将我送往巴勒莫大教堂！

爱子，你可知那奥秘？
今夜我那些萨拉森人
将用一顶轿子
把我秘密送往海滩。

鼓起的风帆正等候我的到来：

> 我将被放在甲板之上，
>
> 驶向晨曦，
>
> 驶向那新生的霞光。"

1251 年 1 月中旬，皇帝腓特烈的遗体首先被运往西西里岛的墨西拿。同年的 2 月 25 日，巴勒莫为这位故去的皇帝举行了一场盛大的葬礼，效忠皇帝多年的巴勒莫的贝拉尔德以此结束了自己对皇帝的效劳。皇帝去世约半个世纪后出现了一则传说，称皇帝之子曼弗雷德将皇帝安葬在了蒙雷阿莱。这则传说最初出现在一篇名为《里科尔达诺·马利斯皮尼的佛罗伦萨历史》（*Ricordano Malispini storia fiorentina*）的文本中，其时代难以确定，后来又被费拉拉的里科巴尔多（约 1246—1318）所引用。乔万尼·维拉尼又从里科巴尔多那里借用了这一传说，写入自己著名的佛罗伦萨编年史中。在乔尔乔·瓦萨里（1511—1574）所作的雕塑家雅科波·泰代斯科（Jacopo Tedesco）生平中也出现了这则发生在蒙雷阿莱的传说，而其中的故事背景是新造一座墓碑。根据瓦萨里的说法，雕塑家泰代斯科"将曼弗雷德为皇帝腓特烈订购的一座墓碑的模型送到西西里的蒙雷阿莱修道院"[11]。

葬礼可以在事后将统治合法化，也可以将后来者合法化，这一点我们已通过施派尔这座"日耳曼大都会"的例子有所了解，彼时依然年轻的腓特烈国王曾将自己的叔父菲利普迁葬于此。在历史延续性方面，巴勒莫大教堂尚无法与法国国王在圣但尼的陵墓相媲美，后者在腓特烈去世不到 15 年后便被意图维护王朝合法性的圣路易重新布置。然而自从腓特烈下葬于巴勒莫后，巴勒莫也拥有了令人印象深刻的统治者墓葬群，这片王陵象征着合法的统治权。[12]

腓特烈在巴勒莫的棺椁

1251 年用于安葬腓特烈的那具巴勒莫的棺椁是一组有淡紫红色闪光的棺椁之一。这些棺椁中有三具外形相似，很容易相混淆，它们仿制了古代墓槽的华丽外形，被放置于有凹槽的壁柱之上，上面覆有华盖。只有腓特烈的棺椁由狮首支撑。腓特烈棺椁的右边是他父亲皇帝亨利六世的棺椁，皇帝亨利的棺椁的正后方则是腓特烈之母欧特维尔的康斯坦丝的同款棺椁。从此地出发向高处行进不过数千米，那里的蒙雷阿莱大教堂中还有一具同巴勒莫皇室陵墓类似的棺椁，这是诺曼国王"恶人"威廉一世的棺椁，上面曾同样覆有华盖。这可能是腓特烈被葬在蒙雷阿莱的传说形成的一个原因。[13]

早在 1215 年，腓特烈就已为自己和父亲亨利六世选定了下葬的石棺，石棺用极有象征意味的材料——斑岩——制成。1130 年，腓特烈二世的外祖父欧特维尔的罗杰二世成功赢得西西里岛和南意大利的王冠。由于西西里的诺曼征服者由掠夺成性的小贵族升到欧洲的最高统治阶层，相应地，他们就想通过宫殿、大教堂、马赛克镶嵌画、王冠、王袍、诏书程式，特别是未来的墓葬，来展现他们全新的尊贵身份。为此他们采用了君士坦丁堡皇帝钟爱的多种传统象征物，不过有一些象征物又借用自教宗。其中一个重要的象征便是使用紫色以及类似颜色的石料，也就是斑岩。华美的斑岩在东西方都可能是最为上乘的石料，在托勒密王朝诸法老时代就已被利用，随后被拜占庭的罗马皇帝使用，后来被教宗用于模仿世俗帝王，因此数个世纪以来，斑岩便象征着统治和君权——这完全是因为斑岩外表高贵华丽，闪出光辉。[14]

斑岩又被今天的地理学家称作流纹岩，这是一种火成硬质岩，其紫红色基质有细密微粒，内含有透明石英晶体斑晶。古时候这种石材开采于埃及东部沙漠中的"珀耳菲利特斯山"（Mons Porphyrites）。这片采石场是古罗马时期唯一的著名开采区，位于杰贝尔杜罕山脉（Dschebel Duchân，又名"烟山"）东北坡一处不毛之地，距红海海岸约 40 千米，离今天著名的度假胜地洪加达（Hurghada）不远。该采石场开采斑岩的历史一直持续到 5 世纪初。由于古罗马帝国时期的罗马城内充斥着斑岩制品，中世纪早期和盛期许多热爱古代遗物的建设者便把这座堆满石材的台伯河之城当成了这种昂贵建筑材料的主要来源地。

最初可能是拜占庭皇帝开始将斑岩从古罗马城运往自己的新罗马城（君士坦丁堡），并用希腊语将这种石材命名为"lithos romaion"（罗马岩）。

786 年，查理大帝从罗马运回数根石柱，将其安入亚琛行宫教堂内。公元 10 世纪，奥托大帝为马格德堡大教堂装上了一个用斑岩制成的倒置盆架和数根石柱，盆架被当作洗礼盆，有了新的用途，而石柱则至今依然在原址。这种珍贵的石料也会从罗马通过船只被运往法国和英国。即便在罗马，人们也会为了新建或重建教堂而动用古城中储备的斑岩，而大规模使用家门口这种有帝王意味的材料的人正是教宗。经过二次利用的主要是石柱，它们使新建的上帝厅堂熠熠生辉。公元 9 世纪最重要的宗主教大殿（Patriarchalbasiliken）都装饰着华盖，它们由斑岩柱支撑，罩在主祭坛之上，例如圣母大殿（Santa Maria Maggiore）祭坛上的石柱就来自哈德良皇帝位于蒂沃利（Tivoli）的别墅。为了制成地板上的紫红色圆盘，即所谓"圣轮"（Rotae），需要从巨大的斑岩柱上割下石盘，就像从一根熏肉肠上切下肉片一样。这种紫红色的贵重石材还被用于制作圣骨匣，为了更加简便，人们会将古罗马温泉浴池中的石盆或喷泉水槽直接当作圣人遗骨的容器。最初这种斑岩容器只用于盛放圣人遗骨，后来将其用于充当统治者棺椁的做法开始流行起来，例如教宗英诺森二世（1130—1143 年在位）和教宗阿纳斯塔修斯四世（1153—1154 年在位）的棺椁就是如此。唯一葬于罗马的中世纪罗马帝国皇帝奥托二世的棺盖是斑岩制成的。这件棺盖最初是哈德良棺椁的一部分，而哈德良棺椁的下半部分据说又被英诺森二世用于其坟墓。与哈德良棺椁的下半部分不同，棺盖被保存下来，1692—1697 年间被卡洛·丰塔纳（Carlo Fontana）用来充当新圣彼得大教堂一间附属礼拜堂内的洗礼盆。[15]

为了形象而明显地模仿教宗和皇帝的豪华排场，崭露头角的罗杰国王为自己下葬的棺椁选择了极具象征意义的斑岩材料。这样，野心勃勃的西西里武士也开始考虑是否能从永恒之城中获取石材。诺曼人可能是通过罗马的盟友皮耶莱奥尼家族（Pierleoni）才得到这些古代的遗物。由于棺椁越到末端越窄（巴勒莫的康斯坦丝皇后及蒙雷阿莱的威廉国王的棺椁都有这一现象），拜占庭学家约瑟夫·德埃尔（Josef Deér）便生出一个猜想：这类棺椁都是用较为粗壮的古代柱体制成。地面镶嵌的紫红色石盘证明了当时的确存在这种粗壮的石柱。熟悉石料切割工艺的工匠能够切割斑岩柱体并制作出逾两米长、约一米宽的棺椁。皇帝腓特烈二世及其父亲亨利六世可能正是安息于这种被挖空的古代石柱制成的棺椁内。这些棺椁就算不是石柱，原先也是古代建筑的遗物，到后来才被凿成棺材。

按照最初的计划，罗杰二世订购的两具工艺水准极高的斑岩棺椁要安放在切法卢大教堂未来的王室墓地。罗杰去世半个多世纪后，这两具棺椁却按照国王腓特烈二世的命令被运往巴勒莫。腓特烈命人将父亲亨利六世皇帝的遗骨迁葬到其中一具棺椁内，而另一具原本属于罗杰二世的棺椁则留给他自己。一批这类石棺就这样停放在巴勒莫大教堂唱诗台数个世纪，它们成为宗教祭仪的一部分。直到 18 世纪那次大规模重建，这些棺椁才被转移到教堂西楼南翼的一间附属礼拜堂中，今天人们还能在那里看到它们。这些石棺是一种基于罗马传统的普遍权力要求的表达，展现了由拜占庭色彩转化为诺曼风格的、恺撒式的君主形象。

我们已经从潘多尔福那里读到了一段关于腓特烈的古老碑文。后来又出现了第二段铭文，以文字"他将那大洋，将那四境"开篇，暗指维吉尔的《埃涅阿斯纪》：

> 他将那大洋，将那四境、万民与各国征服，
> 帝王之名突然为残酷的死亡所击碎。
> 正义之光，真理之灯，并法律之准绳，
> 清明之美德——众王之冠，现安卧于此。
> 你看，腓特烈，那在世时名为二世者，业已安息，
> 他如今为岩石所包裹，广远世界都曾听命于他。

世界看似能通过象征和文字游戏来阐释，"腓特烈"这个名字也充满寓意。多明我会修士弗朗切斯科·皮皮诺（Francesco Pipino）曾记录了一首由杰出诗人所作的六音步诗，诗中暗藏了腓特烈（Fredericus）的名字："**fre**mit in mundo, **de**primit alta profundo, ius **ri**matur, **cus**pide cuncta minatur."（对着世人咆哮 / 压倒了崇高 / 在正义间窥探 / 干脆用矛叉将一切吓倒。）这些为皇帝所作的或激昂或谴责的美妙诗句清楚地证明，为了

作诗编排已故的腓特烈，诗人是多么费心思。[16]

迄今为止，腓特烈的棺椁已被多次打开，其中有两次是为了科研目的。不知什么时候，人们奋力抬起这沉重的斑岩棺盖，竟然是为了做一些让人大跌眼镜的事：让腓特烈和另外两具遗体共享自己的棺材。其中一具是西西里国王阿拉贡的佩德罗二世（1337—1342 年在位）的遗体。而让棺椁变得更加拥挤的另一具女性躯壳究竟是谁，我们就不得而知了。

18 世纪末，巴勒莫大教堂接受改造和重建，于是人们在 1781 年打开了这具棺椁。弗朗切斯科·达尼埃莱用一系列图示和说明将开棺的发现准确记入了自己的作品。根据书中图示，腓特烈的遗骨单独卧在棺内，或许另外两具遗体正是在这个时候被放入腓特烈的棺椁，因为人们此时需要腾出空间。那个时候的腓特烈遗体显然完好无损，可是人们却忘记了为这具遗体量尺寸，这可能是因为人们对此还不感兴趣。此外还有一个更为重要的问题，1998 年和 1999 年两次开棺都无法回答，这就是关于腓特烈

"就像一个槽，塞着满是尘土的空土豆袋"：1998 年，一位目睹腓特烈棺椁开启过程的人这样评价散落着尸骨、织物残片和金属小残件的棺椁。里面埋葬的三个人的尸骨已变得凌乱不堪。除了腓特烈的遗骨，这具斑岩棺椁里还有西西里国王佩德罗二世的残骸。而棺中的头骨属于一位身份不明的女性，她可能是皇帝的女儿或孙女。皇帝腓特烈的遗骨位于最下方，差不多被遮盖了

DNA 的问题。很可惜，当时人们没能成功分离出腓特烈二世的 DNA，不然的话，国王亨利七世及其他亲属的骸骨的验证工作将达到全新的水准。那么现在这具棺椁中还有什么？当 20 世纪末人们打开棺椁时，众人的情绪已缓和下来。曾被达尼埃莱清楚描摹出来的那个人已经破碎，现在人们只能看到里面胡乱散落的尸骨、织物残片和金属小残件。阿诺尔德·埃施这样描述道："第一眼看去就像一个槽，塞着满是尘土的空土豆袋。"[17]

诸神的黄昏：施陶芬王朝在意大利的陨落

在对末世的大量想象中，即将来临的世界末日的信号不仅有毁灭一切的地震，还有血腥的战争、恐怖的谋杀、肆虐的大火灾，对权力的渴求使得处处兄弟阋墙、血亲相残，运尸船已不堪重负，人类的命运在熊熊的地上之火和旧世界的轰然倒塌中终结。的确，即使是施陶芬那样影响欧洲长达一个世纪之久的王朝及其后裔，它的世界也在皇帝腓特烈去世之后以极为戏剧化的方式烟消云散，或至少化为众人的记忆。1926 年阿诺尔德·茨威格（Arnold Zweig，1887—1968）在一篇中篇小说中写到一面能够展示未来的魔镜，在小说中，皇帝想从魔镜中看到"我百年后的血脉"。可是镜中空无一物。"'这把戏就这么完了？'皇帝轻声问道。男孩笑着回答说：'噢，陛下，那时候您的家族早就灭亡了。''那我要看看家族的最后一个人！'四周静得能听到心跳声……镜子暗了下来：能看到有东西了。……一处海港，远处是一座火山：那不勒斯？一大群人，一座断头台。一个少年跪着，一颗头颅滚落。一名法官砸碎了一面饰有纹章的盾：那是皇帝的纹章，是他的鹰。"施陶芬家族的历史曾在欧洲舞台上唱出了生动多彩、百转千回的歌剧，可如今这出歌剧已然化为一支挽歌。[18]

腓特烈的离世起初让人十分意外，还引发了短时间的混乱，这是因为这个所谓的末日怪兽尚未捣毁一切。根据约阿希姆的预言，第三个时代要到 1260 年才会来临。难道腓特烈真的就在此刻，在 1250 年死去了？难道敌基督还未出现？萨林贝内紧接着西比尔的预言继续写道："有的称，他还活着！有的则说，他已死去！我本人也一直无法相信他死了，直到教宗英诺森四世从里昂返回途中向费拉拉的民众布道时，我亲耳从他那里听到了腓特烈的死讯。教宗在布道中说下这番话时，我就站在教宗身旁紧贴着他：'据我们得到的可靠消息，那个曾当过皇帝的君主，我们的对手，上帝及教会之敌，已经丧命。'听到这里，我吓了一跳，简直不敢相信这是真的。我是约阿希姆的信徒，一直以来都相信、猜测和期待着腓特烈还会做下比先前还要严重的恶行，哪怕过去的恶行的确已足够多了。"[19]

　　虽说被贬为怪兽的皇帝如今已不在人世，世界却依然没有走向和平。英诺森四世还在不遗余力地斗争，因为他要铲除整个罪恶的家族。腓特烈的遗嘱对他来说没有任何效力，无论是作为继承人的康拉德四世还是充当摄政的曼弗雷德都没能得到承认。当康拉德出发前往南部时，他在德意志的地位根本得不到保障。恰恰相反，荷兰的威廉开始以国王的身份站稳了脚跟。但康拉德依然还是于 1251 年 10 月前往意大利保卫自己在南方的遗产。虽然他成功征服了几座反叛的南意大利城邦，但他依然在 1254 年 5 月 21 日那天意外死于梅尔菲东北部的拉韦洛（Lavello），年仅 26 岁。不出所料，有人在私底下传言他为人所毒杀，而那个从中获利最多的人最有嫌疑：曼弗雷德。人们没必要认为每起意外的早亡都是因为有人下毒，但也没必要让所有早逝者都患上同样的腹泻。教宗曾在一封书信中提醒安茹的查理当心两名投毒者，而在谈到曼弗雷德时，教宗强调有可能会出现投毒事件。我们在前文已经谈到过曼弗雷德可能与阿萨辛派有联系。[20]

　　虽然康拉德四世国王在遗嘱中为同名的两岁儿子康拉丁［他在意大利被称作科拉迪诺（Corradino）］指定了一位摄政，但曼弗雷德依然成功夺权。为了排挤走小侄子康拉丁，曼弗雷德很可能散布谣言称侄子已经死去。1258 年，曼弗雷德在巴勒莫加冕为西西里国王。他甚至在短时间内与教宗达成协议。然而好景不长，出身孔蒂家族的新任教宗亚历山大四世（1254—1261 年在位）将皇帝腓特烈的这个儿子革出了教门。正当康沃尔的理查同卡斯蒂利亚的阿方索为了德意志的权力争得不可开交之时，曼弗雷德国王却没能与后来两位来自法国的新任教宗联手，即出身庞塔莱翁家族（Pantaléon）的乌尔班四世（1261—1264 年在位）和出身富库瓦家族（Foucois）的克雷芒四世（1265—1268 年在位）。教宗们长期在整个欧洲范围内物色足够强大的候选人，以便从曼弗雷德手中夺取西西里王国。当寄希望于英国国王亨利三世的弟弟理查的努力失败后，他们终于找到了合适的人选：法国国王路易九世最小的弟弟安茹伯爵查理（1266—1285 年任西西里国王）。正如雅克·勒高夫所言，他是"家族中的恐怖之子"。路易国王一直都试图控制这位小自己十二三岁的弟弟的野心，而路易的这个弟弟获得了传统的查理大帝之名，后来还摆脱了为自己预先设定好的投身教会的发展道路，转而去渴求地位与财富。于是他插手了佛兰德的继承权之争，后来还试图从东罗马帝国的皇权中分一杯羹。路易国王最后同意了教宗的计划，决定为自己的弟弟夺取施陶芬家族的意大利领地。[21]

激烈的斗争开始了，充斥着极具戏剧性的场面，并伴以两位国王的惨死，而这两位国王的尊荣在去世后也得不到承认。在兄长路易的金钱支持下，安茹的查理于 1265 年踏上了前往意大利的征服之旅。同年 8 月，查理在罗马接受了教宗克雷芒四世分封给他的西西里王国。1266 年 1 月 6 日，他又被教宗加冕为西西里国王。现在西西里有了两位国王，有一位是多余的，这样就要用刀剑来分胜负了。查理国王率军攻打曼弗雷德国王，1266 年 2 月 26 日，曼弗雷德在贝内文托战败并丧命。由于他被革除教籍，人们甚至拒绝为他举行基督徒的葬礼。当时罗马教廷有一位名叫萨巴·马拉斯皮纳（Saba Malaspina）的文书记载了此事，称曼弗雷德国王俊美的身躯被就地掩埋在战场，在一座倒塌的教堂附近的一堆乱石之下，连一块墓碑都没有立。后来人们应教宗克雷芒四世的命令将遗骸挖出，并扔在西西里王国边境上一处溪谷里。但丁·阿利吉耶里曾为遗体的最后结局写下了诗篇，这至少为曼弗雷德树立了一座文学的纪念碑。

出其不意的胜利使安茹的查理在接下来的几周内几乎不费一兵一卒就建立起在西西里王国的统治。他于 3 月 7 日进驻那不勒斯。查理首先将曼弗雷德的家人关押在那不勒斯海边的蛋堡中，腓特烈的母亲康斯坦丝也曾被囚禁在那里。随着安茹的查理占领西西里王国，卡佩王朝在南意大利站稳了脚跟。然而随着时间的推移，皇帝腓特烈的孙子、拥有耶路撒冷国王头衔的康拉丁成年了，1268 年，他率领一支军队前去攻打查理，这样一来，查理在西西里的王权再次遭到动摇。西西里国内爆发了第一波针对篡位者的叛乱，并得到了比萨海军舰队的支持。虽然教宗被叛乱的民众赶出了罗马城，但他依然于 1268 年 4 月在维泰博授予安茹的查理以意大利的帝国代理者之衔，革除了刚满 16 岁的康拉丁的教籍。6 月 25 日，康拉丁的军队在阿诺河上的瓦莱桥（Ponte di Valle）旁击败了查理的一支军团。7 月，康拉丁在众人的欢呼下进入了罗马城。接着他在卡斯蒂利亚国王阿方索的弟弟卡斯蒂利亚的恩里克（Heinrich von Kastilien）的陪同下继续前往查理的领地，并打算与卢切拉地区起义的穆斯林会师。但这一计划落空了。双方再次兵戎相见。1268 年 8 月 23 日，塔利亚科佐（Tagliacozzo）战役打响，康拉丁起初得胜，但后来失败了。

之后，年轻国王似乎逃脱了被俘的命运，他甚至成功登上了一艘萨吉塔船来到了海上，然而他在阿斯图拉（Astura）附近遭到乔万尼·弗兰吉帕尼（Giovanni Frangipani）出卖，被交给安茹的查理。为了彻底清除支持施陶芬家族的势力不断带来的威胁，查理导演了一出对康拉丁的审判。根据指控，康拉丁攻打意大利的帝国代理者，从而与帝国的权威为敌，因此他犯下了叛国罪。判决结果是用剑处以死刑。1268 年 10 月 29 日，康拉丁与多人一同在那不勒斯的集市广场（Piazza del Mercato）上被公开斩首，陪同康拉丁一起赴死的还有年长他不过几岁的巴登边区伯爵腓特烈，还有康拉丁祖父腓特烈的夫人美丽的比安卡的弟弟。康拉丁的遗体和曼弗雷德一样，被草草掩埋在刑场附近的一处荒地里。后来，圣母圣衣圣殿（Santa Maria del Carmine）的加尔默罗会修士将遗骨收集并埋葬。直到 19 世纪，才有丹麦雕塑家贝特尔·托瓦尔森（Bertel Thorvaldsen）受巴伐利亚国王马克西米利安二世（1848—1864 年在位）的委托为康拉丁制作了一块墓碑，康拉丁的遗骸也于 1847 年葬在墓碑下。可是查理的刀剑仍未啜饮够人类的鲜血。年轻的康拉丁国王有一个年纪相仿的同父异母兄弟，他是康拉丁的父亲与情妇在意大利所生之子，查理将这个私生子与母亲一同绞死。这样，皇帝腓特烈的家族就灭亡了。

皇帝腓特烈二世的儿子康拉德、曼弗雷德、亨利和孙子康拉丁、腓特烈、亨利，他们都死去了。曾经加在皇帝男性后裔身上的祝福如今为死神的镰刀所割去。就算皇帝还有男性后代仍活在人世，他们也因 1268 年康拉丁被斩首而不再拥有政治影响力。曼弗雷德的儿子们只能永远身处图

永困牢笼：撒丁国王恩齐奥是皇帝的亲生骨肉，他和皇帝一样热爱艺术。1249 年 5 月福萨尔塔（Fossalta）战役后，恩齐奥落入博洛尼亚人之手，博洛尼亚人将他当作战胜皇权的象征关押在牢房中，直到他 1272 年死去。身处牢狱的恩齐奥国王写下了关于自己悲惨命运的诗篇。那座他居住了 22 年的博洛尼亚建筑至今仍叫作"恩齐奥国王宫"。但按照维拉尼的记载，恩齐奥被判处饥渴而死，并且根据编年史插图的描绘，他被囚期间一直被关在一个狭窄的笼子里

圄。数十年后，曼弗雷德的长子腓特烈成功逃出牢狱，但他后来辗转于欧洲各宫廷，最终销声匿迹。而他的弟弟亨利双目失明，在度过了 52 年的牢狱生活后，于 1318 年作为施陶芬家族最后一位男性后代死去。随着亨利死亡，皇帝腓特烈二世的合法男性血脉才真正断绝。[22]

腓特烈还有一名私生子恩齐奥被关押在博洛尼亚，从此永远失去自由。有证据表明另一名私生子安条克的腓特烈留下了男性后裔。不过腓特烈的女性后裔却开枝散叶，守护了男性血脉所没能保有之物：合法的继承权。曼弗雷德的长女康斯坦丝没有落入查理之手。早在 1262 年，也就是贝内文托和塔利亚科佐大屠杀之前，她就已和未来的阿拉贡国王佩德罗三世（1276—1285 年在位）成婚。这桩婚事使康斯坦丝与佩德罗三世的后

代能够在 1282 年西西里晚祷事件后在西西里岛建立合法统治。我们之前已经谈到皇帝腓特烈的女儿玛格丽特 17 岁时嫁给了出身于韦廷家族的图林根封邦伯爵、萨克森普法尔茨伯爵、迈森边区伯爵阿尔布莱希特。施陶芬家族的追随者也将政治希望寄托于玛格丽特的后代，这层血缘关系使韦廷家族的部分后裔有资格继承王位。康斯坦丝和玛格丽特是腓特烈两支合法女性后裔的源头，她们将施陶芬的血脉播撒到阿拉贡和萨克森，让其延续下去。

　　那么皇帝腓特烈的帝国又怎样了呢？和它的统治者一样，帝国已经变成了一具没有灵魂的空壳。人们只需要想象一下，皇帝与教宗之间绵延不绝的激烈斗争产生了巨大开销，长达 15 年的持久战从经济上完全掏空了西西里王国，那么人们就会明白，皇帝腓特烈留下的是一片焦土，或至少是一片荒芜的土地。或许兰佩杜萨写下下列文字的时候，他所指的正是此时西西里的喘息："四周地势起伏，充斥着葬礼般的悲凉，麦茬枯黄，庄稼被烧得焦黑；鸣蝉的哀嚎响彻天际；这哀嚎中有某种东西，仿佛西西里濒死前的喘息。"[23] 在葬礼般的悲凉中，王朝凋零。皇帝腓特烈二世的由四根柱子——巴勒莫、亚琛、罗马、耶路撒冷——支撑的帝国，就这样覆灭了。

尾 声

死而复生之人

"他还活着，他已死去"：孙子变身祖父

在 1285 年 7 月的一天，韦特劳（Wetterau）地区韦茨拉尔的城门前的旷野上浓烟滚滚。烟雾来自一个柴堆，这柴堆被搭起来准备烧死一位皇帝，至少这名被判处火刑的男子自称是一位皇帝。他甚至称自己是世界之锤、皇帝腓特烈二世。无论如何，他以异端和行巫术的罪名被处以火刑。这位所谓的皇帝给自己的支持者留下了最后的遗言，他要求他们前往法兰克福，因为他们将很快在那里重逢。1320 年的《奥地利韵文编年史》（ *Österreichische Reimchronik* ）这样记载道："人们赶往牢狱，/ 他让自己的仆从们 / 放宽心 / 并同他们约定：/ 众人愉快地得知，/ 他终有一天将回来 / 在法兰克福降临。"事情的确应验了：不久后，在美因河畔的法兰克福真的出现了一位新的皇帝腓特烈，他称自己如基督一般，在死后的第三天，从在韦茨拉尔被判处火刑之人的骨灰中复活。此人走过一座座城市和乡村，四处向人讲述自己是皇帝腓特烈二世。人们在根特将其抓获。然而他被释放后依然继续大肆宣扬自己是腓特烈，并前往乌得勒支，人们最终在那里抓住了他，将他送上了绞刑架。1286 年，在吕贝克又出现了一名老者，他试图让人们相信自己是皇帝腓特烈二世。但他的骗局很快被揭穿，因为一些年长的市议员认识皇帝本人。据当时的文献记载，人们并未把这名假腓特烈当回事，只是将他塞入一个麻袋投入河中。后来到了

1295 年（此时距离真正的皇帝最后一次来到德意志已过去了半个世纪，如此算来这时皇帝若活着，就已超过 100 岁），又有一名自称是皇帝腓特烈的男子在德意志境内流窜。最终他在埃斯林根被抓获，被烧死在柴堆上。[1]

历史上有一些仿冒诸位伟大前辈的有趣现象，仿冒者就像幽灵一样飘荡了几个世纪，这群假冒腓特烈就是其一。从古波斯的伪斯梅尔迪士（Smerdis），到关于三个尼禄的作品，从再次现身的皇帝、沙皇和国王以及王子，再到伪季米特里（Dimitri）和伪沃尔德马（Woldemar），最后一直到近代的骗子，例如科佩尼克（Köpenick）上尉和文学形象菲利克斯·克鲁尔（Felix Krull）①，冒牌货不胜枚举。从复生于灰烬的腓特烈的例子中人们可以看到，如果被尘世苦难压迫的人们将希望寄托于复活者，那么后者便会获得一定的政治影响力。只有当人们对自己脑海中腓特烈统治时代的秩序怀有强烈的渴望，复活者才有可能实现其政治意义。此外，许多腓特烈的模仿者显然已经完全沉浸在自己的角色中，有时他们甚至真的会相信自己正是所扮演的角色，不管怎么说，这样做会使他们有能力说服他人。

总之，迪特里希·霍尔茨舒（Dietrich Holzschuh）——低地德语名为 Tile Kolup（蒂尔·科鲁普）——冒充皇帝腓特烈长达一年时间，受到众多民众拥护。最初他于 1284 年在科隆宣布自己其实是腓特烈。随后他真的在莱茵河畔的诺伊斯（Neuss）建立了宫廷，甚至用伪造的皇帝印玺颁布了诏书。金钱捐赠大量流入他的腰包，使他在随后的日子里身边能围绕着相当数量的廷臣，这些人包括一名文书长和一名宫廷元帅，还有财政大臣、仆人以及一名贴身侍卫。在手下文书部的帮助下，他与多名德意志王侯保持联系。而意大利北部各城邦开始商讨是否以及如何与这位皇帝取得联系，一些城市甚至派去了使臣。假皇帝书信的格式和表达很有说服

---

① 伪斯梅尔迪士指祭司高墨达，他冒充居鲁士二世次子斯梅尔迪士发起暴动。伪季米特里冒充沙皇伊凡四世的小儿子季米特里王子，自称沙皇。伪沃尔德马冒充已故的勃兰登堡边区伯爵沃尔德马，欺骗查理四世将勃兰登堡封给他。科佩尼克上尉指刑满释放的鞋匠福克特，他乔装为上尉，率领一支队伍占领了科佩尼克市政厅。菲利克斯·克鲁尔指托马斯·曼小说《大骗子菲利克斯·克鲁尔的自白》的主人公。

力，因为帝国中已有几位王侯承认他是合法的皇帝。此外他富有宫廷气派的举止也十分令人信服，这不免会让人猜测，蒂尔·科鲁普可能并非普通农民，想必他曾在皇帝的宫廷或在皇帝的儿子身边生活过一段时间。科鲁普写过的最高级别的书信是一封致哈布斯堡的鲁道夫的信，鲁道夫自1273 年开始便是合法的德意志国王，科鲁普在信中以皇帝陛下的身份要求鲁道夫的国王头衔必须由科鲁普自己承认，否则鲁道夫就要放弃王位。科鲁普早已机智地结交了鲁道夫国王的敌人，于是国王意识到事态严重。最终这位合法国王派出了一支军队战胜了科鲁普。在严刑逼供之下，假皇帝最终在被烧死前承认自己实际上只是一个名叫蒂尔·科鲁普的普通人。可是屈打成招又能证明什么呢？[2]

皇帝腓特烈二世一离开人世，人们就开始怀念起他和他那被美化的统治，通过假腓特烈的事迹人们可以看出这一点。此外还涌现了大量传说，有的称皇帝腓特烈踏上了赎罪之旅或前去参加十字军，还有的称他为了躲避教宗的迫害而逃往遥远的国度。许多圈子中还流传着埃律特莱的西比尔的预言："百姓将说法不一，有的称，他还活着！有的则说，他已死去！" 1257 年，佛罗伦萨附近甚至有人打赌皇帝还活着，还请公证人员见证。另一些人则相信皇帝虽然已死，但他很快就会复活，让他的反对者们跪在自己面前，将国家带入一个富饶和平的新时代。人们期盼皇帝腓特烈二世能够回归，从而革新旧秩序。[3]

关于皇帝腓特烈"被提"（Entrückung）①的传说最初出现在意大利，后来流传到阿尔卑斯山以北。我们前文已经提到过 13 世纪维也纳市民之子及诗人孙子扬斯，他在编年史结尾追问皇帝是否真的已死："那时他是否已死 / 这在全国各地 / 尚存有争议。"英国方济各会修士和编年史作者埃克尔斯顿的托马斯（Thomas von Eccleston）曾谈到有名僧侣亲眼见到皇帝消失在埃特纳火山中。第一名假冒皇帝的人显然借鉴了这则传说。皇帝死后十年，有一个名叫约翰内斯·科克莱里亚（Johannes Cocleria）

---

① 指基督教中凡人被基督提升至天上的传说。如"我们这些活着还存留的人必和他们一同被提到云里"（《帖撒罗尼迦前书》4：17）。

的乞丐自称是皇帝腓特烈，他和一大群追随者一同躲在埃特纳山中。吟游诗人的诗句已经给与传说中的亚瑟王一样被提至深山中的统治者备好了存在土壤。随着时间的推移，预言中关于皇帝的传说逐渐变成了对皇帝的梦想。此时，皇帝腓特烈的传说开始与独立产生的基夫豪塞尔传说（Kyffhäusersage）相结合。[4]

在 15 世纪约翰内斯·罗特（Johannes Rothe）所作的《图林根世界编年史》（Düringische Weltchronik）中，有一则关于 1261 年"假腓特烈"的故事谈到，除了在帝国境内一些"荒芜之地"，人们大多是在衰败的基夫豪塞尔城堡（Kyffhäuserburg）里目睹皇帝腓特烈二世身影的："基督徒中又开始流传关于那个异端皇帝腓特烈新的异端邪说，他们坚信，皇帝腓特烈还活着，甚至会一直活到最后的审判那天，而世上不会再有其他真正的皇帝，皇帝本人正在图林根那座破败的基夫豪塞尔城堡附近游荡……人们认为，在最后的审判来临之前会有一位信仰基督教的强大皇帝降临，他将在诸侯之中缔造和平，将走海路前去收复圣墓，此人名为腓特烈（Friedrich），因为他会带来和平（Frieden），但他没有接受过洗礼。"很快皇帝便换了自己的居留地。到目前为止，人们主要是在山中发现他的踪迹的；但 1537 年的一份小册子就把他安置到了城堡里。一则逸事说明了这则小册子传说迅速为当地人所接受：1546 年，一个在基夫豪塞尔城堡的废墟中游荡的"疯裁缝"被百姓当成了皇帝。[5]

到了 16 世纪，山中皇帝的故事已经成了一种类型化的传说模式。最终到了 17 世纪，祖父与孙子之间的界线开始模糊。人们现在已经没有办法确知传说中的腓特烈到底是历史上的哪一个人物。作家及传说整理者约翰内斯·普雷托里乌斯（Johannes Praetorius）1681 年的著作《雄鸡占卜》（Alectryomantia）曾这样谈到基夫豪塞尔传说："生活在哈尔茨山的居民之中普遍流传着一则传说：皇帝腓特烈（可是没人能确定是哪一位腓特烈）藏身于基夫豪塞尔的群山中……他逃往此地，坐在桌边的一把椅子上，胡须长及地面，就这样熟睡着，但他最终会在最后的审判到来前醒来。"没过多久，异端皇帝腓特烈二世完全被"红胡子"腓特烈一世所取代。1703 年格奥尔格·亨宁·贝伦斯（Georg Henning Behrens）所作的《海西奇异录》(*Hercynia curiosa*) 写道："居住在哈尔茨山及附近的普通百姓都在讲述关于这座山和城堡的各种奇事，其中流传最广的一则传说是：正如查理大帝现居于纽伦堡帝王山上的一口深井中，皇帝腓特烈一世，又名'红胡子'，也与几名随从逃至山中。"6

后来一些外在条件进一步润色了这则传说，并美化了传说的主人公。首先"Friedrich"（腓特烈）或"Friedreich"（和平帝国）这个名字被人们理解为救世纲领甚至是乌托邦；其次，故事发生的场所从遥远的西西里转移到附近的地方，也增加了民众的亲切感；再次，哈尔茨山的传说和基夫豪塞尔城堡的宏伟大大点燃了大众的想象；最后，长长的红胡子这一明显的外在特征使传说形象尤为突出，至少比那没有胡子的孙子更容易被人记住。这样，皇帝腓特烈二世只能退到基夫豪塞尔的阴影中，而他的祖父则一直牢牢占领着这座城堡。7 到了 19 世纪末期，"红胡子"大帝传说便由一则图林根地方传说演变成了德意志民族传说，由此成为国家神话。1816 年雅各布·格林和威廉·格林两兄弟搜集的德国传说故事成书出版，有力促进了传说题材的传播，而收录到这部传说集的《基夫豪塞尔山上的红胡子腓特烈》(*Friedrich Rothbart auf dem Kyfhäuser*) 故事也掺杂了普雷托里乌斯和贝伦斯的记载。1817 年，弗里德里希·吕克特（Friedrich Rückert）发表了题为《红胡子》的诗作，他在诗中将对国家统一的期盼阐释为被施了魔法的皇帝得到解救的时刻，从而将腓特烈一世与当时的政治状况联系到一起。由于这首诗很快被收录到德国中小学教科书中，并在很长一段时间里都是必读篇目，因此吕克特诗歌中包含的对基夫豪塞尔以及幽灵般四处游荡的皇帝的想象成了那个时代所有中小学毕业生的常识。而此时已很少有人会提及"红胡子"的孙子皇帝腓特烈二世，即便是在阿希姆·冯·阿尔尼姆（Achim von Arnim，1781—1831）以帝国复兴为主题的小说《皇冠守护者》(*Die Kronenwächter*) 中也没有提到皇帝腓特烈二世。在很长一段时间里，腓特烈二世都没有出现在文学记忆中。

随着 19 世纪历史书写的发展，情况才开始变化。人们对民族国家兴趣渐长，开始对将要新建的帝国生出多种设想，因此市面上开始出现大部头多卷本的帝王史，书中刻画了古代高贵而伟大的帝王形象。浪漫主义时期之后产生的史观中充斥着一种中世纪情怀，将中世纪时代看作被美化的愿景和梦幻，而西西里人腓特烈的祖父"红胡子"腓特烈一世则变成了具有童话色彩的救世主。1823—1825 年间出版的柏林历史学家弗里德里希·冯·劳默尔（Friedrich von Raumer，1781—1873）的六卷本《霍亨施陶芬王朝及其时代史》（*Geschichte der Hohenstaufen und ihrer Zeit*），以及1855—1888 年出版的威廉·冯·吉泽布雷希特（Wilhelm von Giesebrecht，1814—1889）的多卷本《德意志皇帝时代史》（*Geschichte der deutschen Kaiserzeit*）很快被多次再版，这些著作产生了广泛影响。这两位历史学家从新教-普鲁士视角出发，向读者展示了"红胡子"大帝之孙腓特烈二世的锐意改革的统治者榜样形象。根据劳默尔的观点，腓特烈在某种意义上已经"变成了新教徒"。费迪南德·格雷戈罗维乌斯也持有同样的观点，当他为了探寻德意志祖先而游历意大利时，曾将腓特烈看作宗教改革的先驱。总体而言，在 19 世纪，一旦涉及对教会或罗马的反抗，人们总会特别关注腓特烈二世。

然而皇帝腓特烈二世有一点不足。人们认为他拒绝在阿尔卑斯山以北地区推行民族主义性质的有力君主政策，还将德意志的分裂归咎于他，这些看法使这位德意志王座上的西西里人成为失误的南部导向政策的代表。1871 年德意志帝国统一初期，德国历史学家甚至一度就腓特烈的南方政策和东部殖民问题争得不可开交。引导这场争论的，是两方的舆论领袖海因里希·冯·济贝尔（Heinrich von Sybel，1817—1895）和尤利乌斯·菲克尔（Julius Ficker，1826—1902），其背后隐藏着人们对未来德意志帝国扩张的争议，而这场争论也以"济贝尔-菲克尔皇帝之争"为名载入历史学的史册。

除了历史学家，19 世纪晚期的诗人也在大量诗歌和戏剧中追忆"红胡子"及其孙子腓特烈二世。这些诗人的绝大部分历史知识来源于劳默尔的多卷本施陶芬王朝史。作家威利巴尔德·亚历克西斯（Willibald Alexis，1798—1871）在自己的回忆录中评价这些诗人的狂热情绪："曾有一段时期，十个渴望成功的诗人就有至少七个将霍亨施陶芬家族最后一人的陨落改编为戏剧……我本人当然也写过关于康拉丁的故事。这故事写得很好，或曾经是如此。幕与幕之间的每一个衔接都充满了预示和先兆。我成功地将整个霍亨施陶芬家族的故事浓缩到决定命运的那些天里。这些伟大帝王的所有功绩及苦难都悬于一根宿命的丝线。"[8] 但是在德国人看来，"红胡子"在这场争夺人气的战斗中依然是更加强大的那一位。那些国家神话追随者被狂热的民族主义者海因里希·冯·特赖奇克称为"基夫豪塞尔德意志人"，其中绝大多数人都只关注腓特烈一世。而腓特烈一世的孙子腓特烈二世则被特赖奇克称为"被穆斯林贴身侍卫和轻佻的南方歌手簇拥的南欧皇帝"。[9]

影响深远的评价：雅各布·布克哈特和弗里德里希·尼采

在那些一直影响到现在的对皇帝腓特烈二世的解读中，有两位作者的评价占据十分重要的地位，他们对腓特烈二世的看法具有某种母题的特征。

曾在其文化史著作中确立了宽泛的文化概念的雅各布·布克哈特（1818—1897），在 1860 年出版的《意大利文艺复兴时期的文化》一书中赋予了"文艺复兴"这一划时代概念以极富生命力的阐释内核。在布克哈特对"国家""宗教""文化"这三种力量的看法中，关于"作为技术作品的国家"的特殊视角居于核心地位，他认为作为技术作品的国家意味着用纯理性的新型统治技术来压制宗教对权力的所有合法化。传统基督教对职责的理解（主要是老旧过时的规则）必须让位于对获取并维护统治的必要手段所做的冷静估计。推动这一过程的是权力个体即掌权者的专制。在《意大利文艺复兴时期的文化》的第一章，布克哈特探讨了皇帝腓特烈二世缔造的帝国对文艺复兴时期各国的先驱作用，并给出了那句著名论断：腓特烈二世是"王座上的第一个现代人"。这一论断后来固定下来，成为一条关于现代性的真正的传统主题。[10]

现在我们结合上下文来看一下雅各布·布克哈特的这段文字游戏，因为现在人们常常只单独关注这个"现代人"比喻，并从积极肯定的角度解读，但作者的意图并不是这样："南意大利和西西里的诺曼王国经过腓特烈二世的改革，成为暴君统治下的国家内部情况的一个著名代表。在邻邦穆斯林的叛乱和危险中成长起来的腓特烈是王座上的第一个现代人。他很早就养成了完全客观地评判和对待一切事物的习惯。他对伊斯兰国家的内部状况和治理情形有深刻的认识，他同教宗的生死斗争迫使他和他的敌手一样，不能不拿出他的全副力量来应付。腓特烈的措施（特别是在1231年以后），目的在于彻底地摧毁封建国家，把人民变成为缺乏意志、没有抵抗能力而极有利于征税的群氓。……我在这里所看到的不是人民，而仅仅是一大群唯命是从的奴才。"[11] ①

与大众的看法相反，布克哈特对腓特烈二世并未做出积极评价，虽说在他看来，腓特烈的确站在了瓦解传统合法权力的现代性的开端，可他后来又对腓特烈的现代性提出了质疑。作为技术作品的国家就是一锅女巫的大杂烩，新的掌权者会从中驾蒸汽而出，皇帝腓特烈想必曾在下面煽风点火。[12]

对皇帝腓特烈的解读还有一个同样重要的声音来自弗里德里希·尼采，他曾旁听布克哈特的课程，并曾在巴塞尔与布克哈特共事。尼采的实验哲学很有张力，其原因主要在于尼采"是一位迟到者，又是一位新世纪的早产儿"，人们尤其能"在尼采的激进主义那刺眼的光芒中"感受到清晰勾勒出的阴影。虽然尼采从未详细论述过自己对腓特烈二世的评价，但他对这位皇帝的看法十分重要，因为他对斯特凡·格奥尔格身边聚集的艺术家的历史观产生了极为深远的影响，这些人之中就有恩斯特·康特洛维茨。尼采将腓特烈二世看作一名孤胆英雄，与同名的霍亨索伦国王腓特烈相比，他认为皇帝腓特烈更加伟大，他心目中的皇帝腓特烈二世是历史上一个丰碑般的人物。[13]

尼采在1888年的哲学自传《瞧，这个人》中顺便指责了一番罗马，并做了对比："——我想去阿奎拉，这个地方是罗马的对立面，它是出于对罗马的敌意而建造的，正如有一天我也要建造一个地方，用以纪念一位无神论者和高尚的反教会者，我的一位近亲，伟大的霍亨施陶芬皇帝腓特烈二世。"② 教宗曾诽谤皇帝腓特烈讲过三个骗子的故事，于是污蔑其为无

---

① 译文参考了何新译《意大利文艺复兴时期的文化》。
② 译文参考了黄敬甫和李柳明译《瞧，这个人》。

神论者，而尼采在这里也接受了这一观点，他对腓特烈的评价产生了长久影响。[14]

　　相比于《瞧，这个人》中对"我的近亲"的注解，尼采在《善恶的彼岸》中的论述更为清楚："那就会出现一些富有魔力的、叫人不可理解和不可想象之人，他们是谜一般的人物，注定要征服和诱惑他人，最佳例子便是亚西比德和恺撒（按照我的口味，我要把欧洲第一人霍亨施陶芬王朝的腓特烈二世与他们联系在一起），艺术家当中或许是列奥纳多·达·芬奇。他们恰好出现在渴望安逸的软弱之人大出风头的时代：这两种类型的人是互补的，产生于相同的原因。"①而尼采作于1888年的《敌基督》是一篇清算基督教的战斗檄文，他在文中评价道："'和罗马兵刃相见！和伊斯兰教保持和平、友谊'：那位伟大的自由精神，德意志君主中的天才，腓特烈二世，就是这样觉得，就是这样行动。什么？一个德国人难道必须首先成为天才，首先成为自由精神，才能获得体面的感受？我不清楚，一个德国人何以能够拥有基督教的感受……"[15]②

　　尼采随意做出的论断似乎因其哲学权威而得以巩固，人们由此可以说，腓特烈是真正的新式统治者：他是王座上的第一个现代人，是欧洲第一人，同时也是一名德国人、无神论者、天才。这些评价是美味的诱饵，诱使百年来的德国知识分子咬下吞咽。文化史学者埃贡·弗里德尔（Egon Friedell，1878—1938）在其畅销著作《现代文化史》（*Kulturgeschichte der Neuzeit*）中效法布克哈特和尼采，将皇帝腓特烈二世与亚历山大、恺撒、普鲁士的腓特烈二世并称为世界历史的四巨头："腓特烈二世是另一种类型的人物：他是头戴王冠之人中极具天赋者。他建立的人文大学以及他有远见的治国之道使人们想起尤利乌斯·恺撒，他的自由和理智使人们想起腓特烈大王，而他如火的热情、他的进取心，还有他那略带艺术家特质的无赖之气，又令人回想起亚历山大大帝。这一切个性在他身上却呈现出一种极端虚无主义的色彩：他对一切人性之事的广泛理解并非基于他认识到

---

① 译文参考了朱泱译《善恶的彼岸》。
② 译文参考了吴增定和李猛译《敌基督者》。

一切生灵地位平等，而是基于他坚信任何人手中都没有真理。他那自由思想是一种无神论，他那精妙而超乎常人的理智是一种怀疑主义，他的情感和精力意味着创造性地撕裂一切政治和宗教束缚：他只是一个毁灭者，且当然是宏大浮夸、如魔鬼般的那一类。"[16]

作为自我确证的阐释史：恩斯特·康特洛维茨

恩斯特·康特洛维茨在其著作《皇帝腓特烈二世》中做出了现代时期最为有力的关于皇帝腓特烈二世的解读。从这个例子我们很容易认识到，对历史人物的研究主要服务于个人的立场。此外我们也可以清楚地看到，在布克哈特和尼采的现代性传统主题之背景中，皇帝腓特烈二世如何能够从"王座上的第一个现代人"转变成"时代开端激情似火的君王"，从而成为现代时期的浮士德式开路先锋，他与恩斯特·康特洛维茨眼中的"红胡子"，那位"疲软的末代君王"差别明显。[17]

恩斯特·康特洛维茨 1895 年生于波兹南，在德意志-犹太大资产阶级家庭氛围中成长，品味高雅。在海德堡求学期间，他开始与斯特凡·格奥尔格（1868—1933）交往，并加入了格奥尔格的圈子，成为格奥尔格的追随者。第一次世界大战爆发前，格奥尔格艺术家群体中就已有人明显转向尼采及其以价值重估为基础的思想。逝去时代的理想形象需要有人来演绎，康特洛维茨便将目光投向皇帝腓特烈二世，试图通过他勾画出德国人的最高美德，这些美德都汇聚于一人身上，即万有归一（dem All-Einen）①。斯特凡·格奥尔格也将腓特烈二世看作一位"世界帝王"，这位帝王似乎能够实现"'高度德意志的特质'与南部超德意志气质的古老平衡"。在关于皇帝腓特烈的著作中，康特洛维茨致力再现弗里德里希·贡多尔夫（Friedrich Gundolf）所称的"自恺撒以来世上内心最丰富、最灵活且最果敢的天才君主"的一生。康特洛维茨将腓特烈刻画为"一位勾人魂魄的诱惑者，光芒四射的开朗之人，青春永驻之人，严苛而有力的法

_____

① 此处一语双关，德语中"万有归一"（dem All-Einen）与"孤独之人"（dem Alle-inen）拼法一样。

官，学者和智者，在头盔中藏着缪斯的战士，不休不眠、不断思考要如何革新'帝国'的人。"[18]

可是，写下这部今人时常引用却极少真正阅读的书籍的作者，却希望自己的著作被他人看作一部混杂着隐秘幻象的艺术作品。1910 年以后，"秘密德国"（Geheimes Deutschland）理念便成为格奥尔格圈子的一个核心概念，它意指一个仍然隐匿却又真实的德国。格奥尔格身边的艺术家们为自己创造了一个国家的"梦幻形象"，而这个国家本身也是一具被看作艺术品的躯壳，作为诗人小群体的格奥尔格圈子试图在这具躯壳中建立自己的艺术家之国，最终转变到诗人对国家的统治。康特洛维茨将这一观念投射到皇帝腓特烈二世的宫廷，在那里，皇帝本人就是诗人，因此也是艺术家之国的首领。这似乎同身着褐衫的喧嚣暴民的领袖（希特勒）完全不一样。[19]

对诗人君主的投射，与知识精英对德国的未来所怀有的政治渴望有关，因此这位天才君主自然得是德意志人。康特洛维茨将腓特烈统治的中世纪罗马帝国理解为一具"流着施瓦本血液的罗马人"首先缔造的"整个德意志的神秘躯体"。他还不厌其烦地声称，那个时代面临着威胁，即"对真正的德意志人的歪曲"，对"最宝贵的力量"和"领悟世界的德意志人"的损耗。然而幸运的是，"腓特烈二世在更高的意义上实现了德意志帝国，并将其引向终结"，他力图"巩固和强化罗马德意志人的形式"，并且"将如今被罗马帝国所塑造的德意志躯体永固于国家形象之中"，其手段是"捶打出具有罗马外形的国家精神"。由此可见，"最具罗马气质的皇帝必须也最具德意志气质——在国家内部也要开始创造德意志的自我形式……第一次在德意志自身之中坚持德意志特质"。在康特洛维茨看来，腓特烈二世"成了实现德意志之梦的末世帝王"，因为他与众不同，代表了德意志人的天才。在腓特烈的统治下，13 世纪上半叶产生了一种新形象，其中融合了日耳曼北方特质和地中海的自在气质，这就是拥有古典气质的德意志少年的形象。这部腓特烈传的结尾传达了一条隐秘的信息：在没有帝王统治的时代，施陶芬王朝建立欧洲统一帝国的梦想必定会再次实现。[20]

这些夺人眼球的推论并非一时兴起。随着第一次世界大战结束，整个社会丧失了共识，于是人们试图从历史中寻找一位榜样领袖。腓特烈似乎是这种理想"领袖"形象的化身。在这一背景下，康特洛维茨与当时众多作者一样，利用了反启蒙的论战，这种论战源于知识精英对大众社会中文化和政治平庸化的恐惧。[21]

然而康特洛维茨出版于 1927 年的《皇帝腓特烈二世》这艘船中夹带的关于理想领袖的意识形态私货，却在时代的风暴中造成船只失衡，因而作为学术参考著作的《皇帝腓特烈二世》不可避免地倾覆了。但也许，这部书是被有意设计成审美艺术作品，因而它永远无法驶入学术讨论的广阔大海。难怪这位在经历中逐渐成熟的中世纪研究者，1939 年以后便在美国生活，二战结束后，他不断拒绝德国出版商再版这部著作的请求。阿道夫·希特勒本人据说读过这部书两遍，海因里希·希姆莱曾将它放在床头，而赫尔曼·戈林则附上题词，将书送给了贝尼托·墨索里尼。而另一方面，威廉·卡纳里斯走上刑场前要求把这部书作为最后读物，贝托尔德和克劳斯·冯·施陶芬贝格（Berthold und Claus von Stauffenberg）两兄弟自始至终在关注这部书的写作过程。难道这部传奇般的腓特烈传记其实更多的是一艘意识形态化的沉船，用自己布满藻类的美丽躯体散发出迷人的气息？神秘的它闪烁着病态的光芒，会不会成为人们坐在噼啪作响的壁炉旁时的谈资？[22]

腓特烈二世：共享的记忆之场

"我们不得不谈论腓特烈二世，人们如此强烈地同情这位伟大的国王，因此我们只得隐瞒他的死讯，这样我们就不会因为这则不幸的消息遭到店主的记恨。"约翰·沃尔夫冈·歌德在日记体自传《意大利游记》（Italienischen Reise）中记载道。那是 1787 年 4 月，他与同伴从当时还叫吉尔真蒂（Girgenti）的阿格里真托出发，到达西西里腹地的卡尔塔尼塞塔（Caltanisetta）的市集广场，看到"最有身份的居民如古人一般散坐于四周谈天说地，并且想从我们身上找些乐子"。可他们完全是在各说各的。连歌德本人也没有注意到，西西里人"强烈同情"的自然是他们的西西里国王及中世纪罗马帝国皇帝"费德里科二世",而未来的宫廷枢密顾问歌德指的其实是一年前刚去世的霍亨索伦的腓特烈二世,歌德想要隐瞒的是这一位腓特烈二世的死讯。歌德对诺曼-施陶芬王朝的腓特烈所知甚少,至少他在自己的游记中从未提到过腓特烈本人、他的坟墓或城堡。歌德最感兴趣的还是地理、风俗、矿石、植物;就连巴勒莫大教堂也没有出现在他关于巴勒莫的游记中。[23]

除了民间对皇帝腓特烈的看法,意大利还有文人对皇帝腓特烈做出了自己的评价,这类评价虽说也包含了作者的政治理念和诉求,但依然和德国人的看法全然不同。随着 18 世纪到来,出于一些不同于北方地区的原因,意大利开始彻底重新评价皇帝腓特烈二世这一人物。在重评腓特烈二世时,他治下的有序的司法就是一个魔法公式,让他这位"费德里科"变成 18 世纪及 19 世纪初学者所钦佩的政治家。腓特烈可以说是两西西里王国后来的深层次改革的先驱。那不勒斯法学家彼得罗·詹农(Pietro Giannone,1676—1748)在 1723 年出版的《那不勒斯王国内政史》(Istoria civile del Regno di Napoli)中已经倾向于将腓特烈二世评价为反对教会专制的先驱,并强调了腓特烈为国内司法及中央集权的发展所做出的贡献,他将腓特烈的这些所作所为阐述为给执政君主的建言。[24]

詹农认为,对南部的弊病负有根本责任的是教宗的干预,而腓特烈作为一位开明的统治者一直在抵御干预。詹农的著作被译成了英语、法语和德语,得到了吉本、伏尔泰和孟德斯鸠等欧洲学者的肯定和接受,这标志着意大利进入了启蒙时代。西西里历史学家罗萨里奥·格雷戈里奥(Rosario Gregorio)在 1805—1813 年间出版了《对诺曼时期至现代的西西里史的思考》(Considerazioni sopra la storia di Sicilia dai tempi normanni sino ai presenti),1833 年此书再版。此书甚至赋予诺曼及腓特烈时期的法律以改革的特征。读者可以从这本小书中了解有关行之有效的行政管理、法律保障及秩序,乃至民事法律生活的新形式的事情。这些是另一类诱人的关键词,直到今天,人们还乐于将它们归功于腓特烈统治南部的时代。[25]

重新评价腓特烈在意大利的统治,这一进程始于 18 世纪,一直持续到 20 世纪上半叶,主要的推动者是浪漫主义文人。这一进程的核心正是意大利民族共同体理念。其出发点是教宗和皇帝的关系，这层关系作为关键性注脚贯穿于归尔甫党和吉伯林党的斗争始末。人文主义后期以来，历史书写的重心便是解释君主与国家的关系。最初人们将腓特烈看作调整国家秩序的启蒙立法者，他在诺曼立法传统中的创举超越了他的时代。这一类探讨仍相对独立于整个民族的基本看法。

与德国情况类似，随着法国大革命和拿破仑战争的爆发，民族性开始登上舞台。随着 19 世纪的发展，共同的意大利语言与政治统一之间的联系显得愈加紧密。由于语言统一必然先于民族国家统一，因而人们要追寻意大利文学语言的源头。乌戈·福斯科洛（Ugo Foscolo，1778—1827）和路易吉·塞滕布里尼（Luigi Settembrini，1813—1876）重拾但丁对西西里诗人学校的评价，并从政治上做出阐释。福斯科洛认为，腓特烈所追求的是"将意大利统一到一位君主、一种统治形式之下，与一门单独的语言相结合；他试图留给后代的是欧洲最强大的君主国"。福斯科洛的看法显然遵循了早期民族主义君主制的思路。塞滕布里尼的表述更为清晰，他认为"只有腓特烈二世能够完成意大利的统一"，"因为他有力量、权力和意志，因为他生而为意大利人，并被教育成为意大利人，还因为他有意愿在这里缔造自己的帝国"。此外，腓特烈还想要完全占领意大利，"从而将德意志变成边疆行省，并且他希望能够将教宗贬至君士坦丁堡牧首的地位"。西西里曾是"新意大利的第一个机体，因为这里形成了有序的君主制"。因此，腓特烈不仅是民族语言和文学的推动者，还是反教会的、政教分离的强大国家（这也是今天人们所渴求的国家体制）的捍卫者。在随后的数十年里，这样的观念一直伴随着意大利知识分子，尤其是 1870 年以后，此时意大利似乎完成了统一，实现了自由。[26]

除去知识分子群体的看法，腓特烈的正面形象还在不同层面上有广泛的群众基础。1888 年，人们在那不勒斯王宫对着平民表决广场（Piazza del Plebiscito）的外墙壁龛内安上了数座统治者的塑像，这组塑像使南方多种历史根基交织在一起，最终聚成一棵经历了峥嵘岁月的大树。这组雕塑始于建立了西西里王国的诺曼人罗杰，终于将西西里王国和自己的统治区域统一为祖国意大利的皮埃蒙特国王，即后来统一的意大利王国国王维托里奥·埃马努埃莱二世。在这一头一尾两位国王之间，观看者能领略到一批国王的风采，其中有来自法国的安茹的查理、来自西班牙的阿拉贡的阿方索以及哈布斯堡王朝和波旁王朝的君主，甚至还有拿破仑时期的傀儡国王若阿尚·缪拉（Gioacchino Murat）。腓特烈二世也跻身南意大利最重要的统治者之列。这项雕塑工程的委托人意大利国王翁贝托一世借此虚构了自己的王朝与南意大利历史之间连续的继承关系。但事实上这样的继承关系并不存在，因为中世纪时的西西里王国已被人征服了。那么对这些纪念像的设计者而言，皇帝腓特烈二世的身上有哪些方面尤为重要呢？腓特烈塑像由雕塑家埃马努埃莱·卡贾诺（Emanuele Caggiano）所作，该像单手扶剑，像踏死一只害虫一般，将教宗对自己颁布的绝罚令踩在脚底；这也算是人们针对教宗及其在新意大利的地位做出的适应时代的反应。

除去这些纪念像，还有一些教科书会将一些神话植入民族意识之中。1978 年有一部设计供意大利中学生使用的关于中世纪的教科书，其中写道："腓特烈二世……努力以求让三个意大利 —— 西西里王国、教宗国、北部城邦 —— 成长为一个完全臣服于他专制权力的唯一的意大利。"在德意志的民族期望中，皇帝腓特烈二世被自己的祖父"红胡子"所替代，这对他而言可谓一种幸运，因为将两个彼此分离的民族合二为一，就算是在一位皇帝看来也是很高的要求。又或者说，难道他其实已经完成了统一？阿诺尔德·埃施曾在 20 世纪 90 年代坚称，腓特烈二世是唯一的"意大利人愿意与我们共享的"德意志统治者。[27]

腓特烈诞辰八百周年纪念日为我们提供了从不同角度回忆的契机。对意大利而言，这一年可以被称为"腓特烈年"，因为人们坚信这位统治者（如果他能活到现在的话）最有能力解决南部的问题。而在德国，腓特烈诞辰日依然是地区性纪念日，主要是德国西南部在纪念该日。可是在未来，腓特烈的欧洲第一人、现代人、理性思想家的形象是否还会有意义？有一段时间，人们相信，由一位能够包容多种文化的帝王来应对伊斯兰文化，是一个不错的选择。而腓特烈是西方基督教帝王，又是"卢切拉的苏丹"，他已经超出了国家的界线：这为解决如今的冲突提供了一个诱人的想法。斯特凡·格奥尔格在其诗作《施派尔的坟墓》（*Die Gräber in*

Speier）中就已流露出这种对东方的渴望：

> 最伟大者腓特烈，正是人民的渴念，
> 看着查理与奥托的蓝图，
> 对东方无垠的憧憬，
> 卡巴拉（Kabbala）的智慧，罗马人的尊贵，
> 阿格里真托与塞利农特（Selinunt）的堡垒。[28]

　　可惜的是，这种西方-东方帝王的形象不过是他人的附会。那么皇帝在西西里的坟墓又如何呢？费迪南德·格雷戈罗维乌斯在《意大利漫游时代》一书中曾热情谈论巴勒莫大教堂："大教堂中最值得注意的便是诺曼王朝和霍亨施陶芬王朝君王的棺椁，它们是西西里历史的文物，也是我们德意志祖国的纪念碑。"格雷戈罗维乌斯坚信腓特烈是"同时照耀着我们国家和意大利的永不熄灭的光芒"。那么，坟墓是否可以像埋葬遗骸的地方那样，成为两个国家/民族的记忆之场呢？这些斑岩棺椁是否可以同时是德意志和意大利民族的纪念碑？或许可以。如果在1943年的那个夏天，人们真的试着运走这些棺椁，那么它们想必会同许多在战乱中失落之物那样被毁掉。那么，关于腓特烈二世，关于这位帝国王座上的西西里人的另一个记忆的支点就会消失。但我们这些后人是幸运的：巴顿的坦克行动迅速，在巴勒莫简直过于迅速了。[29]

致　谢

　　历经数载，辗转多地，终于完成了本书的构思与写作。总体说来，本书诞生于两座岛屿之上：西西里岛与吕根岛。在位于地中海的西西里岛上，笔者试图走进腓特烈这位帝王的出生之地，接近他。而在位于波罗的海之滨的吕根岛上，笔者写作之时，依然期待这位帝王能伴随左右，充当笔者的私人缪斯。在两地之间，笔者零散地游历多地，以求能更好地理解腓特烈其人：诺曼人及腓特烈的施瓦本-阿尔萨斯祖先的故乡、见证腓特烈青葱岁月的地方、腓特烈经历凯旋与失败之地、腓特烈时常停留的处所以及腓特烈远方王国的都城耶路撒冷。书中的大量段落，是在笔者长期流连于慕尼黑日耳曼历史文献处（Monumenta Germaniae Historica in München）图书馆、佛罗伦萨艺术史研究所（Kunsthistorisches Institut in Florenz）图书馆、罗马德国历史研究所（Deutsches Historisches Institut in Rom）图书馆和罗马法兰西学院（École française de Rome）图书馆的日子里成文的。单是罗马法兰西学院图书馆即法尔内塞宫旁那座完美图书馆中丰富的馆藏，已化为纸张和羊皮书卷的思想，就曾不断给笔者的思考插上翅膀。而在紧邻此地的安吉莉卡图书馆内，埃博利的彼得所作的浴场手册则让笔者的心灵焕发新的生机。笔者还曾多次造访梵蒂冈图书馆，一位图书管理员还专门抽出时间陪伴，他戴着白色的防护手套，与笔者一起一页页翻阅那部著名的隼类知识手册。在梵蒂冈图书馆，笔者还亲眼看见基吉馆藏中乔万尼·维拉尼所作的那部绘有迷人插图的编年史，本书中的许多插图皆出自此抄本。而在保存有腓特烈御用哲学家迈克尔·司各脱作品最古老的插图手抄本的慕尼黑州立图书馆，馆方在笔者的抗议之下终于将这部珍贵的著作从保险柜中取出，因为笔者偶然间在报纸上读到，一天前曾有一颗彗星差点儿撞上了地球。反正地球上的一切总有一天都要烟消云散，所以他们完全可以给我看看这部手抄本——笔者就这样争辩道。"您说的有些道理。"图书管理员让步了，将这件珍宝交到笔者手上。笔者在此诚挚感谢这些图书馆及研究机构人员提供的协助。

笔者在撰写此书的过程中得到了许多好友及同事的帮助，许多人还为笔者提供了相应的思路。笔者也在这里衷心感谢他们：米夏埃尔·蒂曼（Michael Thimann）和格哈德·沃尔夫（Gerhard Wolf）在笔者逗留佛罗伦萨期间曾给予协助，柏林钱币陈列室（Berliner Münzkabinett）的贝尔恩德·克卢格（Bernd Kluge）曾将腓特烈时期的奥古斯塔金币样品交到笔者的手中。笔者也感谢柏林日耳曼历史文献处的同事乌尔丽克·霍恩泽（Ulrike Hohensee）、米夏埃尔·林德纳（Michael Lindner）和马蒂亚斯·拉沃（Mathias Lawo）的耐心以及文献学方面的支持。对慕尼黑的同事，特别是以克里斯蒂安·弗里德尔为首的腓特烈二世和曼弗雷德诏书编辑人员提出的建议，笔者深表谢意。同样还有汉斯·马丁·沙勒（Hans Martin Schaller）和卡尔·博尔夏特（Karl Borchardt），他们自始至终都在悉心研究维尼亚的彼得罗的书信集。艾蒂安·弗朗索瓦（Etienne François）、沃尔夫冈·施蒂尔纳、弗尔克·赖歇特（Folker Reichert）、胡贝特·霍本（Hubert Houben）、克努特·戈里希、罗伯托·德拉·多纳（Roberto delle Donne）、马库斯·汤姆森（Marcus Thomsen）、安东内拉·吉尼奥里（Antonella Ghignoli）、玛蒂娜·帕皮罗（Martina Papiro）、阿诺尔德·埃施、乌尔里希·劳尔夫（Ulrich Raulff）、霍斯特·布雷德坎普（Horst Bredekamp）、安内特·克林纳（Annett Klingner）、奥托·格哈德·厄克斯勒（Otto Gerhard Oexle）、约翰内斯·弗里德、弗兰克·雷克斯罗特（Frank Rexroth）、沃尔夫冈·埃里克·瓦格纳（Wolfgang Eric Wagner）、安东·奥尔特（Anton Orlt）、亨里克·豪格（Henrike Haug）、米夏埃尔·马特乌斯（Michael Matheus）、海因茨-胡贝特·梅内（Heinz-Hubert Menne）、彼得·彼得（Peter Peter）、伊内斯·加利施（Ines Garlisch）、赫尔弗里德·明克勒（Herfried Münkler）、克劳斯·范·艾克尔斯（Klaus van Eickels）、特奥·布勒克曼（Theo Broekmann）、斯特凡·魏因富尔特（Stefan Weinfurter）、玛蒂娜·吉泽（Martina Giese）、马蒙·凡萨（Mamoun Fansa）、福尔克尔·瓦尔特（Volker Walter）、笔者的编辑乌尔里希·诺尔特（Ulrich Nolte），以及笔者在柏林和马格德堡任教时在腓特烈二世相关讲座和研讨课上参与讨论的学生，这些人都应该获得感谢。此处笔者要特别感谢罗马的莫妮卡·迪·贝内代托（Monica di Benedetto），是她设法为笔者找来了原本无处可寻的意大利语书籍。

最后笔者还要专门对这些人致以最诚挚的感谢："执政官"阿尔内·卡斯滕（Arne Karsten），笔者在工作中或在樱桃园内与他有过一系列关于"沉睡的紫衣帝王"的辩论。在一同享受过西西里的美酒后，他仍然能在"古德里茨会谈"（Gudderitzer Gespräche）的框架下发表高见。感谢他、阿尔玛·加洛·德奥罗（Alma Gallo d'Oro）和笔者的父母。同样笔者还有必要感谢大女儿尤迪特·玛丽亚（Judith Maria），她以龙类专家的身份教导笔者，腓特烈的宫廷占星家迈克尔·司各脱《导论》一书中出现的龙可能是一头"双足飞龙"，并且她很快给出了分类名：非洲龙；这一点笔者可从来没有想到！此外，她欢快的情绪将笔者从不得不写作的桎梏，从"阅读的航船"中解放出来。而每当笔者在书桌旁烦躁地抱怨时，笔者的小女儿路易丝·弗里德里克（Luise Friederike）会在一旁充满活力地踢着腿。笔者还要感谢科琳娜·亚历山德拉（Corinna Alexandra）耐心地阅读书稿，还有她给予的许多缪斯之吻，以及为笔者所做的一切。

2009 年将临期的第一主日
于罗马

皇帝腓特烈二世在位时期的欧洲形势

诺夫哥罗德

伏尔加河

莫斯科

宝剑骑士团 1202
条顿骑士团 1237

里加

的 海

立陶宛大公国

罗斯诸公国

伏尔加河

顿河

条顿骑士团
1226—1230

库尔默兰

马佐维
亚公国

格涅兹诺

波兰王国

金帐汗国

基辅

第聂伯河

克拉科夫

维亚

纳

奥芬 佩斯

匈牙利王国

瓦河

布尔岑兰

黑 海

贝尔格莱德

多瑙河

特拉比松帝国

特拉比松

塞尔维亚王国

保加利亚王国

拉丁帝国

拉

城堡

布林迪西

奥特朗托

科孚岛

西里王国

塞萨洛卡

君士坦丁堡

尼西亚

尼西亚帝国

科尼亚苏丹国

伊庇鲁斯
专制国

埃德萨伯国

雅典

亚该亚
公国

罗得岛

法马古斯塔

安条克
公国

安条克

的黎波里

尼科西亚

的黎波里伯国

塞浦路斯王国

贝鲁特

大马士革

坎迪亚（克里特岛）
[1204年后属威尼斯]

西顿

推罗

阿卡

哈丁

地 中 海

耶路撒冷王国

耶路撒冷

阿尤布王朝

杜姆亚特

亚历山大

曼苏拉

开罗

世系表

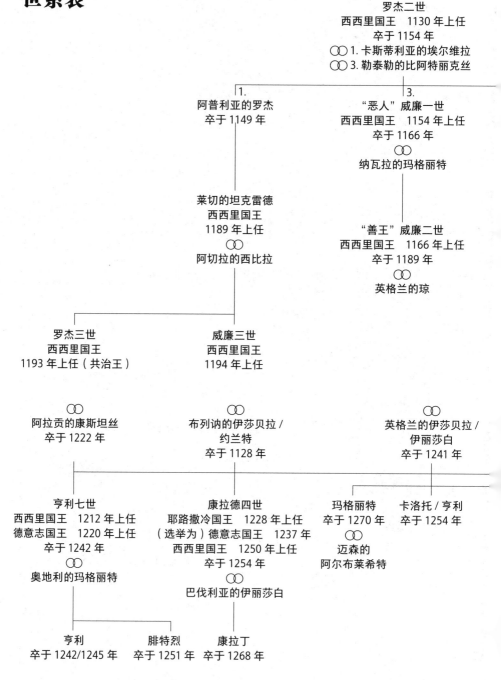

罗杰二世
西西里国王　1130 年上任
卒于 1154 年
⊙⊙ 1. 卡斯蒂利亚的埃尔维拉
⊙⊙ 3. 勒泰勒的比阿特丽克丝

1.
阿普利亚的罗杰
卒于 1149 年

3.
"恶人"威廉一世
西西里国王　1154 年上任
卒于 1166 年
⊙⊙
纳瓦拉的玛格丽特

莱切的坦克雷德
西西里国王
1189 年上任
⊙⊙
阿切拉的西比拉

"善王"威廉二世
西西里国王　1166 年上任
卒于 1189 年
⊙⊙
英格兰的琼

罗杰三世
西西里国王
1193 年上任（共治王）

威廉三世
西西里国王
1194 年上任

⊙⊙
阿拉贡的康斯坦丝
卒于 1222 年

⊙⊙
布列讷的伊莎贝拉 /
约兰特
卒于 1128 年

⊙⊙
英格兰的伊莎贝拉 /
伊丽莎白
卒于 1241 年

亨利七世
西西里国王　1212 年上任
德意志国王　1220 年上任
卒于 1242 年
⊙⊙
奥地利的玛格丽特

康拉德四世
耶路撒冷国王　1228 年上任
（选举为）德意志国王　1237 年
西西里国王　1250 年上任
卒于 1254 年
⊙⊙
巴伐利亚的伊丽莎白

玛格丽特
卒于 1270 年
⊙⊙
迈森的
阿尔布莱希特

卡洛托 / 亨利
卒于 1254 年

亨利
卒于 1242/1245 年

腓特烈
卒于 1251 年

康拉丁
卒于 1268 年

⊙⊙ 配偶

"红胡子"腓特烈一世
德意志国王　1152 年上任
罗马皇帝　1155 年上任
卒于 1190 年
∞ 2. 勃艮第的比阿特丽克丝

3.
康斯坦丝
卒于 1198 年

∞　亨利六世
德意志国王　1169 年上任
罗马皇帝　1191 年上任
西西里国王　1194 年上任
卒于 1197 年

施瓦本的菲利普
德意志国王　1198 年上任
卒于 1208 年
∞
拜占庭的伊莲娜

其他后代

腓特烈二世
西西里国王　1198 年上任
德意志国王　1212 年上任
罗马皇帝　1220 年上任
耶路撒冷国王　1225 年上任
卒于 1250 年

比阿特丽克丝
∞
奥托四世
德意志国王　1198 年上任
罗马皇帝　1209 年上任
卒于 1218 年

其他非婚生子

∞
比安卡·兰恰
卒于 1248 年?

其他后代

康斯坦丝
卒于 1307 年
∞
尼西亚的约翰三
世·瓦塔特西斯

曼弗雷德
西西里国王　1258 年上任
卒于 1266 年
∞
萨伏依的比阿特丽克丝

维奥兰特
卒于 1264 年?
∞
卡塞塔的里卡多

亨利
卒于 1318 年

康斯坦丝
卒于 1301 年
∞
阿拉贡的佩德罗三世

其他后代

大事年表

1130	西西里升格为王国。
1154	腓特烈外祖父国王罗杰二世去世。
1186	腓特烈父母亨利六世与欧特维尔的康斯坦丝成婚。
1189	国王威廉二世去世。
1190	腓特烈祖父"红胡子"腓特烈一世去世。
1191	亨利六世在罗马加冕为罗马皇帝。
1194	腓特烈在耶西诞生。
1194—1197	腓特烈在福利尼奥度过童年时光。
1196	未在场的腓特烈在美因河畔的法兰克福被选举为罗马-德意志国王。
1197	腓特烈之父皇帝亨利六世去世。
1198	德意志土地上的双重选举：施瓦本的菲利普和奥托四世同时被推举并加冕为罗马-德意志国王。 腓特烈被加冕为西西里国王。 腓特烈之母欧特维尔的康斯坦丝去世。 出身孔蒂家族的教宗英诺森三世上任。
1201	德意志将领安韦勒的马克瓦德突袭巴勒莫。
1202	安韦勒的马克瓦德去世。
1208	腓特烈开始亲政。 国王施瓦本的菲利普遭到谋杀。
1209	腓特烈第一次婚姻，与阿拉贡的康斯坦丝成婚。

奥托四世在罗马被加冕为罗马皇帝。

1211   未在场的腓特烈在纽伦堡重新被选举为罗马-德意志国王。

亨利七世出生。

1212—1220   腓特烈第一次来到德意志。

1212   亨利七世被加冕为西西里国王。

腓特烈在美因茨首次加冕为罗马-德意志国王。

1214   布汶战役。

1215   罗马第四次拉特兰大公会议。

腓特烈在亚琛第二次被加冕为罗马-德意志国王。

1216   教宗英诺森三世去世，出身萨维利家族的教宗洪诺留三世
上任。

1220   亨利七世在美因河畔的法兰克福被选举为罗马-德意志国王。

腓特烈在罗马被加冕为罗马皇帝。

1222   阿拉贡的康斯坦丝去世。

亨利七世被加冕为罗马-德意志国王。

1224   那不勒斯大学成立。

1225   腓特烈二婚，与布列讷的伊莎贝拉成婚。

腓特烈在布林迪西被加冕为耶路撒冷国王。

1227   教宗洪诺留三世去世，出身孔蒂家族的教宗格里高利九世
上任。

十字军东征受阻，腓特烈第一次受绝罚。

1228   康拉德四世出生。

布列讷的伊莎贝拉去世。

腓特烈出发参加十字军东征。

1229   腓特烈签订《雅法条约》，进驻耶路撒冷。

1230   腓特烈签订《圣日耳曼诺条约》，撤销绝罚令。

1231   腓特烈颁布《梅尔菲宪章》。

1232   曼弗雷德出生。

1235—1237   腓特烈第二次和第三次来到德意志。

1235	腓特烈三婚，与英格兰的伊莎贝拉成婚。
1235	亨利七世国王被废。
	美因茨宫廷会议。
1236	腓特烈参与迁葬圣伊丽莎白的遗骨。
1237	康拉德四世被选举为罗马-德意志国王。
	腓特烈在科尔特诺瓦挫败伦巴第联盟。
1238	恩齐奥升任撒丁国王。
1239	腓特烈遭受第二次绝罚。
1240	腓特烈下令修建蒙特城堡。
1241	基督山海战，腓特烈攻占法恩扎。
	英格兰的伊莎贝拉去世。
	教宗格里高利九世去世。
1242	亨利七世去世。
1243	出身菲耶斯基家族的教宗英诺森四世上任。
1244	教宗英诺森四世逃往里昂。
1245	腓特烈被里昂大公会议废黜。
1245—1248	腓特烈疑似在比安卡弥留之际与之成婚。
1246	亨利·拉斯佩被选举为罗马-德意志对立国王。
1247	亨利·拉斯佩去世。
1248	腓特烈惨败于帕尔马。
1249	维尼亚的彼得罗被判处死刑。
1250	腓特烈在菲奥伦蒂诺城堡中去世。
1251	腓特烈被埋葬于巴勒莫。
1254	康拉德四世去世。
1266	贝内文托战役，曼弗雷德去世。
1268	塔利亚科佐战役，康拉丁被处以死刑。
1318	腓特烈二世的最后一名男性后裔曼弗雷德之子亨利去世。

文献名缩写

AQG	Ausgewählte Quellen zur deutschen Geschichte des Mittelalters (der Neuzeit)–Freiherr-vom-Stein-Gedächtnisausgabe
AfD	Archiv für Diplomatik
ASV	Archivio Segreto Vaticano
BAV	Biblioteca Apostolica Vaticana
BBAW	Berlin-Brandenburgische Akademie der Wissenschaften
Bd., Bde.	Band, Bände
CC	Corpus Christianorum, Series Latina
CCCM	Corpus Christianorum. Continuatio mediaevalis
DA	Deutsches Archiv für Erforschung (bis 1944: Geschichte) des Mittelalters
DOP	Dumbarton Oaks Papers
EF	Federico II splendor mundi. Enciclopedia fridericiana, hg, von Maria Paola Arena, 2 Bde., 2005
EBKF	Eickels, Klaus van / Brüsch, Tania (Hg.): Kaiser Friedrich II. Leben und Persönlichkeit in den Quellen des Mittelalters, 2000
FmSt	Frühmittelalterliche Studien
GdV	Die Geschichtsschreiber der deutschen Vorzeit, 2. Gesamtausgabe, 1884 ff.
HDFS	Historia diplomatica Friderici secundi, ed. J. L. A. Huillard-

Bréholles, 12 Bde., 1852–1861, ND 1963

HKF Berichte Heinisch, Klaus Joachim (Hg.): Kaiser Friedrich II. Sein Leben in zeitgenössischen Berichten, 1969

HKF Briefe　Heinisch, Klaus J[oachim] (Hg.): Kaiser Friedrich II. in Briefen und Berichten seiner Zeit, 1968

Hg., hg.　Herausgeber(in), herausgegeben

HZ　Historische Zeitschrift

LMA　Lexikon des Mittelalters

MGH　Monumenta Germaniae Historica

Const.　Constitutiones et acta publica regum et imperatorum

DD　Diplomata (jeweils ergänzt um die abgekürzten Herrschernamen)

Epp. saec. XIII　Epistolae saeculi XIII e regestis pontificum romanorum selectae

Font.　Fontes iuris Germanici antiqui in usum scholarum separatim editi

SS　Scriptores (in Folio)

SS rer. Germ.　Scriptores rerum Germanicarum in usum scholarum ex Monumentis Germaniae Historicis separatim editi

SS rer. Germ. N. S.　Scriptores rerum Germanicarum, Nova series

Migne PL　J.-P. Migne, Patrologia cursus completus seu bibliotheca universalis ... series Latina, 221 Bde., 1844 ff

MIÖG　Mitteilungen des Instituts für Österreichische Geschichtsforschung

NA　Neues Archiv für ältere deutsche Geschichtskunde

ND　Nachdruck, Neudruck

QDVG　Quellen zur Deutschen Verfassungs-, Wirtschafts-und Sozialgeschichte bis 1250, ausgewählt und übersetzt von Lorenz Weinrich, 1977

QGPK　　　Quellen zur Geschichte des Papsttums und des Römischen Katholizismus, hg. von Carl Mirbt, [4] 1924

QFIAB　　　Quellen und Forschungen aus italienischen Archiven und Bibliotheken

RI BF　　　J[ohann] F[riedrich] Böhmer, Regesta Imperii V. Die Regesten des Kaiserreichs unter Philipp, Otto IV., Friedrich II., Heinrich (VII.), Conrad IV., Heinrich Raspe, Wilhelm und Richard. 1198–1272, nach der Neubearbeitung und dem Nachlasse Johann Friedrich Böhmers neu hg. und ergänzt von Julius Ficker, Bd. 1 und 2, 1881/82 (ND 1971)–Nachträge und Ergänzungen, bearbeitet von Paul Zinsmaier, 1983

RISS　　　Rerum Italicarum Scriptores

RBSS　　　Rerum Britannicarum medii aevi Scriptores

RPR　　　Regesta Pontificum Romanorum

VMPIG　　　Veröffentlichungen des Max-Planck-Instituts für Geschichte

VuF　　　Vorträge und Forschungen

ZfG　　　Zeitschrift für Geschichtswissenschaft

注　释

序　章

1　Washington D.C., Naval Historical Center, Operational Archives Branch, Morrison Papers, The Evacuation of Sicily, Box 50, Folder 32, S. 45："巴勒莫失守前数天，德国海军中将从德国海军驻意司令部得到帝国元帅戈林的命令，即转移存放有腓特烈二世及其家人骸骨的石棺。这一命令被悄悄地忽视了，因为人们坚持认为不应打扰安息的死者，而且这位可能是中世纪最伟大帝王的腓特烈二世，绝不能离开他著名的首都巴勒莫以及他出生的环境。"

2　Hearnshaw, A Thirteenth-Century Hitler, S. 157–163; Ipser, Kaiser Friedrich, S. 7, S. 9 und S. 21; zur Rezeption Friedrichs in den Jahrhunderten nach seinem Tode siehe die grundlegende Arbeit von Thomsen, Feuriger Herr, zu Hearnshaw und Ipser bes. S. 9–12; eine Art Résumée des Buches: Ders., Friedrich II. in der Auffassung, S. 300–313 sowie Ders., Modernität als Topos, S. 21–39.

3　根据亨利·皮克尔（Henry Picker）的记载，1942 年 4 月 23 日阿道夫·希特勒论及德国和英国历史时曾持如下观点："天主教会对他（哈布斯堡的鲁道夫）的估计错了，对 21 岁就占领了帝国的德意志皇帝、西西里人腓特烈二世也是如此。" Picker, Hitlers Tischgespräche, S. 424；皇帝威廉二世引用的是策德利茨-特吕茨施勒（Zedlitz-Trützschler）伯爵罗伯特的回忆录，参见 Röhl, Wilhelm II., S. 385 und S. 1393, Anmerkung 75。

4　Kantorowicz, Kaiser Friedrich, Vorbemerkung zum Textband; Grünewald, Ernst Kantorowicz und Stefan George, S. 74–80; Oexle, Geschichtswissenschaft, bes. das Kapitel «Das Mittelalter als Waffe», S. 163–215, Rader, Gemina persona, S. 347–364; Ders., Kantorowicz, S. 7–26; Raulff, Kreis ohne Meister, bes. S. 313–346; Kuhlgatz, Verehrung, ZfG 43 (1995), S. 732–746; Mali, «Mythenschau», S. 31–46.

5　Haseloff, Erinnerungen in Apulien; Albrecht, Maultier und Kamera; Sommerlechner, Stupor; Fonseca, Mito, EF1., S. 343–346, Houben, Kaiser Friedrich, S. 176–228; Esch, Friedrich II., S. 16–17; Ders., Federico II: storia, mito, ricerca, S. 33–53, Zitat S. 42; Ders., Mediävistik, S. 231–249.

6　RBSS 57,5, S. 190, auch (MGH SS 28), S. 319, deutsche Übersetzung nach HKF Berichte, S. 170–171, ebenso bei EBKF, S. 426.

7　Graefe, Publizistik, S. 68–82, hier S. 73; Salimbene, Cronica, HKF Berichte, S. 172, ebenso bei EBKF, S. 440; Villani (Porta) 7, Bd. 1; HKF Berichte, S. 232, ebenso bei EBKF, S. 443; Sommerlechner, Stupor, S. 9–34.

8　Fried, Schleier der Erinnerung; Oexle, Memoria als Kultur, bes. S. 9–78; Nora, Geschichte, S. 26; François / Schulze, Erinnerungsorte, bes. Bd. 1, S. 11–24.

9　Neumann, Meinardino; Scheffer-Boichorst, Mainardinus, S. 275–283; Baetgen, NA 38 (1913), S. 684–687; Sommerlechner, Stupor, S. 500, Nr. 21.

10　Kaiserchronik, S. 408, Z. 795–800.

11　Ryccardi de Sancto Germano (Garufi); teilweise (MGH SS 19), S. 321–386; D'Angelo, Stil und Quellen, S. 437–458 (mit der Edition des Prologs der zweiten Fassung); Loewe, Richard von San Germano; Schaller, Richard von San Germano, LMA 7, Sp. 825; Sommerlechner, Stupor, S. 532 Nr. 92.

12　Salimbene de Adam, Cronica (Scalia); dennoch weiter heranzuziehen und leichter zugänglich: Cronica (MGH SS 32); gekürzte deutsche Übersetzung: GdV 93/94; übersetzte Auszüge auch bei HKF Berichte, S. 174–204; Sommerlechner, Stupor, S. 500–501, Nr. 21 mit weiterer Literatur zur Chronik; die Aussage von Guido des Adam über die Franziskaner (MGH SS 32), S. 40.

13　Salimbene (MGH SS 32), S. 34; deutsche Übersetzung: GdV 93, S. 11–12.

14　Salimbene (MGH SS 32), S. 31 und 349; deutsche Übersetzung: GdV 93, S. 8 und 357.

15　Villani, Cronica (Porta); Auszüge in deutscher Übersetzung: HKF Berichte, S. 232–233; Sommerlechner, Stupor, S. 523 mit weiterer Literatur zur Chronik; zu den berühmten Illustrationen Frugoni, Villani illustrato; Gebhard, «Nuova Cronica».

16　Flores historiarum (Luard); die reichsgeschichtlichen Belange (MGH SS 28), S. 3–73; gekürzte deutsche Übersetzung: GdV 73, S. 3–35; ferner HKF Berichte, S. 34–53; Sommerlechner, Stupor, S. 553 mit weiterer Literatur zu den Werken.

17　Matthaei Parisiensis, Cronica majora (Luard); Matthaei Parisiensis, Historia Anglorum (Madden); «die reichsgeschichtlichen Belange» (MGH SS 28), S. 107–455; gekürzte deutsche Übersetzung: GdV 73, S. 37–301; ferner HKF Berichte, S. 54–171; Sommerlechner, Stupor, S. 553f. mit weiterer Literatur zu den Werken; Weiler, Stupor mundi, S. 63–95; zu den Illustrationen Vaughan, Chronicles of Matthew Paris; Lewis, Art of Matthew Paris.

18　Manzoni, Verlobten, S. 5.

19　Burdach / Piur, Petrarcas Briefwechsel, Nr. 14, S. 252.

20　von Ranke, Zeitalter der Kreuzzüge, S. 195; Grundmann, Kaiser Friedrich II., S. 131; Barraclough, Origins, S. 199–225; Haller, Kaisertum, S. 262–273.

21　Demandt, Spätantike, S. 579; Weinfurter, Friedrich II., S. 72–88.

第 1 章

1　Tomasi di Lampedusa, Leopard, S. 201f.; Biblioteca arabo-sicula (Amari) Bd. 1, S. 31–133, hier S. 55: *Diciam dunque che l'isola di Sicilia è la perla del secolo per abbondanza e bellezze; il primo paese [del mondo] per bontà [di natura, frequenza di] abitazioni e antichità [d'incivilimento].*; Amari, Storia 3, S. 460–471, Haskins, Studies, S. 155–190.

2 Ryccardus de Sancto Germano (Garufi), S. 186–187; deutsche Übersetzung: EBKF S. 27 und S. 33.

3 原文的上下文：Petrus de Ebulo, Liber ad honorem Augusti (Kölzer/Stähli), S. 209: *Particula XLIV. Frederici presagia*, Zeile 1407–1416: *Vive, puer, decus Ytalie, nova temporis etas, / Qui geminos gemina merce reduces avos. / Vive iubar solis, sol regnaturus in evum, / Qui potes a cunis luce iuvare diem. / Vive, Iovis proles, Romani nominis heres, / Immo reformator orbis et imperii. / Vive patris specimen, felicis gloria matris, / Nasceris in plenos fertilitate dies. / Vive, puer felix, felix genitura parentum, / Dulcis amor superis, inclite, vive, puer.* Deutsche Übersetzung: ebenda und nach EBKF, S. 26。笔者曾多次与巴尔的摩文化史学家伊塔伊·魏因吕布 （Ittai Weinryb）共同讨论《纪念书》后来的成书史，在此表示诚挚感谢。

4 Inschrift der Marmortafel: *vero genio in tutti i campi della scienza*; Inschrift des Bogens: *Natus est hic nobis Federicus II imperator semper Augustus et Aesinae patriae pater*, zitiert nach Hagemann, Jesi, S. 138–187, hier S. 155.

5 Text: *Si loca nativitatis ...* HDFS 5,1, S. 378 Nr. 5; ebenso MGH Const. 2, S. 304 Nr. 219; deutsche Übersetzung: nach Hagemann, Jesi, S. 138; Vehse, Propaganda, S. 78f.; Schaller, Brief Kaiser Friedrichs an Jesi, S. 417–422.

6 Text: (MGH SS 16), S. 357; deutsche Übersetzung: nach EBKF, S. 28–29.

7 Text: Salimbene (MGH SS 32), S. 42f; ebenso (CCCM 125), S. 61f.; deutsche Übersetzung: GdV 93, S. 24f. sowie EBKF, S. 29f.

8 Text: Villani (Porta), 6,16, Bd. 1, S. 245–247; deutsche Übersetzung: EBKF, S. 30f.

9 Text: Collenuccio, Compendio, S. 77f.; Scritti d'Italia 115, S. 112f.; deutsche Übersetzung: HKF Berichte, S. 234f.; EBKF, S. 32.

10 Dante, *Paradiso*, XX,21; deutsche Übersetzung: Streckfuß S. 394; zu den Anfängen der normannischen Herrschaft in Süditalien Becker, Graf Roger I. von Sizilien; Schlichte, Der «gute» König; Storia di Palermo 3.

11 Görich, Staufer; Görich, Ehre; Stürner, Dreizehntes Jahrhundert.

第 2 章

1 针对乌尔斯林根的阿德尔海德是不是那个与腓特烈有感情关系的阿德尔海德这一问题，详见本书"情人"章，此外还有 Decker-Hauff, Das staufische Haus, in: Stauferkatalog Bd. 3, S. 339–373, hier S. 359 und 367；其他视角参见 Stürner, Friedrich 2, S. 92。

2 Inschrift am Krönungsort: *Hic regi corona datur*; zu den Intitulationes siehe die Texte der Urkunden in MGH DD FII und HDFS; ferner Schwalm, Reise nach Italien, S. 18–22; Kantororicz, Laudes Regiae, S. 157–166; Elze, Tre ordines per l'incoronazione, S. 1–22; Gregorovius, Wanderjahre, S. 1016.

3 Text wörtlich: *sub boni preludio regnatoris*; Hampe, Kindheit, S. 575–599 mit dem Brief S. 592–595, hier S. 594; deutsche Übersetzung: HKF Briefe, S. 8–11; Titel Capparones zitiert nach Stürner, Friedrich 1, S. 100.

4 Brief bei Hampe, Kindheit, S. 597–598; deutsche Übersetzung: HKF Briefe, S. 16–18; ferner Keupp, Bann der ritterlich-höfischen Kultur, S. 97–119 mit weiterer Literatur, Zitat ebenda, S. 100f.

5　Brief bei Hampe, Kindheit, S. 597–598; deutsche Übersetzung: HKF Briefe, S. 16–18.

6　Vgl. Kantorowicz, Kaiser Friedrich, S. 30f.

7　Breve chronicon, S. 64f.

8　EBKF, S. 42.

9　Hampe, Kindheit, S. 592ff.; deutsche Übersetzung: HKF Briefe, S. 17f.

10　RI BF 5,1, S. 130–131, Nr. 447c; RI BF 5,1, S. 170, Nr. 646b; Hucker, Kaiser Otto IV., S. 145–155; Grundman, Kaiser Friedrich II., S. 118–119.

11　Thomas Tuscus (MGH SS 22), 510–511; deutsche Übersetzung: HKF Briefe S. 27; EBKF, S. 61.

12　Annales Mediolanenses Minores (MGH SS 18), S. 392–399, hier S. 398; Notae S. Georgii Mediolanenses (MGH SS 18), S. 386–389, hier 388. 从生物学上看，鹪鹩几乎可以算是欧洲最小的鸟类。中世纪时期的人可能认为鹪鹩是世界上最小的鸟，reatinus 一词可以直译为"小鸟儿"，更能体现出轻蔑之意。

13　MGH DD F II. Nr. 171–173, S. 1–10, siehe besonders die Vorbemerkungen zu den einzelnen Stücken; lateinischer Text mit deutscher Übersetzung des Privilegs für den König von Böhmen: QDVG (AQG 32), S. 354–359, Nr. 88; ferner dazu grundlegend Wihoda, Zlatá bula; Hruza, Die drei «Sizilischen Goldenen Bullen»; Friedl, Nord-Süd-Konflikt, S. 113–121.

14　MGH DD F II. Nr. 171, S. 5: *per manus H(en)rici de Parisius notarii et fidelis nostri.*

15　Zitat nach Hruza, S. 216, Anm. 6.

16　Winkelmann, Jahrbücher 2, S. 335, Anm. 1 mit den Belegen; Kaiserchronik eines Regensburger Geistlichen, S. 403, Z. 418, 431, 442, 483; Jansen Enikels Werke, S. 554, V. 27923f.; Weltchronik Heinrichs von München. Neue Ee, über Friedrich S. 555–562, Zitat S. 556.

17　Walther von der Vogelweide, König-Friedrichston X, (L.28,31), Text: Cormeau, S. 54, (L.26,23) Cormeau, S. 50, (L.12,6 = Kreuzzug) Cormeau, S. 18, (L.18,29 =«den jungen süezen man») Cormeau, S. 36; (L.19,5=Magdeburger Weihnachsfeier) Cormeau, S. 37, (L.26,33=Ottos milte) Cormeau, S. 50, (L.28,1=von Pülle künic) Cormeau, S. 52; Neuhochdeutsch: Walther von der Vogelweide, Lieder und Sprüche. Auswahl. S. 24–29, S. 36–39, S. 48–51, S. 56–57.

第 3 章

1　关于 8 月 16 日至 9 月 7 日在施派尔大教堂挖掘皇帝陵墓的报告：Kubach/Haas, Dom zu Speyer, Bd. 1, S. 1024–1050, hier S. 1024–1026 und Anthropologische Ergebnisse, ebenda, S. 1050–1089; ferner Baumann, Kaisergräber, S. 10–12。

2　Orderici Vitalis Historia ecclesiastica (Chibnall), 12,43, Bd. 6, S. 360; Weinfurter, Herrschaftslegitimation, S. 55–96; Engels, Grablege, S. 227–254; Ehlers, Metropolis Germaniae, bes. S. 161–178; ders., Unendliche Gegenwart, S. 11–37; Meyer, Königs-und Kaiserbegräbnisse.

3　Ottonis episcopi Frisingensis (Waitz / Simson), 2,2, S.103; Schmid, «De regia stirpe Waiblingensium», S. 63–73; Lauro, Grabstätten der Habsburger, bes. S. 29–38.

4　François / Schulze, Erinnerungsorte, bes. Bd. 1, S. 11–24; Dies., Fundament der Nationen S. 17–32; Kolmer, Tod des Mächtigen; Verdery, Dead Bodies; Rader, Prismen der Macht; Ders., Grab und Herrschaft; Ders., Der umgebettete Onkel; Ders., Grablegen der Staufer; Bredekamp / Reinhardt / Karsten / Zitzlsperger, Totenkult und Wille zur Macht.

5　Reineri Annales (Pertz), S. 670; Burchardi praepositi Urspergensis Chronicon (Holder–Egger / Simson), S. 91; deutsche Übersetzung: EBKF, S. 81 und S. 83.

6　MGH DD FII S. 95–97, Nr. 213; deutsche Übersetzung: HKF Briefe, S. 31f.; ebenso EBKF, S. 81f.

7　HKF Briefe, S. 31; Schaller, Frömmigkeit, S. 493–515; Engels, Grablege, S. 247–249; Stürner, Friedrich 1, S. 162; EBKF, S. 78 und S. 81; van Eickels, Friedrich II., S. 299–300; Görich, Staufer, S. 92; Houben, Friedrich II., S. 35 und S. 154.

8　Schaller, Der heilige Tag, S. 1–24; Müller-Christensen, Tunika König Philipps, S. 219–223.

9　Görich, Staufer, S. 19 auch für das folgende.

10　RI BF 5, S. 205, Nr. 833. HDFS 1, S. 426f.; Deér, Porphyry Tombs, S. 16–20.

11　HDFS 1, S. 426; Deér, Porphyry Tombs, S. 18–19.

12　George, Gräber in Speier, S. 22–23.

13　Grundlegend dazu Duby, Sonntag von Bouvines; Delbrück, Kriegskunst 3, bes. S. 274–362 und S. 476–481; Hucker, Kaiser Otto IV., S. 303–319.

14　Text: MGH DD F. II. 2, Nr. 177, S. 17f.; auch MGH Const. 2, S. 55, Nr. 44.

15　Gamber, Bewaffnung der Stauferzeit, S. 113–118.

16　Duby, Bouvines, S. 51; auch Hucker, Otto IV., S. 557.

17　Annales S. Pantaleonis Coloniensis (MGH SS rer. Germ. 18), S. 235; deutsche Übersetzung: EBKF, S. 85.

18　Urkunde Friedrichs: HDFS 1, S. 399; deutsche Übersetzung: HKF Briefe, S. 30; Annales S. Pantaleonis Coloniensis (MGH SS rer. Germ. 18), S. 235; deutsche Übersetzung: EBKF, S. 85.

19　RI BF 4, 2, S. 243, Nr. 1530; Petersohn, Saint-Denis–Westminster–Aachen, S. 420–454; Ders., Päpstliche Kanonisationsdelegation, S. 163–206; Ders., Kaisertum und Kultakt, S. 101–146; Kerner, Karl, S. 111ff.; Folz, Le souvenir ; Ders., Culte liturgique de Charlemagne; Zender, Die Verehrung des Hl. Karl, S. 100–112, bes. S. 106–112; Brecher, Verehrung, S. 151–164; Engels, heiliger Gründer, S. 37–46.

20　RI BF 5 Nr. 811d, S. 201; Reineri Annales, S. 673; deutsche Übersetzung: EBKF, S. 86; Schaller, Kaiseridee Friedrichs II., S. 53–83, bes. S. 62; Stürner, Kreuzzugsgelübde und Herrschaftssicherung, S. 303–315; Petersohn, Kaisertum und Kultakt, bes S. 115f.; Althoff, Öffentliche Demut, S. 229–251, bes. S. 235–242.

21　MGH DD F II. 2, Nr. 204, S. 74–77; lateinischer Text mit deutscher Übersetzung: QDVG (AQG 32), S. 358365–359, Nr. 89; Stürner; Kaiser Friedrich 1, S. 159–161; MGH DD F II. 2; Nr. 369, S. 394–396: *ita quod ex tunc nec habebimus nec nominabimus nos regem Sicile*–Text auch MGH Const. 2; Nr. 58, S. 72; dazu Stürner, Friedrich 1, S. 189.

22　Text CPE = MGH Const. 2, S. 86–91, Nr. 73 unter dem Titel *Privilegium in favorem principum ecclesiasticorum*, deutsche Übersetzung mit Kommentar: EBKF, S. 97–101; lateinischer Text mit deutscher Übersetzung auch QDVG (AQG 32), S.

376–383, Nr. 95.

第 4 章

1   Winkelmann, Jahrbücher, S. 109–112, Stürner, Friedrich 1, S. 246–253, ferner Elze, Ordines, Felten, Gregor.

2   Zum Wegeverlauf Frapiselli, La via Francigena, bes. S. 25–27 und 81–87; Hack, Empfangszeremoniell, bes. S. 300–303, S. 381, S. 527–538, S. 546–548; Eichmann, Kaiserkrönung, Bd. 2, S. 3–40.

3   Elze, Ordines, bes. zu den Ordines Nr. 17 und Nr. 18 des 13. Jahrhunderts S. 61–87; Eichmann, Kaiserkrönungen, Bd. 1, S. 283–296; Elze, Kaiserkrönung um 1200, S. 365–373.

4   Zur Abfolge gemäß den Krönungsordnungen Elze, Ordines, S. 72–87; Zitat der Worte bei der Kronenvergabe: S. 55,12; S. 77,24; S. 95,16; Salusformel: S. 82,9.

5   Urkunde Kaiser Friedrichs: MGH Const. 2, Nr. 85, S. 106–109; Schaller, Krönungsgesetze Friedrichs II., LMA 5, Sp. 1550; Text der Urkunde Karls IV.: MGH Const. 11, Nr. 7, S. 9–10; Lindner, Textzeugnisse, mit weiteren wichtigen Literaturangaben.

6   *Picot-Sellschopp*, Stratordienst, Sp. 37–40; Eichmann, officium stratoris et strepae, S. 16–40; Ders., Kaiserkrönungen, Bd. 2, S. 282–300; Holtzmann, Strator-und Marschalldienst, S. 301–347.

7   Gregorovius, Rom 2,2, S. 772; Widder, Itinerar, S. 323ff.; Pirchan, Romfahrt 1, S. 303–307.

8   Zu den Reichsinsignien Pleticha, Des Reiches Glanz; Maleczek-Pferschy, Krönungsinsignien, S. 214–236; Rösch, Herrschaftszeichen, S. 30–57; Katalog Krönungen.

9   Villani (Porta) 7,1–2, Bd. 1, S. 275–279.

10   *Fredericus divina favente clementia Romanorum imperator semper Augustus et rex Sicilie–Fridericus secundus Dei gratia Romanorum imperator et semper Augustus et rex Sicilie–Imperator Fredericus Romanorum cesar, semper Augustus, Ytalicus, Syculus, Ierosolimitanus, Aralatensis (auch alemanus) Felix Pius Victor et Triumphator–* so zum Beispiel in der Confirmatio Iuramenti Hagenowensis 1221 Januar (= MGH Const. 2, S. 113); der Encyclica ad omnes fideles 1221 Februar 10 (= MGH Const.2, S. 115); Beginn des Proömiums Stürner, Konstitutionen, S. 145, Anm. a–a mit zusätzlichen griechischen Lesarten; ferner MGH DD FII 1 und 2.

11   Dante, *Monarchia* I,2,2–Text mit deutscher Übersetzung: Dante Alighieri, *Monarchia*. Studienausgabe (Imbach / Flüeler), S. 62–63; ebenso bei QGPK S. 213, Nr. 376; dazu Grasmück, Dante Alighieri: De monarchia, S. 64–78; Ubl, Engelbert von Admont.

12   Kytzler, Rom als Idee; Demandt, Spätantike, S. 264–267; Münkler, Imperien, bes. S. 127–150.

13   Isidori Hispalensis episcopi etymologiarum sive originum libri 20, lib. 9, 3 abs. 16; Wirth, Augustus I und Wolfram, Augustus II, Sp. 1231–1233.

14   Text und deutsche Übersetzung: Roma aeterna, S. 408–411; zu Georgios Stürner, Friedrich 2, S. 364; Kantorowicz, Kaiser Friedrich, S. 281.

15   Summa Parisiensis, causa 2, questio 6, cap. 3; Summa ‹Elegantius in iure divino›

seu Coloniensis, pars 5, cap. 30, S. 65; Stickler, Imperator vicarius Papae, S. 165–212, bes. S. 170; Walther, Imperiales Königtum, bes. S. 52–64; Fuhrmann, Kaiser ist der Papst, S. 99–121.

16   Fillitz, Corona, EF 1, S. 369–375; Deér, Kaiserornat Friedrichs II.

17   Angenendt, Heilige und Reliquien, bes. S. 183–186; Althoff, Öffentliche Demut, S. 229–251, bes. S. 242–247.

18   Walther von der Vogelweide, *Die ougenweide sehent die fürsten gerne* (L.18,29) Text: Cormeau, S. 36; Neuhochdeutsch: Walther von der Vogelweide, Lieder und Sprüche. Auswahl, S. 26–27; viel Material und Literatur zur gesamten Krönungsproblematik und den einzelnen Insignien findet sich in Krönungen. Könige in Aachen; ferner Schramm, Herrschaftszeichen und Staatssymbolik; Petersohn, Insignien, S. 71–119; Mentzel-Reuters, Die goldene Krone, S. 135–182.

19   Zum gesamten Komplex der Münzen Grierson / Travaini, Medieval European Coinage, Nr. 515; Travaini, Monete di Federico II, S. 655–668; Travaini, Federico II mutator monetae, S. 339–362; Kamp, Moneta regis; Kluge, Numismatik des Mittelalters, S. 127 und S. 378, Nr. 829a (=Halbaugustale) und Nr. 829b (=Augustale); Berger, Münzprägung, S. 208–217 und S. 350–354; Matzke, Kaiser im Münzbild, S. 173–204; Stürner, Friedrich 2, S. 250–252; Kantorowicz, Kaiser Friedrich, S. 204–206 sowie Ergänzungsband, S. 255–263 mit Abbildungen auf Tafel 1.

20   Villani (Porta), 7,21, Bd. 1, S. 301–302; auch Villani illustrato, S. 130.

21   EF 2, S. 803–808; Rüegg, Geschichte der Universität, bes. S. 49–99; Gründungsdokumente mit Kommentar EBKF, S. 131–138.

22   HDFS 2,1, S. 450–453; Ryccardi de Sancto Germano (Garufi) 7, 2 S. 113–116; deutsche Übersetzung: HKF Briefe, S. 69–72; EBKF, S. 132–134.

第 5 章

1   MGH Const. 2. Suppl.: Stürner, Konstitutionen Friedrichs II., mit einer allgemeinen Einleitung S. 1–142; Conrad / von der Lieck-Buyken / Wagner, Konstitutionen Friedrichs II.; ferner zur ausführlichen Rezeptionsgeschichte Stürner, Friedrich 2, S. 189–210; zu den Amtsträgern Friedl, Studien.

2   Leppin, Gesetzgebung Iustinians, S. 457–466, hier S. 549; Dante, *Monarchia*, Studienausgabe, S. 21; Demandt, Idealstaat, S. 152–164 und S. 396, Ders., Spätantike, S. 236–237, S. 254–255; Willoweit, Römisches Recht, S. 241–257; Lindner, Goldene Bulle, S. 310–321.

3   MGH DF. I., 2 Nr. 238; Jordan, Ronkalische Reichstage, Sp. 1138–1140; Willoweit, Rezeption und Staatsbildung im Mittelalter, S. 19–44; Dilcher, Kaisergedanke als Rechtslegitimation, S. 153–170; Reinhard, Staatsgewalt, bes. S. 288f.

4   Gregor von Montesacro: «*Siculi iuris conditor*»; Raimund von Peñafort: *Imperatores, reges et omnes principes, hac sine distinctione, omnis homo pertinet ad iudicium ecclesiasticum ratione peccati*; Papst, Montesacro, S. 27.

5   Stürner, Konstitutionen, S. 148–151; deutsche Übersetzung: EBKF, S. 221; Vogeler, «Veröffentlichungen» von Urkunden, S. 343–361; Töpfer, Urzustand und Sündenfall, bes. S. 321–324.

6　　Stürner, Konstitutionen, S. 153–154; deutsche Übersetzung: EBKF, S. 222.

7　　Stürner, Konstitutionen, S. 159–161; deutsche Übersetzung: EBKF, S. 223.

8　　Stürner, Konstitutionen, S. 172–174; deutsche Übersetzung: EBKF, S. 224.

9　　Stürner, Konstitutionen, S. 416; Sloterdijk, Globen, S. 351–353.

10　Stürner, Konstitutionen, S. 452–453; deutsche Übersetzung: EBKF S. 232f.

11　HDFS; Höflinger / Spiegel, Ungedruckte Stauferurkunden, S. 75–11; Koch, Neugefundene Urkunden Friedrichs II., S. 465–477.

12　Edition: Registro della Cancellaria (Carbonetti Venditelli); Zitat Sthamer: BBAW Archiv «II–IV, 180 Personalakte Sthamer, Nr. 36», Antrag vom 29. Juli 1920; ein vor der Vernichtung angefertigter Film von dem Register ist einsehbar bei den MGH in München unter: http://www.MGH-bibliothek.de/friedrich_ii/index.htm.

13　*De mandato imperiali facto per iudicem T(addeum) de Suessa scripsit Iacobus de Bantra G(uillelmo) de Laurentio de Suessa provisori castrorum* – Registro, S. 608–610 Nr. 633–644; RI BF Nr. 2853; Sthamer / Houben 3, S. 72, Nr. 1413.

14　Zitat Gleixner, Sprachrohr; Vorbemerkungen zu MGH DD FII, Nr. 299, S. 258–261, Nr. 358, S. 370–373, Nr. 364, S. 383–385; Bresslau, Handbuch der Urkundenlehre; Schaller, Kanzlei Kaiser Friedrichs II.; Koch, Kanzlei-und Urkundenwesen Friedrichs II., S. 595–619; Stürner, Friedrich 2, S. 34–39.

15　15 ASV, AAArm I–XVIII, Nr. 38; Erben, Rombilder.

16　Kunde, Reichskatalog, S. 310–312; UB Naumburg 2, Nr. 89, 92, 93, 106, 108, 142, 143, 144, 145, 160, S. 185–186; Erben, Rombilder; Petersohn, Heinrich Raspe und die Apostelhäupter.

17　ASV, AAArm.I–XVIII 96, Transsumpt 1245 Juli 13.

18　Text CPE = MGH Const. 2, S. 86–91, Nr. 73 unter dem Titel *Privilegium in favorem principum ecclesiasticorum*, deutsche Übersetzung mit Kommentar: EBKF, S. 97–101; lateinischer Text mit deutscher Übersetzung: QDVG (AQG 32), S. 376–383, Nr. 95; Text SFP= MGH Const. 2, S. 211–213, Nr. 171 unter dem Titel *Constitutio in favorem principum*, deutsche Übersetzung mit Kommentar: EBKF, S. 258–263, lateinischer Text mit deutscher Übersetzung: QDVG (AQG 32), S. 434–439, Nr. 114; Klingelhöfer, Reichsgesetze; Zinsmaier, Diplomatik, S. 82–117; Stürner, Friedrich 1, S. 235–238.

19　Fried, Mittelalter, bes. S. 291–301, hier S. 292.

20　Text: MGH Const. 2, Nr. 197, S. 263–265; deutsche Übersetzung mit Kommentar: EBKF, S. 309–314; lateinischer Text mit deutscher Übersetzung: QDVG (AQG 32), S. 484–491, Nr. 120; Schlinker, Fürstenamt und Rezeption, S. 70–92; Schneidmüller, Welfen.

21　Lateinischer Text: MGH Const. 2, Nr. 196, S. 241–247; Mittelhochdeutsche Varianten ebenda S. 248–263; lateinischer Text mit deutscher Übersetzung: QDVG (AQG 32), S. 462–485, Nr. 119; Angermeier, Königtum und Landfriede, bes. S. 1–33; Görich, Katalog Reichsausstellung, S. 301–309.

22　Text der Urkunde Friedrichs I. Barbarossa: MGH DD FI. S. 284, Nr. 166; Text der Urkunde Friedrichs II.: MGH Const. 2, Nr. 204, S. 274–276; deutsche Übersetzung mit Kommentar: EBKF, S. 315–321; lateinischer Text mit deutscher Übersetzung: QDVG (AQG 32), S. 496–503, Nr. 123; Urkundenregesten Hofgericht, Bd. 2, bes. S. 349–351, Nr. 413; Yuval, Das Jahr 1240, S. 13–40; Diestelkamp, Vorwurf des

Ritualmordes, S. 19–39; Rubin, Corpus Christi; Rubin, Gentile Tales; Rubin, Blut, S. 89–101; Stürner, Friedrich 2, S. 321–323.

23　MGH Const. S. 275; deutsche Übersetzung: nach EBKF, S. 319f., leicht verändert; Eickels, Legitimierung von Entscheidungen, bes. S. 391.

24　MGH Const. S. 275; deutsche Übersetzung: nach EBKF S. 319f., leicht verändert.

25　Richeri gesta Senonensis ecclesiae (MGH SS 25), cap. 38, S. 324; deutsche Übersetzung mit Kommentar: EBKF, S. 322f.; Sommerlechner, Stupor, S. 544 Nr. 121.

26　Texte: MGH Const. 2, Nr. 85, S. 106–109, Nr. 100, S. 126–127; Nr. 157 und 158, S. 194–197; Nr. 209–211, S. 280–285; Selge, Ketzerpolitik Friedrichs II., S. 309–343; Buschmann, Inquisition und Prozeß, S. 67–93; Fischer, Herrscherliches Selbstverständnis, S. 71–108; Tönsing, Contra hereticam pravitatem, S. 285–311.

27　MGH Const. 2, Nr. 100, S. 126; Mommsen, Römisches Strafrecht, S. 576, S. 643, S. 916, S. 923.

28　MGH Const. 8, Nr. 100, S. 142–163, hier S. 160.

第 6 章

1　Zitat: von Rohr, Ceremonial-Wissenschaft, S. 2; Wagner, Bauten des Stauferkaisers Friedrichs II., S. 11f.

2　Houben, Castel del Monte, EF1, S.237–242; Licinio, Castel del Monte; Schirmer, Castel del Monte; Sack, Castel del Monte, S. 144–145; Capaldo, Castel del Monte; Luchterhan, Architettura, Regno di Germania, EF1, S. 66–74; Pistilli, Architettura, Regno d'Italia, EF1, S. 74–80; Bozzoni, Architettura, Regno di Sicilia, EF1, S. 80–91.

3　Text des Mandates: Registro, S. 460; Wagner, Bauten, S. 63, Anm. 312.

4　Gregorovius, Wanderjahre, S. 885.

5　Ferdinand Seibt, Karl IV., S. 392.

6　De Vita, Castelli; Cristallo, Nei castelli di Puglia; Rescio, Archeologia; Gelao, Castelli; Houben, Beitrag, S. 33–49; Knaak, Augusta, S. 94–114; Liessem, Prato, S. 130–143; Pistilli, Castelli, Regno d'Italia, EF1, S. 263–270; Lazzari, Castelli, Regno d'Italia, sistema dei, EF1, S. 263–270; Calò Mariani, Castelli, Regno di Sicilia, Architettura, EF1, S. 270–277; Houben, Castelli, Regno di Sicilia, sistema dei, EF1, S. 277–281.

7　Cadei, Castelli federiciani, S. 183–201.

8　Albrecht, Maultier und Kamera, Zitat: S. 53; Houben, Hundert Jahre, S. 103–136; Sthamer, Verwaltung der Kastelle; Ders., Beiträge zur Verfassungsgeschichte; Ders., Geschichte der Kastellbauten, Bände 1–3.

9　Lampedusa, Leopard, S. 43；由于种种原因，特别是二战的影响，城堡文献的编辑工作被一再推迟。近些年来，因战争的影响而停滞多年的城堡研究工作，在罗马德国历史研究所所长阿诺尔德·埃施和米夏埃尔·马特乌斯的领导下再次推进。来自莱切的胡贝特·霍本在这一方面立下了特殊功劳，其最终成果被编辑成《腓特烈二世及安茹的查理一世城堡建设历史档案》（ *Dokumente zur Geschichte der Kastellbauten Friedrichs II. und Karls I. von Anjou* ）。爱德华·斯塔默尔向普鲁士科技部提出的申请：BBAW Archiv, «II–IV, 180 Personalakte

Sthamer», Zitat aus Antrag vom 19. Juli 1924, Nr. 59; Tagebücher: BBAW Archiv, «Nachlaß Sthamer, Tagebücher», Einträge vom 12. und 13. Mai 1931 in Neapel, S. 138–141 und vom 6. April 1932 in Brindisi, S. 332；此处首次引用了长期以来被认为已经遗失的斯塔默尔的三册日记，日记不仅记载了斯塔默尔在南意大利各档案馆的搜索情况，还包含了他对当地居民日常生活的观察。目前正在计划编辑出版这批日记。

10　Ryccardus de Sancto Germano (Garufi), S. 116f.; Stürner, Friedrich 2, S. 26f.

11　Friedl, Beamtenschaft.

12　RI BF 5, 3 Verzeichnis der Aufenthaltsorte Friedrich II. S. CXXVI–CXXX; zum Problem des Itinerars als historische Quelle Müller-Mertens, Reichsstruktur.

13　Zitat Gregorovius, Wanderjahre, S. 791; Pacichelli, Regno di Napoli, hier Bd. 3, S. 113–155 mit der Abbildung vor S. 113, unter der Nummer 2: Casa di Fed(eric)o Imp(erador)e, sowie der Beschreibung S. 114; Jarussi, Foggia, mit den historischen Stadtplänen S. 27 bis S. 37 und S. 78; Martin, Foggia, EF1, S. 656–658; Troia, Foggia e la Capitanata; Leistikow, Residenzpalast, S. 66–80 mit den Belegen und weiterführender Literatur.

14　Andreas Ungarus, Descriptio victoriae, S. 559–580, hier S. 571; deutsche Übersetzung in Anlehnung an Willemsen, Triumphtor, S. 5, der lateinische Text ebenfalls dort S. 77, Anm. 3; Michalsky, Memoria und Repräsentation, S. 190–196, bes. auch S. 191, Anm. 108 zu den unterschiedlich überlieferten Varianten der ersten Zeile *concordia – custodia*; D'Onofrio, Capua, porta di, EF1, S. 229–236; Esch, Antico, reimpiego e imitazione dell', EF1, S. 44–49; Ders., Friedrich II. und die Antike, S. 201–234; Ders., Landschaften der Frührenaissance, bes. S. 74.

15　Kantorowicz, Kaiser Friedrich, S. 483; Esch, Antike, S. 208.

16　Michalsky, Memoria, S. 196; Michalsky, ponte Capuano, S. 137–151; Claussen, Capuaner Brückentor, S. 116–121; Broekmann, ‹Rigor iustitiae›, bes. S. 1–4.

17　Gregorovius, Wanderjahre, S. 996.

第 7 章

1　Salimbene (MGH SS 32), S. 349: «*pulcher homo et bene formatus, sed medie stature fuit*».

2　Boccaccio, *Decameron*, Bd. 1, S. 600f.; Russo, Federico II e le donne; Oster, Frauen Kaiser Friedrichs II.; Simonsfeld, Heiratsprojekte, S. 543–548; Decker-Hauf, Staufische Haus, S. 358–368; Frauen der Staufer, Göppingen 2006; Hechelhammer, Friedrich II. und seine Ehefrauen, S. 123–131.

3　Camilleri, Friedrich II. ein unmögliches Interview, S. 47–60, hier S. 50–51.

4　Text: Hewlett, Rogeri de Wendover, hier Bd. 3, S. 108–112; ebenso Roger, Flores (MGH SS 28), S. 70–73; deutsche Übersetzung auch für die folgenden Zitate: HKF Berichte, S. 47–52; EBKF, S. 288–291.

5　Text der Urkunde: MGH Const. 2, Nr. 188, S. 230–231.

6　MGH Const 2, Nr. 190 S. 232; Kluge, Numismatik, S. 151–157.

7　Roger (MGH SS 28), S. 70–73; deutsche Übersetzung: EBKF, S. 290–291.

8　Matthaeus Paris (MGH SS 28), S. 131; deutsche Übersetzung: EBKF, S. 292.

9　Haseloff, Kaiserinnengräber in Andria.

第 8 章

1　Dante, *De vulgari eloquentia* I/12; Panvini, Poeti italiani, S. 228–231, hier S. 228; deutsche Übersetzung: Willemsen, Dichterkreis, S. 28–31, hier S. 29; Baer, Dichterschule, S. 93–107; Münkler / Grünberger / Mayer, Nationenbildung, bes. S. 103–110 und 135–144.

2　Pabst, Gregor von Montesacro; Stürner, Rezension, HZ 278 (2004) S. 168f; Raulff, Künstlerstaat; Elias, Zivilisation.

3　Texte in Volgare mit deutscher Übersetzung: Willemsen, Dichterkreis; einige Texte auch bei Panvini, Poeti italiani, S. 228–231, die hier zitierten deutschen Übersetzungen folgen Willemsen, Dichterkreis, S. 29, S. 32–35, S. 37, S. 43, S. 45, S. 59, S. 105.

4　Rädle, Selbstkonstituierung, S. 332–354, Zitat und Übersetzung: S. 332–333; Quilichinus von Spoleto, Kirsch, Historia Alexandri Magni (Rezension J³); Reichert, Geographisches Wissen, S. 131–143, bes. S. 138 zu Quilichinus von Spoleto; Ross, Alexander historiatus; Mütherich, Handschriften, S. 9–21, bes. S.17–18; Kloos, Alexander der Große, S. 395–417, bes. S. 405–407; Demandt, Alexander der Große, S. 429.

5　von den Steinen, Staatsbriefe, S. 31–33; ebenso HKF Briefe, S. 215; Salimbene (MGH SS 32), S. 94; deutsche Übersetzung: GdV 93, S. 77; Kloos, Petrus de Prece, S. 170; Kantorowicz, Kaiser Friedrich, S. 450.

6　Maddalo, Petrus de Ebulo; ältere Ausgabe: Daneu Lattanzi, Petrus de Ebulo; Maddalo, De Balneis; Kauffmann, Baths of Pozzuoli; Calatura zitiert nach Rösch/ Rösch, Friedrich, S. 86.

7　Am Schluss des Werkes *De Balneis* die Verba Auctoris: *Suscipe, Sol Mundi, tibi quem presento libellum. / De tribus ad Dominum tercius iste venit. / Primus habet patrios civili marte triumphos. / Mira Friderici gesta secundus habet; / Tam loca, quam vires, quam nomina pene sepulta, / Tercius Eboicis iste reformat aquis. / Cesaris ad laudem tres scripsimus ecce libellos*; Ryccardus de Sancto Germano (Garufi), S. 147–148; Hageneder, Sonne-Mond-Gleichnis, S. 340–368.

8　Mütherich, Handschriften, S. 9–21, Zitat S. 13; Grebner, Interkulturalität, S. 7–11, hier S. 7; Grebner, Liber Introductorius, S. 250–257; Grabmann, Philosophie, S. 103–137.

9　Haskins, Medieval Science; Akasoy, Philosophie und Mystik, mit dem arabisch-deutschen Text; Akasoy, Sicilian Questions, S. 15–24; Stürner, Friedrich 2, S. 390–397; Kantorowicz, Kaiser Friedrich, S. 270f.

10　Dante, Inferno, XX,115–123, deutsche Übersetzung: Streckfuß, S. 87; Löwe, Dante und die Staufer, S. 277–297.

11　Walther von der Vogelweide, *Von Rôme keiser hêre, ir hânt alsô getân* (L. 84,30) Text: Cormeau, S. 186; Neuhochdeutsch: Walther von der Vogelweide, Lieder und Sprüche. Auswahl, S. 56–59.

12　Haskins, Medieval Science; Thorndike, Michael Scot; Cardini, Europa und der Islam, S. 117–140.

13　Ackermann, Habent, S. 275f.

14　Bayerische Staatsbibliothek München, Clm 10268; zur Handschrift Bauer, Liber

Introductorius.

15 *caret enim stellis parissibilibus, sed quaedam sunt in vexilio*–Bauer S. 77f. und S. 144. Anm. 512.

16 Francesco Pipino, Chronicon 2, 39; deutsche Übersetzung: HKF Berichte, S. 231.

17 Bussotti, Fibonacci, S. 235–249; Stürner, Friedrich 2, S. 385–397.

18 Willemsen, Dichterkreis, S. 30f.

第 9 章

1 Nibelungenlied (de Boor), Strophe 2, S. 3, Strophe 13–19, S. 6–7; Nibelungenlied (Simrock) S. 6–11; Hartman von Aue, Erec, (Leitzmann); v.1941–2064, S. 57–61; Bumke, Hofkultur, Nagel, Staufische Klassik; Weil, Falkenlied; Peters, Falke, Falkenjagd, Falkner und Falkenbuch, Sp. 1251–1366; Menzel, Falkenbuch, S. 342–359; Ders., Naturkunst, S. 51–61.

2 Boccaccio, *Dekameron*, Bd. 1, S. 628–637.

3 Collenuccio, Compendio; Albert von Stade, Annalen zu 1220 (MGH SS 16), S. 357; RI BF Nr. 2668; HDFS 5,1 S. 527 und S. 635; Mandat vom 26. Dezember 1239 ebenso im Registerfragment von 1239/40, Bd. 1 Nr. 366, S. 371; Villani (Porta), 7,1, Bd. 1, S. 277; deutsche Übersetzungen: HKF Briefe, S. 264 und S. 269–272; weitere Belege Fried, Friedrich als Jäger, S. 120 A 30 und S. 123–124, Stürner, Friedrich 1, S. 43–46; Giese, Tierhaltung, S. 121–154.

4 关于驯隼方面的问题，笔者多年来与吕根岛拉尔斯维克（Ralswiek）的驯隼人福尔克尔·瓦尔特讨论，收获颇多，他为笔者细致讲解，并给笔者实际展示，为此笔者要向他致谢。在他的影响下，笔者真正感受到了用隼行猎特殊的魅力。

5 Lübeckisches UB Bd. 3, S. 191, Nr. 191 (1354), S. 459 Nr. 451 (1364) und Bd. 4, S. 307, Nr. 287; RI BF Nr. 2808; HDFS 5,2, S. 748–749; Mandat vom 11. Februar 1240 ebenso, Registrum Bd. 2, Nr. 579, S. 548–549; Spies, Falkensteuer, S. 325–336; Kantorowicz, Kaiser Friedrich, Ergänzungsband, S. 137–141 sowie Exkurs 5 S. 273–283 mit einer Liste von Namen kaiserlicher *valetti*; Keupp, Bann der ritterlich-höfischen Kultur, S. 97–119 mit weiterer Literatur, Zitat S. 111.

6 FAZ 17.10. 2000 S. 47.

7 *De arte venandi cum avibus*, BAV Ms.Pal.Lat.1071, Text: Willemsen 1942; deutsche Übersetzung und Kommentar: Willemsen 1964/1970; Faksimile: Willemsen 1969 und Willemsen 2000; Kinzelbach, Modus auium, S. 62–135; zum Moamin Georges, Das zweite Falkenbuch; Georges, *Moamin*-Tradition, S. 197–217; Fried, Friedrich als Jäger; Fried, zweites Falkenbuch.

8 Willemsen, Kommentar 1964/1970, S. 230f., Abbildung des Originals Tafel VIII, S. 93ff.; Walz / Willemsen, S. 5.

9 Fried, Friedrich als Jäger, S. 115; Fried, Handschrift des Guilielmus Bottatius, S. 179–196.

10 Akasoy / Georges, Falken-und Hundebuch, bes. S. 66–68; Akasoy, Vorlagen des *Moamin*, S. 147–156; Georges, *Moamin*-Tradition, S. 197–217.

11 Willemsen, Edition, Bd. 1, S. 2; Willemsen, deutsche Übersetzung: Bd. 1, S. 6. Willemsen, Falkenbuch 1973 S. 15.

12 Willemsen, Edition, Bd. 1, S. 3–5; Willemsen, deutsche Übersetzung: Bd. 1, S. 7–9.

13 Willemsen, Falkenbuch 1973, S. 16.

14 Fried, Friedrich als Jäger, S. 122; sowie Willemsen, Falkenbuch 2, S. 44ff.

15 Ciento Novelle antiche, Nov. 90; deutsche Übersetzung: Ulrich, Erzählungen, S. 93.

第 10 章

1   Beide Exemplare heute Geheimes Staatsarchiv Preußischer Kulturbesitz, Königsberger Exemplar: «XX HA Urkunden Schieblade 20 A»; Warschauer Exemplar: «Schieblade 109» (nur eingeschränkt benutzbar); Text: Preußisches Urkundenbuch 1,56; lateinischer Text mit deutscher Übersetzung: QDVG (AQG 32), S. 404–411, Nr. 104; Text des Königsberger Exemplars nur in deutsche Übersetzung mit Kommentar: EBKF, S. 139–143; Militzer, Geschichte, bes. S. 12–27; Boockmann, Orden, bes. S. 17–65; Arnold, Hausorden, S. 10–28; Labuda, Anfänge, S. 153–172; Kluger, Hermann von Salza, bes. S. 54–65; Woj tecki, Orden, S. 187–224; Jasin´ski, Kruschwitz, bes. S. 71–153, Zitat S. 71; Morton, Teutonic Knights, bes. S. 9–42.

2   Deutsche Übersetzung: QDVG (AQG 32), Nr. 104, S. 404–410; ebenso EBKF, S. 139–143 mit Kommentar.

3   Hampe, Kindheit, S. 597–598; deutsche Übersetzung: HKF Briefe, S. 16–18; Mitteis, Staat, S. 367; Keupp, Bann der ritterlich-höfischen Kultur, S. 97–119.

4   Göbbels, Militärorganisation, S. 468–500; Thorau, Krieg, S. 599–634; Cardini, Ordinamenti militari, S. 87–101; Meier-Welker, Militärwesen, S. 9–48; Delbrück, Kriegskunst, Bd.3, S. 213f., S. 367–369 und S. 403–414.

5   Kantorowicz, Kaiser Friedrich, S. 391; Thorau, Krieg, S. 617–625.

6   Goebbels, Militärorganisation, S. 488; Thorau, Krieg, S. 617–625.

7   Villani (Porta), 6,38, S. 269; Herde, Guelfen und Neoguelfen, S. 259–398.

8   Machiavelli, Geschichte von Florenz, S. 47.

9   Delbrück, Kriegskunst, Bd. 3, S. 405–415; Hadank, Cortenuova, der ausführlich die verschiedenen Quellen dazu diskutiert; übersetzte Quellenauszüge: HKF Briefe, S. 385–404; Stürner, Friedrich 2, S. 334–341; Caproni, Cortenova; Fornari, Federico II, Bari 2000.

10 Matthaeus Paris (MGH SS 28), S. 146; deutsche Übersetzung: EBKF, S. 329; ferner Prietzel, Kriegführung im Mittelalter, S. 198–20.

11 EBKF, S. 333–336.

12 Voltmer, Fahnenwagen, Sp. 229–230; Ders., Carroccio; Zug Tucci, Carroccio, S. 1–104; Salimbene (MGH SS 32), S. 213; deutsche Übersetzung: GdV 93, S. 188.

13 HDFS 5, S. 161–163, deutsche Übersetzung: HKF Briefe, S. 401–403; EBKF, S. 343f.; Thumser, Rom, S. 290f.; Vehse, Propaganda, S. 63f.; Kantorowicz, Kaiser Friedrich, S. 408–416.

14 HDFS 5, S. 163, Anm. 1; deutsche Übersetzung mit leichter Änderung: HKF Briefe, S. 402f.

15 Muratori, Antiquitates, Bd. 5, bes. S. 203–214 mit den Inschriften S. 210; ebenso die italienische Übersetzung des Werkes durch seinen Neffen Gian-Francesco Soli Muratori, Dissertazioni, Bd. 1, S. 441–445; Forcella, Iscrizioni, Bd. 1, Nr. 1, S. 25;

Gregorovius, Geschichte der Stadt Rom, Bd. 5, S. 184–189; Guarducci, Federico II e il monumento del Carroccio, S. 83–94; Dies., L'iscrizione sul monumento, S. 75–84; wiederabgedruckt in: Studi normanni e federiciani, S. 87–98 und 99–108 mit Abbildungen der Inschrift und der Säulen.

16　Matthaeus Paris (MGH SS 28), S. 146; deutsche Übersetzung: EBFK, S. 332.

17　Salimbene (MGH SS 32), S. 203f.; deutsche Übersetzung: GdV 93, S. 33 und S. 174.

18　Salimbene (MGH SS 32), S. 203f.; deutsche Übersetzung: GdV 93, S. 33 und S. 174f.

19　Salimbene (MGH SS 32), S. 203f.; deutsche Übersetzung: GdV 93, S. 174f.

20　Stürner, Konstitutionen, S. 159–161; deutsche Übersetzung: EBKF, S. 223.

第 11 章

1　RI BF Nr. 1730a–1732, S. 348; Pryor, Crusade, S. 113–132. 绝大多数文献记载的是 40 艘桨帆船，但根据诺瓦拉的菲利普（Philipp von Novara）的记载，当时有 70 艘各式船只到达塞浦路斯的利马索尔。但由于腓特烈统率的是一支配备了马匹的全副武装的军队，他就必须拥有比文献中记载的 40 艘桨帆船还要多得多的船只。皇帝 1228 年从布林迪西出发后曾发布一封信函（Druck: Winkelmann, Acta imperii inedita 1, Nr. 301, S. 271–272），他在信中提到自己率 60 艘桨帆船往塞浦路斯方向进发。人们可以估计出腓特烈舰队的行驶速度，因为《西西里大事简编年史》提到了舰队出发和到达的时间，以及此次"越岛行动"经过的站点。借助三段路程，笔者粗略计算出平均速度，同时考虑到了其他较大的不确定因素：实际经过的航线要比在航海图上用尺规测量的距离长得多，因为一方面在海上来回航行会使路途变长；另一方面，对水速度和对地速度会因为洋流和航差的影响而产生两个完全不同的数值。例如：奥特朗托至科孚岛的距离约为 90 海里，航行花费了 36 小时，速度约为 2.5 节；克里特岛距罗得岛约 140 海里，用时同样 36 小时，速度约为 3.8 节，菲尼凯至利马索尔约 220 海里，用时约 60 小时，速度约为 3.7 节，即每小时 5—7 千米；舰队在其他航线的行驶速度想必也不会更快。

2　Mollat du Jourdin, Europa und das Meer, bes. S. 41–59.

3　Matthaeus Paris (MGH SS 28), S. 130.

4　Brief an den König von England vom 18. Mai 1241; Text: HDFS 5,2, S. 1123–1125, hier S. 1124; deutsche Übersetzung: HKF Briefe, S. 501–504; Houben, Enrico, Conte di Malta, S. 522–524.

5　Text: MGH Const. 2, Nr. 85, S. 106–109; Schaller, Krönungs-gesetze Friedrichs II., Sp. 1550; Lieberich, Grundruhr, Sp. 1753–1754.

6　RI BF Nr. 2617.

7　Cohn, S. 132 und S. 135; Böhland, Achsen der Weisheit, S. 219–233 und S. 425–466; Frugoni, Brille, zu Kompass und Heckruder S. 156–157.

8　Pryor, Crusade, S. 113–132; Ders., Transportation of Horses 1, S. 9–27, 2, S. 103–126; Dotson, Ship types, S. 63–76; Gertwagen, Harbours and facilities, S. 237–241.

9　MGH Const. 2, Nr. 102, S. 129–130; Pryor, Crusade, S. 124; Cohn, Flotte, S. 27; Hechelhammer, Kreuzzug, S. 164–167.

10　Pryor, Crusade, S. 116: his forces were abysmally ill-equipped for a campaign in the Nile delta.

11   RI BF Nr. 7259, 13293, 13298a, 13346a, 13348.

12   Stürner, Friedrich 2, S. 242; Bündnis: Annales Ianuenses ad 1238 (MGH SS 18), S. 188f.; HDFS 5, S. 205–207; HDFS 5, S. 237–239; Vertrag: Acta imperii 2, S. 689f. Nr. 1028; Piraten: HDFS 5, S. 687; Gegenschlag der Venezianer: Ryccardus de Sancto Germano ad 1240 (Garufi), S. 207; Cohn, Flotte S. 49–53.

13   Text: Annali Genovesi di Caffaro (Belgrano); Annales Ianuenses (MGH SS 18), S. 226–248; deutsche Übersetzung: GdV 76–77; ferner Sommerlechner, stupor, S. 507–508.

14   HDFS 5, S. 1123–1125: Brief an den König von England vom 18. Mai 1241, deutsche Übersetzung: HKF Briefe, S. 501–504; Dichtung eines unbekannten Ghibellinen, Text bei: Holder-Egger, Italienische Prophetien, S. 321–386, hier S. 351f. und S. 364f.; ferner Graefe, Publizistik, S. 87.

15   Matthaeus Paris (MGH SS 28), S. 217; deutsche Übersetzung zitiert nach Cohn, Flotte, S. 53, auch HKF Briefe, S. 504–505.

16   Annales Ianuenses 1242 (MGH SS 18), S. 203; Brief Friedrichs: HDFS 6, S. 16.

第 12 章

1   Maximi episcopi Taurinensis sermones 38,4, S. 150; als Pseudo-Augustin, De sepultura Domini, Migne PL 39, Sp. 2204; Petrus Venerabilis, Sermones 2, Migne PL 189, Sp. 987C; Papst Alexander III. in der Bulle Cor nostrum vom 16. Januar 1181, RPR, Nr. 14360, S. 413, Text: Migne PL 200, Sp. 1296B; ferner Angenendt, Religiosität im Mittelalter, bes. S. 208–212 und S. 436–438; von den Brincken, Finis Terrae, bes. S. 81 und S. 180–183; Lobrichon, Eroberung Jerusalems.

2   Otto von Botenlauben, Lied XII; zitiert nach Hucker, deutsche Kreuzzugsbewegung S. 42–43; Walther von der Vogelweide, Nû alrêst lebe ich mir werde (L.14,38 und L.16,29) Cormeau S. 24–29; Neuhochdeutsch nach Witt, S. 299–303 und Maurer, S. 157–161.

3   Kotzur, Kreuzzüge; Riley-Smith, Kreuzzüge; Jaspert, Kreuzzüge; Mayer, Bibliographie Kreuzzüge; Edbury, John of Ibelin; Jacoby, Hohenstaufen Power in the Levant, S. 83–101; Mayer, Kanzlei; Runciman, Kreuzzüge, bes. Bd. 3, S. 176–211; Setton, Crusades, bes. Bd. 3, S. 429–462.

4   Leben in Outremer: Runciman, Kreuzzüge, S. 595–629; Phillips, Orient, S. 134–166.

5   Röhricht, Regesta Hierosolymitani, Nr. 658–670, S. 175–179 und Additamentum, Nr. 664a, S. 45f.; Runciman, Kreuzzüge, Bd. 2, S. 423–458; Setton, Crusades, Bd. 1, S. 590–621; Möhring, Saladin; Kedar, Horns of Hattin.

6   Kestner, Kreuzzug Friedrichs II.; Röhricht, Kreuzfahrt, S. 112–208; Regesta regni Hierosolymitani, Nr. 992–1014, S. 261–266; Additamentum, Nr. 997, S. 62; Hiestand, Friedrich II. und der Kreuzzug, S. 128–149, zur Anzahl der Schiffe S. 142, Anm. 42; zu geographischen Vorstellungen Reichert, Geographie, S. 433–491, bes. S. 467; zu militärischen Aspekten Neumann, Heer Kaiser Friedrichs II., S. 1–30; Jacoby, La dimensione imperiale, S. 31–35; Musca, Crociata, EF1, S. 401–416; Hechelhammer, Kreuzzug und Herrschaft; Morton, Teutonic Knights, bes. S.

43–84; Rader, Friedrich II. und Jerusalem, S. 104–111; EBKF, S. 84–88.

7　*Narratio de morte Ottonis IV. Imperatoris*; zitiert nach Hechelhammer, Kreuzzug und Herrschaft, S. 36.

8　Weinfurter, Reich im Mittelalter, bes. S. 164–180, hier S. 167.

9　Breve chronicon, S. 86–87; Mayer, Kreuzzüge, S. 210; Hiestand, Kreuzzug, S. 140; Hechelhammer, Kreuzzug und Herrschaft, S. 270–272; Philipps, Orient, S. 151–156.

10　Annales S. Iustinae Patavini (MGH SS 19), S. 153.

11　Neumann, Untersuchungen, S. 14; Kaiserchronik, S. 405, Z. 554–555; Weltchronik Heinrichs von München. Neue Ee, über Friedrich S. 555–562, hier S. 560; Ryccardus de Sancto Germano (Garufi) S. 158–160; Cohn, Flotte, S. 30–32; Pryor, Crusade, S. 127–128; Hechelhammer, Kreuzzug und Herrschaft, S. 258–265, sowie besonders das prosopographische Verzeichnis der Kreuzfahrer S. 327–386; zu den Herren von Runkel Hegen, Neurübenstein.

12　Vertrag von San Germano 1225: MGH Const. 2, S. 129; Pryor, Crusade, S. 114–115; Cohn, Flotte, S. 27–28.

13　Röhricht, Regesta Hierosolymitani, Nr. 997, S. 262; zu den Bestimmungen des Vertrages MGH Const. 2, Nr. 120–121, S. 160–162; Kluger, Hermann, S. 74–78.

14　Cassirer, Begriff der symbolischen Form; Bourdieu, Soziologie; Edelman, Politik als Ritual; Meyer, Inszenierung des Scheins; Althoff, Spielregeln; Althoff, Kommunikation.

15　RI V, Nr. 1738a, S. 352; Friedrichs Brief: HKF Briefe, S. 171; Freidanks Bescheidenheit, S. 201, Vers 160, 16f.; Röhricht, Kreuzfahrt, S. 43f.; Mayer, Pontifikale, S. 141–232; Schaller, Endzeiterwartung, S. 33–34; Möhring, Weltkaiser; Wenzel, Thomasin; Willms, Thomasin.

16　Register Papst Gregors IX.: ASV Reg. Vat. 14 fol. 116v–117v und fol. 118r–119v; Text: MGH Const. 2, Nr. 122 und Nr. 123, S. 162–167 und 167–168, hier S. 166; dazu Kluger, Hermann, S. 86–95.

17　Tabulae Ordinis Theutonici, Nr. 52–53, S. 42–44, Nr. 59–60, S. 48–50 und Nr. 65–70, S. 53–56; HDFS 3, S. 117–128; Labuda, Anfänge des Deutschen Ordens, S. 153–172, hier S. 167; Kluger, Hermann, bes. S. 123–140; Hechelhammer, Kreuzzug und Herrschaft, S. 317–31; Morton, Teutonic Knights, S. 43–84.

18　Kantorowicz, Kaiser Friedrich, S. 183; Kluger, Hermann, S. 95–113.

19　Breve chronicon S. 76f.; Wolfgang Stürner bezweifelt den ganzen Akt wegen der rechtlichen Unstimmigkeiten; ebenda S. 14; Rösch, Krone aus Venedig, S. 336–342; Schramm, Herrschaftszeichen; Brühl, «Festkrönungen», S. 265–326; Ders., Kronen-und Krönungsbrauch, S. 1 31; Jäschke, Frühmittelalterliche Festkrönungen?, S. 556–588; Petersohn, «Echte» und «falsche» Insignien; Ders., Über mittelalterliche Insignien, S. 47–96; Ott, Krone und Krönung; Kamp, Krönungen.

20　Leder, Freund der Muslime, S. 83–91; Ders., Feinde-Fremde-Freunde, Zitat Ibn-Wasil, S. 98; Zitat al-Gauzi, S. 89; Gabrieli, Kreuzzüge, Ibn Wasil: S. 326–332, Ibn al-Gauzi: S. 332–334.

21　Walther von der Vogelweide, *Vil süeze waere minne* (L.76,22), Text: Cormeau, S. 171; Neuhochdeutsch nach Witt, S. 295 und Maurer, S. 267.

1　RI BF Nr. 3835b–4383n, S. 693–769; Gotifredi Viterbiensis opera (MGH SS 22), S. 342–349, hier S. 348; teilweise deutsche Übersetzung: EBKF, S. 275.

2　Althoff, Privileg der ‹Deditio›, S. 27–52; Garnier, Zeichen und Schrift, S. 263–287; Broekmann, ‹Rigor iustitiae›; Görich, Ehre Friedrich Barbarossas, bes. S. 17–57; Stürner, Friedrich 2, S. 296–309.

3　Ryccardus de Sancto Germano (Garufi), S. 163; Stürner, Friedrich 2, S. 179f.

4　Franzel, König Heinrich VII.; Hillen, Curia Regis; Thorau, König Heinrich (VII.); Thurnherr, König Heinrich (VII.), S. 522–542; Stürner, König Heinrich (VII.), S. 12–42; Ders., Der Staufer Heinrich (VII.), S. 13–33; Huth, Reichsinsignien und Herrschaftsentzug, S. 287–330; Schwarzmaier, Der vergessene König, S. 287–304.

5　Zu den Ketzerexzessen Patschovsky, Ketzerverfolgung, S. 641–693.

6　Brief: HDFS 4,1, S. 524–526, deutsche Übersetzung: EBKF, S. 272–274, Beschreibung des Zuges: Gotifredi Viterbiensis opera (MGH SS 22), S. 348, deutsche Übersetzung: EBKF, S. 275; Giese, Tierhaltung, S. 121–154.

7　Salimbene (MGH SS 32), S. 87; deutsche Übersetzung: GdV 93, S. 74; RI BF Nr. 4383n, S. 795f.

8　Arnone, Tombe, S. 380–408, bes. S. 380–388; Capelli, Tomba di Enrico, S. 267–271; Houben, Friedrich, S. 122 und S. 160; Broekmann, Rigor, S. 262–263; Ergebnisse der Untersuchung der vermeintlichen Heinrichsgebeine: Fornaciari, Paleopatologia dei resti scheletrici di Enrico VII, S. 11–16; Berg / Rolle / Seemann, Archäologie und Gerichtsmedizin.

9　Briefe HDFS 6, S. 28–30, deutsche Übersetzung: HKF Briefe, S. 309 und 312.

10　Burdach / Piur, Petrarcas Briefwechsel, Nr. 14, S. 252–253; Stierle, Francesco Petrarca, bes. S. 9–21.

11　Giftanschlag: Matthaeus Paris (MGH SS 28), S. 130f, deutsche Übersetzung: EBKF, S. 272; Winkelmann, Heinrich (VII.) (ADB), S. 438.

12　Fried, Mittelalter, S. 295.

13　Matthaeus Paris (MGH SS 28), S. 146 und S. 295; deutsche Übersetzung: EBFK, S. 332; Salimbene (MGH SS 32), S. 195 und GdV 93, S. 167; Kantorowicz, Kaiser Friedrich, S. 195; Miethke, Tyrann, Tyrannenmord, Sp. 1135–1138; Mandt, Tyrannis, Despotie, S. 651–706.

14　Dante, Inferno XXIII,65–66; deutsche Übersetzung: Vormbaum, S. 102, s. auch den Kommentar S. 150.

15　Hampe, Aktenstücke IV, 10 (109f.); deutsche Übersetzung: HKF Briefe, S. 222; Kaiser Wilhelm II. zitiert aus den Memoiren von Robert Graf von ZedlitzTrützschler nach Röhl, Wilhelm II., S. 385 und S. 1393, Anmerkung 75; Kantorowicz, Kaiser Friedrich, S. 252; Thomsen, Feuriger Herr, S. 301–313; Ders., Kommentar zum Exponat X.6 Ernst Freiherr von Mirbach, Das deutsche Kaiserpaar im Heiligen Lande im Herbst 1898, S. 490–492.

16　Amari, Musulmani di Sicilia, bes. Bd. 3, S. 606–619; EBKF, S. 125–130.

17　Gregorovius, Wanderungen, S. 794, S. 796; Horst, Sultan von Lucera.

18　2000 年，罗马德国历史研究所牵头开始推进一个跨学科大项目：来自德国和意大利多所高校及研究机构的历史学家、建筑史学家、考古学家、地球物理学家组成科研团队，研究南意大利基督徒身边的穆斯林聚落存在的条件及形式。卢切拉在过去和现在都是重要的考古区，2006 年起研究者开始借助透地雷达和试坑法对这片将近五公顷的要塞区域做考古探测，目前这一项目仍在进行。笔者在此向罗马德国历史研究所所长米夏埃尔·马特乌斯表示感谢，笔者曾就发掘工作的最新及未发布的成果与之多次讨论，获得了大量信息。亦可参见 Klemens / Matheus, Christen und Muslime, S. 82–110。

19　MGH Epp. Saec. XIII 1, S. 398f, HDFS 4, S. 405f.; deutsche Übersetzung: HKF Briefe, S. 66f.; EBKF, S. 127f.

20　Kantorowicz, Kaiser Friedrich, S. 120f., auf diese Stelle bezieht sich auch die Übersetzung aus HKF Briefe S. 65; ferner Amari, Estratti del Tarih Mansuri, S. 98–124.

21　Gregorovius, Wanderungen, S. 769.

22　Nicolai de Jamsilla (RISS 8), Sp. 489–616, hier Sp. 494; deutsche Übersetzung: HKF Berichte S. 30f. und EBKF, S. 126.

23　Kantorowicz, Kaiser Friedrich, S. 104, S. 195 und S. 268; von Treitschke, Ordensland Preußen, S. 1–76, hier S. 8; Burckhardt, Renaissance, S. 47; Kölzer, Zentralverwaltung, S. 287–311, Zitat: S. 292; Ders., Verwaltungsreformen, S. 299–315, hier S. 315; Ders., «Magna imperialis curia», S. 46–64; Hand-Fuß-Metapher: MGH Epp. Saec. XIII 1, S. 602 Nr. 703, Z. 20ff (1236/10/23) und S. 648, Nr. 750, Z. 42f. (1239/7/1); Reichert, Staat Friedrichs II., S. 21–50; Houben, Friedrich, S. 77–79.

24　Kosellek / Conze u.a., Staat und Souveränität, S. 1–154, bes. S. 7–25; Kamp, Beamtenwesen, Sp.1728–1731; Ders., Wirtschaftsreformen und Finanzverwaltung, S. 43–92; Heupel, Grosshof; Friedl, Beamtenschaft; Stürner, Friedrich 2, S. 39–47.

25　MGH Const. 2, Nr. 159/166, S. 198; Nr. 216, S. 301; Nr. 223, S. 307; Nr. 252, S. 349; Nr. 272, S. 380; Nr. 273, S. 381; Nr. 343, S. 450; Nr. 344, S. 452; Nr. 422, S. 554; Heckmann, Stellvertreter, bes. S. 335–352; Houben, Friedrich, S. 77–79.

26　Schaller, Briefsammlung, S. 463–478; Ders., Einführung, S. V–XXIII; Casertano, Pietro dell Vigna; Willemsen, Dichterkreis, S. 22f.

27　Matthaeus Paris (MGH SS 28), S. 282–285 und S. 307; deutsche Übersetzung: EBKF, S. 424 mit Kommentar S. 417–419.

28　Salimbene (MGH SS 32), S. 200; deutsche Übersetzung: GdV 93, S. 172.

29　Dante, *Inferno* XIII,57–78, deutsche Übersetzung: Vormbaum, S. 62.

30　Annales Marbacenses (MGH SS rer. Germ. 9), S. 94 zu 1231; deutsche Übersetzung: GdV 74, S. 47; ebenso (AQG 18a), S. 159.

31　Chronica regia Coloniensis (MGH SS rer. Germ. 18), S. 263 zu 1231, deutsche Übersetzung: GdV 69, S. 315; HKF Briefe, S. 248–249.

32　MGH Const. 2, S. 512, hier s. 512; deutsche Übersetzung: HKF Briefe, S. 599f.

33　Jansen Enikels Werke (MGH Deutsche Chroniken 3), S. 557, V. 28040–28042.

34　Lyons, Assassinen, Sp. 1118–1119; Lewis, Assassinen; Hellmuth, Assassinenlegende; Amari, Estratti – Avertanza, S. 106–107.

35　Ciento Novelle antiche, Nov. 100; deutsche Übersetzung: Ulrich, Erzählungen, S. 102; siehe auch HKF Briefe, S. 249.

36　Schaller, König Manfred und die Assassinen, S. 535–556; Schmid, Kehlheim, S. 119–133.

第 14 章

1　Text: Matthaeus Paris (MGH SS 28), S. 169–177; HDFS 5,1, S. 327–340; MGH Epp. Saec. XIII 1, Nr. 750, S. 645–654; deutsche Übersetzung: EBKF, S. 358f.; zur Sache Graefe, 1909, S. 29–40; Kantorowicz, Ergänzungsband, S. 199; Stürner, Friedrich 2, S. 473; Herde, Friedrich II. und das Papsttum, S. 52–65; Sommerlechner, Stupor, S. 219–230; Thomsen, Feuriger Herr, S. 36–43.

2　Matthaeus Paris (MGH SS 28), S. 148; deutsche Übersetzung: EBKF, S. 346f.

3　Text: HDFS 5,1 S. 282–284; deutsche Übersetzung: EBKF, S. 348f; teilweise auch bei Graefe, Publizistik, S. 12–13.

4　Text: HDFS 5,1 S. 286–289; deutsche Übersetzung: EBKF, S. 350–352.

5　Text: MGH Const. 2, Nr. 215, S. 290–299; HDFS 5,1, S. 295–308; deutsche Übersetzung: EBKF, S. 352–358; dazu Graefe, Publizistik, S. 17–26; Thomsen, Feuriger Herr, S. 37.

6　HDFS 5,1, S. 335; Graefe, Publizistik, S. 32.

7　Text: HDFS 5,1, S. 327–340; deutsche Übersetzung: EBKF, S. 358–360.

8　Text: HDFS 5,1, S. 348–351; Winkelmann, Acta Nr. 355; deutsche Übersetzung: HKF Briefe, S. 424–427; ferner Graefe, Publizistik, S. 41–46; Thomsen, Feuriger Herr, S. 37f.; von den Steinen, Staatsbriefe, S. 62–65.

9　Schaller / Vogel, Handschriftenverzeichnis.

10　Bayerische Staatsbibliothek München Clm 14439, beschrieben bei Schaller, Handschriftenverzeichnis, S. 193–195, Nr. 130; Bibliothek der MGH München HS. A1 (ehemals Phillipps 8390), beschrieben bei Schaller, Vinea-Handschrift Phillipps 8390, S. 271–282; Schaller, Handschriftenverzeichnis, S. 204–206, Nr. 137.

11　PdV I,1 Text: HDFS 5,1 S. 308–312; deutsche Übersetzungen, mitunter nur in Ausschnitten: HKF Briefe, S. 442; Raumer, Hohenstaufen 4, S. 29–32; Graefe, Publizistik, S. 51–58. Mein besonderer Dank gilt Karl Borchardt, durch den ich auch die noch im Stadium der Vorbereitung befindlichen Texte von PdV 1,1 in München einsehen konnte.

12　Schaller, Antwort Gregors IX., S. 197–223 mit der Edition des Textes 218–223; Schaller, Rundschreiben S. 381–385; Teilübersetzung ebenda S. 377f.

13　Matthaeus Paris (MGH SS 28), S. 147; deutsche Übersetzung: EBKF, S. 360f.

14　Deutsche Übersetzung: EBKF, S. 364; dazu Sommerlechner, Stupor, S. 530–531.

15　Annales Placentini Gibellini (MGH SS 18), S. 483; Annales de Dunstaplia (RBS 36,3), ed. Luard, S. 3–420, hier S. 153; Felten, Papst Gregor IX., S. 335 Nr. 3, HKF Briefe S. 472; Thumser, Rom und der römische Adel, S. 302–305.

16　Abraham Bzowski, zitiert nach HDFS 1,1 S. CXCI, Anm. 3; deutsche Übersetzung: EBKF, S. 364; Salimbene (MGH SS 32), S. 350; deutsche Übersetzung: GdV 93, S. 359.

第 15 章

1　Offenbarung des Johannes 20/7–9; Schmieder, Johannes von Plano Carpini, bes. S. 7–31.

2　1 Könige 12; Petrus Comestor, in: Migne PL 198, S. 1498; Möhring, Weltkaiser der

Endzeit; Ders., Friedrich II. und das Schwert des Messias, S. 213–217; Demandt, Alexander, S. 292–294; Brall-Tuchel, Heerscharen, S. 197–228.

3   Löwith, Weltgeschichte und Heilsgeschehen, bes. S. 158–172 und S. 222–228; Schaller, Endzeiterwartungen und Antichrist-Vorstellungen, S. 25–52; Töpfer, Reich des Friedens, bes. S. 48–153; Möhring, Weltkaiser der Endzeit, S. 203–208; Cohn, Paradies, S. 117–138; Stürner, Peccatum und potestas; Houben, Friedrich, S. 179–186.

4   Yuval, Ende eines jüdischen Milleniums, S. 13–40, bes. 33–36; Schmieder, Europa und die Fremden; Annales Marbacenses (MGH SS rer. Germ. 9), S. 89f. zu 1222; deutsche Übersetzung: GdV 74, S. 42; Mat thaeus Paris (Luard) Bd. 4, S. 131–133.

5   Iohannes Abbatis Victoriensis (MGH SS rer. Germ. 36), S. 186; deutsche Übersetzung: GdV 86, S. 12.

6   Zu den Tatarenmanifesten Kaiser Friedrichs RI BF Nrr. 4436a–4438a; 11309, 11310, 11314, 11315, 11318, 11324–11329, 11334–11341, 11344, 11349–11357; Texte: MGH Const. 2, Nr. 235, S. 322–325; deutsche Übersetzungen: von den Steinen, Staatsbriefe, S. 75–79; HKF Briefe, S. 506–521, ferner Stürner, Friedrich 2, S. 502–506; Reichert, Geographie, S. 475–479.

7   Text: Matthaeus Paris (MGH SS 28), 210–212, hier S. 211; deutsche Übersetzung: HKF Briefe, S. 515f.

8   Fried, Essays, S. 9 und S. 174–207, Ders., Mittelalter, S. 301–303.

9   Zitiert nach Le Goff, Ludwig der Heilige, S. 548; Matthaeus Paris (MGH SS 28), S. 148; deutsche Übersetzung: EBKF, S. 346f.

10 Text der Absetzungsbulle: MGH Const. 2, Nr. 400, S. 508–512; Wortlaut des Textes auch bei Matthaeus Paris (MGH SS 28), S. 148–150; siehe auch QGPK Nr. 357, S. 196–197; Bühler / Miethke, Kaiser und Papst; Stürner, Friedrich 2, S. 533–539; EBKF, S. 400–410 mit Kommentar.

11 Matthaeus Paris (MGH SS 28), S. 267f; deutsche Übersetzung: EBKF, S. 408.

12 Eger cui lenia – Text: Memorialbuch des Albert Behaim, Nr. 32, S. 102–110; Herde, Pamphlet, S. 468–538; Töpfer, Urzustand und Sün denfall, bes. S. 353–354; Stürner, Peccatum et potestas, S. 184–185.

13 HKF Briefe, S. 525; wohl aus dem Konzeptbuch des Albert Behaim; Bauerreiss, Kirchengeschichte Bayerns 4, S. 109f.; ferner Engelberger, Albert Behaim, bes. S. 379–387.

14 Frenz / Herde, Brief - und Memorialbuch; ferner Herde, Papsttum Rhetorik S. 59–61.

15 Werner, Heinrich Raspe; Reuling, Wahl Heinrich Raspes, S. 273–306; Urkunden Heinrich Raspes und Wilhelms von Holland (MGH DD 18), bes. S. XV–XX.

16 Petersohn, Apostelhäupter; MGH DD HR, Nr. 3, S. 6–7.

17 Kaufhold, Deutsches Interregnum; Ders., Interregnum; Hucker, Grafenpaar, S. 23–47, hier S. 45; Schiller, Der Graf von Habsburg, S. 215–218, hier 216.

第 16 章

1   Text: Salimbene (MGH SS 32), S. 211 und 346; deutsche Übersetzung: GdV 93, S. 355; auch HKF Berichte, S. 194f.; EBKF, S. 426f. Bei den Bibelstellen handelt es sich um Jes. 14,19f. und 2 Makk. 9,9.; Sommerlechner, Stupor, S. 461–468.

2　Text: Salimbene (MGH SS 32), S. 347; deutsche Übersetzung: GdV 93, S. 356; auch HKF Berichte, S. 194f.; EBKF, S. 426f.; Jostmann, Sibilla, S. 2.

3　Vita Innocentii IV, Archivio storico della R. Società Romana 21, S. 76–120, hier S. 102; deutsche Übersetzung: EBKF, S. 427–428; Villani (Porta), 7,41, Bd.1, S. 331f.

4　Mattaeus Paris (MGH SS 28), S. 319; deutsche Übersetzung: HKF Berichte, S. 170–171, ebenso bei EBKF, S. 426.

5　Text: Johann von Winterthur (MGH SS rer. Germ. N.S. 3), S. 12; deutsche Übersetzung: EBKF, S. 432; Lewin, Gifte, bes. S. 223–236 zu Friedrich II. und seinen Nachkommen.

6　Pandolfo Collenuccio, Compendio, S. 101r.–101v.; deutsche Übersetzung mit der lateinischen Inschrift: HKF Berichte, S. 261–263; ebenso EBKF, S. 431.

7　Kloos, Nikolaus von Bari, S. 166–190; Ders., Petrus de Prece, S. 151–170; Manfred: HKF Briefe, S. 637.

8　Hoftag Barletta 1. Mai 1228: Ryccardi de Sancto Germano (MGH SS 19), S. 349; Winkelmann, Jahrbücher Friedrich 2, Band 2, S. 14; Zweites Testament: MGH Const. 2 Nr. 274, S. 382–389; lateinischer Text ohne kritischen Apparat mit deutscher Übersetzung: QDVG (AQG 32), S. 532–541, Nr. 132; deutsche Übersetzung ebenso: EBKF, S. 433–436; Wolf, Testamente, S. 314–352.

9　Text: MGH Const. 2 Nr. 274, S. 387.

10　Meyer, «Kaiser Friedrich der Zweite», S. 173f; s. auch das Gedicht «Das kaiserliche Schreiben», S. 171ff.

11　Villani (Porta), 7,41, Bd. 1, S. 331–332; zu Ricordano Malispini storia fiorentina, Riccobaldo da Ferrara und Giovanni Villani siehe Sommerlechner, Stupor, S. 491–493 und S. 523f.; ferner Rader, Kraft des Porphyrs, S. 33–46; Vasari, le vite, S. 283; Zitat Deér, Grab, S. 372; Deér, Tombs, S. 20f.

12　Le Goff, Ludwig, S. 240–243; Rader, Grab und Herrschaft.

13　Delli Santi, Tombe, EF 2, S. 834–837 mit Literatur; Deér, Porphyry tombs; Ders., Grab Friedrichs II., S. 361–383; Bassan, Sarcofagi di Porfido.

14　Delbrück, Antike Porphyrwerke, bes. S. 13–33; Esch, Wiederverwendung bes. S 47 und S. 55f.; Raff, Sprache der Materialien, bes. S. 88–90; Herklotz, Sepulcra; Butters, Triumph of Vulcan; Borgolte, Petrusnachfolge, bes. S. 163f. und S. 170; Deér, Tombs, S. 149–154.

15　Delbrück, Porphyrwerke, S. 214; Deér, Tombs, S. 117–125; Pinelli, Basilica di San Pietro 1, S. 369–374, Nr. 412–419 und 4, S. 524.

16　Zu den Grabinschriften siehe Daniele S. 103 Anm. A; Il Sarcofago, S. 168–169; MGH Const 2, S. 384; und RI 5,1 S. 692; Holder–Egger, Italienische Prophetien, S. 321–386, hier S. 354–355; Vergil, Aeneis 1,236; Pipino Sp. 662.

17　Daniele, I regali sepolcri; Il sarcofago dell'Imperatore; Esch, Friedrich II.; Houben, Friedrich, S. 160–162.

18　Zweig, Spiegel, S. 34–35.

19　Salimbene (MGH SS 32), S. 174; deutsche Übersetzung: GdV 93, S. 139.

20　Lewin, Gifte, S. 231–235.

21　Le Goff, Ludwig der Heilige, S. 239.

22　Decker-Hauff, Staufisches Haus, S. 339–374; Wolf, Frauen Kaiser Friedrichs II., S. 113–150.

23　Tomasi di Lampedusa, Leopard, S. 58.

尾　声

1　Ottokars Österreichische Reimchronik, S. 426, Verse 32580–86; Schwinges, Verfassung und kollektives Verhalten, S. 177–202; Struve, falsche Friedriche, S. 317–337 mit weiteren Quellenbelegen; Schult heiss, Volkssage, S. 26–42; Cohn, Paradies, S. 117–138.

2　Struve, Falsche Friedriche, S. 319f.; Schultheiss, Fortleben, S. 28 jeweils mit den Quellenbelegen; Gloger, Kaiser, bes. S. 163–205; ferner Houben, Friedrich II., S. 195–199; Rader, Gespenster, S. 181–197.

3　Kampers, Kaisersage; Gloger, Kaiser, S. 181–205; Hampe, Weissagung vom Endkaiser; Ders., Auffassung der Nachwelt; Graus, Lebendige Vergangenheit, bes. S. 338–354; Sommerlechner, Stupor, S. 219–230; Thomsen, Feuriger Herr, S. 44–92; Möhring, Weltkaiser der Endzeit, S. 217–268; Jostmann, Sibilla Erithea Babilonica, bes. S. 274–325.

4　Jansen Enikels Werke, S. 574, V. 28945ff.; Kampers, Kaiseridee, S. 84–109; Thomsen, Feuriger Herr, S. 45 und S. 57–61; Schreiner, Staufer in Sage, S. 249–262.

5　Johann Rothe, Chronik, S. 426; Kampers, Kaiseridee, S. 108f.; Gloger, Kaiser, S. 197f.

6　Praetorius, Alectryomantia und Behrens, Hercynia zitiert nach Schultheiss, Fortleben, S. 125 und S. 129.

7　Kampers, Kaiseridee, S. 154–171; Gloger, Kaiser, S. 201–205; Thomsen, Feuriger Herr, S. 98–101.

8　Willibald Alexis zitiert nach Weigend / Baumuk / Brune, Keine Ruhe, S. 47f.

9　Treitschke, Ordensland Preußen, S. 8; ferner Graus, Vergangenheit, S. 348; Blumenberg, Arbeit am Mythos, bes. S. 597.

10　Hardtwig, Jacob Burckhardt, S. 106–122; Löwith, Jacob Burckhardt, S. 197–205 und S. 363–366.

11　Burckhardt, Kultur der Renaissance, S. 2–3.

12　Burckhardt, Renaissance, S. 47; Löwith, Jacob Burckhardt, S. 39–361.

13　Löwith, Jacob Burckhardt, S. 390.

14　Nietzsche, Werke 6,3, S. 338; ferner Thomsen, Feuriger Herr, S. 160–162; Colli, Distanz und Pathos, bes. S. 97–108 und S. 157–161.

15　Nietzsche, Werke 6,2, S. 123 und 6,3, S. 248.

16　Friedell, Kulturgeschichte der Neuzeit, S. 150.

17　Kantorowicz, Kaiser Friedrich, S. 632; ferner Thomsen, Feuriger Herr, S. 156–158; Ders., Modernität, S. 23–24 und S. 31.

18　Kantorowicz, Kaiser Friedrich, S. 632; Gundolf, Caesar, S. 90; George, Der Stern des Bundes; Fuhrmann, Überall ist Mittelalter, S. 252–270; Baethgen, Ernst Kantorowicz, S. 1–14; Ernst/Vismann, Geschichtskörper; Benson/Fried, Ernst Kantorowicz. Erträge; Grünewald, Sanctus amor patriae, S. 89–125.

19　Raulff, Dichter als Führer, S. 127–143, hier S. 139; Kantorowicz, Kaiser Friedrich, S. 197; ferner Thomsen, Feuriger Herr, S. 229–237.

20   Zitate: Kantorowicz, Kaiser Friedrich, S. 104, S. 268, S. 353–355, S. 375, S. 377.

21   Kantorowicz, Vortrag Historikertag, S. 122.

22   Raulff, Bildungshistoriker, S. 115–154, hier S. 136; Thomsen, Feuriger Herr.

23   Goethe, Italienische Reise, S. 459.

24   Pietro Giannone, Dell'istoria civile, hier Bd. 2, bes. S. 279–372; ferner Delle
      Donne, Vater, S. 42; Houben, Friedrich II., S. 208–209.

25   Gregorio, Considerazioni sopra la storia di Sicilia, hier Bd. 2, S. 5–19.

26   Foscolo und Settembrini zitiert nach Delle Donne, Vater, S. 46 und S. 50f; ferner
      Houben, Friedrich, S. 212–213.

27   Giorgio Cracco, Il medioevo (Corso di storia. Per i Licei e gli Istituti Magistrali
      1), Torino 1978, zitiert nach Delle Donne, Vater, S. 54, Anm. 44; Esch, Italienische
      und deutsche Mediävistik, S. 239, Anm. 25.

28   George, Der siebente Ring, S. 22f.; Ehlers, Unendliche Gegenwart 29f.; Esch,
      Mediävistik, S. 239; Kölzer, Gedenkjahr Friedrichs II., S. 141–161; Buchinger /
      Gantet / Vogel, Europäische Erinnerungsräume S. 9–19.

29   Gregorovius, Wanderjahre in Italien, S. 1017.

史料和参考文献

该表仅限于最重要的史料和相关文献。除了少数例外，没有单独列出在选集中发表的文章。

Abulafia, David: Herrscher zwischen den Kulturen. Friedrich II. von Hohenstaufen, 1991.

Akasoy, Anna / Georges, Stefan (Hg.): Muhammad ibn 'Abdallāh al-Bāzyār, Das Falken-und Hundebuch des Kalifen al-Mutawakkil. Ein arabischer Traktat aus dem 9. Jahrhundert, 2005.

Akasoy, Anna: Philosophie und Mystik in der späten Almohadenzeit. Die Sizilianischen Fragen des Ibn Sabīn, 2006.

–: Reading the Prologue of Ibn Sab'in' Sicilian Questions, in: Schede medievali 45 (2007), S. 15–24.

Albrecht, Uwe (Hg.): Arthur Haseloff und Martin Wackernagel – Mit Maultier und Kamera durch Unteritalien. Forschungen zur Kunst im Südreich der Hohenstaufen (1905–1915), 2005.

Althoff, Gerd: Spielregeln der Politik im Mittelalter. Kommunikation in Frieden und Fehde, 1997.

–: Zur Bedeutung symbolischer Kommunikation für das Verständnis des Mittelalters, in: FmSt 31 (1997), S. 370–389.

Amari, Michele: Storia dei musulmani di Sicilia. Seconda edizione modificata e accresciuta dall'autore, a cura di Carlo Alfonso Nallino, 3 Bde., 1933–1939.

Andreas Ungarus, Descriptio victoriae a Karolo provinciae comite reportatae (MGH SS 26), 1882, S. 559–580.

Angenendt, Arnold: Geschichte der Religiosität im Mittelalter, 1997.

–: Heilige und Reliquien. Die Geschichte ihres Kultes vom frühen Christentum bis zur Gegenwart, 1994.

Annales Ianuenses annorum (MGH SS 18), 1863, S. 226–248; deutsche Übersetzung: Die Jahrbücher von Genua, 2 Bde. (GdV 76–77), 1897/1898.

Annales Marbacenses qui dicuntur. Cronica Hohenburgensis cum continuatione et additamentis Neoburgensibus (MGH SS rer. Germ. 9), 1907; deutsche Übersetzung:

Ottonis de Sancto Blasio Chronica et annales Marbacenses, hg. und übersetzt von Franz-Josef Schmale (AQG 18a), 1998.

Annales Mediolanenses Minores, hg. von Georg Heinrich Pertz (MGH SS 18), 1863, S. 392–399.

Annali Genovesi di Caffaro e de' suoi continuatori dal 1099 al 1293. Nuova edizione a cura di Luigi Tommasso Belgrano, 4 Bde., 1890–1929.

Arabi e Normanni in Sicilia e nel sud dell'Italia, Introducione di Glauco Maria Cantarella, testi di Adele Cilento, Alessandro Vanoli, 2008 (mit reichem Bildmaterial über die arabischen Spuren in Süditalien).

Arnone, Nicola: Le regie tombe del duomo di Cosenza, in: Archivio storico per le province Napoletane 18 (1893), S. 380–408.

Barraclough, Geoffrey: The Origins of modern Germany, Oxford [2] 1947 (eine deutsche Ausgabe erschien in zwei getrennten Bänden: Barraclough, Geoffrey: Die mittelalterlichen Grundlagen des modernen Deutschland, 1953; Ders.: Tatsachen der deutschen Geschichte, 1947).

Bauer, Ulrike: Der Liber Introductorius des Michael Scotus in der Abschrift Clm 10268 der Bayerischen Staatsbibliothek München. Ein illustrierter astronomisch-astrologischer Codex aus Padua, 14. Jahrhundert, 1983.

Bauerreiss, Romuald: Kirchengeschichte Bayerns, Bd. 4, 1953.

Becker, Julia: Graf Roger I. von Sizilien. Wegbereiter des normannischen Königreichs, 2008.

Benson, Robert L. / Fried, Johannes (Hg.): Ernst Kantorowicz. Erträge der Doppeltagung Institut for Advanced Study, Princeton, Johann Wolfgang Goethe-Universität Frankfurt, 1997.

Böhmer, J[ohann] F[riedrich]: Regesta Imperii V. Die Regesten des Kaiserreichs unter Philipp, Otto IV., Friedrich II., Heinrich (VII.), Conrad IV., Heinrich Raspe, Wilhelm und Richard. 1198–1272, nach der Neubearbeitung und dem Nachlasse Johann Friedrich Böhmers neu hg. und ergänzt von Julius Ficker, Bd. 1 und 2, 1881/82 (ND 1971)–Nachträge und Ergänzungen, bearbeitet von Paul Zinsmaier, 1983.

Boockmann, Hartmut: Der Deutsche Orden. Zwölf Kapitel aus seiner Geschichte, [4] 1994.

Bourdieu, Pierre: Zur Soziologie der symbolischen Formen, [4] 1991.

Brall-Tuchel, Helmut J. F.: Die Heerscharen des Antichrist. Gog und Magog in der deutschen Literatur des Mittelalters, in: Barbara Haupt (Hg.), Endzeitvorstellungen, 2000, S. 197–228.

Breve chronicon de rebus Siculis, hg. und übersetzt von Wolfgang Stürner (MGH SS rer. Germ. 77), 2004.

Brocchieri, Beonio / Fumagalli, Mariteresa: Federico II. Ragione e fortuna, 2004.

Broekmann, Theo: ‹Rigor iustitiae›. Herrschaft, Recht und Terror im normannis-chstaufischen Süden (1050–1250), 2005.

Brühl, Carlrichard: Kronen-und Krönungsbrauch im frühen und hohen Mittelalter, in: HZ 234 (1982), S. 1–31.

Buchinger, Kirstin / Gantet, Claire / Vogel, Jakob (Hg.): Europäische Erinnerungsräume, 2009.

Burchardi praepositi Urspergensis Chronicon (MGH SS rer. Germ. 16), [2] 1916.

Burckhardt, Jacob: Die Kultur der Renaissance in Italien. Ein Versuch (Gesammelte

Werke 3), o.J. [1955].

Camilleri, Andrea: Friedrich II. – ein unmögliches Interview, in: Ders., Italienische Verhältnisse, 2005, S. 47–60.

Capelli, Biagio: La tomba di Enrico Hohenstaufen, in: Archivio storico per la Calabria e la Lucania 10 (1940), S. 267–271.

Caproni, Riccardo: La battaglia di Cortenova, 1987.

Cardini, Franco: Europa und der Islam. Geschichte eines Mißverständnisses, 2000.

Carnabucci, Brigit, Sizilien, 2009.

Cassirer, Ernst: Wesen und Wirkung des Symbolbegriffs, [8] 1994.

Castelli e cattedrali di Puglia. A cent'anni dall'Esposizione Nazionale di Torino, a cura di Clara Gelao, Bari 1999.

Chronica regia Coloniensis (MGH SS rer. Germ. 18), 1880.

Ciento Novelle antiche: Il Novellino, 1975; deutsche Übersetzung: Ulrich, Jakob: Die hundert alten Erzählungen, 1905.

Cohn, Norman: Das neue irdische Paradies. Revolutionärer Millenarismus und mystischer Anarchismus im mittelalterlichen Europa, 1988.

Cohn, Willy: Die Geschichte der Sizilischen Flotte, 1910–1926 (ND 1978).

Collenuccio, Pandolfo: Compendio dell'historia del Regno di Napoli di M. Pandolfo Collenuccio da Pesaro, 1563.

Colli, Giorgio: Distanz und Pathos. Einleitungen zu Nietzsches Werken, 1993.

Constitutiones et acta publica imperatorum et regum 2 (MGH Legum IV), 1896.

Constitutum Constantini (Konstantinische Schenkung), hg. von Horst Fuhrmann, (MGH Font. 10), 1968.

Cristallo, Michele: Nei castelli di Puglia, storie, leggende, amori, 1995.

Cronica Fratris Salimbene de Adam ordinis Minorum (MGH SS 31), 1905–1913; gekürzte deutsche Übersetzung: GdV 93/94, 1914.

Dal Monte, Carlo: Federico II di Svevia. Una vita per il Sacro Romano Impero, 2002.

Daniele, Francesco: I regali sepolcri del Duomo di Palermo riconosciuti e illustrati, 1784.

Dante Alighieri, Divina Commedia; deutsche Übersetzung: Die Göttliche Komödie, übersetzt von Karl Streckfuß, [1926]; Die göttliche Komödie. Erster Teil: Die Hölle, Italienisch und Deutsch, übersetzt von Thomas Vormbaum, 2003.

–: Monarchia. Studienausgabe Lateinisch/Deutsch. Einleitung, Übersetzung und Kommentar von Ruedi Imbach und Christoph Flüeler, 1989.

Das Brief- und Memorialbuch des Albert Behaim, hg. von Thomas Frenz und Peter Herde (MGH Briefe des späteren Mittelalters 1), 2000.

Das Decameron des Giovanni Boccaccio, 2 Bde., 1984.

Das Staunen der Welt. Kaiser Friedrich von Hohenstaufen 1194–1250, hg. von der Gesellschaft für staufische Geschichte, 1996.

De arte venandi cum avibus: Text: Friderici Romanorum imperatoris secundi, De arte venandi cum avibus. Nunc primum integrum edidit Carolus Arnoldus Willemsen, 2 Bde., 1942; deutsche Übersetzung: Kaiser Friedrich der Zweite, Über die Kunst mit Vögeln zu jagen, unter Mitarbeit von Dagmar Odenthal übertragen und herausgegeben von Carl Arnold Willemsen, 2 Bde., 1964; Ergänzungsband 1970; vollständiges Faksimile der in der BAV aufbewahrten, der sogenannten Manfred-Fassung: Fredericus II De arte venandi cum avibus Ms. Pal. Lat.1071, BAV (Codices e Vaticanes selecti 31),

Kommentar von Carl Arnold Willemsen, 1969; leichter zugänglich: Das Falkenbuch Kaiser Friedrichs des Zweiten. De arte venandi cum avibus. Zwölf Faksimile-Drucke aus dem Codex Ms. Palatinus Latinus 1071 der BAV. Einführung und erläuternde Beschreibung von Carl Arnold Willemsen, 1973; Dorothea Walz, Das Falkenbuch Friedrichs II. (Ausstellung der Württembergischen Landesbibliothek zum 800. Geburtstag des Stauferkaisers am 26. Dezember 1194), 1994; ferner das verkleinerte Faksimile: Das Falkenbuch Friedrichs II. Cod.Pal.Lat.1071 der BAV, Kommentar von Dorothea Walz und Carl Willem Willemsen, 2000; ferner die lateinisch-italienische Ausgabe der Handschriften aus Rom und Bologna: Federico II di Svevia, De arte venandi cum avibus – L'Arte di Cacciare con gli Uccelli, Edizione e traduzione italiana des ms.lat.717 della Biblioteca Universitaria di Bologna collazionato con il ms.Pal.lat. 1071 della BAV a cura di Anna Laura Trombetti Budriesi, 2002.

Deér, Josef: Der Kaiserornat Friedrichs II., 1952.

–: The Dynastic Porphyry Tombs of the Norman Period in Sicily, 1959.

Delbrück, Hans: Geschichte der Kriegskunst im Rahmen der politischen Geschichte, Bd. 3, Das Mittelalter, 1923 (ND 2000).

Delbrück, Richard: Antike Porphyrwerke, 1932.

Delle Donne, Fulvio: Il potere e la sua legittimazione. Letteratura encomiastica in onore di Federico II di Svevia, 2005.

Demandt, Alexander: Alexander der Große. Leben und Legende, 2009.

–: Der Idealstaat. Die politischen Theorien der Antike, 1993.

–: Die Spätantike. Römische Geschichte von Diocletian bis Justinian 284–565 n.Chr., [2] 2007.

Der Deutsche Orden in Europa, hg. von der Gesellschaft für staufische Geschichte, 2004.

Der Staufer Heinrich (VII.), hg. von der Gesellschaft für staufische Geschichte, 2001.

Die Chronik Johanns von Winterthur, hg. von Friedrich Baetgen (MGH SS rer. Germ. N. S. 3), 1924.

Die Kaiserchronik eines Regensburger Geistlichen (MGH Deutsche Chroniken 1), 1892.

Die Konstitutionen Friedrichs II. für das Königreich Sizilien, hg. von Wolfgang Stürner (MGH Const. 2. Suppl.), 1996.

Die Konstitutionen Friedrichs II. von Hohenstaufen für sein Königreich Sizilien. Nach einer lateinischen Handschrift des 13. Jahrhunderts, hg. und übersetzt von Hermann Conrad, Thea von der Lieck-Buyken und Wolfgang Wagner, 1973.

Die Urkunden der lateinischen Könige von Jerusalem, hg. von Hans Eberhard Mayer, 4 Bde. (MGH DD regum Latinorum Hierosolymitanorum), 2010.

Die Urkunden Friedrichs II. Teil 1: Die Urkunden Friedrichs II. 1198–1212, hg. von Walter Koch unter Mitwirkung von Klaus Höflinger und Joachim Spiegel, 2002; Teil 2: Die Urkunden Friedrichs II. 1212–1217, 2008; Teil 3: Die Urkunden Friedrichs II. 1218–1220 (MGH DD 14,1–3), 2010.

Die Urkunden Heinrich Raspes und Wilhelm von Hollands, bearbeitet von Dieter Hägermann und Jaap G. Kruisheer unter Mitwirkung von Alfred Gawlik (MGH DD 18), 1989–2006.

Die Welt des Mittelalters. Erinnerungsorte eines Jahrtausends, hg. von Johannes Fried und Olaf B. Rader, 2011.

Die Weltchronik Heinrichs von München. Neue Ee, hg. von Frank Shaw, Johannes

Fournier, Kurt Gärtner (Deutsche Texte des Mittelalters 88), 2008.

Die Zeit der Staufer. Geschichte–Kunst–Kultur. Katalog der Ausstellung Stuttgart 1977, 5 Bde., 1977.

Duby, Georges: Der Sonntag von Bouvines 27. Juli 1214, 1988.

Edbury, Peter W.: John of Ibelin and the Kingdom of Jerusalem, 1997.

Ehlers, Caspar: Metropolis Germaniae. Studien zur Bedeutung Speyers für das Königtum (751–1250) (VMPIG 125), 1996.

Eichmann, Eduard: Die Kaiserkrönung im Abendland. Ein Beitrag zur Geistesgeschichte des Mittelalters mit besonderer Berücksichtigung des kirchlichen Rechts, der Liturgie und der Kirchenpolitik, 2 Bde., 1942.

Elias, Norbert: Über den Prozeß der Zivilisation, 2 Bde., 1976 (zuerst erschienen 1939).

Elze, Reinhard: Die Ordines für die Weihe und Krönung des Kaisers und der Kaiserin (MGH Font. 9), 1960.

–: Tre ordines per l'incoronazione di un re e di una regina del regno normanno di Sicilia, in: Atti del Congresso internazionale di studi sulla Sicilia normanna (Palermo 4–8 dicembre 1972), 1973, S. 1–22.

Engels, Odilo: Des Reiches heiliger Gründer. Die Kanonisation Karls des Großen und ihre Beweggründe, in: Hans Müllejans (Hg.), Karl der Grosse und sein Schrein in Aachen, 1988, S. 37–46.

Erben, Wilhelm: Rombilder auf kaiserlichen und päpstlichen Siegeln des Mittelalters, 1931.

Ernst, Wolfgang / Vismann, Cornelia (Hg.): Geschichtskörper. Zur Aktualität von Ernst H. Kantorowicz, 1998.

Esch, Arnold / Kamp, Norbert (Hg.): Friedrich II. Tagung des Deutschen Historischen Instituts in Rom im Gedenkjahr 1994, 1996.

Esch, Arnold: Friedrich II. – Wandler der Welt? Vortrag der Gedenkveranstaltung zum 750. Todestag Kaiser Friedrichs II. von Hohenstaufen (1194–1250) in der Stadthalle Göppingen (Schriften zur staufischen Geschichte und Kunst 21), 2001, S. 16–17.

–: Wiederverwendung von Antike im Mittelalter. Die Sicht des Archäologen und die Sicht des Historikers, 2005.

Fansa, Mamoun / Ermete, Karen (Hg.): Kaiser Friedrich II. (1194–1250), Welt und Kultur des Mittelmeerraums. Begleitband zur Sonderausstellung «Kaiser Friedrich II. (1194–1250). Welt und Kultur des Mittelmeerraums» im Landesmuseum für Natur und Mensch, 2008.

Fansa, Mamoun / Ritzau, Carsten (Hg.): «Von der Kunst mit Vögeln zu jagen». Das Falkenbuch Friedrichs II. – Kulturgeschichte und Ornithologie, Begleitband zur Sonderausstellung «Kaiser Friedrich II. (1194–1250) – Welt und Kultur des Mittelmeerraumes» im Landesmuseum für Natur und Mensch Oldenburg, 2008.

Federico e la Sicilia dalla terra alla corona, 2 Bde., Bd. 1: arti figurative e arti suntuarie, a cura di Maria Andaloro, Bd. 2: archeologia e architettura, a cura di Carmela Angela Di Stefano / Antonio Cadei, 1995.

Federico II splendor mundi. Enciclopedia Fridericiana, hg. von Maria Paola Arena, 2 Bde., 2005 (=zentrales italienisches Nachschlagewerk mit vielen Lemata, die neue Forschungsansätze berücksichtigen).

Federico II di Svevia stupor mundi, a cura di Franco Cardini, 1994.

Federico II e l'Italia. Percorsi, Luoghi, Segni e Strumenti, 1995.

Federico II e la Sicilia, a cura di Pierre Toubert e Agostino Paravicini Bagliani, 1998.

Felten, Joseph: Papst Gregor IX., 1886.

Fischer, Andreas: Herrscherliches Selbstverständnis und die Verwendung des Häresievorwurfs als politisches Instrument. Friedrich II. und sein Ketzeredikt von 1224, in: QFIAB 87 (2007), S. 71–108.

Flores historiarum, ed. by Henry Richards Luard, 3 Bde., 1890; die reichsgeschicht lichen Belange sind ausgezogen bei Ex Rogeri de Wendover Floribus historiarum (MGH SS 28), 1888, S. 3–73; gekürzte deutsche Übersetzung: GdV 73, S. 3–35; ferner: HKF Berichte, S. 34–53.

Fonseca, Cosimo Damiano (Hg.): Federico II e la Marche, 2000.

–(Hg.): Mezzogiorno-Federico II-Mezzogiorno, 1999.

–/ Crotti, Renata (Hg.): Federico II e la civiltà communale nell'Italia del Nord, 1999.

Fornaciari, Gino: Paleopatologia dei resti scheletrici di Enrico VII, in: L'impronta indebile, S. 11–16.

Fornari, Carlo: Federico II un sogno imperiale svanito a Vittoria, Antefatti, cronaca e conseguenze di una sconfitta annunciata, 1998.

Frapiselli, Luciana: La via Francigena nel medioevo da monte Mario a San Pietro, 2003.

Frauen der Staufer, hg. von der Gesellschaft für staufische Geschichte, 2006.

Freidanks Bescheidenheit, mittelhochdeutsch – neuhochdeutsch, übertragen und hg. von Wolfgang Spiewok, 1985.

Fried, Johannes / Grebner, Gundula (Hg.): Kulturtransfer und Hofgesellschaft im Mittelalter, 2008.

Fried, Johannes: ... correptus est per ipsum imperatorem. Das zweite Falkenbuch Friedrichs II., in: Rudolf Schieffer (Hg.): Mittelalterliche Texte (MGH Schriften 42), 1996, S. 93–124.

–: Auf der Suche nach der Wirklichkeit, in: HZ 243 (1986), S. 287–332.

–: Das Mittelalter, Geschichte und Kultur, 2008.

–: Der Schleier der Erinnerung. Grundzüge einer historischen Memorik, 2004.

–: Donation of Constantine and Constitutum Constantini. The Misinterpretation of a Fiction and its Original Meaning. With a Contribution by Wolfram Brandes: «The Satraps of Constantine», 2007.

–: Kaiser Friedrich als Jäger oder Ein zweites Falkenbuch Kaiser Friedrichs II.?, 1996.

Friedell, Egon: Kulturgeschichte der Neuzeit. Die Krisis der europäischen Seele von der schwarzen Pest bis zum Ersten Weltkrieg, 3 Bde. in einem Bd., [ca. 1950] (Erstausgabe Bd. 1, 1927).

Friedl, Christian: Studien zur Beamtenschaft Kaiser Friedrichs II. im Königreich Sizilien (1220–1250), 2005.

Fuhrmann, Horst: Überall ist Mittelalter. Von der Gegenwart einer vergangenen Zeit, 1996.

Gabrieli, Francesco (Hg.): Die Kreuzzüge aus arabischer Sicht, 1973.

George, Stefan: Der siebente Ring (Stefan George Gesamtausgabe 6/7), 1928.

Georges, Stefan: Das zweite Falkenbuch Kaiser Friedrichs II. Quellen, Entstehung, Überlieferung und Rezeption des Moamin, 2008.

Giannone, Pietro: Dell 'istoria civile del regno di Napoli libri 40, 4 Bde., 1723 (ND:

Istoria Civile del Regno Napoli, 1766).

Giovanni Villani, Nuova Cronica, edizione critica a cura di Giuseppe Porta, 3 Bde., 1990/1991; zu den Illustrationen: Il Villani illustrato: Firenze e l'Italia medievale nelle 253 immagini del ms. Chigiano L VIII 296 della Biblioteca Vaticana, a cura di Chiara Frugoni, 2005; Verena Gebhard, Die «Nuova Cronica» des Giovanni Villani (BAV, ms. Chigi L. VIII.296), Verbildlichung von Geschichte im spätmittelalterlichen Florenz, Dissertation an der LMU München: Fakultät für Geschichts-und Kunstwissenschaften, 2007.

Gleixner, Sebastian: Sprachrohr kaiserlichen Willens. Die Kanzlei Kaiser Friedrichs II. (1226–1236), 2006.

Gloger, Bruno: Kaiser, Gott und Teufel. Friedrich II. Von Hohenstaufen in Geschichte und Sage, [8] 1982.

Goethe, Johann Wolfgang von: Tagebuch der Italienischen Reise für Frau von Stein, Goethe, Poetische Werke, 1961.

Görich, Knut / Keupp, Jan / Broekmann, Theo (Hg.): Herrschaftsräume, Herrschaftspraxis und Kommunikation zur Zeit Kaiser Friedrichs II., 2008.

Görich, Knut: Die Ehre Friedrich Barbarossas. Komunikation, Konflikt und politisches Handeln im 12. Jahrhundert, 2001.

–: Friedrich Barbarossa. Eine Biographie, 2011.

–: Die Reichslegaten Kaiser Friedrichs II., in: Claudia Zey / Claudia Märtl (Hg.): Aus der Frühzeit europäischer Diplomatie. Zum geistlichen und weltlichen Gesandtschaftswesen vom 12. bis zum 15. Jahrhundert, 2008, S. 119–149.

–: Die Staufer. Herrscher und Reich, 2006.

–: Ehre als Ordnungsfaktor. Anerkennung und Stabilisierung von Herrschaft unter Friedrich Barbarossa und Friedrich II., in: Bernd Schneidmüller / Stefan Weinfurter (Hg.): Ordnungskonfigurationen im hohen Mittelalter (VuF 64), 2006, S.59–92.

–: Unausweichliche Konflikte? Friedrich Barbarossa, Friedrich II. und der lombardische Städtebund, in: Oliver Auge u.a. (Hg.) Bereit zum Konflikt. Strategien und Medien der Konflikterzeugung und Konfliktbewältigung im europäischen Mittelalter, 2008, S. 195–213.

Gotifredi Viterbiensis opera. Continuatio Funiacensis et Eberbacensis (MGH SS 22), S. 342–349.

Graus, František (Hg.): Mentalitäten im Mittelalter, 1987.

–: Lebendige Vergangenheit. Überlieferungen im Mittelalter und in den Vorstellungen vom Mittelalter, 1975.

Gregorio, Rosario: Considerazioni sopra la storia di Sicilia dai tempi normanni sino ai prescnti, 3 Bde., [2] 1833.

Gregorovius, Ferdinand: Geschichte der Stadt Rom im Mittelalter, Bd. 5, [6] 1922.

–: Wanderjahre in Italien, 1928.

Grierson, Philip / Travaini, Lucia: Medieval European Coinage, Bd. 14: Italy III, South Italy, Sicily, Sardinia, 1998.

Grundmann, Herbert: Kaiser Friedrich II. 1194–1250, in: Die Großen Deutschen. Neue Deutsche Biographie, hg. von Willy Andreas und Wilhelm Scholz, Bd. 1, 1935, S. 124–142.

Grünewald, Eckhart: Ernst Kantorowicz und Stefan George. Beiträge zur Biographie des Historikers bis zum Jahre 1938 und zu seinem Jugendwerk «Kaiser Friedrich der Zweite», 1982.

–: Sanctus amor patriae dat animum – ein Wahlspruch des George-Kreises? Ernst Kantorowicz auf dem Historikertag zu Halle a.d. Saale im Jahr 1930. Mit einer Edition des Vortragtextes, in: DA 50 (1994), S. 89–125.

Guarducci, Margherita: Federico II e il monumento del Carroccio in Campodoglio, Xenia. Semestrale di antichità 8 (1984), S. 83–94.

Hagemann, Wolfgang: Jesi im Zeitalter Friedrichs II., in: QFIAB 36 (1956), S. 138–187.

Haller, Johannes: Das altdeutsche Kaisertum, 1926.

Hampe, Karl: Aus der Kindheit Kaiser Friedrichs II., in: MIÖG 22 (1901), S. 575–599.

–: Kaiser Friedrich in der Auffassung der Nachwelt, 1925.

Handschriftenverzeichnis zur Briefsammlung des Petrus de Vinea, bearbeitet von Hans Martin Schaller unter Mitarbeit von Bernhard Vogel (MGH Hilfsmittel 18), 2002.

Haseloff, Arthur: Hohenstaufische Erinnerungen in Apulien – Memorie Sveve in Puglia (Schriften zur staufischen Geschichte und Kunst 12), 1991 (=ND eines Aufsatzes von 1906).

Haskins, Charles Homer: Studies in the history of mediaeval science, 1924.

Hearnshaw, F[ossey] J[ohn] C[obb]: A Thirteenth-Century Hitler, in: The National Review 119 (1942), S. 157–163.

Hechelhammer, Bodo: Kreuzzug und Herrschaft unter Friedrich II. Handlungsspielräume von Kreuzzugspolitik (1215–1230), 2004.

Heckmann, Marie-Luise: Stellvertreter, Mit- und Ersatzherrscher. Regenten, Generalstatthalter, Kurfürsten und Reichsvikare in Regnum und Imperium vom 13. bis zum frühen 15. Jahrhundert, 2 Bde., 2002.

Hegen, Hannes: Die letzten Tage von Neurübenstein (Mosaik 128), 1967.

Hellmuth, Leopold: Die Assassinenlegende in der österreichischen Geschichtsdichtung des Mittelalters, 1988.

Herde, Peter: Ein Pamphlet der päpstlichen Kurie gegen Kaiser Friedrich II. von 1245/46 (‹Eger cui lenia›), in: DA 23 (1967), S. 468–538.

–: Von Dante zum Risorgimento. Studien zur Geistes- und Sozialgeschichte Italiens 1997.

Herklotz, Ingo: «Sepulcra» e «monumenta» del medioevo. Studi sull' arte sepolcrale in Italia, ² 2001.

Heupel, Wilhelm E.: Der sizilische Grosshof unter Kaiser Friedrich II. Eine verwaltungsgeschichtliche Studie (MGH Schriften 4), 1940.

Historia diplomatica Friderici secundi sive constitutiones, privilegia, mandata, instrumenta quae supersunt istius imperatoris et filiorum eius. Accedunt epistolae paparum et documenta varia. Collegit, ad fidem chartarum et codicum recensuit, iuxta seriem annorum disposuit et notis illustravit J.-L.-A. Huillard-Bréholles, 6 Teile in 11 Bänden sowie einem Band Préface et Introduction, 1852–1861 (ND 1963).

Höflinger, Joachim / Spiegel, Klaus: Ungedruckte Stauferurkunden für S. Giovanni in Fiore, in: DA 49 (1993), S. 75–111.

Hohensee, Ulrike u.a. (Hg.), Die Goldene Bulle. Politik – Wahrnehmung – Rezeption, 2 Bde., 2009.

Houben, Hubert: Hundert Jahre deutsche Kastellforschung in Süditalien, in: QFIAB 84 (2004), S. 103–136.

–: Kaiser Friedrich II. (1194–1250). Herrscher, Mensch, Mythos, 2008 (mit wertvollen, thematisch geordneten Literaturhinweisen).

Hucker, Ulrich: Kaiser Otto IV. (MGH Schriften 34), 1990.

Il Registro della Cancellaria di Federico II del 1239–1240, a cura di Cristina Carbonetti Venditelli, 2 Bde., 2002.

Il sarcofago dell'Imperatore. Studi, ricerche e indagini sulle tombe di Federico II nella Cattedrale di Palermo 1994–1999, hg. vom Assessorato dei Beni Culturali e Ambientali e della Pubblica Istruzione Regione Siciliana, 2 Bde. mit einer Kartenmappe, 2002 (1. Band: Dokumentation der Öffnung von 1998/99, 2. Band: Nachdruck der 2. Auflage von Francesco Daniele, I regali sepolcri del Duomo di Palermo, 1859).

Iohannis abbatis Victoriensis Liber certarum historiarum, hg. von Fedor Schneider, 2 Bde (MGH SS rer. Germ. 36), 1909/1910; deutsche Übersetzung: Das Buch gewisser Geschichten von Abt Johann von Victring (GdV 86), 1888.

Iscrizioni delle chiese e d' altri edifici di Roma dal secolo XI fino ai giorne nostri racollte e publicate da Vincenzo Forcella, Bd. 1, 1869.

Isidori Hispalensis episcopi etymologiarum sive originum libri 20, hg. von W[allace] M[artin] Lindsay, 2 Bde., 1911.

Jacoby, David: The Kingdom of Jerusalem and the Collapse of Hohenstaufen Power in the Levant, in: DOP 40 (1986), S. 83–101.

Jansen Enikels Werke, hg. von Philipp Strauch (MGH Deutsche Chroniken 3), 1900.

Jasiński, Tomasz: Kruschwitz, Rimini und die Grundlagen des preussischen Ordenslandes. Urkundenstudien zur Frühzeit des Deutschen Ordens, 2008.

Jaspert, Nikolas: Die Kreuzzüge, 2003.

Johannes von Plano Carpini, Kunde von den Mongolen 1245–1247, übersetzt, eingeleitet und erläutert von Felicitas Schmieder, 1997.

Jostmann, Christian: Sibilla Erithea Babilonica. Papsttum und Prophetie im 13. Jahrhundert (MGH Schriften 54), 2006.

Kaiser Friedrich II. in Briefen und Berichten seiner Zeit, hg. von Klaus J. Heinisch, 1968.

Kaiser Friedrich II. Leben und Persönlichkeit in den Quellen des Mittelalters, hg. von Klaus van Eickels und Tania Brüsch, 2000.

Kaiser Friedrich II. Sein Leben in zeitgenössischen Berichten, hg. von Klaus J. Heinisch, 1969.

Kamp, Norbert: Moneta regis. Königliche Münzstätten und königliche Münzpolitik in der Stauferzeit (MGH Schriften 55), 2006.

Kampers, Franz: Die deutsche Kaisersage in Prophetie und Sage, [2] 1886.

Kantorowicz, Ernst: Laudes Regiae. A Study in Liturgical Acclamations and Medieval Ruler Worship, 1946.

–: Selected Studies, ed. by Michael Cherniavsky and Ralph E. Giesey, 1965; teilweise deutsche Ausgabe: Götter in Uniform. Studien zur Entwicklung des abendländischen Königtums, hg. von Eckhart Grünewald und Ulrich Raulff, 1998.

–: The King's Two Bodies. A Study in Medieval Political Theology, 1957; deutsche Ausgabe: Die Zwei Körper des Königs, 1990.

–: Kaiser Friedrich der Zweite, 1927, Ergänzungsband, 1931.

Karlauf, Thomas: Stefan George. Die Entdeckung des Charisma, 2007.

Kauffmann, Claus Michael: The Baths of Pozzuoli, 1959.

Kaufhold, Martin: Deutsches Interregnum und europäische Politik. Konflikt lösungen und Entscheidungsstrukturen 1230–1280 (MGH Schriften 49), 2000.

–: Interregnum, 2003.

Klemens, Lukas / Matheus, Michael: Christen und Muslime in der Capitanata im 13. Jahrhundert, in: QFIAB 88 (2008), S. 82–110.

Kloos, Rudolf M.: Alexander der Große und Kaiser Friedrich II., in: Wolf, Stupor mundi, 2. Auflage, S. 395–417.

–: Ein Brief des Petrus de Prece zum Tode Friedrichs II., in: DA 13 (1957), S. 151–170.

–: Nikolaus von Bari. Eine neue Quelle zur Entwicklung der Kaiseridee unter Friedrich II., in: DA 11 (1954), S. 166–190.

Kluge, Bernd: Numismatik des Mittelalters. Handbuch und Thesaurus Nummorum Medii Aevi, 2007.

Kluger, Hellmuth: Hochmeister Hermann von Salza und Kaiser Friedrich II. Ein Beitrag zur Frühgeschichte des Deutschen Ordens, 1987.

Knaak, Alexander u.a. (Hg.): Kunst im Reich Kaiser Friedrichs II. von Hohenstaufen, 2 Bde., 1997.

Kölzer, Theo u.a. (Hg.): De litteris, manuscriptis, inscriptionibus ..., Festschrift zum 65. Geburtstag von Walter Koch, 2007.

–: Das Gedenkjahr Friedrichs II. Eine Nachlese, in: DA 54 (1998), S. 141–161.

–: Magna imperialis curia. Die Zentralverwaltung im Königreich Sizilien unter Friedrich II., in: Historisches Jahrbuch 114 (1994), S. 287–311.

Kotzur, Hans-Jürgen (Hg.): Kein Krieg ist heilig. Die Kreuzzüge, 2004.

Krönungen. Könige in Aachen – Geschichte und Mythos, Kataloghandbuch, hg. von Mario Kramp, 2 Bde., 2000 (mit viel Material und Literatur zur gesamten Krönungsproblematik und den einzelnen Insignien).

Labuda, Gerard: Die Anfänge des Deutschen Ordens: In Jerusalem oder in Akkon?, in: Jahrbuch für die Geschichte Mittel- und Ostdeutschlands 52 (2006), S. 153–172.

Leder, Stefan (Hg.): Feinde–Fremde–Freunde. Die Kreuzfahrer aus orientalischer Sicht, 2005.

Leppin, Hartmut: Die Gesetzgebung Iustinians – der Kaiser und sein Recht, in: Elke Stein-Hölkeskamp / Karl-Joachim Hölkeskamp (Hg.), Erinnerungsorte der Antike. Die römische Welt, 2006, S. 457–466.

Lewis, Bernhard: Die Assassinen, 2001.

Licinio, Raffaele: Castel del Monte: un castello medievale, 2002.

Lindner, Michael: Weitere Textzeugnisse zur Constitucio Karolina super libertate eclesiastica, in: DA 51 (1995), S. 515–538.

Losito, Maria: Castel del Monte e la cultura arabo-normanna in Frederico II, Bari 2003 (mit den Quellen (Regesten, Berichten, literarischen Zeugnissen, Reparaturrechnungen) zum Castel del Monte), S. 141–199.

Löwith, Karl: Jacob Burckhardt. Der Mensch inmitten der Geschichte, in: Ders., Jacob Burckhardt, 1984, S. 39–361.

–: Weltgeschichte und Heilsgeschehen. Zur Kritik der Geschichtsphilosophie, 1983.

Machiavelli, Niccolo: Geschichte von Florenz, 1986.

Macho, Thomas: Todesmetaphern. Zur Logik der Grenzerfahrung, 1987.

Maddalo, Silvia: Il De Balneis Puteolanis di Pietro da Eboli. Realtà e simbolo nella tradizione figurata, 2003.

Maleczek-Pferschy, Bettina: Zu den Krönungsinsignien Kaiser Friedrichs II. Herkunft und Bedeutung nimbierter Adler auf den Krönungshandschuhen und der Metzer «Chape de Charlemagne», in: MIÖG 100 (1992), S. 214–236.

Matthaei Parisiensis, Cronica majora, ed. by Henry Richards Luard, 7 Bde., 1872–1884; Matthaei Parisiensis, Historia Anglorum, ed. by Sir Frederic Madden, 3 Bde., 1866–1869; die reichsgeschichtlichen Belange sind ausgezogen bei Ex Mathei Parisiensis operibus (MGH SS 28), 1888, S. 107–455; gekürzte deutsche Übersetzung: GdV 73, S. 37–301; ferner: HKF Berichte, S. 54–171; zu den Illustrationen Suzanne Lewis, The Art of Matthew Paris in the Cronica Majora, 1987.

Maximi episcopi Taurinensis sermones, hg. von Almut Mutzenbecher (CC 23), 1962.

Mayer, Hans Eberhard: Das Pontifikale von Tyrus und die Krönung der lateinischen Könige von Jerusalem, in: DOP 21 (1967), S. 141–232.

–: Geschichte der Kreuzzüge, [8] 1995.

Meier-Welker, Hans: Das Militärwesen Kaiser Friedrichs II., in: Militärgeschichtliche Mitteilungen 17 (1975), S. 9–48.

Mentzel-Reuters, Arno: Die goldene Krone. Entwicklungslinien mittelalterlicher Herrschaftssymbolik, in: DA 60 (2004), S. 135–182.

Meri, Josef W.: Medieval Islamic Civilization. An Encyclopedia, 2 Bde., 2006.

MGH Eppistolae saeculi XIII e regestis pontificum Romanorum selectae (MGH Epp. saec. XIII 1), hg. von Karl Rodenberg, 1883 (ND 2001).

Militzer, Klaus: Die Geschichte des Deutschen Ordens, 2005.

Möhring, Hannes: Der Weltkaiser der Endzeit. Entstehung, Wandel und Wirkung einer tausendjährigen Weissagung, 2000.

–: Friedrich II. und das Schwert des Messias in der Continuatio Lambacensis, in: DA 58 (2002), S. 213–217.

Mollat du Jourdin, Michel: Europa und das Meer, 1993.

Mommsen, Theodor: Römisches Strafrecht, 1899.

Morton, Nicholas Edward: The Teutonic Knights in the Holy Land 1190–1291, 2009.

Münkler, Herfried / Grünberger, Hans / Mayer, Kathrin: Nationenbildung. Die Nationalisierung Europas im Diskurs humanistischer Intellektueller, Italien und Deutschland, 1998.

–: Imperien. Die Logik der Weltherrschaft vom Alten Rom bis zu den Vereinigten Staaten, 2005.

Muratori, Gian-Francesco Soli: Dissertazioni sopra le antichità italiane già composte e publicate in Latino dal prostosto Lodovico Antonio Muratori, Bd. 1, 1751.

Muratori, Ludovico Antonio: Antiquitates Italicae Medii Aevi sive Dissertationes, Bd. 5, 1774.

Mütherich, Florentine: Handschriften im Umkreis Friedrichs II., in: Fleckenstein, Probleme (VuF 16),1974, S. 9–21.

Nariani, Ornella: Federico II di Hohenstaufen, 2003.

Neumann, Ronald: Parteibildungen im Königreich Sizilien während der Unmündigkeit Friedrichs II. (1198–1208), 1986.

–: Untersuchungen zu dem Heer Kaiser Friedrichs II. beim Kreuzzug von 1228/29, in: Militärgeschichtliche Mitteilungen 54 (1995), S. 1–30.

Nicolai de Jamsilla, Historia de rebus gestis Friderici II Imp[eratoris] ejusque filiorum Conradi et Manfredi Apuliae et Siciliae regum. Ab anno MCCX usque ad MCCLVIII, in: Ludovico Antonio Muratori, RISS 8, 1725.

Nietzsche, Werke, Kritische Gesamtausgabe, hg. von Georgio Colli und Mazzino Montinari, Bd. 6,2, 1968 und Bd. 6,3, 1969.

Notae S. Georgii Mediolanenses, hg. von Georg Heinrich Pertz (MGH SS 18), 1863, S. 386–389.

Oexle, Otto Gerhard: Geschichtswissenschaft im Zeichen des Historismus, 1996.

–(Hg.): Memoria als Kultur (VMPIG 121), 1995.

Oster, Uwe A.: Die Frauen Kaiser Friedrichs II., 2008.

Ottokars Österreichische Reimchronik, hg. von Joseph Seemüller (MGH Deutsche Chroniken 5,1), 1890.

Pabst, Bernhard: Gregor von Montesacro und die geistige Kultur Süditaliens unter Friedrich II. Mit text- und quellenkritischer Erstedition der Vers-Enzyklopädie Peri ton anthropon theopiisis (De hominum deificatione), 2002.

Panvini, Bruno: Poeti italiani della corte di Federico II. Edizione riveduta e corretta, 1994 (=Textausgabe mit modernen italienischen Linearübersetzungen).

Patschovsky, Alexander: Zur Ketzerverfolgung Konrads von Marburg, in: DA 37 (1981), S. 641–693.

Petersohn, Jürgen: Heinrich Raspe und die Apostelhäupter oder: die Kosten der Rompolitik Kaiser Friedrichs II., 2002.

–: Über mittelalterliche Insignien und ihre Funktion im mittelalterlichen Reich, in: HZ 266 (1998), S. 47–96.

Petrarcas Briefwechsel mit deutschen Zeitgenossen, unter Mitwirkung von Konrad Burdach hg. von Paul Piur, mit einem Anhang: Petrarcas sonstige Berichte und Urteile über Deutschland, 1933.

Petrus de Ebulo: Liber ad honorem Augusti sive de rebus Siculis, hg. von Theo Kölzer und Marlis Stähli, 1994.

–: Nomina et virtutis balneorum seu de balneis Puteolorum at Baiarum. Codice Angelico 1474, Introduzione di Silvia Maddalo, 1998 (=kunstvoll gestaltetes Faksimile mit einer Einführung in italienischer, englischer und deutscher Sprache); ältere Ausgabe: Petrus de Ebulo, Nomina et virtutes balneorum ..., Introduzione di Angela Daneu Lattanzi, 1962.

Pinelli, Antonio: La Basilica di San Pietro in Vaticano, 4 Bde., 2000.

Probleme um Friedrich II., hg. von Josef Fleckenstein, 1974.

Pryor, John H.: The Crusade of Emperor Frederic II, 1220–29: The Implications of the Maritime Evidence, in: The American Neptune 52 (1992), S. 113–132.

–: Transportation of Horses by Sea during the era of the crusades: eight century to 1285 A. D., part I: to c 1225, in: The Mariner's Mirror. The Journal of the Society for Nautical Resarch 68 (1982), S. 9–27, part II: ebenda, S. 103–126.

Puhle, Matthias / Hasse, Claus-Peter: Heiliges Römisches Reich Deutscher Nation 962 bis 1806. Von Otto dem Großen bis zum Ausgang des Mittelalters, 2 Bde. (Ausstellungskatalog und Essayband), 2006.

Rader, Olaf B.: Der umgebettete Onkel. Der Leichnam Philipps von Schwaben und Speyer, in: Andrea Rzihacek / Renate Spreitzer (Hg.): Philipp von Schwaben. Beiträge der internationalen Tagung anlässlich seines 800. Todestages, Wien, 29. bis 30. Mai 2008, 2010, S. 59–68.

–: Die Kraft des Porphyrs. Das Grabmal Kaiser Friedrichs II. in Palermo als Fokus europäischer Erinnerungen, in: Kirstin Buchinger / Claire Gantet / Jakob Vogel (Hg.), Europäische Erinnerungsräume, 2009, S. 33–46.

–: Ernst Hartwig Kantorowicz (1895–1963), in: Lutz Raphael (Hg.), Klassiker der Geschichtswissenschaft, 2 Bde., 2006, Bd. 2, S. 7–26.

–: Gemina persona. Über die politischen, ästhetischen und rezeptionsgeschichtlichen Körper des Ernst H. Kantorowicz, in: Barbara Schlieben u.a. (Hg.): Geschichtsbilder im George-Kreis. Wege zur Wissenschaft, 2004, S. 347–364.

–: Grab und Herrschaft. Politischer Totenkult von Alexander dem Großen bis Lenin, 2003.

–: Kaiser Friedrich II. und das Grab des Erlösers, in: Castrum Peregrini 244/245 (2000), S. 5–27.

–: Prismen der Macht. Herrschaftsbrechungen und ihre Neutralisierung am Beispiel von Totensorge und Grabkulten, in: HZ 271 (2000), S. 311–346.

Rädle, Fidel: Literarische Selbstkonstituierung oder Kulturautomatik. Das Alexanderepos des Quilichinus von Spoleto, in: Jan Cölln / Susanne Friede / Hartmut

Wulfram (Hg.): Alexanderdichtungen im Mittelalter. Kulturelle Selbstbestimmung im Kontext literarischer Beziehungen, 2000, S. 332–354.

Raff, Thomas: Die Sprache der Materialien. Anleitung zu einer Ikonologie der Werkstoffe, 1994.

Ranke, Leopold von: Das Zeitalter der Kreuzzüge und das späte Mittelalter, 1935.

Raulff, Ulrich: Kreis ohne Meister. Stefan Georges Nachleben, 2009.

–(Hg.): Vom Künstlerstaat. Ästhetische und politische Utopien, 2006.

Raumer, Friedrich von: Geschichte der Hohenstaufen und ihrer Zeit, 6 Bde., 1823–1825.

Reichert, Folker: Der sizilische Staat Friedrichs II. in Wahrnehmung und Urteil der Zeitgenossen, in: HZ 253 (1991), S. 21–50.

–: Geographie und Weltbild am Hofe Friedrichs II., in: DA 51 (1995), S. 433–491.

Reineri Annales (MGH SS 16), 1859, S. 651–680.

Rescio, Pierfrancesco: Archeologia e storia dei castelli di Basilicata e Puglia, 1999.

Röhl, John C. G.: Wilhelm II. Der Weg in den Abgrund 1900–1941, 2008.

Röhricht, Reinhold: Regesta regni Hierosolymitani (MXCVII–MCCXCI), 1893/1904.

Roma aeterna. Lateinische und griechische Romdichtung von der Antike bis in die Gegenwart, ausgewählt, übersetzt und erläutert von Bernhard Kytzler, 1972.

Rösch, Gerhard: Die Herrschaftszeichen Kaiser Friedrichs II. in: Die Reichskleinodien. Herrschaftszeichen des Heiligen Römischen Reiches (Schriften zur staufischen Geschichte und Kunst 16), 1977, S. 30–57.

Rösch, Sybille / Rösch, Gerhard: Kaiser Friedrich II. und sein Königreich Sizilien, [2] 1996.

Rotter, Eckehart: Apulien, 2000.

–: Friedrich II. von Hohenstaufen, 2000.

–: Kalabrien–Basilikata, 2002.

Rubin, Miri: Corpus Christi. The Eucharist in Late Medieval Culture, 1991.

–: Gentile Tales. The Narrative Assault on Late Medieval Jews, 1999.

Ruehl, Martin A.: ‹In this Time without Emperors›: The Politics of Ernst Kantorowicz's

Kaiser Friedrich der Zweite reconsidered, in: Journal of the Warburg and Courtauld Institutes 63 (2000), S. 187–242.

Runciman, Steven: Geschichte der Kreuzzüge, 3 Bde, 1957/1958/1960.

Ruppel, Aloys: Zur Reichslegation des Erzbischofs Albert von Magdeburg (1222–24), in: QFIAB 13 (1910), S. 103–134.

Russo, Renato: Federico II e le donne, 1997.

–: Federico II Cronologia della vita, 2000.

–: Federico II e la Puglia, 1999.

Ryccardi de Sancto Germano notarii Chronica, a cura C. A. Garufi, 1936–1938; teilweise MGH SS 19, S. 321–386; dazu D'Angelo, Edoardo: Stil und Quellen in den Chroniken des Richard von San Germano und des Bartholomaeus von Neocastro, in: QFIAB 77 (1997), S. 437–458 (mit der Edition des Prologs der zweiten Fassung).

Salimbene de Adam, Cronica. Nuova edizione critica a cura di Giuseppe Scalia. 2 Bde. (Scrittori d'Italia 232/ 233), 1966; diese Edition wird auch durch eine leicht verbesserte Ausgabe geboten: Salimbene de Adam, Cronica, edidit Giuseppe Scalia (CCCM 125), 2 Bde., 1998; dennoch weiter heranzuziehen und leichter zugänglich: Cronica fratris Salimbene de Adam Ordinis Minorum (MGH SS 32), 1905–13; gekürzte deutsche Übersetzung: Salimbene von Parma, Chronik, 2 Bde. (GdV 93/94), 1914; vollständige italienische Übersetzung: Cronaca. Salimbene de Adam da Parma, traduzione di Berardo Rossi, 1987.

Schaller, Hans Martin: Der heilige Tag als Termin mittelalterlicher Staatsakte, in: DA 30 (1974), S. 1–24.

–: Die Frömmigkeit Kaiser Friedrichs II., in: DA 51 (1995), S. 593–513.

–: Die Kanzlei Kaiser Friedrichs II. Ihr Personal und ihr Sprachstil, Teil 1, in: AfD 3 (1957), S. 207–286, Teil 2, in: AfD 4 (1958), S. 264–327.

–: Einführung im ND der Ausgabe Petrus de Vinea Friderici II. imperatoris epistulae novam editionem curavit Johannes Rudolphus Iselius, 2 Bde., 1991, S. V–XXIII.

–: Kaiser Friedrich II. Verwandler der Welt, 1964.

–: Stauferzeit. Ausgewählte Aufsätze (Schriften der MGH 38), 1993.

Schirmer, Wulf: Castel del Monte, Forschungsergebnisse der Jahre 1990 bis 1996, 2000.

Schmid, Peter: Kehlheim. Der Mordanschlag auf Herzog Ludwig I. 1231, in: Alios Schmid / Katharina Weigand (Hg.): Schauplätze der Geschichte in Bayern, 2003, S. 119–133.

Schmieder, Felicitas: Europa und die Fremden: Die Mongolen im Urteil des Abendlandes vom 13. bis in das 15. Jahrhundert, 1994.

Schneidmüller, Bernd / Weinfurter, Stefan (Hg.): Die deutschen Herrscher des Mittelalters. Historische Portraits von Heinrich I. bis Maximilian I., 2003.

Schneidmüller, Bernd / Weinfurter, Stefan / Wieczorek, Alfried (Hg.): Die Staufer und Italien. Drei Innovationsregionen im mittelalterlichen Europa (Tagungsband, Ausstellungskatalog und Essayband), 2010.

Schramm, Percy Ernst (mit Beiträgen verschiedener Verfasser): Herrschaftszeichen und Staatssymbolik. Beiträge zu ihrer Geschichte vom dritten bis zum sechzehnten Jahrhundert, 3 Bde. (MGH Schriften 13/1–3), 1954–1956.

Schultheiss, Guntram: Die deutsche Volkssage vom Fortleben und der Wiederkehr Kaiser Friedrichs II., 1911.

Schwarzmaier, Hansmartin: Der vergessene König. Kaiser Friedrich II. und sein Sohn, in: Adel und Königtum im mittelalterlichen Schwaben. Festschrift für Thomas Zotz zum 65. Geburtstag, hg. von Andreas Bihrer u.a., 2009, S. 287–304.

Sommerlechner, Andrea: Stupor mundi? Kaiser Friedrich II. und die mittelalterliche Geschichtsschreibung, 1999.

Spies, Hans-Bernd: Die Falkensteuer der Reichsstadt Lübeck, in: Zeitschrift des Vereins für Lübeckische Geschichte und Altertumskunde 79 (1999), S. 325–336.

Steinen, Wolfram von den: Staatsbriefe Kaiser Friedrichs des Zweiten, 1923.

Sthamer, Eduard: Die Verwaltung der Kastelle im Königreich Sizilien unter Kaiser Friedrich II. und Karl I. von Anjou (ND der Ausgabe von 1914), [2] 1997.

–: Beiträge zur Verfassungsgeschichte des Königreichs Sizilien im Mittelalter, herausgegeben und eingeleitet von Hubert Houben, 1994.

–: Dokumente zur Geschichte der Kastellbauten Kaiser Friedrichs II. und Karls I. von Anjou, bearbeitet von Eduard Sthamer, Band 1: Capitinata (Capitanata), Band 2: Apulien und Basilikata (ND der 1912 und 1926 erschienenen Bände), [2] 1997.

–: Dokumente zur Geschichte der Kastellbauten Kaiser Friedrichs II. und Karls I. von Anjou, auf der Grundlage des von Eduard Sthamer gesammelten Materials bearbeitet von Hubert Houben, Band 3: Abruzzen, Kampanien, Kalabrien und Sizilien, bearbeitet von Hubert Houben, 2006.

Storia di Palermo, diretta Rosario La Duca, Bd. 3: Dei Normanni al vespro, 2003 (besonders wertvoll durch die wichtige Personen und Bauwerke erklärenden Marginalien).

Studi Normanni e Federiciani, a cura di Antonio Giuliano (Miliarum 1), 2003.

Stürner, Wolfgang: Friedrich II., Teil 1: Die Königsherrschaft in Sizilien und Deutschland 1194–1220, 1992, Teil 2: Der Kaiser 1220–1250, 2000 (grundlegend und mit detaillierter Bibliographie, um die neue Literatur ergänzte Ausgabe in einem Band 2009).

–: Dreizehntes Jahrhundert 1198–1273, Handbuch der deutschen Geschichte 6, [10] 2007.

–: Peccatum und potestas. Der Sündenfall und die Entstehung der herrscherlichen Gewalt im mittelalterlichen Staatsdenken, 1987.

Tabulae Ordinis Theutonici ex Tabularii Regii Berolinensis codice potissimum, 1869 (ND 1975).

Thomsen, Marcus: «Ein feuriger Herr des Anfangs...». Kaiser Friedrich II. in der Auffassung der Nachwelt, 2005.

–: Modernität als Topos – Friedrich II. in der deutschen Historiographie, in: Keupp / Broekmann / Görich, Herrschaftsräume, S. 21–39.

Thorau, Peter: Der Krieg und das Geld. Ritter und Söldner in den Heeren Kaiser Friedrichs II., in: HZ 268 (1999), S. 599–634.

–: König Heinrich (VII.), das Reich und die Territorien, Bd.1, 1993.

Thumser, Matthias: Rom und der römische Adel in der späten Stauferzeit, 1995.

Töpfer, Bernhard: Das kommende Reich des Friedens. Zur Entwicklung chiliastischer Zukunftshoffnungen im Hochmittelalter, 1964.

–: Urzustand und Sündenfall in der mittelalterlichen Gesellschafts-und Staatstheorie, 1999.

Toubert, Pierre / Paravicini Bagliani, Agostino (Hg.): Federico II, 3 Bde. 1: Federico II e il mondo mediterraneo, 2: Federico e le scienze, 3: Federico e le città italiane, 1994.

Treitschke, Heinrich von: Das deutsche Ordensland Preußen, in: Ders., Historische und politische Aufsätze, Bd. 2, [7] 1913, S. 1–76.

Tronzo, William (Hg.): Intellectual Life at the Court of Frederick II Hohenstaufen, 1994.

Van Cleve, Thomas Curtis: Frederick II of Hohenstaufen. Immutator Mundi, 1972.

Vehse, Otto: Die amtliche Propaganda in der Staatskunst Kaiser Friedrichs II., 1929.

Vita Innocentii IV scripta a Fr. Nicolao de Carbio – Text in: Archivio storico della R. Società Romana di Storia Patria 21 (1898), S. 76–120; deutsche Übersetzung: EBKF, S. 427–428.

Wagner, Birgit: Die Bauten des Stauferkaisers Friedrichs II. Monumente des Heiligen Römischen Reiches, 2005.

Walther von der Vogelweide: Die Lieder. Mittelhochdeutsch und in neuhochdeutscher Prosa, mit einer Einführung in die Liedkunst Walthers herausgegeben und übertragen von Friedrich Maurer, 1972.

–: Leich, Lieder und Sangsprüche, 14., völlig neubearbeitete Auflage der Ausgabe Karl Lachmanns mit Beiträgen von Thomas Bein und Horst Brunner, hg. von Christoph Cormeau, 1996.

–: Lieder und Sprüche. Auswahl mittelhochdeutsch und neuhochdeutsch, 1970.

Weigend, Friedrich / Baumuk, Bodo M. / Brune, Thomas: Keine Ruhe im Kyffhäuser. Das Nachleben der Staufer. Ein Lesebuch zur deutschen Geschichte, 1978.

Weinfurter, Stefan: Das Reich im Mittelalter. Kleine deutsche Geschichte von 500 bis 1500, 2008.

–: Friedrich II. staufischer Weltkaiser, in: Wilfried Nippel (Hg.): Virtuosen der Macht. Herrschaft und Charisma von Perikles bis Mao, 2000, S. 72–88.

Werner, Mathias (Hg.): Heinrich Raspe – Landgraf von Thüringen und römischer König. Fürsten, König und Reich in spätstaufischer Zeit, 2003.

Wihoda, Martin: Zlatá bula sicilská, 2005.

Willemsen, Carl A[rnold]: Kaiser Friedrich und sein Dichterkreis. Staufisch-Sizilische Lyrik in freier Nachdichtung, 1977.

–(Hg.): Bibliographie zur Geschichte Kaiser Friedrichs II. und der letzten Staufer (MGH Hilfsmittel 8), 1986. (detaillierte Zusammenstellung älterer Quellen und Literatur).

–: Die Bauten der Hohenstaufen in Süditalien, 1968.

–: Kaiser Friedrichs Triumphtor zu Capua. Ein Denkmal hohenstaufischer Kunst in Süditalien, 1953.

Willms, Eva: Thomasin von Zerklaere. Der welsche Gast. Text(auswahl) – Übersetzung– Stellenkommentar, 2004.

Willoweit, Dietmar: Die Begründung das Rechts als historisches Problem, 2000.

Wolf, Armin: Die Frauen Kaiser Friedrichs II. und ihre Nachkommenschaft, in: Frauen der Staufer, hg. von der Gesellschaft für staufische Geschichte, 2006, S. 113–150.

Wolf, Gunther (Hg.): Stupor mundi. Zur Geschichte Friedrichs II. von Hohenstaufen, 1966 und [2] 1982 (da die Auflagen in Inhalt und Umfang sehr stark differieren, sind stets beide Ausgaben heranzuziehen).

Zug Tucci, Hannelore: Il carroccio nella vita comunale italiana, in: QFIAB 65 (1985), S. 1–104.

出版后记

　　很少有君主像腓特烈二世这样，身上被贴了各种标签。他就像戏剧人物，在历史舞台上轮换着各种面具。他是"阿普利亚的男孩"，因为他来自西西里，幼年多灾多难。他是诗人，自己写诗，资助西西里的诗人群体。他是鹰隼爱好者，喜爱研究鸟类，热衷驯隼狩猎。他是风流情种，有很多情人。他是"救赎者"，因为他参加十字军，与埃及苏丹谈判，兵不血刃拿下圣城耶路撒冷。他又是"敌基督"，因为他行为放荡，宽容异教，与教宗争权。他是"暴君"，因为他对待敌人残酷无情，给帝国带来西西里的专制作风。尼采称他为"反教会者"，这或许是尼采自己内心的投射。布克哈特称他"王座上的第一个现代人"，并不是赞美他，而是批评他的专制作风破坏了古老的封建传统。这样一位帝王，巴黎的马修称其为"世界奇迹"，不无道理。

　　历史人物的面具，很多是后人观念的体现。斯特凡·格奥尔格称他为平衡两种民族特质的"世界帝王"，恩施特·康特洛维茨称他为实现德意志之梦的"天才君主"。他成了模范君主的符号，寄托了后人重塑德意志国家的理想。

　　剥去腓特烈的这些面具，探究他在历史中的本来面目，是历史学者该做的事，这也是本书的一大意义。

　　服务热线：133-6631-2326　　188-1142-1266

　　服务信箱：reader@hinabook.com

后浪出版公司

2023 年 5 月

© 民主与建设出版社，2024

图书在版编目（CIP）数据

最后的世界帝王：神圣罗马帝国皇帝腓特烈二世传 /
（德）奥拉夫·B. 拉德著；曾悦译. -- 北京：民主与建
设出版社，2024.7
　　书名原文：Friedrich II.: Der Sizilianer auf
dem Kaiserthron
　　ISBN 978-7-5139-4588-2

　　Ⅰ.①最… Ⅱ.①奥…②曾… Ⅲ.①弗里德里希二
世（Friedrich Ⅱ 1194—1250）—传记 Ⅳ.
①K835.167=322

中国国家版本馆 CIP 数据核字（2024）第 082665 号

Friedrich II.: Der Sizilianer auf dem Kaiserthron by Olaf B. Rader
Copyright © Verlag C. H. Beck oHG, München 2012
本书简体中文版由银杏树下（北京）图书有限责任公司出版。

地图审图号：GS（2023）1839 号
版权登记号：01-2024-2362

最后的世界帝王：神圣罗马帝国皇帝腓特烈二世传
ZUIHOU DE SHIJIE DIWANG SHENSHENG LUOMA DIGUO HUANGDI
FEITELIE ERSHI ZHUAN

著　　者	［德］奥拉夫·B. 拉德	
译　　者	曾　悦	
责任编辑	王　颂	
特约编辑	曹　磊	
封面设计	墨白空间·黄怡祯	
出版发行	民主与建设出版社有限责任公司	
电　　话	（010）59417747　59419778	
社　　址	北京市海淀区西三环中路 10 号望海楼 E 座 7 层	
邮　　编	100142	
印　　刷	河北中科印刷科技发展有限公司	
版　　次	2024 年 7 月第 1 版	
印　　次	2024 年 7 月第 1 次印刷	
开　　本	655 毫米 ×1000 毫米　1/16	
印　　张	28	
字　　数	415 千字	
书　　号	ISBN 978-7-5139-4588-2	
定　　价	120.00 元	

注：如有印、装质量问题，请与出版社联系。